中华人民共和国粮食安全保障法

释义及应用指南

Grain Security Guarantee Law of the People's Republic of China

Interpretation and Guidance for Application

李 蕊 苏嵘钰 李奇玥 著

法律出版社
LAW PRESS·CHINA
北京

图书在版编目(CIP)数据

中华人民共和国粮食安全保障法释义及应用指南 / 李蕊，苏嵘钰，李奇玥著. -- 北京 ：法律出版社，2024
ISBN 978 -7 -5197 -8880 -3

Ⅰ. ①中… Ⅱ. ①李… ②苏… ③李… Ⅲ. ①粮食安全保障法－中国－指南 Ⅳ. ①D922.4 -62

中国国家版本馆 CIP 数据核字（2024）第 039865 号

中华人民共和国粮食安全保障法释义及应用指南
ZHONGHUA RENMIN GONGHEGUO LIANGSHI ANQUAN BAOZHANGFA SHIYI JI YINGYONG ZHINAN

李 蕊
苏嵘钰 著
李奇玥

策划编辑 沈小英 毛镜澄
责任编辑 毛镜澄
装帧设计 李 瞻

出版发行 法律出版社
编辑统筹 法治与经济出版分社
责任校对 王 丰 郭艳萍
责任印制 吕亚莉
经 销 新华书店

开本 710 毫米×1000 毫米 1/16
印张 22.5 **字数** 403 千
版本 2024 年 3 月第 1 版
印次 2024 年 3 月第 1 次印刷
印刷 三河市龙大印装有限公司

地址：北京市丰台区莲花池西里 7 号（100073）
网址：www.lawpress.com.cn
投稿邮箱：info@lawpress.com.cn
举报盗版邮箱：jbwq@lawpress.com.cn

销售电话：010 -83938349
客服电话：010 -83938350
咨询电话：010 -63939796

书号：ISBN 978 -7 -5197 -8880 -3
定价：88.00 元
凡购买本社图书，如有印装错误，我社负责退换。电话：010 -83938349

依法保障粮食安全
筑牢“国之大者”法治根基

五谷者，万民之命，国之重宝。确保国家粮食安全始终是治国理政的头等大事。当下，粮食安全已然超越能源安全和金融安全，成为国家三大经济安全之首。法治是治国理政的基本方式，保障粮食安全必须立足于法治。2023年岁末，第十四届全国人民代表大会常务委员会第七次会议通过《粮食安全保障法》。

作为保障粮食安全的基本法和龙头法，《粮食安全保障法》有效统合衔接既有相关实体和程序规范，与之形成“一般法与特别法”的关系。从而初步构造了以《粮食安全保障法》为牵引，以《粮食流通管理条例》《中央储备粮管理条例》两部专门性行政法规为骨干，有序发挥相关法律法规及规范性文件协同作用的粮食安全保障法治体系。

《粮食安全保障法》为国家粮食安全战略实施提供法治路径

以习近平同志为核心的党中央始终高度重视粮食安全，把解决好14亿中国人的吃饭问题作为头等大事来抓。党的十八大以来，着眼底线思维，党中央不仅确立了“谷物基本自给，口粮绝对安全”的新粮食安全观，并且高屋建瓴地提出“以我为主、立足国内、确保产能、适度进口、科技支撑”和“藏粮于地”“藏粮于技”的国家粮食安全战略，聚焦生产“要素”和“产业链”双重维度，为提升粮食安全综合保障能力提供了战略引领。《粮食安全保障法》正是以粮食安全战略为引领，从纾解我国粮食安全保障面临的主要矛盾和问题出发，明确界定耕地保护以及粮食生产、储备、流通、加工、应急、节约等环节的重点任务，把粮食安全战略中具有稳定性、普遍性、可操作性的部分凝练上升为法律规则。从而实现了以法治手段对于国家粮食安全战略予以确认和巩固,并保障其有效实施。

《粮食安全保障法》为全方位夯实粮食安全根基提供法治支撑

研判粮食安全保障面临的国际、国内新形势、新问题,党的二十大提出“全方位夯实粮食安全根基”,为新时代保障粮食安全指明方向,也对我国粮食安全保障提出了新要求。全方位夯实粮食安全根基的要旨和难点在于“全方位”。《粮食安全保障法》以“牢牢把握粮食安全主动权”为宗旨与皈依,统筹总结既有实践经验,有效衔接全方位夯实粮食安全根基的目标要求,围绕建立粮食安全责任制,厘定了鼓励倡导的方向路径,也厘划出禁止限制的底线红线。不仅眷注粮食数量安全,也关注粮食质量安全和粮食结构安全;不仅眷注生产要素安全,也关注产业链安全;不仅聚焦国内粮食安全,也考量国际粮食安全;不仅着眼当下粮食安全,也立足未来粮食安全。将全方位夯实粮食安全根基过程中必须遵循的核心原则、主要制度及机制等系统予以梳理并规范确认,全面回答了粮食安全“谁来保障”“如何保障”等关键问题。

《粮食安全保障法》为粮食安全保障法治体系构建提供统领

粮食安全具有整体性和多维性,保障粮食安全离不开更高层次、更高质量、更具系统性的粮食安全保障法治体系的构建。《国家安全法》秉持总体国家安全观,将保障粮食安全列为“维护国家安全的任务”。《乡村振兴促进法》以专条对于粮食安全战略予以诠释,并着眼产业振兴,规定国家采取措施“保障粮食和重要农产品有效供给和质量安全”义务。作为农业领域基本法的《农业法》,则专章规定粮食安全,对于耕地保护、粮食主产区激励、粮食安全预警、储备调节、粮食风险基金等粮食安全保障核心制度予以表达。此外,《粮食流通管理条例》《中央储备粮管理条例》两部专门性法规,以及《民法典》《土地管理法》《农村土地承包法》《农产品质量安全法》《农业机械化促进法》《食品安全法》《反食品浪费法》《粮食质量安全监管办法》《土地管理法实施条例》《农村土地经营权流转管理办法》等几十部相关法律法规规范性文件,均着眼不同维度,为粮食安全保障予以制度供给。但是,受立法目的、立法功能及立法容量等限制，既有立法对于粮食安全保障的表达还相对分散芜杂，缺乏系统性和体系性。

自2008年第十一届全国人民代表大会常务委员会明确将粮食法作为任期内提请审议的49件法律草案之一，列为立法规划第一类项目开始，到2023年年末《粮食安全保障法》最终通过，《粮食安全保障法》的制定前后历时15年。检视这部关涉14亿中国人能否端牢端稳饭碗的民生之法、国本之法，虽然仅有74个条文，但其所内蕴的鲜明独特的本土性、协同性和时空性已然折射出中华法治文明之光，必将成为中国特色社会主义法治体系建设中浓墨重彩的一笔。

李蕊

2024年3月6日

于蓟门桥

目 录

第一章
总　　则

【法条】

第一条　为了保障粮食有效供给，确保国家粮食安全，提高防范和抵御粮食安全风险能力，维护经济社会稳定和国家安全，根据宪法，制定本法。

【立法背景】

“五谷者，万民之命，国之重宝。”确保国家粮食安全始终是治国理政的头等大事。近年来，国际环境错综复杂，多边和单边主义抵牾冲突。我国作为粮食消费大国和进口大国，粮食安全面临新风险、新挑战。针对国家粮食安全面临的突出风险，党的十八大明确提出，“确保国家粮食安全和重要农产品有效供给”。党的十九大强调，“确保国家粮食安全”。党的二十大强调，应牢牢守住保障国家粮食安全底线，对我国粮食安全保障提出了更高的要求。

法治乃是治国理政的基本方式，保障粮食安全必须立足法治。为保障国家粮食安全的规范有序治理，2018 年 9 月 7 日，十三届全国人大常委会公布立法规划，将本法列入第一类项目。2022 年 7 月 5 日，国务院办公厅印发《国务院 2022 年度立法工作计划》，明确将《粮食安全保障法（草案）》列入拟提请全国人大常委会审议的法律案。2023 年 6 月 26 日，在十四届全国人大常委会第三次会议上，《粮食安全保障法（草案）》首次提请审议。2023 年 10 月 20 日，《粮食安全保障法（草案）》提请全国人大常委会会议二次审议。2023 年 12 月 29 日，本法由十四届全国人大常委会第七次会议正式通过。本法着眼于新时期贯彻总体国家安全观的要求，以纾解粮食安全面临的主要问题为核心目标，以法治手段对于国家粮食安全战略予以确认和巩固，并保障其有效实施。进而提升国家粮食安全治理的系统性、规范性、协调性、稳定性，确保牢牢把握粮食安全主动权，以期构建更高层次、更高效率、更高质量、更可持续的国家粮食安全保障体系。①

【法条释义】

本法第一条概括规定了本法的立法目的和依据。

概括而言，本条分别明确了保障粮食有效供给、确保国家粮食安全以及提高防范和抵御粮食安全风险能力的具体立法目的。在确保国家粮食安全的基础上，进一步实现维护经济社会稳定和国家安全的目标。最后，明确本法的立法根据为《宪法》。

一、提出保障粮食有效供给的具体目的

本法着眼粮食供给侧的法治保障，通过强化粮食全产业链制度支持，有序推进粮食产业供给侧结构性改革，是现阶段破解粮食领域结构性、体制性矛盾，构筑高层次国家粮食安全保障体系的必然选择。在此过程中，本法重点回应粮食产业深层次矛盾的法治克服，力求通过有效的制度调整优化供给结构，实现更高层次的粮食供需动态平衡。针对粮食全产业链发展，着重统合耕地保护制度体系建设，健全完善粮食生产相关制度保障体系，完备粮食收储机制，着力构建粮食流通社会化服务机制，加强粮食应急制度构建，强调粮食节约相关规范，并注重国家粮食安全保障的监督管理及责任落实。

二、提出确保国家粮食安全的具体目的

粮食事关国运民生，粮食安全是国家安全的重要基础。党的十八大以来，我国已确立并深入实施“以我为主、立足国内、确保产能、适度进口、科技支撑”和“藏粮于地”“藏粮于技”的国家粮食安全战略，粮食安全保障体系逐步建立。在此基础上，本法立法是粮食安全治理由政策之治迈向良法善治的必要转型。新形势下我国的粮食安全治理是一个极具综合性、复杂性和动态性的系统工程，其有效实现离不开完善的

---

① 参见杜志雄、肖卫东：《全方位夯实粮食安全根基：意义、内涵及重点任务》，载《中州学刊》2022 年第 12 期。

制度设计与体制机制建设。针对既有粮食安全战略及相关政策突出存在的原则性、非规范性以及零散性特征，本法为粮食安全治理提供了具备确定性、实质约束性和形式理性的制度支持，有效地将党中央关于粮食安全战略的重大决策和部署，以及在地方已经证明行之有效的实践经验法定化，形成政策与法律的相互制约与良性互动，为粮食安全保障相关战略及政策的实施提供兼具政策张力与制度效力的规范框架。

三、提出提高防范和抵御粮食安全风险能力的具体目的

从粮食安全保障到粮食安全法治保障的内在逻辑即粮食安全风险规制的法治化。进言之，粮食安全风险规制法治化的本质是探究既有粮食安全风险规制政策的法律表达、规制方法的完备以及规制领域的延展，为粮食安全保障赋予法治的确定性及形式理性。其核心要义是良法善治，即秩序、公平、效率等良法价值，以及以人为本、民生保障等善治机制。依据市场规律，粮食安全风险从生产开始即向下一环节转移，每一环节的风险都有可能直接威胁粮食产业链的整体安全。故而对粮食安全的保障必须强调对每个环节的风险规制，以确保严格防范化解风险、守住国家安全底线。本法着重发挥了法治的底线治理效能，围绕粮食全产业链研判各环节的法治保障路径与手段，统筹粮食供应前端的风险防范及中后端的风险化解，能够有效促进粮食系统韧性提升。

四、强调维护经济社会稳定和国家安全的更高目标

粮食安全从政治安全、经济安全、军事安全、社会稳定等诸多面向深刻影响着国家安全，需要立足国家战略层面予以全面审视。[①]《国家安全法》第二十二条明确强调，国家应健全粮食安全保障体系，保护和提高粮食综合生产能力，完善粮食储备制度、流通体系和市场调控机制，健全粮食安全预警制度，保障粮食供给和质量安全。以《国家安全法》为重要立法基础，本法着力通过法治手段加强耕地保护，促进种业与科技要素创新。力求提升粮食生产能力，完备粮食储备机制，创新完善粮食市场体系制度，健全粮食应急保障措施，规范引导粮食节约机制，并确保严格落实相应责任机制，构建全方位、全流程、全覆盖的国家粮食安全保障机制，进而保障经济社会稳定和国家安全的实现。

---

① 参见周冠华、王世海：《确保国家粮食安全需要处理好几个关系》，载《红旗文稿》2014 年第 9 期。

五、明确本法的立法根据为《宪法》

《宪法》是国家的根本大法，具有最高法律效力，是其他一切法律制定的前提和依据。任何法律规范都不得同《宪法》相抵触。因此，从制度统一和《宪法》效力的角度观之，本法应严格以《宪法》为根据，遵循《宪法》的基本目的、原则及具体规范，保证与《宪法》相统一。

【实务应用】

粮食安全是"国之大者"。对于国家粮食安全的保障，需紧密依托"长牙齿"的硬措施。通过严密的法治保障，确保牢牢守住国家粮食安全底线，夯实国家粮食安全根基。近年来，国家多个机关和部门针对粮食产业链各环节，开展了多次粮食安全相关违法行为的专项治理活动，严厉打击了非法占用耕地、非法经营假劣粮食作物种子、套取粮食价差、粮食购销领域职务犯罪等诸多粮食安全领域的违法行为，有力维护了粮食生产、流通、储备等关键环节的良好秩序，实现了对国家粮食安全的切实保障。

着眼粮食生产环节，我国公安机关深入开展了"昆仑"系列专项行动，依法严厉打击了系列制售假劣农资、非法占用耕地等危害粮食生产安全的犯罪行为，全力保障粮食生产安全。2022 年，公安部公布危害粮食生产安全犯罪十大典型案例。[①] 着重针对耕地保护领域，加大对粮食主产区、商品粮基地等重点区域和永久基本农田、高标准农田等的保护力度，严厉打击非法占用耕地行为，坚决守住耕地红线。同时，聚焦黑土地保护，重点打击盗挖滥挖黑钙土、草甸土以及非法占用、污染破坏黑土耕地等犯罪。通过严厉打击前述违法犯罪行为，有力保障了耕地数量及质量安全。此外，2022 年，农业农村部先后部署开展了"护奥运、保春耕"、种业监管执法年等活动。[②] 各地农业综合行政执法机构聚焦品种权保护、农资质量等领域，对"非法经营假劣粮食作物种子案""侵犯粮食植物新品种权案""经营假农药案""生产销售有效成分和含量与登记批准内容不符的肥料案"等一批违法性质恶劣的案件严格查处，并选取

---

① 参见《公安机关严厉打击危害粮食生产安全犯罪活动　公安部公布十起典型案例》，载中华人民共和国公安部官网，https://www.mps.gov.cn/n2253534/n2253535/c8644871/content.html，最后访问日期：2024 年 1 月 1 日。

② 参见《农业农村部公布农业执法保障粮食安全十大典型案例》，载中华人民共和国中央人民政府官网，https://www.gov.cn/xinwen/2022-12/28/content_5733872.htm，最后访问日期：2024 年 1 月 1 日。

十大农业执法保障粮食安全的典型案例予以公布，全力维护粮食生产安全。

聚焦粮食流通及储备环节，2021 年国家粮食和物资储备局办公室印发《全国粮食流通“亮剑 2021”专项执法行动方案》，强化对粮食流通、储备等的事中事后监管，严肃查处该领域的违法违规行为。2023 年 3 月 1 日，国家粮食和物资储备局通报了十起粮食流通违法违规典型案例，①严厉打击套取粮食价差、违规报送粮食基本数据、粮食收储未执行国家粮食质量规定、政策性粮食关联交易以及未及时支付售粮款等违法违规行为。此举有助于维护粮食流通及储备等领域的规范秩序，保护种粮农民和消费者合法权益，保障国家粮食安全。此外，2023 年最高人民检察院聚焦粮食购销领域系统性腐败问题，进一步加强粮食购销领域腐败犯罪治理，并发布了十起粮食购销领域职务犯罪典型案例。② 这一举措彰显了检察机关会同监察、审判等机关依法严肃惩处粮食购销领域职务犯罪案件的鲜明态度，有效发挥了司法机关对粮食安全相关违法行为的能动治理作用，为保障国家粮食安全提供了重要助力。

【相关规定】

《国家安全法》第二十二条。

【法条】

第二条　国家粮食安全工作坚持中国共产党的领导，贯彻总体国家安全观，统筹发展和安全，实施以我为主、立足国内、确保产能、适度进口、科技支撑的国家粮食安全战略，坚持藏粮于地、藏粮于技，提高粮食生产、储备、流通、加工能力，确保谷物基本自给、口粮绝对安全。

保障国家粮食安全应当树立大食物观，构建多元化食物供给体系，全方位、多途径开发食物资源，满足人民群众对食物品种丰富多样、品质营养健康

---

① 参见《国家粮食和物资储备局通报十起粮食流通违法违规典型案例》，载中国供销合作网，https://www.chinacoop.gov.cn/news.html? aid=1771835，最后访问日期：2024 年 1 月 1 日。

② 参见《最高检发布 10 起粮食购销领域职务犯罪典型案例》，载中华人民共和国最高人民检察院官网，https://www.spp.gov.cn/spp/xwfbh/wsfbt/202312/t20231209_636320.shtml#1，最后访问日期：2024 年 1 月 1 日。

的消费需求。

【立法背景】

党的十八大以来,在党中央的领导下,我国坚持贯彻总体国家安全观,统筹发展和安全,已确立并深入实施"以我为主、立足国内、确保产能、适度进口、科技支撑"和"藏粮于地""藏粮于技"的国家粮食安全战略,并坚持"确保谷物基本自给、口粮绝对安全"的新粮食安全观和大食物观,粮食安全保障体系逐步建立。在此基础上,本法的制定是粮食安全治理由政策之治迈向良法善治的必要转型。

一、坚持贯彻总体国家安全观,统筹发展和安全

2015 年 7 月 1 日颁布的《国家安全法》首次从立法层面将粮食安全纳入国家安全体系。该法第二十二条提出,国家健全粮食安全保障体系,保护和提高粮食综合生产能力,完善粮食储备制度、流通体系和市场调控机制,健全粮食安全预警制度,保障粮食供给和质量安全。该规定内容系统提出了健全粮食安全保障体系的重要任务、具体环节,以及实现粮食供给和质量安全的核心目标。《国家安全法》对于粮食安全的强调,即体现了粮食安全对于实现总体国家安全的重要意义。本法在第二条中明确规定"坚持贯彻总体国家安全观,统筹发展和安全",不仅再次突出了粮食安全在总体国家安全中的底线地位,而且体现了将粮食安全纳入总体国家安全予以统筹部署的规范要求。

二、实施"以我为主、立足国内、确保产能、适度进口、科技支撑"的国家粮食安全战略,坚持藏粮于地、藏粮于技,提高粮食生产、储备、流通、加工能力,确保谷物基本自给、口粮绝对安全

2013 年 12 月 9 日,中央财经领导小组第四次会议重点研究国家粮食安全问题,确立了"确保谷物基本自给、口粮绝对安全"的新粮食安全观。2013 年 12 月 10 日举行的中央经济工作会议,针对新形势下的粮食供需结构性矛盾以及国内外粮食进出口的不平衡问题,首次提出实施"以我为主、立足国内、确保产能、适度进口、科技支撑"的国家粮食安全战略,对于粮食安全这一事关国计民生的重大课题上升到国家战略的高度予以统筹谋划。2015 年 10 月 29 日党的十八届五中全会通过《中共中央关于制定国民经济和社会发展第十三个五年规划的建议》,首次提出"实施藏粮于地、藏粮于技战略",并突出强调"提高粮食产能,确保谷物基本自给、口粮绝对安全"。

在前述战略及政策指引之下,2021 年颁布的《乡村振兴促进法》第八条第一款明确规定,国家实施以我为主、立足国内、确保产能、适度进口、科技支撑的粮食安全战略,坚持藏粮于地、藏粮于技,采取措施不断提高粮食综合生产能力,建设国家粮食安全产业带,完善粮食加工、流通、储备体系,确保谷物基本自给、口粮绝对安全,保障国家粮食安全。2022 年颁布的《黄河保护法》第八十八条亦提出应"服务国家粮食安全战略"。

以前述政策及立法为基础,本法再次将党中央关于粮食安全战略的重大决策和部署,以及在地方已经证明行之有效的实践经验法定化,形成政策与法律的相互制约和良性互动,为粮食安全保障相关战略及政策的实施提供兼具政策张力与制度效力的规范框架。

三、保障国家粮食安全应当树立大食物观,构建多元化食物供给体系,全方位、多途径开发食物资源,满足人民群众对食物品种丰富多样、品质营养健康的消费需求

2015 年中央农村工作会议首次提出,应"树立大农业、大食物观念"。2022 年中央农村工作会议再次强调,应"树立大食物观,构建多元化食物供给体系,多途径开发食物来源"。2023 年"树立大食物观"首次被纳入中央一号文件中共中央、国务院《关于做好 2023 年全面推进乡村振兴重点工作的意见》,并规定于"抓紧抓好粮食和重要农产品稳产保供"章节,再次突出粮食安全保障中贯彻"大食物观"的重要意义。当前,全球粮食供应存在诸多不稳定性,国内粮食消费水平不断提高、粮食需求矛盾转型升级。大食物观的提出立足国家粮食安全战略,并紧密联系我国社会主要矛盾转变的现实国情。在确保大宗粮食作物安全供给的基础上,全方位多途径开发食物资源,力求降低对国际粮食市场的依赖,推动传统粮食安全向食物安全转变。同时,关注人民日益增长的美好生活需要,着力满足人民群众多元化、健康化、个性化的营养健康需求,切实保障民生福祉增进。

【法条释义】

本法第二条明确规定了坚持党的领导,贯彻总体国家安全观,统筹发展和安全,实施国家粮食安全战略,提高粮食生产、储备、流通、加工能力,坚持新粮食安全观和大食物观等国家粮食安全工作应遵循的必然要求和战略方针。

概括而言,(1)"坚持党的领导"应为国家粮食安全保障工作的基本原则。

(2)“贯彻总体国家安全观,统筹发展和安全”应为国家粮食安全保障工作的基本要求。(3)“实施以我为主、立足国内、确保产能、适度进口、科技支撑的国家粮食安全战略,坚持藏粮于地、藏粮于技,提高粮食生产、储备、流通、加工能力,确保谷物基本自给、口粮绝对安全”则为国家粮食安全的实现路径。“实施以我为主、立足国内、确保产能、适度进口、科技支撑的国家粮食安全战略,坚持藏粮于地、藏粮于技”为国家粮食安全保障工作的战略指引;“提高粮食生产、储备、流通、加工能力”为国家粮食安全保障要求的具体实现。聚焦粮食产业链,强调粮食产能的系统提升。“确保谷物基本自给、口粮绝对安全”的新粮食安全观则进一步着眼于国内粮食产能的提升,强调谷物这一类重要粮食作物的基本自给以及口粮的绝对安全,确保把饭碗牢牢端在自己手上。(4)“保障国家粮食安全应当树立大食物观,构建多元化食物供给体系,全方位、多途径开发食物资源,满足人民群众对食物品种丰富多样、品质营养健康的消费需求”,着重提出树立并贯彻大食物观这一新发展阶段国家粮食安全保障的新要求,实现由单一“粮食观”向多元“大食物观”的法治转型。

一、国家粮食安全工作应始终坚持中国共产党的领导

党的十八大以来,以习近平同志为核心的党中央高度重视国家粮食安全,始终把确保粮食安全作为治国理政的头等大事。习近平总书记在庆祝中国共产党成立100周年大会上明确指出,中国共产党领导是中国特色社会主义最本质的特征,是中国特色社会主义制度的最大优势,是党和国家的根本所在、命脉所在,是全国各族人民的利益所系、命运所系。① 在国家粮食安全工作中,应始终坚持党的领导核心地位,加强党对粮食安全保障系统工程的统一领导、统一部署、统筹协调,发挥党总揽全局、协调各方的关键作用。此外,党中央对粮食安全问题的重要论述,应是新时代我国粮食安全治理有序推进的根本遵循和行动指南。把党的领导落实到国家粮食安全治理的具体领域与环节。在相应的配套规则制定过程中,应进一步通过法定程序将党对国家粮食安全工作的具体要求上升为国家意志、转化为法律法规,推进党的领导制度化、法治化、规范化。

---

① 参见《习近平:在庆祝中国共产党成立100周年大会上的讲话》,载中华人民共和国中央人民政府官网2021年7月15日,https://www.gov.cn/xinwen/2021-07/15/content_5625254.htm,最后访问日期:2024年2月5日。

二、国家粮食安全工作应坚持贯彻总体国家安全观，统筹发展和安全

1. 坚持贯彻总体国家安全观

基于总体国家安全观，应坚持以人民安全为宗旨，以政治安全为根本，以经济安全为基础，以军事、文化、社会安全为保障，以促进国际安全为依托。粮食安全不仅紧密关涉人民的基本生存保障，亦位列世界"三大经济安全"之首，更与军事、社会与国际安全密不可分，乃是国家安全的根基。如果没有粮食安全的底线保障，国家总体安全必然难以实现。

2. 统筹发展和安全

发展和安全是一体之两翼、驱动之双轮，粮食安全保障应统筹发展和安全。党的十九届五中全会首次把统筹发展和安全纳入"十四五"时期我国经济社会发展的指导思想。党的二十大报告再次强调要统筹发展和安全。习近平总书记强调，"安全是发展的前提，发展是安全的保障，安全和发展要同步推进"。① 坚持粮食全产业链高质量发展与确保粮食高水平、可持续安全是国家粮食治理体系和治理能力现代化的必然要求。本法通过立法手段积极提升粮食产能的同时，亦强调对于耕地、水资源等的严格保护，实现发展和安全并重。

三、国家粮食安全工作应实施"以我为主、立足国内、确保产能、适度进口、科技支撑"的国家粮食安全战略，坚持藏粮于地、藏粮于技，提高粮食生产、储备、流通、加工能力，确保谷物基本自给、口粮绝对安全

1. 实施"以我为主、立足国内、确保产能、适度进口、科技支撑"的国家粮食安全战略，坚持藏粮于地、藏粮于技

作为国家根本性的粮食安全方针举措，我国粮食安全战略聚焦生产"要素"和"产业链"双重维度，旨在从根本上解决新时代粮食安全面临的"耕地""科技""生产""进口"等主要矛盾和问题，是粮食领域相关活动的主要指南和依据。(1)其中"以我为主"是粮食安全保障的基本立场，对于其他战略具有统领作用，是国家粮食安全保障的逻辑指针。在粮食问题上，我国必须将独立自主作为解决我国粮食问题的主基调，始终注重牢牢掌握粮食问题的主动权。(2)贯彻粮食安全战略必须统筹

---

① 参见《科学统筹实现发展和安全动态平衡——习近平经济思想领航中国经济系列评论之十》，载《经济日报》2022 年 9 月 28 日，第 1 版。

利用国际国内两个市场、两种资源，同时防范国际市场风险冲击国内粮食安全，因而需要平衡“立足国内”与“适度进口”的关系，这是国家粮食安全保障的主体框架。具体而言，“立足国内”应是重要基础。保障我国粮食安全应以深入研判我国粮情为基点，着力提升国内粮食产能。在此基础上，借助国际粮食市场，系统保障国家粮食安全。(3)“耕地”与“科技”同属粮食领域的关键要素，对整个国内粮食产业链起支撑作用。“藏粮于地”“藏粮于技”着眼“确保产能”，聚焦保障粮食安全的两大要素资源——耕地和科技提出具体要求，为全方位夯实粮食安全根基奠定物质基础。

2. 提高粮食生产、储备、流通、加工能力

为提升粮食安全综合保障能力，必须在国家粮食安全战略指引下，重点提升粮食综合生产、储备调控、市场流通、粮食加工等能力。① 着眼粮食全产业链，统筹推进耕地数量、质量及生态保护，粮食生产效能系统提升，实现粮食多元储备安全，促进粮食市场现代化流通体系构建，引导粮食加工结构优化。

3. 确保谷物基本自给、口粮绝对安全

近年来，我国粮食生产稳定发展，已实现十九连丰，口粮自给率在100%以上，谷物自给率在95%以上，人均粮食占有量约480公斤，高于国际公认的400公斤粮食安全线，做到了谷物基本自给、口粮绝对安全。② 确保谷物基本自给、口粮绝对安全应作为粮食安全保障的基础目标。着眼需求侧维度，保障国家谷物基本自给，人民的口粮绝对安全。参照前述国际标准，我国的谷物自给率应达到95%以上，人均粮食占有量应达到400公斤以上。在此基础上，进一步保障各地区的谷物自给率以及人均粮食占有量，确保国家粮食安全。

四、保障国家粮食安全应树立大食物观，构建多元化食物供给体系，全方位、多途径开发食物资源，满足人民群众对食物品种丰富多样、品质营养健康的消费需求

大食物观主要指面向耕地、草原、森林、海洋等全部国土资源，面向植物、动物、微生物等全部生物资源，全方位、多途径开发食物资源的一种观念。大食物观的提出主要基于对新形势下人民群众食物消费结构变化趋势的整体把握，着力满足人民群众

---

① 参见颜波：《加快提升“五种能力” 全方位夯实国家粮食安全根基》，载《中国粮食经济》2022年第12期。

② 参见杜海涛：《做到谷物基本自给、口粮绝对安全》，载《人民日报》2023年5月12日，第2版。

食物消费多元化、健康化、个性化的营养健康需求。本条第二款将大食物观的具体规定入法,并增加"全方位"开发要求。以此为指导,在本法具体规范中,第十五条提出"支持推广绿色、高效粮食生产技术",在保护耕地生态安全的同时,满足人民对绿色食物的需求;第十八条提出"支持育种基础性、前沿性研究和应用技术研究,鼓励粮食作物种子科技创新和产业化应用",保障高品质食物种子的开发和推广;第二十五条提出"鼓励农业生产者种植优质农作物",提高农民对种植优质食物的生产积极性;第四十二条提出"协调推进粮食初加工、精深加工、综合利用加工",适度提高食物加工质量。前述具体规定有效贯彻了大食物观对于粮食安全保障的指引,有助于推动深化粮食供给侧结构性改革,进一步构建更高质量的国家粮食安全保障体系。

【实务应用】

2023 年 8 月 17 日,国家粮食和物资储备局、农业农村部、教育部、科学技术部、全国妇女联合会发布《关于做好 2023 年世界粮食日和全国粮食安全宣传周活动的通知》(国粮发〔2023〕152 号),以"践行大食物观　保障粮食安全"为粮食安全宣传周主题。强调应深入贯彻习近平总书记关于大食物观的重要论述精神,在确保大宗粮食作物安全供给基础上,全方位、多途径开发食物资源,推动传统粮食安全向食物安全转变。

在具体活动中,相关部门集中推广了诸多典型案例。① 如全国畜牧总站推动"饲用豆粕减量替代三年行动",强化标准引领与技术集成,组织制定主要畜禽"低蛋白低豆粕多元化日粮生产技术规范",着力构建"低蛋白高品质饲料标准体系"。总结提炼"豆粕减量替代"关键技术模式,并在饲料养殖行业全面推广应用,减少进口大豆依赖,以提升国家粮食安全保障水平。中国林业科学研究院亚热带林业研究所为更好"向森林要食物",共建立 19 个种质资源库,收集并保存了 2800 多份珍贵油茶种质资源。在近 60 年的时间里选育出数十个优良品种,覆盖了全国油茶主产区,并不断创新油茶种植和加工技术,极大提升茶油质量和产量。烟台经海海洋渔业有限公司积极探索"向海洋要食物",多途径开发深远海宜渔空间,布局出育种育苗、智慧渔

---

① 参见《"践行大食物观　保障粮食安全"典型案例》,载搜狐网,https://www.sohu.com/a/728981946_121107000,最后访问日期:2024 年 1 月 5 日。

场、海洋牧场、海产品加工、贸易及物流于一体的产业链条。创新“陆—海—岛”联动养殖模式,集成海洋环境监测系统、多波束声呐、水下监控、自动投饵等多项智能装备,在大海深处布下八座亚洲单体最大的深海智能网箱,每年为百姓餐桌提供近万吨深远海商品鱼。前述典型案例均集中体现对大食物观的有效贯彻和落实,为食物安全的转型提供了有益的实践经验借鉴。2023年10月16日,国家粮食和物资储备局、农业农村部、教育部、科技部、全国妇联进一步发布《“践行大食物观 保障粮食安全”倡议书》,[①]再次强调应强化多元食物供给,培育绿色营养观念,构建高质量食物安全保障体系,为切实保障人民日益增长的对多元、绿色、优质食物的需求,贯彻落实本法所提倡的大食物观要求提供了重要基础。

【相关规定】

《乡村振兴促进法》第八条;

《粮食安全保障法》第十五条、第十八条、第二十五条、第四十二条。

【法条】

第三条 国家建立粮食安全责任制,实行粮食安全党政同责。县级以上地方人民政府应当承担保障本行政区域粮食安全的具体责任。

县级以上人民政府发展改革、自然资源、农业农村、粮食和储备等主管部门依照本法和规定的职责,协同配合,做好粮食安全保障工作。

【立法背景】

国家粮食安全责任制经历了由强调单一粮食安全省长责任制,到实行粮食安全党政同责的制度沿革。本法首次通过立法明确国家建立粮食安全四级政府责任制,将粮食安全政府责任落实到县级。

1994年,我国开始施行粮食省长负责制。2014年12月31日,国务院出台《关于

① 参见国家粮食和物资储备局:《“践行大食物观 保障粮食安全”倡议书》,载国家粮食和物资储备局官网,http://www.lswz.gov.cn/html/xinwen/2023-10/16/content_276692.shtml,最后访问日期:2024年1月5日。

建立健全粮食安全省长责任制的若干意见》(国发〔2014〕69号),提出应加快构建国家粮食安全保障体系,明确地方政府维护国家粮食安全的责任,并对具体粮食安全保障工作部署以及省长责任落实的监督考核予以细化。国家粮食局于2015年2月16日出台《关于贯彻落实〈国务院关于建立健全粮食安全省长责任制的若干意见〉的指导意见》(国粮政〔2015〕23号),对于各地全面落实粮食安全责任的具体措施予以统一部署。以该若干意见为基础,2015年11月3日,国务院办公厅出台《粮食安全省长责任制考核办法》,对考核主体、考核对象、考核内容、考核形式、考核标准等分别予以明确。粮食安全省长责任制考核工作组办公室于2016年、2017年相继出台《关于做好2016年度粮食安全省长责任制考核自查评分工作的通知》(粮安考核办〔2016〕7号)以及《关于建立粮食安全省长责任制落实情况台账制度的通知》(粮安考核办〔2017〕15号),对于粮食安全省长责任制考核自查评分工作细则予以明确,并建立粮食安全省长责任制落实情况台账制度,进一步确保粮食安全省长责任制考核的有效落实。此外,相应部门规章①出台,对于落实粮食安全省长责任制以及粮食安全省长责任制考核工作的具体安排予以规定。为进一步压实粮食安全责任,2020年12月中央农村工作会议提出,地方各级党委和政府要扛起粮食安全的政治责任,实行党政同责,"米袋子"省长要负责,书记也要负责。2021年,中央一号文件中共中央、国务院《关于全面推进乡村振兴加快农业农村现代化的意见》首次明确提出应实行粮食安全党政同责。《粮食流通管理条例》(2021年修订)第七条首次以行政法规形式明确各省、自治区、直辖市应落实粮食安全党政同责,完善粮食安全省长责任制,承担保障本行政区域粮食安全的主体责任。2023年国务院《关于确保国家粮食安全工作情况的报告》再次

---

① 具体包括国家发展改革委、中央机构编制委员会办公室、原农业部等《关于开展2016年度粮食安全省长责任制考核工作的通知》(发改粮食〔2016〕1426号),国家发展改革委、中央机构编制委员会办公室、原农业部等《关于认真开展2017年度粮食安全省长责任制考核工作的通知》(发改粮食〔2017〕1416号),国家发展改革委、农业农村部、国家粮食和物资储备局等《关于认真落实2018年度粮食安全省长责任制的通知》(发改粮食〔2018〕561号),国家发展改革委、农业农村部、国家粮食和储备局等《关于认真开展2018年度粮食安全省长责任制考核工作的通知》(发改粮食〔2018〕1142号),国家发展改革会、农业农村部、国家粮食和物资储备局等《关于认真落实2019年度粮食安全省长责任制的通知》(发改粮食〔2019〕201号),国家发展改革委、农业农村部、粮食和储备局等《关于认真开展2019年度粮食安全省长责任制考核工作的通知》(发改粮食〔2019〕984号),国家发展改革委、农业农村部、国家粮食和储备局等《关于2020年度认真落实粮食安全省长责任制的通知》(发改粮食〔2020〕660号)等规范性文件。

提出，督促各地全面落实粮食安全党政同责要求。在前述规范和政策基础上，本法着重在总则第三条对此予以强调，以明确的法律形式确立了粮食安全党政同责的法律效力。

【法条释义】

本法第三条明确规定应健全粮食安全保障责任机制。

概括而言，本条首先明确国家建立粮食安全责任制，实行粮食安全党政同责。在此基础上，规定县级以上地方人民政府应当承担具体责任，县级以上人民政府有关部门应当协同配合做好粮食安全保障工作。

一、国家建立粮食安全责任制，实行粮食安全党政同责

粮食安全责任制是确保国家粮食安全的关键。前已述及，1994 年我国开始施行粮食省长负责制。2014 年国务院就全面落实地方政府粮食安全责任出台首个专门文件《关于建立健全粮食安全省长责任制的若干意见》。2020 年 12 月中央农村工作会议提出，地方各级党委和政府要扛起粮食安全的政治责任，实行党政同责，“米袋子”省长要负责，书记也要负责。2021 年，中央一号文件中共中央、国务院《关于全面推进乡村振兴加快农业农村现代化的意见》首次明确提出要实行粮食安全党政同责。具体而言，粮食安全党政同责主要是指对于国家粮食安全保障工作，地方各级党委和政府应当共同承担国家粮食安全保障的政治责任。参照《地方党政领导干部食品安全责任制规定》第五条对于食品安全党政同责制的具体规定，党政同责制度强调粮食安全保障应由党委、政府齐抓共管，在具体实施过程中应明确划定二者的具体粮食安全保障权责，并完备失职追责以及尽职免责机制。

二、明确国家建立粮食安全四级政府责任制

本条第一款明确国家粮食安全政府责任的具体承担主体，提出中央及县级以上地方人民政府应当承担保障国家粮食安全的相应责任。中央应统筹推进国家粮食安全保障工作，建立粮食安全责任具体制度体系。县级以上地方人民政府则应在中央的领导之下切实承担主体责任，保障本行政区域粮食安全。该规定为中央与县级以上地方人民政府粮食安全四级政府责任制的原则性规定，明确划定了纵向四级政府间的粮食安全保障责任。

三、强调县级以上人民政府有关主管部门的职责划分与协同

本条第二款规定县级以上人民政府发展改革、自然资源、农业农村、粮食和储备等主管部门依照本法和规定的职责,协同配合,做好粮食安全保障工作。根据该条款,(1)县级以上人民政府发展改革、自然资源、农业农村、粮食和储备等主管部门首先应严格依法担责,依照本法以及粮食安全保障的相关规定履行相应的职责。具体而言,发展改革部门应统筹粮食安全保障工作,拟订并组织实施粮食安全相关国民经济和社会发展规划及专项规划,协同推进粮食产业供给侧结构性改革,组织落实粮食安全责任制考核,保障粮食数量与质量安全;自然资源部门应落实国土空间用途管制,强化耕地红线保护责任,加强土地整理复垦等生态修复,落实耕地保护责任制考核;农业农村部门应加强粮食生产安全保障,负责粮食产业生产资料及投入品监督管理,指导新型农业生产经营主体建设与发展,落实耕地及永久基本农田质量保护工作,负责粮食防灾减灾、重大病虫害防治工作,加强粮食科技创新与推广工作,并组织粮食领域综合执法监管;粮食和储备部门应负责完备全国粮食流通和物资储备管理相关法律和政策体系,管理国家粮食储备,加强粮食收储、轮换管理工作,监测国际国内粮食和战略物资供求变化并预测预警,承担全国粮食流通宏观调控的具体工作,承担粮食安全省长责任制考核日常工作。(2)考虑粮食安全保障工作的系统性和复杂性,前述主管部门应基于该规定进一步明确划定各自的职权范围,并推动构建相应的协同配合机制,对于信息共享、联合执法等具体措施予以明确。

【实务应用】

为从源头管控粮食质量安全风险,进一步扛稳保障国家粮食安全政治责任,2021年11月29日至12月3日,奉节县、巫溪县、巫山县粮食主管部门创新思路,经市发展和改革委员会同意,巫溪县牵头从各区县抽调粮食检查专家,组成联合检查组,制定了粮食流通“奉巫巫亮剑2021”专项执法行动方案,率先在全市范围内开展“奉巫巫”粮食安全联合执法行动,对重庆市奉节县粮食有限责任公司的白帝市场成品粮库、巫溪县薯光农业科技开发有限公司的石龙粮库、巫山粮食有限责任公司的苟家粮库进行了实地检查。[①] 在具体行动中,检查组针对粮食质量安全、储备安全等方面对相关粮食企业进行联合检查,并就发现的具体问题通过书面形式要求企业进行限时

① 参见《亮剑护粮!奉节巫溪巫山联合开展专项执法行动》,载巫溪新闻网,http://h5.cqliving.com/info/detail/66079339.html,最后访问日期:2024年1月2日。

整改,取得了较好的粮食安全治理成效。

借鉴奉节县、巫溪县、巫山县粮食主管部门的联合执法思路,各县级以上人民政府发展改革、自然资源、农业农村、粮食和储备等主管部门也可积极推进多部门、跨区域的粮食安全联合执法行动,借助各部门的信息和资源,系统针对耕地保护、粮食生产、粮食储备、粮食流通、粮食加工、粮食应急、粮食节约等各方面,对于农户、涉农企业、粮食消费者等相关主体开展专项执法行动,更好地发挥各主管部门粮食安全保障合力。在此过程中,各地区也可着力培育各部门的粮食检查专家,成立常态化的联合检查组,推动粮食安全联合执法工作更高质量、高效率、可持续。

【相关规定】

《粮食流通管理条例》(2021 年修订)第七条。

【法条】

第四条 国家加强粮食宏观调控,优化粮食品种结构和区域布局,统筹利用国内、国际的市场和资源,构建科学合理、安全高效的粮食供给保障体系,提升粮食供给能力和质量安全。

国家加强国际粮食安全合作,发挥粮食国际贸易作用。

【立法背景】

长期以来,作为粮食生产、消费和进口大国,我国粮食安全保障突出存在生产结构性矛盾突出、流通体制改革进展缓慢、多元储备和全过程监管体系不健全、节粮减损机制缺位、对外依存度高等诸多问题。为纾解前述困境,国家已陆续出台一系列粮食宏观调控的政策规范。

聚焦国家粮食宏观调控,国务院《关于深化粮食购销体制改革的通知》(国发〔1994〕32 号)即从粮食购销体制改革的维度明确提出,建立健全粮食储备调节体系,增强国家宏观调控能力,完善国家粮食储备调节制度,健全国家粮食宏观调控体系,是粮食购销体制改革的重点。国务院《关于进一步深化粮食流通体制改革的决定》(国发〔1998〕15 号)着眼粮食流通体制改革,强调国家发展计划委员会(现已撤销)会同有关部门搞好全国粮食宏观调控。国务院《关于进一步深化粮食流通体制改革的意见》(国发〔2004〕17 号)再次强调,应加强和改善粮食宏观调控,确保国家粮食安全,并开始从耕地保护、粮食生产、粮食储备、粮食流通、国内外市场调剂等多环节予以规定。国务院《关于完善粮食流通体制改革政策措施的意见》(国发〔2006〕16 号)提出应健全粮食宏观调控体系,并明确粮食宏观调控的目标是基本立足国内保障粮食供给,探索建立中长期粮食供求总量和品种结构基本平衡的长效机制。《国家粮食安全中长期规划纲要(2008—2020 年)》亦统筹规定,应着力提高粮食综合生产能力、完善粮食流通体系、加强粮食宏观调控,构建适应社会主义市场经济发展要求和符合我国国情的粮食安全保障体系。在此基础上,本法首次通过立法的形式,针对全方位、全流程的粮食安全保障工作,将国家粮食宏观调控职责予以明确。

针对具体调控安排的立法背景,(1)对于优化粮食品种结构和区域布局,国务院《关于进一步完善粮食流通体制改革政策措施的补充通知》(国发〔1999〕20 号)提出,应以市场为导向,调整粮食品种结构。中共中央、国务院《关于推进社会主义新农村建设的若干意见》(中发〔2006〕1 号)规定,应稳定发展粮食生产,积极调整农业结构。原农业部《关于贯彻落实〈中共中央、国务院关于推进社会主义新农村建设的若干意见〉的意见》(农发〔2006〕1 号)再次强调,应进一步优化粮食品种结构,大力发展优质专用粮食生产,推进粮食产业化经营,促进粮食加工转化。国务院《关于印发"十四五"推进农业农村现代化规划的通知》(国发〔2021〕25 号)第一节中明确应优化粮食品种结构。国家粮食和物资储备局《关于印发优质粮食工程"六大提升行动"方案的通知》(国粮规〔2021〕236 号)亦提出,应引导优质粮食种植,优化粮食品种结构。依据前述政策规范,本法统合规定,应优化粮食品种结构和区域布局,将诸多政策法治化。

(2)对于统筹利用国内、国际的市场和资源,党的十七届三中全会通过的中共中央《关于推进农村改革发展若干重大问题的决定》强调应提高统筹利用国内、国际两个市场、两种资源能力,拓展农业对外开放广度和深度。《乡村振兴战略规划(2018—2022 年)》中指出,从国际环境来看,全球经济复苏态势有望延续,我国统筹利用国内、国际两个市场、两种资源的空间将进一步拓展,同时国际农产品贸易不稳定性、不确定性仍然突出,提高我国农业竞争力、妥善应对国际市场风险任务紧迫。前述规范主要从宏观农业发展的视角,强调应提高统筹利用国内、国际市场和资源的能力,并未眷注微观的粮食产业。故而本法对此的规定是着重落脚于粮食领域,对该要求的又一次重申。

(3)对于构建科学合理、安全高效的粮食供给保障体系。在本法出台前,尚没有专门的规范性文件对粮食供给保障体系构建予以规定。仅国务院《关于印发全国国土规划纲要(2016—2030年)的通知》(国发〔2017〕3号)提出,应强化粮食供给保障能力。本法的该项规定从体系构建的维度对粮食供给保障予以系统规范,有助于粮食供给保障的整体推进。

(4)针对加强国际粮食安全合作,发挥粮食国际贸易作用。2007年,我国正式提出农业"走出去"战略,开启农业海外投资的高潮。故而我国粮食企业在国际粮食市场上的投资贸易活动,呈现日趋活跃的状态。截至2022年11月,我国在海外设立的粮食企业数量已超过1700家、中国对外农业投资存量近200亿美元。① 除直接投资活动外,我国也积极推动与其他国家签署农业合作协议,拓宽国际粮食市场。据国务院新闻办公室2019年10月14日发布的《中国的粮食安全》白皮书,我国已与60多个国家和国际组织签署了120多份粮食和农业多双边合作协议、60多份进出口粮食检疫议定书,并与140多个国家和地区建立了农业科技交流和经济合作关系,②为国内粮企开展海外投资活动奠定了重要基础,有力推动了我国粮企进行粮食国际投资活动。然而,检视我国粮企参与的国际粮食产业链,仍凸显参与环节的单一性。概言之,我国仍处于粮食产业链的终端需求侧、位于粮食价值链的中下游,国际粮食贸易主动权仍相对缺失,因而在国际竞争中还处于相对不利地位。③ 据农业农村部统计,截至2019年年底,我国在境外设立的983家企业中,仅有440家企业同时经营两种以及两种以上业务活动,占比44.8%,另有过半数境外企业仅从事单一环节的投资。④

在农业生产、物流储运、全球贸易、加工研发、终端销售等环节、横向一体化与纵

---

① 参见《商务部副部长郭婷婷:中国农业对外直接投资存量近200亿美元,已设立境外企业1700余家》,载搜狐网,https://www.sohu.com/a/602999190_116132,最后访问日期:2024年1月2日。

② 参见《中国的粮食安全》白皮书,载中华人民共和国国务院新闻办公室官网,http://www.scio.gov.cn/ztk/dtzt/39912/41906/index.htm,最后访问日期:2024年1月2日。

③ 参见赵霞、涂正健、张久玉:《双循环格局下中国粮食安全保障能力提升路径研究》,载《国际经济评论》2022年第4期。

④ 参见《农业现代化辉煌五年系列宣传之三十:农业对外投资步伐更加坚实》,载中华人民共和国农业农村部官网,http://www.jhs.moa.gov.cn/ghgl/202107/t20210728_6372940.htm,最后访问日期:2024年1月2日。

向一体化并举的粮食全产业链布局等方面，[1]我国粮企在国际粮食全产业链参与方面仍有一些不足：

（1）从产业链环节观之，我国多数对外投资的粮企以耕地投资、粮食生产为典型，对粮食的加工、流通、销售及粮食产前（包括农药、农具、农资、农用贷款等）环节均较少关注。除中国储备粮管理集团有限公司等大型粮商外，多数进行跨国粮食投资贸易的企业规模偏小，技术竞争优势不足，业务同质化明显，主要集中于生产和初加工等低附加值环节。农业农村部数据显示，截至 2018 年年底，我国境外涉农企业中，从事粮食和经济作物种植的企业共 382 家，主要种植水稻、玉米和小麦等粮食作物；从业务类别来看，企业对外投资种植生产业务占总额的 84.1%，加工和仓储占 13.98%，多数企业以水土资源开发型、紧缺型农产品寻求型为主，仍处在农作物种植的产业链低端环节。[2]

（2）从产业链控制维度观之，我国跨国粮企国际粮食产业链向前向后延伸有限，并且对粮食产业链的控制力相对不足。具体而言，突出表现为加工设备科技性欠缺、物流布局及基础建设不足、运营成本居高不下、海外经营风险分担欠佳等问题。[3] 不仅导致我国部分粮企在产业链内部环节难以获取成本内部化带来的利润增益与定价优势，而且引致多环节的成本支出与经营困难，极大约束企业的效益潜能与差异竞争的可能性。当前国际粮食市场竞争不再是单一环节竞争，而是系统的粮食产业链竞争，包括但不限于生产、加工、物流、仓储、信贷等环节。[4] 通过有效的制度调控产业链各环节、提升整体效益，是粮食安全保障的题中应有之义，也是我国粮企在国际粮食市场上获得竞争优势的关键。

【法条释义】

本法第四条规定了国家加强粮食宏观调控的基本职责、具体要求以及基本目标，

---

① 参见张秀青：《国际四大粮商运作模式研究》，载《国际经济合作》2014 年第 9 期。

② 参见《大型企业是国际农业合作的主要力量》，载农业农村部对外经济合作中心官网，http://www.fecc.agri.cn/yjzx/yjzx_yjcg/202009/t20200907_360576.html，最后访问日期：2024 年 1 月 5 日。

③ 参见李治、王东阳、胡志全：《“一带一路”倡议下中国农业企业“走出去”的现状、困境与对策》，载《农业经济问题》2020 年第 3 期。

④ 参见王瑞峰等：《中国粮食产业高质量发展实现路径研究》，载《北方园艺》2020 年第 15 期。

并强调国家应加强国际粮食安全合作,发挥粮食国际贸易作用。

概括而言,本条第一款首先原则性提出“国家加强粮食宏观调控”,并分别提出“优化粮食品种结构和区域布局”“统筹利用国内、国际的市场和资源”“构建科学合理、安全高效的粮食供给保障体系”3 项具体要求,以实现“提升粮食供给能力和质量安全”的目标。第二款聚焦国际粮食安全合作,进一步明确相应要求。

一、国家加强粮食宏观调控

粮食具有特殊使用价值,其不仅是一种财产,更是一种战略物资;不仅具有食物属性,亦具有政治属性、金融属性、能源属性乃至人权属性。进言之,粮食安全紧密关涉国家政治安全、经济安全、军事安全与社会稳定,具有极端重要的公共属性,并具有外部性。基于粮食以及粮食安全的双重特殊属性,政府必须加强对粮食的宏观调控,依法实施适度干预。由此,从宏观上对于粮食产业的整体运行活动进行规范调节和控制,保障粮食持续、稳定、协调供给。具体而言,政府可综合运用财税、金融手段,完备粮食领域相关的财政补贴、转移支付、税收优惠、最低收购价、农业保险、信贷支持等具体政策,并保障具体政策的有效贯彻落实。

二、优化粮食品种结构和区域布局

1. 优化粮食品种结构

《“十四五”推进农业农村现代化规划》主要针对重要粮食种类分别予以规定。具体包括:(1)稳定发展优质粳稻,巩固提升南方双季稻生产能力;(2)大力发展强筋、弱筋优质专用小麦,适当恢复春小麦播种面积;(3)适当扩大优势区玉米种植面积,鼓励发展青贮玉米等优质饲草饲料;(4)实施大豆振兴计划,增加高油高蛋白大豆供给;(5)稳定马铃薯种植面积,因地制宜发展杂粮杂豆。结合大食物观导向下人民对于优质粮食日益增长的需求,对于优化粮食品种结构的理解应进一步转向对于优质粮食作物品种的结构调整,引导发展生态高值粮食产业。在确保主粮供给的同时,多渠道拓展特色食物来源。

2. 优化粮食区域布局

国务院《关于建立粮食生产功能区和重要农产品生产保护区的指导意见》(国发〔2017〕24 号)分别划定粮食生产功能区和重要农产品生产保护区,并综合运用财税、金融等支持手段推进“两区”强化综合生产能力建设、发展适度规模经营以及提高农业社会化服务水平。在此基础上,《“十四五”推进农业农村现代化规划》新增加强特色农产品优势区建设的要求。通过发掘各地区的特色资源优势，完善特色农产品优势区体系，进一步优化“三区”共建的粮食区域布局。

三、统筹利用国内、国际的市场和资源

统筹利用国内、国际的市场和资源是对我国长期以来对外开放成果的重要总结，是新形势下发展现代农业、保障国家粮食安全的必然要求。按照对党的十七届三中全会决定的解读，[①]需要着重提高利用国内外两种资源、两个市场的能力。在扩大粮食产业对外开放的过程中，扬长避短、趋利避害，扩大开放领域，优化开放结构，提高开放质量，进一步拓展粮食产业对外开放的广度和深度。对此，可从以下几个方面予以改进：(1)完善粮食进出口战略规划和调控机制；(2)加强国际粮食市场研究和信息服务；(3)强化粮食进出口检验检疫和监管；(4)积极引导外商投资发展现代粮食产业；(5)完备粮食领域的外资准入和安全管理制度；(6)积极实施“走出去”战略，统筹开展对外粮食产业合作，逐步建立健全国际粮食产业链。

四、构建科学合理、安全高效的粮食供给保障体系

粮食供给保障体系主要强调对于粮食常态化供应和突发情况下临时保障机制的系统构建。(1)应着力提升粮食全产业链的粮食供给能力，高质量推进粮食保障体系建设，强化粮食生产、外部供应和粮食储备等关键领域的效能提升。(2)应重视突发情况下的临时供给保障，完善临时性粮食救助保障机制。对此，应结合《突发事件应对法》的有关规定，完备临时性救助保障的整体制度框架，强调以优先保障人民基本生存需求为核心，有效调动粮食储备，加强粮食风险基金的管理和利用，着力平抑粮食市场价格，避免发生系统性风险。

五、提升粮食供给能力和质量安全

具体而言，(1)提升粮食供给能力的目标体现了本法对于平衡粮食供给与需求这一粮食安全保障最基本要求的保障。对此，主要着眼粮食供给维度，通过优化粮食品种结构和区域布局，统筹利用国内、国际的市场和资源，以及构建科学合理、安全高效的粮食供给保障体系，实现粮食供给能力的系统提升。(2)提升粮食质量安全的目标应当作为粮食宏观调控的重心。此外，对于粮食质量安全的保障，需要从粮食安

---

① 参见《决定解读：提高统筹利用国际国内市场、资源能力》，载中华人民共和国中央人民政府官网，https://www.gov.cn/govweb/jrzg/2008-12/24/content_1186208.htm，最后访问日期：2024年1月5日。

全保障工作全流程以及粮食供给保障整个体系维度统筹把握,以实现粮食质量安全的系统提升。

六、国家加强国际粮食安全合作,发挥粮食国际贸易作用

本条第二款强调,国家加强国际粮食安全合作,发挥粮食国际贸易作用。党的二十大报告明确指出,要"全方位夯实粮食安全根基",这对保障国家粮食安全提出更高要求,也是对牢牢把握粮食安全主动权的重大战略部署。① 事实上,我国粮食安全除面临国内层面的供求紧平衡、生产结构性矛盾等风险外,在国际层面还面临我国粮企参与产业环节单一、缺乏国际竞争力、投资风险防范能力不足,国内关税配额制度失范等问题。上述困境在相当程度上造成了粮企在国际粮食市场的定价议价能力弱以及投资贸易的影响力与控制权不足等问题。② 不仅制约我国粮企参与粮食国际贸易与合作的广度和深度,而且可能传导国际风险影响我国粮食进口供应链的稳定性,进而诱发冲击国内粮食市场安全稳定的深层次危机。

故而"全方位夯实粮食安全根基"不仅需要着眼国内层面的粮食安全,更要关注国际粮食安全事件所可能带来的外部冲击,"统筹利用国内、国际的市场和资源",从"国内—国际"双维度保障国家粮食安全。对此,一方面,应从宏观层面推动国内粮企参与国际粮食全产业链发展、国内粮企国际化制度化培育;另一方面,应从微观层面推进粮食国际投资保险制度革新以及农产品关税配额改革。

具体而言,可综合采取以下措施:(1)法治推动我国粮企参与粮食国际全产业链发展。我国粮企因融资支持不足、国内指引缺失、国际规则制约等原因对粮食国际全产业链的参与不足。对此,应强化对粮企"走出去"的信贷支持制度,出台粮食海外全产业链投资官方指引,与投资所在国达成具体可行的粮食投资双边协定,同时推动优化粮食相关国际规则及国际标准。(2)为我国粮食国际贸易与合作培育强有力的跨国粮企。我国缺少强有力的跨国粮企参与国际市场竞争,运用法治手段将国内粮企培育为跨国粮企至关重要。鉴于当前扶持制度模糊笼统、培育效果欠佳,应制定适

① 参见《习近平:高举中国特色社会主义伟大旗帜 为全面建设社会主义现代化国家而团结奋斗——在中国共产党第二十次全国代表大会上的报告》,载中华人民共和国中央人民政府官网,https://www.gov.cn/xinwen/2022-10/25/content_5721685.htm,最后访问日期:2024年1月6日。

② 参见赵霞、陶亚萍、胡迪:《粮食安全视角下我国粮食产业国际竞争力的提升路径》,载《农业经济问题》2021年第5期。

配企业规模的匹配性支持政策、适配产业环节的导向性培育机制、适配投资国别的针对性扶持方案,以培育合法、有力、坚实的国际粮食市场主体。(3)优化我国粮企海外投资保险制度,有效分担投资风险。因粮食国际投资风险防范制度缺失,我国粮企“走出去”往往面临高风险,海外粮食投资保险制度成为法治优化重点。对此,应加快完善我国粮食国际投资保险规范制度体系,构建保险求偿双边模式以促进投资保险代位求偿权的实现,同时推动粮食国际投资担保机制的应用与创新。(4)优化国内层面农产品关税配额制度。针对目前农产品关税配额欠缺适度性、透明性等问题,可通过完备制度约束,限制农产品关税配额的无度扩张确保“适度进口”,并在具体制度适用时强调“事前—事中—事后”全过程透明化。

由此,可直接推动我国粮企深度参与粮食国际全产业链发展,稳步提升国际市场竞争力,有效防范国际投资风险,并适用更合理关税配额制度。同时,可间接增强我国粮食进口供应链的稳定性,提升我国在国际粮食市场上的话语权,进一步保障国家粮食安全。

【实务应用】

正安县人民政府官方调查数据显示,该县对于粮食产业机构的调整已切实取得一定成效。[①] 2020年,正安县持续推进粮食产业结构调整,优化产业结构,将玉米继续调减,增加短缺品种及绿色优质产品。在系列调控措施之下,该县主要粮食呈现“一减三增”态势,大豆和高粱播种面积增加明显,稻谷和甘薯种植面积基本稳定,秋收马铃薯和玉米种植面积减少。

深入分析正安县的粮食产业调控实践经验,该县在优化粮食产业结构的过程中系统采取了如下措施:(1)推进适度规模经营,提高粮食生产效益。正安县在考虑不同农业经营主体基本利益诉求的基础上,因地制宜、分类施策地推进粮食产业适度规模经营,有效发挥了粮食产业规模化经营的集成效应。具体而言,该县主要鼓励支持新型经营主体采取土地股份合作、土地托管、代耕代种等多种方式发展粮食适度规模

① 参见《正安:秋收粮食作物种植面积略有上升 农作物种植结构明显优化》,载正安县人民政府官网,http://www.gzza.gov.cn/zjza/jjfz/202007/t20200708_61386713.html,最后访问日期:2024年1月3日。

经营。此外，采取规模化种植、标准化生产、产业化开发等多种模式，在着重发挥农业专业合作社、种粮大户、家庭农场、龙头企业等示范引领作用的基础上，实现规模性经营主体与小农户的利益联结。通过规模性经营主体与小农户的协同联动，进一步推动该县粮食产业结构的转型升级。(2)完备粮食产业链综合保障。正安县在调整优化粮食结构和布局的基础上，着力整合农业资源，加强粮食产销对接、健全粮食产后服务体系。同时，聚焦本地资源优势和特色产业，推进粮食特色产业发展。此外，大力发展水稻、高粱、薏仁米等“订单农业”，通过“公司+合作社+农户”的经营模式，有效拓宽销售渠道，降低粮食市场风险。(3)加强资金、服务等政策扶持。在粮食产业结构优化调控的过程中，正安县系统采取了加大农业相关补贴支持、完善农业基础设施建设、完备粮食购销政策、严格落实粮食最低收购价、加大农业技术推广以及保障农业保险规范有序开展等具体措施。以上具体措施已然形成了较完备的配套支持体系，为粮食产业结构的优化提供了坚实的制度支持。

【相关规定】

《突发事件应对法》第四十九条、第五十一条、第五十二条。

【法条】

第五条　县级以上人民政府应当将粮食安全保障纳入国民经济和社会发展规划。县级以上人民政府有关部门应当根据粮食安全保障目标、任务等，编制粮食安全保障相关专项规划，按照程序批准后实施。

【立法背景】

《国家粮食安全中长期规划纲要(2008—2020年)》系统提出了2008～2020年我国粮食安全保障的指导思想、目标、主要任务及相应政策措施，为2008～2020年我国粮食宏观调控工作提供了重要依据。《中华人民共和国国民经济和社会发展第十四个五年规划和2035年远景目标纲要》首次将实施粮食安全战略纳入五年规划，在“强化国家经济安全保障”专章作了专节规定，并且从产购储加销体系的各个环节作了总体安排和部署。同时，首次将增强粮食综合生产能力作为安全保障类约束性指标，在经济社会发展主要指标中予以明确。《国家粮食安全中长期规划纲要(2008—

2020年)》以及《中华人民共和国国民经济和社会发展第十四个五年规划和2035年远景目标纲要》对于粮食安全工作的总体部署,不仅为各环节进一步加强粮食安全的保障措施提供指引,更强调了粮食安全相关规划在粮食安全保障中的重要意义。党的十九届四中全会亦提出,应健全以国家发展规划为战略导向,以财政政策和货币政策为主要手段,就业、产业、投资、消费、区域等政策协同发力的宏观调控制度体系,并要求完善国家重大发展战略和中长期经济社会发展规划制度。

在此基础上,本法明确规定,县级以上人民政府应当将粮食安全保障纳入国民经济和社会发展规划。县级以上人民政府有关部门根据粮食安全保障目标、任务等,编制粮食安全保障相关专项规划,按照程序批准后实施。为确保国家粮食安全保障工作的系统有序推进,保证粮食安全保障具体目标和任务的严格落实,提供了关键制度保障。

【法条释义】

本法第五条对于粮食安全保障相关国民经济和社会发展规划及专项规划的编制及实施要求予以明确。

概括而言,本条分别聚焦县级以上人民政府以及县级以上人民政府有关部门,规定县级以上人民政府应当将粮食安全保障纳入国民经济和社会发展规划,而县级以上人民政府有关部门应根据粮食安全保障目标、任务等,编制粮食安全保障相关专项规划,并按照程序批准后实施。

一、县级以上人民政府应当将粮食安全保障纳入国民经济和社会发展规划

国民经济和社会发展规划是全国或者某一地区经济、社会发展的总体纲要,统筹安排和指导全国或某一地区的社会、经济、文化等建设工作,是具有重要战略意义的指导性文件。对于优化公共资源配置方向,引导市场主体行为,提供国家战略落实落地的重要载体以及提升国家治理体系和治理能力现代化水平具有重要作用。[①] 聚焦粮食安全保障工作,县级以上人民政府应当贯彻落实将粮食安全保障纳入国民经济和社会发展规划的法律规定,列明本级政府粮食安全保障工作的目标、任务和具体措施,并将所需经费纳入本级预算。在此基础上,实现粮食安全保障相关部署与其他国

① 参见林念修:《更好发挥国家发展规划战略导向作用》,载《全国人大》2019年第24期。

民经济和社会发展具体安排相统筹。

二、县级以上人民政府有关部门应当根据粮食安全保障目标、任务等,编制粮食安全保障相关专项规划,按照程序批准后实施

在前述粮食安全保障相关国民经济和社会发展规划编制的基础上,县级以上人民政府有关部门应当根据粮食安全保障目标、任务等,编制粮食安全保障相关专项规划,按照程序批准后实施。参照《国家粮食安全中长期规划纲要(2008—2020年)》,粮食安全保障相关专项规划可覆盖耕地保护、粮食生产、粮食流通、粮食储备、粮食加工、粮食应急、粮食节约等各方面,具体可包括:粮食生产能力规划(由发展改革委牵头会同农业农村、水利、交通运输、生态环境等部门组织编制)、耕地保护和土地整理复垦开发规划(由自然资源部门牵头会同有关部门组织编制)、水资源保护和开发利用规划(由水利部门牵头会同有关部门组织编制)、农业及粮食科技发展规划(由科技部门牵头会同有关部门组织编制)、节粮型畜牧业发展规划(由农业农村部门牵头会同有关部门组织编制)、油料及食用植物油发展规划(由发展改革委牵头会同农业农村、商务、工业和信息化、自然资源等部门组织编制)、粮食储备体系建设规划(由发展改革委牵头会同有关部门组织编制)、粮食加工业发展规划(由工业部门牵头会同有关部门组织编制)、促进居民科学健康消费粮油规划(由粮食和物资储备局等牵头会同有关部门组织编制)等重要粮食安全保障相关专项规划。各相关部门在编制、执行前述专项规划时,应重视粮食安全专项规划与粮食安全保障相关国民经济和社会发展规划之间,以及各粮食安全专项规划间的统筹与协调,更好地发挥粮食安全保障相关规划对于国家粮食安全保障工作的系统指引和导向作用。

三、配套粮食安全保障相关规划编制、执行的监督与责任机制

申言之,对于前述粮食安全保障相关规划的编制和执行,也应配套相应的监督与责任机制,并重点针对规划的执行予以监督考核,确保规划内容的有效贯彻与落实。当前,本法尚未明确规定相关政府及其主管部门违反规划编制的具体责任后果,需依据本法第六十五条,笼统认定为地方人民政府和县级以上人民政府有关部门不履行粮食安全保障职责的行为。对负有责任的领导人员和直接责任人员依法给予的处分类型,亦有待明确。

【实务应用】

2022年11月3日，江西省粮食和物资储备局专门出台《关于印发江西省粮食和物资储备“十四五”发展规划三项子规划的通知》（赣粮发〔2022〕11号）即依据《江西省粮食和物资储备“十四五”发展规划》，组织编制《江西省粮食产业强省建设“十四五”规划》《江西省粮食仓储物流设施建设“十四五”规划》《江西省粮食和物资储备信息化建设“十四五”规划》3项粮食安全保障相关子规划。

具体而言，(1)《江西省粮食产业强省建设“十四五”规划》明确设定了粮食产业强省发展指标，并区分预期性与约束性两类标准分别划定，突出强调粮食应急保障中心、市县粮食质量内部检验监测平台、成品粮油交易网上渠道等具体安排。此外，该规划明确应建设稳定安全收储体系、加强粮油加工体系建设、完善粮食质量监管体系以及加强粮食交易体系建设4项主要任务，并着力完善财税金融支持、粮食人才队伍建设等保障体系，为各区域粮食产业发展规划提供了有益的制度支持。(2)《江西省粮食仓储物流设施建设“十四五”规划》着眼粮食仓储物流设施建设，明确提出仓储设施现代化水平全面提升、粮食现代物流体系加快发展两大基本目标，并将粮食仓储设施总量、粮食仓储设施改造确立为约束性指标。同时，明确强调应优化仓储物流设施布局、加强粮食仓储设施建设、提升粮食物流网络功能并加大仓储物流科技创新，进一步推动粮食仓储物流设施的现代化、智能化发展。(3)《江西省粮食和物资储备信息化建设“十四五”规划》则主要聚焦粮食和物资储备信息化建设，强调信息化在保障国家粮食安全、履行国家储备安全核心职能、健全完善粮食应急保障和物资储备保障体系、提升粮食购销领域监管质量与效能以及促进行业系统深化改革和创新转型，实现高质量发展的重要作用。该规划明确提出应统合提升监管、储备、应急、决策、服务五大效能，突出强调对地方政策性储备粮监管覆盖率的提升以及粮食储备智慧化监管等具体任务。前述规划针对粮食和物资储备的信息化建设作出了系统完善的部署和安排，可作为各地方粮食和物资储备高质量发展的经验借鉴。

【相关规定】

《粮食安全保障法》第六十五条。

【法条】

第六条　国家建立健全粮食安全保障投入机制，采取财政、金融等支持政策加强粮食安全保障，完善粮食生产、收购、储存、运输、加工、销售协同保障机制，建设国家粮食安全产业带，调动粮食生产者和地方人民政府保护耕地、种粮、做好粮食安全保障工作的积极性，全面推进乡村振兴，促进粮食产业高质量发展，增强国家粮食安全保障能力。

国家引导社会资本投入粮食生产、储备、流通、加工等领域，并保障其合法权益。

国家引导金融机构合理推出金融产品和服务，为粮食生产、储备、流通、加工等提供支持。国家完善政策性农业保险制度，鼓励开展商业性保险业务。

【立法背景】

确保农业稳产增产、农民增收，对于保障粮食安全意义重大。当下，粮食供求紧平衡叠加消费需求升级的新形势，对粮食安全保障提出了“保量、提质、增效”的新挑战，其关键问题是如何有效激励粮食安全保障工作稳中求进。

长期以来，我国已陆续出台多项政策措施激励农民积极投入粮食生产，并逐步探索构建了以价格支持和直接补贴导向为主的农业支持保护制度。(1)中共中央、国务院发布的《关于全面推进乡村振兴加快农业农村现代化的意见》明确指出，要“稳定种粮农民补贴，让种粮有合理收益”。然而，随着我国农业生产的不断发展，持续多年的普惠式农业补贴政策开始呈现边际效应递减甚至出现制度异化，农民粮食生产补贴制度的弊病越发明显。当前，补贴体系凸显现行粮食补贴制度相关立法缺失、补贴标准的制定欠缺激励性、执行成本高企、监管措施薄弱等问题，亟须予以优化完善。

(2)党的二十大报告明确强调，应“发展新型农业经营主体和社会化服务，发展农业适度规模经营”。2022年农业农村部《关于实施新型农业经营主体提升行动的通知》(农经发〔2022〕1号)进一步具体明确了对新型农业经营主体的支持措施，提出应“以内强素质、外强能力为重点，突出抓好农民合作社和家庭农场两类农业经营主体发展”。[①]

---

① 参见《农业农村部关于实施新型农业经营主体提升行动的通知》，载中华人民共和国中央人民政府官网，http://www.gov.cn/zhengce/zhengceku/2022-03/29/content_5682254.htm。

然而,在新型农业生产经营主体发展过程中,仍突出存在融资难的困难,严重影响其生产积极性,威胁我国粮食生产安全。[①] 检视新型农业生产经营主体的融资现状,其在直接融资中突出面临融资利率的畸高问题;在间接融资中,信用贷款、抵押贷款和担保贷款方式均在一定程度上受到新型农业生产经营主体弱质性的掣肘,进一步导致新型农业生产经营主体难以突破融资门槛,信贷压力不断增加。

从宏观维度观之,粮食主产区、粮食主销区与产销平衡区间亦突出存在粮食安全保障积极性不足的问题。(1)粮食主产区长久以来肩负了保面积、保产量的粮食安全保障重任。2022 年粮食主产区粮食产量共占全国粮食总产量的 78% 以上,为国家粮食安全作出了突出贡献。[②] 粮食生产的正外部性弥补了粮食主销区粮食产需的缺口,但同时粮食主产区也丧失了发展第二、第三产业的机会。然而,既有粮食主产区利益补偿机制无法改善"粮食大省、财政穷省"的局面。具体而言,粮食主产区利益补偿机制面临粮食主产区政府补偿主体缺位,无法弥补粮食主产区生产机会成本的损失;补偿机制较单薄,市场化活力不足;补偿资金的全过程监管不力,绩效偏低导致激励效应放缓等问题。这些亟待予以系统完备。

(2)着眼我国当下粮食生产结构现状,目前粮食生产过度集中于粮食主产区,直接引致粮食主产区生态损耗以及利益严重失衡等困难,阻碍粮食主产区的可持续供给。再叠加市场风险以及社会因素等导致的粮食流通受阻,进一步衍生粮食主销区与产销平衡区的粮食调入风险。同时,由于粮食主销区与产销平衡区自身产能偏弱,难以应对消费需求的刚性升级,粮食品种等产需结构不平衡的矛盾逐渐激化。故而,粮食主销区与产销平衡区对于粮食主产区的过度倚赖已难以适应新形势下国家粮食安全保障的新要求,甚而成为我国粮食安全风险的直接诱因。如何通过有效的投入保障机制,激励粮食主销区与产销平衡区粮食安全保障责任的承担,成为亟待解决的

---

① 农民日报社《2022 新型农业生产经营主体发展评价》课题组的调查报告显示:2021 年,500 强农业企业的资产周转率平均值为 2.27,其中,近 400 家农业企业的资产周转率小于等于平均值,在政策如何支持农业企业复工复产方面,18.49% 的农业企业提出了对银行贷款的需求,仅次于财政补贴(29.40%)和税收减免(24.89%)。参见《2022 中国新型农业生产经营主体发展分析报告(一)》,载百度网,https://baijiahao.baidu.com/s?id=1753598676683961137&wfr=spider&for=pc,最后访问日期:2024 年 1 月 2 日。

② 参见国家统计局:《国家统计局关于 2022 年粮食产量数据的公告》,载《现代面粉工业》2023 年第 1 期。

重要命题。

在前述背景下，本条着重强调国家应建立健全粮食安全保障投入机制，运用法治手段实现对粮食安全保障工作的有效激励。着眼宏观与微观两个维度，力求统合粮食生产主体与政府两大抓手，吸引社会资本合力，覆盖粮食生产、收购、储存、运输、加工、销售六大关键环节，统筹推进财政、金融等多种支持措施，将粮食安全保障“强激励”制度化、规范化。

【法条释义】

本法第六条明确规定，国家建立健全粮食安全保障投入机制，系统构建多主体参与、多环节协同、多措施并举的粮食安全保障投入体系。

概括而言，本条第一款总体规定，国家建立健全粮食安全保障投入机制，并列明具体制度要求；第二款专门强调，国家对于社会资本投入粮食产业的引导与保障，以扩充粮食安全保障的投入来源；第三款则突出发展金融产品和服务以及农业保险的重要性，进一步完备粮食安全保障投入机制的具体措施。

一、针对粮食安全保障投入具体措施

本条明确规定国家建立健全粮食安全保障投入机制，采取财政、金融等支持政策加强粮食安全保障。在此过程中，注重引导金融机构合理推出金融产品和服务，完善政策性农业保险制度，鼓励开展商业性保险业务。(1)着眼粮食安全保障相关财政政策，主要包括农业支持保护补贴、农业保险保费补贴等财政资金补贴政策，粮食企业相关税收优惠政策，粮食主产区转移支付政策以及粮食最低保护价政策等政策体系。(2)聚焦粮食安全保障相关金融政策，在夯实粮食安全根基过程中，金融服务是提高粮食安全稳定性的另一重要着力点。目前，我国已初步构建包括信贷、保险、期货、股权、政策性金融等在内的多层次粮食安全金融保障体系。在此基础上，可针对粮食安全保障的关键环节，围绕农业生产经营主体的融资需求，多维度推进涉农企业通过股权、债券市场及期货等方式融资。同时，着力提升农业保险水平，探索“政府、银行、保险、担保”合作模式，运用政府性融资担保机制，合理分担风险。通过投资补助、财政贴息等方式及担保机构的担保，增加金融机构信贷投放的积极性。申言之，对于本条中的“等支持政策”应作“等外等”的解释。除财政、金融支持政策外，仍应完备服务支持、用地用电支持、人才支持等多重支持政策体系。

二、针对粮食安全保障投入机制的具体保障环节

1. 完善粮食生产、收购、储存、运输、加工、销售协同保障机制

具体而言,(1)在粮食生产环节,应着力完备耕地地力保护补贴、耕地生态保护补偿等耕地保护相关制度,并切实提升制度绩效。同时,积极推进粮食适度规模经营补贴,侧重加强对规模化粮食生产主体的金融保障,推进粮食规模化种植。(2)在粮食收购环节,应严格落实最低收购价政策。中国储备粮管理集团有限公司应在相关部门的监督之下履行政策执行责任,及时申请在符合条件的地区启动最低收购价执行预案,并保障预案的规范有序实施。(3)在粮食储存环节,可着眼财政补贴、税收优惠和金融支持,激励粮食企业扩充社会责任储备,并引导企业积极优化粮食储备结构。(4)在粮食运输环节,国家应积极投入财政资金保障粮食物流基础设施建设,完备对粮食物流的税收优惠政策。(5)在粮食加工环节,可通过财税、金融、服务等支持手段引导粮食加工企业调整优化粮食加工结构,推进大食物观导向下的粮食精细化加工的技术升级。(6)在粮食销售环节,应侧重完备粮食销售企业的税收优惠政策体系,综合运用减税、免税等多重手段,减轻粮食销售企业的成本负担。

2. 建设国家粮食安全产业带

在前述各环节保障的基础之上,亦应支持粮食安全产业带建设,系统提升粮食产业竞争力。国家粮食安全产业带的表现是在现有粮食生产功能区和重要农产品生产保护区建设的基础上,以全方位夯实粮食安全根基为目标,以推进粮食产业高质量发展为核心,通过集聚整合资源要素提升粮食综合生产能力,打造粮食产业体系,以全面增强粮食安全综合保障能力。

在国家粮食安全产业带建设过程中,需侧重完备耕地、种业和农业科技等重点要素发展的支持机制。(1)加大对高标准农田、农田水利基本建设等方面金融支持力度,围绕农地开发、生产、经营等建立全方位的金融支持体系,提高耕地基础地力对提升粮食生产竞争力的贡献度。(2)运用信贷风险补偿和专项贷款等优惠手段支持种质资源基础研究、开发、应用等种源关键核心技术联合攻关。针对种业研发中突出的融资难题,金融机构应进一步匹配长期资金,让更多金融资源投入农业育种重大科技项目。(3)协同金融、财税等政策合力,促进农业科技升级。具体而言,可为保护性耕作、农业机械化、绿色高效农机装备研发制造提供金融与财政支持,增加对农业科技的信贷投入,并为产业融合发展、数字农业、智慧农业等提供金融服务。

三、针对粮食安全保障投入机制的具体参与主体

国家在建立健全粮食安全保障投入机制的基础上，亦应引导社会资本投入粮食生产、储备、流通、加工等领域，并保障其合法权益。考虑国家财政有限的负担能力，仅依赖单一政府主体显然无法承担粮食安全保障的全部投入责任。对此，国家应积极拓宽融资渠道，充分发挥财政保障、直接融资、间接融资、社会资本参与等多方力量，纾解粮食安全保障投入资金不足的现实困境，切实发挥多元主体的粮食安全保障合力。

【实务应用】

聚焦粮食生产实践，耕地地力的良好状态是粮食可持续产出的根基。为带动耕地地力保护实践，我国于2016年全面推开农业“三项补贴”改革，开始施行耕地地力保护补贴。该项补贴通过补贴条件等的限制，侧重对耕地地力保护活动的落实予以引导，体现出明显的功能性转向。[①] 然而，现行耕地地力保护补贴制度并未与其功能性转向相统合，在规范设定与绩效核定方面均体现对原先粮食直接补贴思路的直接承继。依据当前规范要求，耕地地力保护补贴的补贴对象原则上为拥有土地承包权的种地农民，补贴依据及标准主要按照耕地面积予以确定，对于补贴发放的绩效核定则偏重考察各地弃耕抛荒情况。审度该制度逻辑，补贴领取者是否适用于从事耕地地力保护实践？依据耕地面积固定的普惠性标准能否有效发挥补贴的激励作用？仅关注弃耕抛荒可否涵括耕地地力保护要求？对于前述问题的反思和回应，实则关涉粮食可持续安全的走向与成效。

针对前述实践问题，(1)在耕地地力保护补贴的功能性转向下，补贴制度对各补贴对象的实际激励作用应得到充分且确切的彰显。针对现行补贴发放与实际参与地力保护者脱节的问题，对补贴对象的拟定可着眼以下两个层次：一是纳入农业生产经营组织体；二是聚焦“占有并使用”的核心经营权能主体。据此，耕地地力保护补贴之补贴对象可调整为实际占有及使用耕地的农民与组织。对于实际占有及使用的区分，一般仅存在于土地经营权人与实际种地者较稳定且明显分离的情形。在实际生

---

① 参见何蒲明、魏君英、贺亚亚：《粮食安全视阈下地力保护补贴问题研究》，载《农村经济》2018年第9期。

产中较常见的雇佣关系，因雇农并不具有稳定的占有及使用权能，应予以排除。通常情况下，实际占有及使用耕地的主体均为土地经营权人。

(2)在补贴分配正义的逻辑前提下，可保留依耕地面积固定的既定逻辑，但依据"比值相等"的分配原则对补贴标准予以调整，采用普惠制基础上的差别化分配标准。对于补贴标准的修正主要考量因素包括地力保护效果、地力保护成本以及政府部门的可操作性等。此外，在按照耕地面积计算补贴资金的基础上，亦可基于各地方耕地地力保护的实际需要，试对耕地地力保护的关键举措分条目划定相应的补贴比例，①并与耕地地力保护效果的核验相衔接，对特定举措未完成者酌以扣减，对采用试推广的地力保护技术者予以适度的额外奖补。

(3)在耕地地力保护补贴的功能性转向下，对地力保护效果的核验应为补贴发放流程中的关键环节。不同于主要判断所申报的耕地地块是否符合补贴范围，各地方的村级自治组织还应定期关注具体地力保护举措的完成情况或相关监测点的地力质量监测结果，建立公开透明的耕地地力保护数据管理平台和较完备的农事操作档案记录。除主要针对有限的土壤监测点的农事操作进行记录外，各村也应逐步推行建立村内农户的农事操作档案，记录较严重的破坏地力情况如焚烧秸秆，以及所申报的耕地地力保护措施完成情况，对较严重的破坏地力行为等进行常态化监督，并鼓励农户自主申报耕地地力保护活动。在此基础上，对于存在严重破坏耕地地力行为或未完成各地方所规定的关键举措者，村级自治组织应在管理平台或档案中予以登记，按适当比例扣减其补贴资金，明确补贴领取者的耕地地力保护责任；对于积极响应耕地地力保护要求，推行地力保护新型技术或投入品等的农户，可经核验给予其适当的奖补。对于地力保护实际效果的核验细则，建议由中央层面出台可据以参照的纲要，各地方结合其耕地地力保护实际情况予以调整。诚然，对该机制的探索亦需要相应的工作队伍、动态监测技术等与之配套。对此，借鉴相关领域的实践经验，可通过政府购买服务模式引入社会组织或专业机构作为中立第三方服务机构对耕地地力保护核验工作提供支持，保证核验工作的公平、专业和高效，促进耕地地力保护的稳步推进。

① 建议可按各地方实际，对遏制露天焚烧秸秆、黑土地保护、测土配方施肥、推广稻田冬种绿肥及惩治投入品违规使用等具体措施予以专项划定。

【法条】

第七条　国家加强粮食安全科技创新能力和信息化建设，支持粮食领域基础研究、关键技术研发和标准化工作，完善科技人才培养、评价和激励等机制，促进科技创新成果转化和先进技术、设备的推广使用，提高粮食生产、储备、流通、加工的科技支撑能力和应用水平。

【立法背景】

践行大食物观，维护国家粮食安全，应通过加强粮食安全科技创新能力和信息化建设，积极提升粮食产业发展的内驱动力。

针对粮食产业发展内驱动力的提升，应坚持以科技作支撑，贯彻落实"藏粮于技"战略。对此，尤其应着重关注以培育粮食新品种为代表的种业生物技术发展，以及以数据、算法、人工智能等为基础开展的信息化建设。中共中央、国务院《关于深化体制机制改革加快实施创新驱动发展战略的若干意见》（中发〔2015〕8号）和《关于深化科技体制改革加快国家创新体系建设的意见》（中发〔2012〕6号）明确强调科技体制改革的重要意义。原国家粮食局《关于深化粮食科技体制改革和加快创新体系建设的指导意见》（国粮展〔2015〕74号）结合粮食安全保障工作实际，专门针对全面深化粮食科技体制改革和加快粮食行业科技创新体系建设予以规范。同时，《种子法》《专利法》《植物新品种保护条例》等法律法规亦为粮食科技创新等提供了一定的制度基础。然而，既有立法及相应政策体系主要仍聚焦部分领域，尚难以从制度层面推动粮食安全科技创新能力的整体提升，对于粮食领域相关研究及技术成果转化推广等亦未能形成完备的制度保障，亟待通过明确系统的立法予以应对。

1. 着眼种业生物技术

种子是农业的"芯片"，是粮食安全的关键。我国《种子法》《专利法》《植物新品种保护条例》等法律法规为粮食种业创新提供了一定的制度支撑。然而，粮食新品种权等的保护仍面临立法不足和监管缺失的弊病。（1）现行法律规范之间缺乏有效衔接，难以系统有效保障农民育种权益；（2）粮食种子基地生产监管较薄弱，凸显监管主体制度不健全，全过程监管制度供给不足以及监管方式陈旧僵化等问题。

2. 聚焦粮食安全信息化建设

粮食安全信息化建设通过将以数据和算法为基础的现代信息技术应用于粮食安

全保障领域,推动粮食安全保障系统工程不断优化,统筹实现粮食生产、储备、加工、流通、销售等各环节的信息技术赋能。当前,我国仍面临“产储加购销”各环节信息化建设程度不均衡、粮食相关产业间的数据共享能力不足等问题。具体表现为粮食产业信息化建设制度保障体系不健全、市场主体参与粮食产业信息化建设的激励机制不足,以及现代农业信息技术应用的风险防范机制缺失等弊病。亟待完善粮食全产业链信息化建设保障制度,推动实现国家粮食安全保障的信息技术赋能。

【法条释义】

本法第七条明确规定,国家应加强粮食安全科技创新能力和信息化建设。

概括而言,本条规定了国家加强粮食安全科技创新能力和信息化建设的总体要求,主要强调粮食产业发展内驱动力提升的技术赋能。在此规定的指导下,应实施支持粮食领域基础研究、关键技术研发和标准化工作,完善科技人才培养、评价和激励等机制,促进科技创新成果转化和先进技术、设备的推广使用,以及提高粮食生产、储备、流通、加工的科技支撑能力和应用水平的具体措施。

一、支持粮食领域基础研究、关键技术研发和标准化工作

国家应综合运用财税、金融等多重支持措施,聚焦粮食领域科技创新的核心需求,推动粮食质量安全、粮食储备安全、粮食物流现代化、粮油加工增值、粮情监测预警、粮食节约减损等方面的基础研究,强化生物技术、信息技术等在粮食全产业链的应用与技术创新,并着力推动粮食行业相关标准的制定与修订进程。

二、完善科技人才培养、评价和激励等机制

根据本条规定,国家应完善科技人才培养、评价和激励等具体机制。(1)科技人才培养机制主要是指为满足科技创新和发展需求,培养科技领域的专门人才。针对粮食安全保障领域,国家应着力完备对学生以及实务工作人员的基础教育、高等教育、职业教育以及技术培训等教育、培训体系,加大对粮食领域科技教育、培训的财政支持力度,鼓励提升科学素养和创新能力,发展粮食科技领域的专门技术人才。(2)科技人才评价机制主要指通过客观科学的方法及评价指标体系,衡量科技人才的专业能力、素养和具体贡献。参照科学技术部等部门发布的《关于开展科技人才评价改革试点的工作方案》,国家应按照创新活动类型构建以创新价值、能力、贡献为导向的科技人才评价体系,并确定符合科研活动特点的评价指标及评价方式。

(3)科技人才激励机制主要指通过各类激励手段,有效激发科技人才对于技能提升、推进技术创新的积极性。对此,国家应着重针对粮食安全保障领域的特殊性,完备对科技人才引进、科研成果转化等的奖励、补贴机制,优化科研项目支持机制,并加大对科技人才培训、深造等的保障力度。

三、促进科技创新成果转化和先进技术、设备的推广使用

促进科技创新成果转化和先进技术、设备的推广使用应兼顾以下两个方面。(1)国家应促进形成科技创新与成果转化合力。着力加大对科技成果后续试验、开发应用和推广活动的制度支持,贯彻落实国家科技成果转化政策,完备相关的科研奖励制度,并推动形成粮食产业相关的新产品和新工艺。(2)国家应加大对先进技术、设备推广使用的支持力度。引导各地加快科技成果推广体系和服务信息平台建设,培育专业化、社会化、网络化的粮食科技中介服务机构,并完备对先进技术、设备推广使用的财政补贴、技术指导等制度支持。

四、提高粮食生产、储备、流通、加工的科技支撑能力和应用水平

首先,在粮食科技成果不断创新推广的基础之上,国家应综合运用财政补贴、农业保险、用电优惠、技术培训服务等多样化的支持政策,加大粮食生产经营者应用现代化粮食科技的制度支持。其次,为促进形成多主体合力,可积极鼓励引导社会资本参与粮食科技创新与推广运用;加快建立基层农业科技推广机构,并加强监督考核,进一步发挥科技在粮食安全保障中的重要作用。申言之,粮食科技创新应兼顾发展与安全。在确保粮食科技产品生产安全、质量安全,粮食科技产品消费者人身财产安全,粮食科技产品应用场域的生态安全等多重安全要求的基础之上,推进粮食科技转型升级。

【实务应用】

粮食产业信息化建设是推动粮食全产业链不断优化的过程。加快粮食产业信息化建设,重构粮食产业价值链,建立新的粮食行业生态,已成为提升粮食品质和保障国家粮食安全的重要支撑。《2022 年数字乡村发展工作要点》在构筑粮食安全数字化屏障方面提出具体要求,明确应以大数据为基础、以粮食产业链为脉络,加强农业稳产保供信息监测,强化粮食购销领域的智慧化监管。然而,我国粮食产业信息化建设的基础还比较薄弱,资源分散导致基础信息数据等收集不足,信息系统处理与应用尚不充分，网络基础设施不完备阻碍数据开发与再利用。当务之急是明晰粮食数据权责，重视粮食数据的公共价值，着力加强对粮食产业全链条的智慧化监测与管理，实现粮食安全领域的现代化、数字化与智能化。

应对粮食产业信息化建设面临的挑战和难题，我国应当积极探寻粮食产业信息化建设保障的法治路径。着眼粮食安全战略和大食物观，强化粮食产业信息化建设的制度保障。(1)应重视粮食数据资源的公共价值，建立健全粮食产业信息化建设的标准规范和法律规范。着眼粮食安全和数据安全的国家战略，大数据广泛应用于粮食生产、流通、加工、储备、销售环节，使粮食产业数据资源的公共属性和公益价值更加凸显。在相应标准制定以及规范适用中均应当重视数据资源的公共价值，从数据收集使用到数据开放共享，构建粮食产业全链条的数字化"软法""硬法"共同约束机制。(2)应厘清粮食全产业链的数据权责配置，推进粮食领域多元主体协同参与信息化建设。粮食产业全链条涉及环节较多，涵盖领域广泛，关涉主体众多。在粮食数据产出、流通、加工和使用过程中，需正确处理政府、企业、农户(涉农组织)、消费者等之间的法律关系。一方面，应坚持以政府为主导，加强对粮食基础信息及数据资源的管理，同时完备对政府相应管理行为的监督规范；另一方面，应激励并引导相关市场主体和社会组织共同参与粮食产业信息化建设。通过完善相关税收优惠政策以及财政补贴政策等激励市场主体和社会组织的有效参与。(3)加强数据监测管理和事故处置能力，落实法律责任分配制度，着力提升"数字产粮""数字储粮"的风险防范能力。随着农业技术迭代革新，农业信息化和智能化广泛应用于粮食领域，粮食产业全链条的可持续发展对数据的需求和应用愈加迫切。相关配套立法应当以数据收集为基础、以数据分析为抓手、以数据应用为目标，规范粮食生产者、经营者和利益相关者的法律行为，提升其行为的科学性与规范化，加强数据监测管理和事故处置能力，提高粮食产业全链条信息化建设的风险防范能力。

【相关规定】

《种子法》第十二条、第十三条、第二十五条；

《专利法》第二十五条；

《植物新品种保护条例》第二条。

【法条】

第八条　各级人民政府及有关部门应当采取多种形式加强粮食安全宣传教育，提升全社会粮食安全意识，引导形成爱惜粮食、节约粮食的良好风尚。

【立法背景】

粮食安全是“国之大者”。保障粮食安全，开源亦需节流，应把粮食安全教育与粮食生产等置于同等地位。然而，经济社会的快速发展以及居民消费水平的大幅提高，促使城市餐饮业及餐饮消费迅猛发展，粮食浪费问题亦随之加剧。根据《中国城市餐饮食物浪费报告》（2018年）估算，每年我国城市餐饮食物浪费量约为1700万吨至1800万吨（以熟食计），约占产后到消费阶段（涉及运输、加工、存储等阶段）的食物损失和浪费总量的17%，约占消费端食物浪费的50%，相当于3000万至5000万人口一年的食物量。消费阶段特别是餐饮消费的食物浪费问题已极为严峻，这为我国粮食安全保障增添了巨大压力。

针对前述问题，习近平总书记明确提倡“厉行节约、反对浪费”的社会风尚，并多次强调要制止餐饮浪费行为，进一步加强宣传教育，切实培养节约习惯。在立法层面，《反食品浪费法》第一条、第五条、第七条、第十五条、第二十一条明确强调应爱惜、节约粮食。《粮食流通管理条例》第二十五条亦规定，国家鼓励和支持开发、推广应用先进的粮食储存、运输、加工和信息化技术，开展珍惜和节约粮食宣传教育。县级以上人民政府粮食和储备行政管理部门应当加强对粮食经营者的指导和服务，引导粮食经营者节约粮食、降低粮食损失损耗。此外，多个省、自治区、直辖市人民代表大会亦相应制定反食品浪费规定对此予以细化。此外，中共中央办公厅、国务院办公厅也明确印发《关于厉行节约反对食品浪费的意见》的规范性文件，对于餐饮服务经营者、消费者、各级人民政府及其有关部门、餐饮行业协会等的粮食浪费行为予以系统规制。检视以《反食品浪费法》为核心的相应立法的落实情况，公众的粮食安全意识仍相对薄弱，且相应立法缺乏节粮减损的针对性，亦缺乏具体措施的配套落实机制以及监督机制，集中引致粮食浪费问题仍然频现。

为提升全社会粮食安全意识，国家粮食和物资储备局、农业农村部、教育部、科学技术部、全国妇女联合会专门制定《全国粮食安全宣传教育基地管理办法》，强调应建立健全粮食安全宣传教育长效机制，规范全国粮食安全宣传教育基地建设。国家粮食和物资储备局《关于创新举措加大力度进一步做好节粮减损工作的通知》（国粮仓〔2020〕244号）进一步明确规定，应大力弘扬节俭美德，营造爱粮节粮舆论氛围。通过组织开展世界粮食日和全国粮食安全宣传周、粮食和物资储备科技活动周等主题活动，发挥粮食安全宣传教育基地作用，全面开展爱粮节粮宣传教育。国家粮食和物资储备局、农业农村部、教育部、科学技术部、全国妇女联合会《关于做好2023年世界粮食日和全国粮食安全宣传周活动的通知》（国粮发〔2023〕152号）再次强调，应健全完善粮食安全宣传教育长效机制，保障粮食安全。

在此基础上，本法在总则中明确提出应加强粮食安全宣传教育，并引导形成节粮爱粮良好风尚，实则体现了对粮食生产、储备、流通、加工、应急、节约等各章的系统指引，强调应在粮食全产业链突出节粮减损的极端重要性。

【法条释义】

本法第八条明确规定，各级人民政府及有关部门应当加强粮食安全宣传教育，提升全社会粮食安全意识，引导形成爱粮、节粮的良好风尚。

概括而言，(1)“各级人民政府及有关部门应当采取多种形式加强粮食安全宣传教育”规定了各级人民政府及有关部门加强粮食安全宣传教育的总要求；(2)“提升全社会粮食安全意识”以及“引导全社会形成爱惜粮食、节约粮食的良好风尚”则是两项具体目标，在粮食安全保障意识的基础之上，还应进一步形成爱惜、节约粮食的良好风尚。

一、各级人民政府及有关部门应当加强粮食安全宣传教育

针对粮食安全宣传教育的具体内容和形式，可依据国家粮食和物资储备局《关于创新举措加大力度进一步做好节粮减损工作的通知》（国粮仓〔2020〕244号）予以明确。(1)对于粮食安全宣传教育的具体内容，根据该通知，各级人民政府及有关部门应积极宣传节约粮食、反对浪费的思想观念。在此基础之上，为切实促进公众落实节粮减损行为，各地亦应侧重对于节粮减损的具体措施及相应技术要求等开展针对性的培训与指导，并对科学文明的粮食消费方式予以普及。(2)对于粮食安全宣传教育的具体形式，前述通知提出，可组织开展世界粮食日和全国粮食安全宣传周、粮食和物资储备科技活动周等主题活动，并注重发挥粮食安全宣传教育基地作用，全面开展爱粮节粮宣传教育。此外，可深入开展“节约一粒粮”宣传教育活动，广泛利用媒体渠道等对相关的内容推广和普及。

二、各级人民政府及有关部门应当提升全社会粮食安全意识，引导形成爱粮、节粮的良好风尚

对于本条规定，应至少从以下两个维度予以把握：(1)应在粮食全产业链着力提升节粮减损意识。无可否认，餐饮消费端为粮食浪费的“重灾区”。然而，针对粮食生产、收购、储存、运输、加工、应急等环节的粮食过度损失问题，亦应大力推动粮食节粮减损，树立全社会爱惜、节约粮食的良好风尚。如前所述，本法在总则中对此予以强调，实则体现了对粮食生产、储备、流通、加工、应急、节约等各章的系统指引，突出粮食全产业链节粮减损的重要立法目标。(2)应推动粮食生产经营者、粮食及食品消费者、餐饮行业经营者等全面形成爱粮、节粮的良好风尚。节粮减损的推进乃是一项具有系统性与复杂性的重要工程。各级人民政府及有关部门的宣传教育应覆盖粮食生产经营者、粮食及食品消费者、餐饮行业经营者，并着力调整公务活动、学校餐厅等的用餐规定，加大对推行简餐和标准化饮食的制度供给，以形成全社会多主体的节粮减损合力。

【实务应用】

在2023年世界粮食日和全国粮食安全宣传周活动中，各省、自治区、直辖市在国家粮食和物资储备局、农业农村部、教育部、科学技术部、全国妇女联合会《关于做好2023年世界粮食日和全国粮食安全宣传周活动的通知》(国粮发〔2023〕152号)的指引下，分别制定了各地方的活动方案，对于具体活动安排予以细化。

梳理各地方的具体实践，可总结以下相关经验以供借鉴：(1)明确宣传教育活动相关组织部门的职责划分。重庆市分别针对活动统筹协调、活动方案拟定、具体活动指导、典型案例推荐以及活动总结等具体任务，明确市发展改革委以及各区县发展改革委的任务划分，有助于各部门职责的规范行使与有效落实。(2)丰富粮食安全宣传教育形式。各地方的具体实践主要包括开展各类主题活动、组织开展主题作品征集、开展科普宣传、组织线上论坛、征集推广保障粮食安全典型案例、组织粮食院校及科研院所开放日等多样化的活动形式，与此同时，综合运用线上与线下相结合的宣传教育形式，通过短视频直播、动漫展示、微信公众号宣传、主题教育片播放等多种线上渠道有力拓宽宣传教育范围。(3)加强对宣传教育活动有序落实的监督管理。多数省份制定的活动方案并未能明确规定对于宣传教育活动严格推行的监督要求,亦缺少对于具体部门推诿塞责等的责任后果规定,不利于确保粮食安全宣传教育活动取得实效。

【相关规定】

《反食品浪费法》第一条、第五条、第七条、第十五条及第二十一条;

《粮食流通管理条例》第二十五条。

【法条】

第九条　对在国家粮食安全保障工作中做出突出贡献的单位和个人,按照国家有关规定给予表彰和奖励。

【立法背景】

粮食安全关乎全社会利益,粮食安全保障亦属于系统工程,要求全社会发力,既涉及公共部门,也包括私人部门;其基础不是控制,而是协调,是持续的互动,如此方能达至保障粮食安全的善治目标。[①] 这就要求合理配置粮食安全领域政府与市场、社会主体的权利义务,确保粮食安全保障有效协同形成合力。其重点在于,如何通过法治手段提升各主体参与国家粮食安全保障工作的积极性。

检视实践,当前粮食安全保障工作仍存在多主体具体工作落实内生动力不足的问题。(1)由于耕地保护成本趋高,而耕地地力保护补贴及耕地保护补偿的制度绩效偏低,耕地保护工作推进受阻;(2)受制于种粮比较收益明显偏低,种粮收益难以保障,农户及粮食主产区粮食生产积极性难以提升;(3)企业粮食储备社会责任动力仍相对不足,多元粮食储备格局难以构建;(4)粮食加工与流通领域凸显节粮减损制度支持不足,粮食安全保障难以落实;(5)粮食科技创新缺乏有力的制度支持,粮食安全保障关键技术攻坚难以有效推进。针对诸多问题,除前述财政补贴、税收优惠、

① Commission on Global Governance, *Our Global Neighborhood: The Report of the Commission on Global Governance*, Oxford University Press, 1995.

金融服务等支持手段外，政府亦应进一步探索扩大对于粮食安全保障工作的激励机制。对此，本法在总则中明确规定粮食安全保障突出贡献表彰与奖励制度，作为既有激励机制的有力补充，进一步发挥制度激励对于各粮食安全保障主体切实承担粮食安全保障责任的重要推动作用，确保粮食安全保障工作的高质量推进。

【法条释义】

本法第九条明确规定了对国家粮食安全保障作出突出贡献的表彰和奖励制度。概括而言，本条原则性规定了粮食安全保障表彰和奖励的对象和具体情形。对于本条的理解可从以下三个维度把握。

一、表彰和奖励的对象包括单位和个人

国家粮食安全保障是我国各公民以及各组织义不容辞的法定义务。在此过程中，不仅中央政府应承担首要责任、地方政府应承担主体责任，公民以及组织均应肩负相应的使命。由于国家粮食安全保障工作的复杂性与系统性，迫切需要粮食生产经营者、行业组织、消费者等在不同环节保障国家粮食安全。因此，对国家粮食安全保障突出贡献的表彰和奖励对象也应作广义理解，有效激励公民和组织积极参与粮食安全保障工作。

二、表彰和奖励的具体内容主要为荣誉称号表彰以及财物奖励

作为财政补贴、税收优惠、金融服务外的个别化适用措施，其正当性主要体现于以下三个方面：(1)对国家粮食安全保障作出突出贡献的单位和个人，在保障粮食安全过程中均已投入了相当的人力、财力等资源成本，对其进行表彰和奖励可在一定程度上对所投入的成本予以弥补。(2)考虑国家粮食安全保障的公益性，对国家粮食安全保障作出突出贡献的单位和个人均对社会提供了突出的正外部性，创造了较大的公共利益，对其依法进行表彰和奖励具有合理性。(3)针对前述国家粮食安全保障中社会参与积极性不足的弊病，对在国家粮食安全保障中作出突出贡献的单位和个人予以表彰和奖励，可发挥一定的制度激励作用，实现粮食安全保障中的多元协同。

三、表彰和奖励的适用应有所限制

具体而言，(1)表彰和奖励的适用情形应限于作出突出贡献。根据文义解释，“突出贡献”主要是指明显超越常人的卓越成就。在粮食安全保障工作中，相应的单位和个人应对国家粮食安全保障作出特殊重要成果,且产生可观的粮食安全保障效能。(2)表彰和奖励的适用程序应严格依照法律规定。有关部门应在制定明确的“突出贡献”表彰和奖励标准的基础上,根据各单位和个人的贡献程度给予差异化的表彰和奖励,确保表彰和奖励的公平公正。

【实务应用】

检视中央及地方立法实践,在与国家粮食安全保障相关的具体立法中,《乡村振兴促进法》第十一条、《黑土地保护法》第七条、《食品安全法》第十三条以及《标准化法》第九条均针对具体法律的适用范围,对于作出相应突出贡献的单位和个人予以表彰和奖励。然而,具体规定均凸显抽象性,尚缺乏明确的配套规范,对于具体适用仅可作原则性的指导。参照相关法律中的表彰和奖励规定,部分立法针对具体保障和奖励主体作出了进一步细化。《野生动物保护法》第九条将保障和奖励主体明确为县级以上人民政府,《长江保护法》第十六条则明确为县级以上人民政府及其有关部门。

在地方立法层面,《福建省粮食安全保障办法》第六条、《四川省粮食安全保障条例》第十一条、《贵州省粮食安全保障条例》第六条以及《广东省粮食安全保障条例》第五条等,均对此予以规定。除对于在国家粮食安全保障中做出突出贡献的单位和个人予以表彰外,多省份亦增加了对于公众检举、控告、建议等权利的保障规范。《四川省粮食安全保障条例》第十一条规定,任何单位和个人有权对粮食安全保障监督管理工作提出意见和建议,检举、控告危害粮食安全保障的行为。《贵州省粮食安全保障条例》第六条规定,对危害粮食安全保障的行为,任何单位和个人都有权向有关部门检举、控告。《广东省粮食安全保障条例》第五条亦规定,任何单位和个人都有权对粮食安全保障监督管理工作提出意见和建议,对危害粮食安全保障的行为向有关部门检举、控告。前述规定对于公众提出意见、建议、检举、控告等权利的保障,实则从规制危害粮食安全违法行为的维度,为粮食安全保障的公众参与提供了坚实的制度保障。

【相关规定】

《乡村振兴促进法》第十一条;

《黑土地保护法》第七条；

《食品安全法》第十三条；

《标准化法》第九条；

《野生动物保护法》第九条；

《长江保护法》第十六条。

第二章
耕地保护

【法条】

第十条　国家实施国土空间规划下的国土空间用途管制，统筹布局农业、生态、城镇等功能空间，划定落实耕地和永久基本农田保护红线、生态保护红线和城镇开发边界，严格保护耕地。

国务院确定省、自治区、直辖市人民政府耕地和永久基本农田保护任务。县级以上地方人民政府应当确保本行政区域内耕地和永久基本农田总量不减少、质量有提高。

国家建立耕地保护补偿制度，调动耕地保护责任主体保护耕地的积极性。

【立法背景】

保障粮食安全，根本在耕地。为加强耕地保护，我国已实行“藏粮于地”战略，其核心即在于实施最严格的耕地保护制度。当前，我国耕地保护面临诸多挑战，耕地保护形势不容乐观。不仅18亿亩数量红线面临被突破的威胁，而且耕地质量严重下降，耕地生态环境日趋恶化，严重滞碍耕地数量、质量和生态“三位一体”保护目标的实现。迫切需要着眼耕地保护面临的主要法治困境，聚焦“谁来保护”“如何保护”予以有效制度设计，将长牙齿的“硬措施”制度化、规范化。构建以本法为引领，以《耕地保护法》为核心，以《土地管理法》《黑土地保护法》《农村土地承包法》等为支撑的耕地保护法治体系。

耕地作为土地的精华,兼具财产和资源双重属性。着眼耕地的财产属性,作为理性经济人的权利人一般眷注私人利益,追求耕地经济效益最大化,内在要求即为对土地进行充分开发和利用,既包括“农地农用”“良田粮用”,亦可能囊括了耕地“非粮化”和“非农化”的行为;着眼耕地的资源属性,其所承载的更涵括粮食安全、生态保护、经济社会协调发展等诸种公共利益,旨在要求有效保护耕地,实现社会效益最大化。公、私利益之间天然存在冲突博弈,必然要求公权对于耕地用途管制及时跟进,以期实现耕地保护之目标,进而裨益于前述公共利益愿景之达成。因循前述逻辑,同一耕地资源之上实然蕴含了双重法权结构。一方面,是作为公权的耕地规划权、农地转用审批权、征收权等;另一方面,是作为私权的土地承包经营权、土地经营权等。基于耕地资源的稀缺性及耕地利用的强外部性,耕地保护必然倚赖公权管制。当然,这里的公权管制具有约束性管制和激励性管制双重维度,必须通过作用于耕地利用者实现,实然是一种间接保护路径。不宁唯是,在推进土地要素市场化配置的大背景下,必须充分考量耕地的财产属性,遵从市场法则和逻辑,通过一定限度的私权自治,激发私权主体保护耕地的内生动力和内在自觉。当下耕地保护制度改革面临的关键问题不是去管制、脱离管制,而是改进管制,使公权管制和私法自治能够有效协同,耕地保护直接实现路径和间接实现路径能够耦合衔接。在此基础上,本条即凸显耕地保护公权管制和私法自治并行的立法要求。在明确规定严格划定耕地用途、确保耕地和永久基本农田数量及质量安全等管制手段的同时,强调构建耕地保护补偿制度,调动耕地保护责任主体保护耕地的积极性。

【法条释义】

本法第十条明确规定,我国实行国土空间用途管制、耕地和永久基本农田保护以及耕地保护补偿制度。

概括而言,(1)本条第一款总体规定了国土空间用途管制和耕地保护要求,强调耕地和永久基本农田保护红线、生态保护红线和城镇开发边界“三条红线”。(2)在前述总体规定之下,本条第二款与第三款分别侧重对具体制度要求的细化。本条第二款聚焦耕地和永久基本农田的数量和质量保护,并明确国务院及县级以上地方人民政府的具体保护责任;第三款着眼耕地保护补偿制度,采用激励手段调动耕地保护责任主体保护耕地的积极性,保障前述制度要求的贯彻落实。

一、国家实施国土空间规划下的国土空间用途管制,严格保护耕地

我国实施国土空间规划下的国土空间用途管制制度。中共中央、国务院《关于建立国土空间规划体系并监督实施的若干意见》明确强调,国土空间规划是国家空间发展的指南、可持续发展的空间蓝图,是各类开发保护建设活动的基本依据。到2025年,我国应健全国土空间规划法规政策和技术标准体系,全面实施国土空间监测预警和绩效考核机制,形成以国土空间规划为基础,以统一用途管制为手段的国土空间开发保护制度。申言之,国土空间用途管制制度主要源于《土地管理法》第四条规定的土地用途管制制度。相较单一的土地用途管制,国土空间用途管制更能突出推进全域性综合治理的制度效能。与土地用途管制的平面性相区别,国土空间用途管制更能体现对于海洋与陆地,地下、地表与地上的统合规划与管控。其制度内核主要即在于国土空间规划的制定和具体落实。有关部门应严格按照国土空间的管理要求,分别划定各类功能空间,并分别制定各类功能空间用途的具体管制规则,确保国土空间用途管制的切实有效贯彻。聚焦耕地保护领域,本条明确规定国家应以国土空间规划的编制为基础,统筹布局农业、生态、城镇等功能空间,并划定落实耕地和永久基本农田保护红线、生态保护红线和城镇开发边界,突出强调对于耕地的严格保护要求。

具体而言,在国土空间规划中,应结合《全国国土空间规划纲要(2021—2035年)》的相应部署,科学布局农业、生态、城镇等功能空间,明确划定并严格落实耕地和永久基本农田保护红线、生态保护红线和城镇开发边界。(1)耕地和永久基本农田保护红线是耕地保护的关键底线,紧密关涉耕地和永久基本农田的数量安全;(2)生态保护红线是耕地保护的重要保障。随着山水林田湖草沙一体化保护和修复工程等的推进,耕地、水域等生态质量均将得到系统改善,保障耕地的可持续利用;(3)城镇开发边界是倒逼土地节约集约利用,促进经济社会绿色转型的有力补充。通过严格划定城镇开发边界,可以在促进城镇集约化、绿色化开发的同时,进一步加强对耕地的保护。当前,国土空间规划法已列入十四届全国人大常委会立法规划。本法的出台,将使国土空间用途管制制度的落实将具备更明确规范的制度支持,推进国土空间用途管制的治理结构和治理模式优化创新。

二、国家应加强耕地和永久基本农田保护

本条第二款原则性规定了耕地和永久基本农田数量、质量保护的总体要求,明确应由国务院确定省、自治区、直辖市人民政府耕地和永久基本农田保护任务,县级以上地方人民政府确保本行政区域内耕地和永久基本农田总量不减少、质量有提高。

夯实粮食安全根基,加快建设农业强国的关键因素在于耕地。耕地包括永久基本农田和一般耕地。耕地是粮食生产的命根子,是中华民族永续发展的根基。作为系统工程,耕地保护需要质与量并重。在充足的耕地面积保障粮食生产可持续的基础上,优质的耕地资源可以更大拓展粮食产量增长和质量提升的空间。这也是落实"藏粮于地、藏粮于技"战略的关键所在。我国不仅耕地数量不足,而且耕地质量总体不高,中等、低等产田大约占耕地总面积的2/3以上,且局部区域土壤退化、水土资源不匹配加剧等趋势日益突出,亟待予以系统保障。

随着本法的出台以及《土地管理法》等相关法律的不断修改和完善,随着本法的出台,我国耕地保护已形成以《粮食安全保障法》《土地管理法》《土地管理法实施条例》《基本农田保护条例》《土地复垦条例》为"主干"的日臻成熟的耕地数量保护法律法规体系,涵盖了耕地数量保护从规划布局到用途管制、从转用审批到新增补充、从调查监测到督察执法的各环节。逐步制定实施了以耕地保护红线、土地用途管制、耕地占补平衡、耕地保护补偿、永久基本农田保护、农用地转用审批、土地调查统计、耕地保护督察等为基础的可操作性、约束性均较强的制度措施;同时,明确了耕地保护相关主体的权责利,加大了对相关违法行为的惩处力度。相比之下,我国耕地质量保护则缺少针对性规定,相关规定分散在《粮食安全保障法》《土地管理法》《乡村振兴促进法》《农业法》《土壤污染防治法》《黑土地保护法》《土地管理法实施条例》等若干法律法规中,仍需通过配套立法予以系统规范。此外,针对本条第二款着重强调的"耕地和永久基本农田总量不减少、质量有提高"的耕地保护目标,主要仍借鉴《土地管理法》第三十二条、《乡村振兴促进法》第十四条的相应表述,且未明确耕地质量评估标准以及具体耕地质量保护标准,凸显规定的原则性。为保障法律指引功能的发挥,仍需相应配套具体制度及措施等对于耕地保护要求予以明确。

三、国家应建立耕地保护补偿制度

耕地作为粮食生产最基本的物质条件,耦合了生产、生态保护、社会保障、景观和

文化等多维功能。当前,我国耕地资源凸显连轴转、满负荷的无序、无度利用。不仅导致耕地数量红线面临被突破的威胁、耕地质量退化严重,而且引发耕地生态环境日趋恶化,耕地可持续安全难以保障。针对前述问题,耕地保护补偿制度可作为耕地保护落实的重要制度保障。通过法律手段对利益进行均衡配置,可对耕地资源保护活动产生的生态价值等正外部性作出合理补偿,统合发挥政府与社会在耕地保护中的重要作用。①

耕地保护补偿制度主要源于生态补偿制度,对其具体内涵的解读离不开对于生态补偿制度的洞悉。在社会科学内部,有关生态补偿的主要观点可概括为以下 4 类:(1)"行为成本—获益说"。支持者认为,对生态破坏行为收取一定费用以期抑制该类行为的发生,同时对生态保护的有益行为进行补偿以达到激励正向行为的目的。②该种学说从生态补偿行为的目的切入,凸显生态补偿兼具抑负性和增益性双重功能的特质。行为人作为一个理性人,决定其行为方向的最重要因素是行为成本与行为收益之间的对比关系。③ (2)"人为损害补偿说"。支持者认为,广义的生态补偿,是指各种人类的社会开发活动导致环境污染、自然资源的破坏以及发展机会的丧失,通过市场和行政等方式对此进行资金、实物、技术的补偿,以及对造成的污染的恢复和综合治理等活动的总称。④ 该种学说侧重人类的不合理活动给生态环境带来的风险和副作用,旨在从人类社会现象出发去探寻补偿行为发生的原因。(3)"利益协调说"。支持者认为,生态补偿作为一个利益协调机制,一方面,对处于生态补偿法律关系中的人进行具体识别,明确耕地生态获益者和受益者的身份与地位;另一方面,通过利益的再分配和再调整,使生态功能的提供者获得由受益者支付的费用,达致激

---

① See Dinar A., Nigatu G. S., *Distributional Considerations of International Water Resources under Externality: The Case of Ethiopia, Sudan and Egypt on the Blue Nile*, Water Resources and Economics Vol. 2–3, p. 14(2013).

② 参见毛显强、钟瑜、张胜:《生态补偿的理论探讨》,载《中国人口·资源与环境》2002 年第 4 期。

③ 参见徐以祥、刘海波:《生态文明与我国环境法律责任立法的完善》,载《法学杂志》2014 年第 7 期。

④ 参见吕忠梅:《超越与保守:可持续发展视野下的环境法创新》,法律出版社 2003 年版,第 355 页;王金南等:《流域生态补偿与污染赔偿机制研究》,中国环境科学出版社 2014 年版,第 6 页。

励相关主体保护生态环境积极性的目的。[①] (4)“补偿契约说”。支持者认为,国家和相关社会组织通过与生态系统服务功能的受益者和破坏者等主体签订契约的形式,按照约定对其收取一定费用,并将其转达至生态利益受损主体,以期生态功能的恢复。[②]

统观上述观点,关于生态补偿的各种学说观点,立足不同的剖析视角,各有侧重地展示了生态补偿的价值目标、行为原因、运作机理、关键节点、保障机制等制度意蕴。聚焦系统性的耕地保护补偿制度,可借此归纳出法律层面的耕地保护补偿制度的基本内涵,即在法律的规范作用指引下,给予耕地保护活动中利益受损者和保护者物质、政策、技术等多重补偿,实现耕地保护责任主体间不均衡利益的再分配、再调整,着重强调对耕地保护行为的激励。对耕地保护补偿制度予以全面审视,其呈现如下特质:(1)耕地保护补偿是一种兼有动态性、联系性和开放性的机制。耕地保护补偿受自然环境、经济水平甚至政治等多重因素掣肘,跟随社会生活变化的脉搏不断修正和更新自身的运行过程,不仅关涉代内公平,而且要符合代际公平的要求。这也决定了应用发展的、全面的眼光看待该制度,实现对主体间不均衡利益的妥适调整。[③] (2)耕地保护补偿具有公私兼容性。从耕地生态补偿机制运行的全过程来看,此中绝非由一项纯粹的私法权利或者行政权力主导始终,而是公法与私法共同调整、公权与私权协同作用的结果。具言之,从耕地保护补偿的主体厘定、标准界定、方式适用、资金筹集、资金使用乃至监督管理,各个运行环节都有强有力的政府发挥作用,但为了克服耕地资源再分配过程中出现的“政府失灵”问题,补偿已经实现了一定程度的市场化,彰显了耕地生态等本身所具有的经济价值。(3)耕地保护补偿的具体方式多样。概括而言,主要可分为资金补偿、社会保障补偿、技术支持、设备支持和教育支持等多种方式,由此切实调动耕地保护责任主体保护耕地的积极性。

---

① 参见曹明德:《对建立生态补偿法律机制的再思考》,载《中国地质大学学报(社会科学版)》2010年第5期;汪劲:《论生态补偿的概念——以〈生态补偿条例〉草案的立法解释为背景》,载《中国地质大学学报(社会科学版)》2014年第1期。

② 参见杜群:《生态补偿的法律关系及其发展现状和问题》,载《现代法学》2005年第3期。

③ 参见王清军、蔡守秋:《生态补偿机制的法律研究》,载《南京社会科学》2006年第7期。

【实务应用】

典型案例:"孙某诉西安市国土资源局土地行政处罚案"①

基本案情:2018年4月5日孙某在未取得相关行政主管部门批准的情况下在其租赁同村村民承包地上建设钢构大棚及其辅助设施,占用基本农田保护区范围土地3.96亩,用于苗木花卉种植。西安市国土资源局(以下简称西安市国土局,已撤销)于2018年4月8日对孙某涉嫌非法用地违法行为立案查处,向孙某及证人孙某某进行了调查询问,孙某及孙某某均承认孙某占用村民的承包地建设钢构大棚的事实。同年5月28日,西安市国土局向孙某分别作出并送达了土地行政处罚告知书和听证告知书,孙某在规定的期限内未向被告提出陈述、申辩及听证申请。西安市国土局作出了市国土监字(2018)9-102号土地行政处罚决定书,认定:2018年4月5日,孙某未经批准占用细柳街办孙家湾村土地3.96亩建钢构大棚。经核查长安区细柳街办土地利用总体规划图(2006~2020年),该宗土地性质为基本农田,现状为耕地。截至调查之日,长60米、宽33米阳光大棚已基本建成,长23米宽10米房屋地基及钢构已建成。

争议焦点:孙某未经批准在租赁的集体所有的土地上建设钢构大棚及其他设施的行为,是否违反《土地管理法》等相关法律法规对土地用途的管理规定。

法院判决:西安铁路运输法院一审认为,2024年《土地管理法》第四十三条规定,任何单位和个人进行建设,需要使用土地的,必须依法申请使用国有土地;但是,兴办乡镇企业和村民建设住宅经依法批准使用本集体经济组织农民集体所有的土地的,或者乡(镇)村公共设施和公益事业建设经依法批准使用农民集体所有的土地的除外。在该案中,孙某未经批准在租赁的集体所有的土地上建设钢构大棚及其他设施,不符合上述法律的规定;同时,根据孙某的陈述及证人孙某某证言,结合长安区细柳街办土地总体规划图(2006~2020年),可以证明孙某建设钢构大棚及其他设施占用土地的性质为基本农田。根据《基本农田保护条例》第十七条第二款的规定,禁止任何单位和个人占用基本农田发展林果业和挖塘养鱼。孙某占用基本农田建设钢构大棚用于苗木花卉种植的行为,不符合该条例的规定。西安市国土局作出的市国土监字(2018)9-102号土地行政处罚决定书证据确凿,适用法律法规正确,符合法定程

① 西安铁路运输法院(2018)陕7102行初1208号行政判决书。

序,判决驳回孙某的诉讼请求。

专家评析:该案为违法使用永久基本农田用于施工建设的典型案例。针对该问题,《土地管理法》《基本农田保护条例》等明确规定,国家实行永久基本农田保护制度。本法第二章亦对此着重强调。根据前述相关法律法规的要求,永久基本农田经依法划定后,任何单位和个人不得擅自占用或者改变其用途。但实践中,违法违规利用永久基本农田等用作种粮以外其他用途的问题仍屡禁不止,耕地"非粮化"问题还有待解决,迫切需要立法、执法、司法的系统规制。

【相关规定】

《土地管理法》第四条、第三十二条、第四十三条;

《乡村振兴促进法》第十四条;

《基本农田保护条例》第十七条。

【法条】

第十一条　国家实行占用耕地补偿制度,严格控制各类占用耕地行为;确需占用耕地的,应当依法落实补充耕地责任,补充与所占用耕地数量相等、质量相当的耕地。省、自治区、直辖市人民政府应当组织本级人民政府自然资源主管部门、农业农村主管部门对补充耕地的数量进行认定、对补充耕地的质量进行验收,并加强耕地质量跟踪评价。

【立法背景】

耕地安全是保障国家粮食安全的根本,耕地红线必须严防死守。习近平总书记在党的二十大报告中明确强调,要"牢牢守住十八亿亩耕地红线"。我国长期以来均高度重视耕地安全的立法保障,并通过《土地管理法》及其实施条例、《乡村振兴促进法》、《农业法》等予以规范。其中,耕地占补平衡制度作为落实耕地数量及质量安全保障的重要举措,已通过相应立法及政策等不断予以规范完善,且在具体实施中已取得了一定治理成效。

回溯耕地占补平衡制度的发展背景,1997 年 4 月,中共中央、国务院印发《关于进一步加强土地管理切实保护耕地的通知》(中发〔1997〕11 号)明确提出耕地总量动态平衡制度。1998 年修订的《土地管理法》第三十一条首次将耕地占补平衡制度入法，为耕地占补平衡制度法治化奠定了重要基础。此后，耕地占补平衡制度不断修改完善。然而，近年来随着城乡经济快速发展，城镇化、工业化建设占用耕地日益增多，补充耕地质量难以保障，耕地占补平衡工作面临突出挑战。(1)耕地数量减少问题尚未根治。在实践中，补充耕地后备资源不足，再叠加部分地方耕地占补平衡制度未能严格监督落实，导致耕地占补实则难以平衡，耕地数量安全面临威胁。(2)耕地质量下降问题凸显。在耕地占补平衡制度具体落实过程中，新补充耕地地力普遍较低、边际化问题严重。[①] 此外，部分地区由于耕作层偏薄、地力较低，有限期间内的耕地补充实则难以达到良好的粮食种植标准。尽管通过临时增肥等生物工程措施可以在短期内达成补充耕地的质量标准，但相应地块耕地的可持续地力明显难以保证，极大妨碍粮食作物的有效产出。[②]

针对前述问题，原国土资源部《关于强化管控落实最严格耕地保护制度的通知》(国土资发〔2014〕18 号)着重强化耕地数量和质量占补平衡，并明确具体实施机制。2018 年，国务院办公厅出台《跨省域补充耕地国家统筹管理办法》和《城乡建设用地增减挂钩节余指标跨省域调剂管理办法》，系统规定了跨省域补充耕地国家统筹的具体规定，并明确强调应坚持耕地数量、质量、生态“三位一体”保护。《中华人民共和国国民经济和社会发展第十四个五年规划和 2035 年远景目标纲要》亦强调，规范耕地占补平衡，严禁占优补劣、占水田补旱地。概括而言，耕地占补平衡制度已经历了从数量管控，到耕地数量和质量并重，再到数量、质量、生态“三位一体”协同保障的制度变革。在此基础上，本法再次对耕地占补平衡制度予以强调，并侧重细化耕地质量的验收及长期跟踪评价要求，进一步确保新补充耕地质量的有效提升。

【法条释义】

本法第十一条明确规定，国家实行占用耕地补偿制度，并规定了具体制度实施要

---

① 参见韩璐等：《新时代耕地占补平衡的逻辑根源、模式探索与管理创新——基于“新时代耕地占补平衡方式改进与管理创新研讨会”的思考》，载《中国土地科学》2018 年第 6 期。

② 参见王兵、臧玲、张香玲：《耕地占补平衡政策实施成效、问题与对策——以河南省为例》，载《开发研究》2018 年第 4 期。

求。概括而言,本条系统规定了耕地占补平衡的具体要求。(1)本条第一款为我国实行占用耕地补偿制度的总体规定;(2)第二款聚焦省、自治区、直辖市人民政府,对于补充耕地的数量认定、质量验收及跟踪评价等具体制度的落实规则予以明确。

一、国家实行占用耕地补偿制度,严格控制各类占用耕地行为;确需占用耕地的,应当依法落实补充耕地责任,补充与所占用耕地数量相等、质量相当的耕地

本条明确规定,国家实行占用耕地补偿制度,并严格控制各类占用耕地行为。(1)相较既有《土地管理法》第三十条以及中共中央、国务院《关于加强耕地保护和改进占补平衡的意见》等对于"因非农业建设项目等经批准占用耕地的"适用情形之规定,本条着重提出"严格控制各类占用耕地行为",仅"确需占用耕地的",才可占用耕地。因此,本条进一步加大了对耕地占用的限制,强调相关部门对耕地占用审批的严格审查责任。(2)参照前述规定,因非农业建设项目等经批准占用耕地的,应按"占多少,补多少"的原则,由占用耕地的单位负责开垦与所占耕地数量相等、质量相当的耕地。没有条件开垦或开垦的耕地不符合要求的,应当按照有关规定缴纳耕地开垦费,专款用于开垦新的耕地。《土地管理法实施条例》第八条亦明确规定,在国土空间规划确定的城市和村庄、集镇建设用地范围内经依法批准占用耕地,以及在国土空间规划确定的城市和村庄、集镇建设用地范围外的能源、交通、水利、矿山、军事设施等建设项目经依法批准占用耕地的,分别由县级人民政府、农村集体经济组织和建设单位负责开垦与所占用耕地的数量和质量相当的耕地。没有条件开垦或者开垦的耕地不符合要求的,应当按照省、自治区、直辖市的规定缴纳耕地开垦费,专款用于开垦新的耕地。此规定要求,为保护耕地这一基本国策的具体落实提供了重要制度支撑,有助于严格确保耕地数量与质量安全。

二、省、自治区、直辖市人民政府应当组织本级人民政府自然资源主管部门、农业农村主管部门对补充耕地的数量进行认定、对补充耕地的质量进行验收,并加强耕地质量跟踪评价

《土地管理法实施条例》第八条已明确规定,省、自治区、直辖市人民政府应当组织自然资源主管部门、农业农村主管部门对开垦的耕地进行验收,确保开垦的耕地落实到地块。划入永久基本农田的还应当纳入国家永久基本农田数据库严格管理。占用耕地补充情况应当按照国家有关规定向社会公布。个别省、直辖市需要易地开垦耕地的,依照《土地管理法》第三十二条的规定予以执行。在此基础上,本法在本条中着重对耕地质量的验收以及跟踪评价制度予以规范,强调对耕地质量的长期监测与评价,体现了占用耕地补偿制度具体落实中对耕地质量的严格把控。

【实务应用】

2020 年 9 月,生态环境部发布警示案例。中央第三生态环境保护督察组在浙江省督察发现,浙江省金华市磐安县作为钱塘江、瓯江、灵江、曹娥江的主要发源地和重要的生态功能区,为获得耕地占补平衡指标,违法违规毁林开垦,造成大量林地被占用,生态破坏严重,水土流失问题突出。

具体而言,其问题主要体现在:(1)毁林开垦问题突出。2015 年后,磐安县毁林开垦问题愈演愈烈,2015～2017 年磐安县立项涉林开垦项目分别 4 个、10 个、14 个,涉及毁林开垦面积分别 15.22 公顷、49.35 公顷、75.25 公顷。2018 年,浙江省出台了全面禁止涉林垦造耕地规定,磐安县突击立项了 10 个项目,涉及林地面积 781.01 公顷,约为前 3 年总和的 5.6 倍。(2)违规立项审批涉林垦造耕地项目。2015 年以来,磐安县共批准涉林垦造耕地项目 38 个,其中 36 个项目选在海拔 500 米以上、坡度超过 25 度、生态公益林以及生态保护红线等区域内。例如,磐安县尖山镇塘田畈一、二期土地整治项目同时违反了坡度、生态保护红线等三个方面禁止选址要求,磐安县人民政府违规于 2018 年予以立项审批。(3)自查清理流于形式。浙江省原国土资源厅、林业厅 2018 年部署开展涉林垦造耕地清查整改工作后,磐安县自查清理工作未能严格落实,自查的 37 个项目均上报不存在违规问题。督察组实地抽查了 6 个海拔 500 米以上项目,均存在坡度超过 25 度、占用生态公益林等违规问题。(4)生态破坏问题严重。经督察发现,磐安县因毁林开垦导致大量林地遭到破坏,水源涵养、水土保持等生态功能受到严重影响。部分土地开发项目土质贫瘠,地力严重受损,已难以用于粮食种植。

磐安县人民政府面对耕地占补平衡指标匮乏的先天约束,不是积极探索将绿水青山的生态优势转化为经济高质量发展的新路径,而是片面追求短期利益,导致毁林开垦问题长期得不到遏制。这既对生态环境造成严重破坏,也对耕地保护红线构成严重危害。此外,磐安县有关部门在涉林垦造耕地项目选址论证、立项审批、施工监管、竣工验收、后期管护等环节监管不严等问题,均给各地方耕地占补平衡制度的具体落实提供了重要经验教训。

【相关规定】

《土地管理法》第三十条、第三十二条；

《土地管理法实施条例》第八条。

【法条】

第十二条　国家严格控制耕地转为林地、草地、园地等其他农用地。禁止违规占用耕地绿化造林、挖湖造景等行为。禁止在国家批准的退耕还林还草计划外擅自扩大退耕范围。

【立法背景】

耕地作为对粮食供应起最根本约束性作用的生产要素，其数量安全直接关涉粮食安全底线的保障。坚守耕地十八亿亩红线是耕地数量保护的核心目标。近年来，我国不断加强对于耕地转为其他农地的严格控制，并加大对于耕地“非农化”问题的整治。

针对耕地转为林地、草地、园地等其他农用地，2021 年自然资源部、农业农村部、国家林业和草原局印发的《关于严格耕地用途管制有关问题的通知》（自然资发〔2021〕166 号）对于耕地转为其他农用地的具体情形、需要贯彻的进出平衡要求等作了较明确的规定。在立法层面，《乡村振兴促进法》第十四条规定，应严格控制耕地转为林地、园地等其他类型农用地；《黄河保护法》第二十五条规定，应严格控制耕地转为林地、草地、园地等其他农用地；《土地管理法实施条例》第十二条亦强调，应严格控制耕地转为林地、草地、园地等其他农用地。

针对耕地“非农化”治理，2018 年农业农村部、自然资源部出台《关于开展“大棚房”问题专项清理整治行动坚决遏制农地非农化的方案》，在全国范围内集中开展“大棚房”问题专项清理整治行动，对于占用耕地违法违规建设非农设施、在农业大棚内违法违规占用耕地建设商品住宅、违规建设农业大棚看护房等具体问题进行集中治理，坚决遏制农地非农化。2020 年国务院办公厅《关于坚决制止耕地“非农化”行为的通知》（国办发明电〔2020〕24 号）明确了“六个严禁”规定，包括严禁违规占用耕地绿化造林，严禁超标准建设绿色通道，严禁违规占用耕地挖湖造景，严禁占用永久基本农田扩大自然保护地，严禁违规占用耕地从事非农建设以及严禁违法违规批地用地，坚决遏制各类耕地“非农化”行为。《中华人民共和国国民经济和社会发展第十四个五年规划和2035年远景目标纲要》亦提出，应严守十八亿亩耕地红线，遏制耕地“非农化”、防止“非粮化”。在立法层面，《乡村振兴促进法》第十四条规定，严格控制农用地转为建设用地；《黄河保护法》第二十五条规定，禁止擅自占用耕地进行非农业建设；《土地管理法实施条例》第十二条亦对非农建设占用耕地的具体要求予以明确，并强调禁止占用耕地建窑、建坟或者擅自在耕地上建房、挖砂、采石、采矿、取土等行为。

以前述政策及立法为基础，本法再次明确国家对耕地转为其他农用地的严格控制，以及对“非农化”具体行为的严格禁止。

【法条释义】

本法第十二条明确规定国家严格控制耕地转为其他农用地，严禁违法违规占用耕地与擅自退耕。

概括而言，(1)本条针对耕地转为其他农用地行为，明确应予以严格控制。(2)针对违规占用耕地绿化造林、挖湖造景等“非农化”行为，强调应严格禁止。(3)针对在国家批准的退耕还林还草计划外擅自扩大退耕范围的行为，强调应严格禁止。

一、国家严格控制耕地转为林地、草地、园地等其他农用地

1. 本条所指耕地应限缩为“一般耕地”

一般而言，永久基本农田属于耕地范畴。但《土地管理法》第三十五条已明确规定，永久基本农田经依法划定后，任何单位和个人不得擅自占用或者改变其用途。自然资源部、农业农村部、国家林业和草原局《关于严格耕地用途管制有关问题的通知》（自然资发〔2021〕166号）亦强调，永久基本农田不得转为林地、草地、园地等其他农用地及农业设施建设用地，必须严格落实永久基本农田特殊保护制度。故而，本条所指的“耕地”主要限于一般耕地范围，不应涵括永久基本农田。

2. 严格控制耕地转为其他农用地不等同于严格禁止转用

严格控制耕地转为其他农用地并非严格禁止耕地转为其他农用地，经申报若符合转用条件仍可以转用。根据前述《关于严格耕地用途管制有关问题的通知》（自然资发〔2021〕166号），将耕地转为农业设施建设用地，将流转给工商企业等社会资本的耕地转为林地、园地等其他农用地的，若涉及农村集体土地，须经承包农户书面同意，由发包方向乡镇人民政府申报；其他土地可由实施单位或经营者向乡镇人民政府申报。乡镇人民政府应提出落实耕地“进出平衡”的意见，并报县级人民政府纳入年度耕地“进出平衡”总体方案后，可以实施具体地块的耕地转用。

3. 耕地转为其他农用地应受到严格限制

在耕地转用中，政府的管制核心即在于贯彻耕地“进出平衡”制度。《关于严格耕地用途管制有关问题的通知》（自然资发〔2021〕166 号）明确规定，除国家安排的生态退耕、自然灾害损毁难以复耕、河湖水面自然扩大造成耕地永久淹没外，耕地转为林地、草地、园地等其他农用地及农业设施建设用地的，应当通过统筹林地、草地、园地等其他农用地及农业设施建设用地整治为耕地等方式，补足同等数量、质量的可以长期稳定利用的耕地。

概括而言，耕地“进出平衡”制度主要指对于耕地转为林地、草地、园地等其他农用地，应按照年度耕地“进一出一”“先进后出”的方式，通过统筹开展林地、草地、园地等其他农用地及农业设施建设用地整治，补足同等数量、质量的可以长期稳定利用的耕地，确保区域范围内可以长期稳定利用的耕地不减少。由此，通过对农用地内部具体土地用途结构的调整，防止耕地非农化。此外，《土地管理法实施条例》也补充规定，按照国家有关规定需要将耕地转为林地、草地、园地等其他农用地的，应当优先使用难以长期稳定利用的耕地，进一步对被转用的耕地条件进行限制。

二、禁止违规占用耕地绿化造林、挖湖造景等行为，禁止在国家批准的生态退耕规划和计划外擅自扩大退耕范围

本条对于违法违规占用与擅自退耕行为进行了明确列举，突出强调对于前述行为的针对性规制。

1. 禁止违规占用耕地绿化造林、挖湖造景等行为

一般而言，绿化造林行为本身值得提倡，有益于生态环境的改善。挖湖造景行为也主要受《水法》《黄河保护法》等的规制。本条主要针对违规占用耕地所实施的绿化造林、挖湖造景等行为，所体现的是对于耕地的严格保护。根据国务院办公厅《关于坚决制止耕地“非农化”行为的通知》（国办发明电〔2020〕24 号）：（1）对于违规占用耕地绿化造林、挖湖造景等行为的理解应适度拓宽，主要包括违规占用耕地种植苗木、草皮等用于绿化装饰以及其他破坏耕作层的植物，违规占用耕地超标准建设绿化带，以及擅自占用耕地挖田造湖、挖湖造景、建设人造湿地公园、建设人造水利景观等

行为。(2)经批准实施的国土绿化,应当在"三调"底图和年度国土变更调查结果上明确实施位置。此外,确需在耕地上建设农田防护林的,应符合农田防护林建设相关标准。建成后达到国土调查分类标准并变更为林地的,应当从耕地面积中扣除。

2. 禁止在国家批准的退耕还林还草计划外擅自扩大退耕范围

本条规定对在国家批准的退耕还林还草计划外擅自扩大退耕范围的行为予以明确禁止。具体行为主要体现为未经同意在国家批准的退耕还林还草计划外,将耕地作为林地、草地。对此,可从以下四个方面理解:

(1)国家批准的退耕还林还草计划主要是指国务院批准的退耕还林还草还湿还湖相关总体规划及年度计划。例如,《退耕还林条例》第六条明确规定了退耕还林总体规划、年度计划的编制及具体实施机制。

(2)在国家批准的退耕还林还草计划外禁止擅自退耕。参照自然资源部办公厅《关于开展2021年违法违规占用耕地重点问题整治的通知》[①]的规定,在国家批准的生态退耕规模和范围外擅自退耕还林还草的,应整改恢复为耕地。对于违规占用耕地及永久基本农田造林的,将不予核实造林面积,且不享受财政资金补助政策。[②]

(3)在国家批准的退耕还林还草计划内应依法依规进行退耕。《土地管理法》第四十条规定,根据土地利用总体规划,对破坏生态环境开垦、围垦的土地,有计划、有步骤地退耕还林、还牧、还湖。《农业法》第六十二条规定,禁止毁林毁草开垦、烧山开垦以及开垦国家禁止开垦的陡坡地,已经开垦的应当逐步退耕还林、还草。禁止围湖造田以及围垦国家禁止围垦的湿地。已经围垦的,应当逐步退耕还湖、还湿地。《森林法》第四十六条规定,各级人民政府应当对国务院确定的坡耕地、严重沙化耕地、严重石漠化耕地、严重污染耕地等需要生态修复的耕地,有计划地组织实施退耕还林还草。《防沙治沙法》第二十条亦规定,沙化土地所在地区的县级以上地方人民政府,不得批准在沙漠边缘地带和林地、草原开垦耕地;已经开垦并对生态产生不良

---

① 参见《自然资源部办公厅发出通知开展2021年违法违规占用耕地重点问题整治》,载中华人民共和国中央人民政府官网,https://www.gov.cn/xinwen/2021-12/02/content_5655388.htm,最后访问日期:2024年1月7日。

② 参见《自然资源部办公厅发出通知开展2021年违法违规占用耕地重点问题整治》,载中华人民共和国中央人民政府官网,https://www.gov.cn/xinwen/2021-12/02/content_5655388.htm,最后访问日期:2024年1月7日。

影响的,应当有计划地组织退耕还林还草。

为保障有序落实具体退耕计划,根据国务院办公厅《关于坚决制止耕地"非农化"行为的通知》(国办发明电〔2020〕24 号),经国家批准实施的退耕还林还草还湿还湖规划和计划,还应当在"三调"底图和年度国土变更调查结果上明确实施位置,并按照具体位置下达退耕任务。

(4)相较前述《土地管理法》《农业法》《森林法》等具体规范,本条仅规定"退耕还林还草计划",未体现"退耕还湖还湿还牧"。为切实保障耕地安全,对于"退耕还湖还湿还牧"的具体适用,仍应严格按照既有相关立法的规定。

【实务应用】

2023 年 4 月 14 日,自然资源部集中公开通报 67 个耕地保护督察发现违法违规重大典型问题。① 2022 年国家自然资源督察机构开展耕地保护督察发现,部分地方仍存在侵占耕地挖湖造景、超标准建设绿化带和绿色通道等问题,严重冲击了耕地红线,危害国家粮食安全。例如,山西省晋中市政府及其城市管理局以河道整治项目为名,违法侵占耕地挖湖造景。2019 年 5 月至 2021 年 10 月,山西省晋中市城市管理局主导推动龙城大街区域水系综合项目,违法侵占耕地 897.25 亩开挖河道、建设景观设施,该行为被国家自然资源督察机构公开通报。2022 年 3 ~ 11 月,晋中市城市管理局又以榆次区河口河河道整治项目为名,在榆次区南砖井村违法占用土地 35.8 亩(涉及耕地 17.20 亩),建设河口河河道整治项目。与龙城大街水系治理挖湖造景问题项目实施连接贯通,在同一区域持续发生同类违法行为。其中,新开挖水面占地 10.40 亩(耕地 6.30 亩),修建绿化景观及步道占地 25.40 亩(耕地 10.90 亩)。对于前述行为,晋中市榆次区自然资源局 2022 年 3 月、8 月两次下达责令停止违法行为通知书。2022 年 6 月山西省自然资源厅发现并指出问题,晋中市城市管理局仍未停工。晋中市人民政府也未能及时组织有效整改,截至 2022 年 12 月,项目违法所占的 897.25 亩耕地中,仅 182.19 亩通过移除种植的树木、草皮并恢复耕种条件的方式进

第十二条

---

① 参见《自然资源部通报 67 个耕地保护督察发现违法违规重大典型问题》,载中华人民共和国自然资源部官网,https://www.mnr.gov.cn/dt/ywbb/202304/t20230414_2781713.html,最后访问日期:2024 年 1 月 7 日。

行整改，且侵占耕地挖湖造景问题仍在持续发生。经本次督察后，晋中市政府对河道内景观及附属工程全部拆除，相应耕地已恢复耕种条件。

耕地是粮食生产的根基，亦是国家粮食安全的命脉。检视我国当下实践，以本案中违规占用耕地开展挖湖造景为典型的乱象频现，完全背离耕地的最基本用途，更严重威胁耕地数量、质量与生态安全。国务院办公厅《关于坚决制止耕地“非农化”行为的通知》（国办发明电〔2020〕24 号）着重强调，应坚决制止违规占用耕地绿化造林、超标准建设绿色通道、违规占用耕地从事非农建设等各类耕地“非农化”行为。① 坚决遏制耕地“非农化”并严格加强耕地管控，已然成为切实保护耕地的关键。本案对于晋中市城市管理局违法占用耕地行为的认定，以及对具体行为的严厉通报与督查，即反映了对于耕地保护原则的强调与落实。针对耕地的转用，《土地管理法》第三十条、第四十四条主要通过规范耕地转用条件、耕地转用审批制度、占用耕地补偿制度等，予以严格限制。据此，若需将耕地转为建设用地，必须办理转用审批手续。非经依法审批的转用行为均属无效。为加强耕地保护，保障国家粮食安全和生态安全，必须以规范和保证落实最严格的耕地保护制度为基本立法宗旨，以此加强耕地最基本用途保护，坚决守住耕地红线。

【相关规定】

《土地管理法》第三十条、第四十四条；

《土地管理法实施条例》第十二条；

《乡村振兴促进法》第十四条；

《黄河保护法》第二十五条；

《刑法》第三百四十二条。

【法条】

第十三条　耕地应当主要用于粮食和棉、油、糖、蔬菜等农产品及饲草饲

---

① 参见《国务院办公厅关于坚决制止耕地“非农化”行为的通知》，载中华人民共和国中央人民政府官网，http://www.gov.cn/zhengce/content/2020-09/15/content_5543645.htm，最后访问日期：2024 年 1 月 8 日。

料生产。县级以上地方人民政府应当根据粮食和重要农产品保供目标任务，加强耕地种植用途管控，落实耕地利用优先序，调整优化种植结构。具体办法由国务院农业农村主管部门制定。

县级以上地方人民政府农业农村主管部门应当加强耕地种植用途管控日常监督。村民委员会、农村集体经济组织发现违反耕地种植用途管控要求行为的，应当及时向乡镇人民政府或者县级人民政府农业农村主管部门报告。

【立法背景】

耕地作为粮食生产的关键要素，是粮食安全保障的根基。耕地是粮食生产的命根子，是中华民族永续发展的根基。然而，随着社会经济的飞速发展，种植粮食比较收益偏低的痼疾以及既有制度规制的不力，导致利用耕地规模化种植经济作物等"非粮化"问题层出不穷。

具体而言，(1)生产者选择种粮或种植经济作物会产生较大的收益差距。在目前农产品价格体系下，单位经济作物价格远高于单位粮食的价格。虽然政府不断出台提高粮食收购价格、增加种粮补贴等相关政策，但是种粮收益还是远低于种植经济作物或者从事养殖业的收益。在此情况下，作为理性经济人，多数农业生产者可能会选择弃粮从经而非坚守粮食种植。同时，由于生活水平的提高，居民的饮食结构也逐渐优化，粮食作物所占比重逐渐下降，而肉禽类及蔬果类经济作物所占比重却逐渐提高，需求必然决定供给。(2)既有规范对于耕地用途监管缺乏相对明确的职能分工，且以事后监管为主。监管主体不明确，监管职责厘定不清晰，追责机制不完善等，都导致对耕地"非粮化"的监管效果欠佳。在此双重因素影响下，粮食种植面积的减少逐渐成为威胁我国粮食安全的又一大隐患。耕地利用结构直接关系到粮食产量，事关国家粮食安全。耕地"非粮化"导致粮食种植面积的缩减，对粮食安全构成了潜在威胁。毋庸讳言，农户和农业规模经营主体拥有土地承包经营权或土地经营权，其作为农业生产主体和土地的实际利用主体，自由选择种植品类或经营方向本无可厚非。但是，因粮食生产不仅关涉生产者的私益，更关涉国家粮食安全，牵涉国计民生，故而需要对其生产自由予以一定的限制，需要通过国家"有形之手"进行一定的干预。如何通过有效的法治手段实现对耕地种植用途的有效管控，已成为我国当前耕地保护制度迫切需要应对的重要命题。

对此,2022 年出台的《耕地保护法(草案)》(征求意见稿)第二十六条首次提出耕地种植用途管控制度。此后,中共中央、国务院《关于做好 2023 年全面推进乡村振兴重点工作的意见》明确规定,应探索建立耕地种植用途管控机制,明确利用优先序,加强动态监测,有序开展试点。为保障耕地种植用途管控的有效落实,农业农村部办公厅印发的《农业现代化示范区数字化建设指南》中提出,探索建立耕地种植用途管控"一张图"。农业农村部《关于落实党中央国务院 2023 年全面推进乡村振兴重点工作部署的实施意见》(农发〔2023〕1 号)再次强调,应强化种植用途管控,制定耕地种植用途管控试点工作指导意见,并加快探索耕地种植用途管控的法律、政策、技术体系。同时,提出应利用农业遥感等大数据技术,绘制全国耕地种植用途管控"一张图"。本法的出台使耕地种植用途管控制度明确上升为法律,为我国耕地种植用途的依法有序管控提供了关键支撑。

【法条释义】

本法第十三条明确规定了耕地种植用途管控制度的具体要求。

概括而言,(1)本条第一款首先明确耕地的种植用途要求。(2)在前述要求的基础上,划定各主体的耕地种植用途管控责任,保障耕地种植用途管控的具体落实。第一款明确县级以上地方人民政府加强耕地种植用途管控的具体责任,并规定应由国务院农业农村主管部门制定具体办法;第二款进一步规定县级以上地方人民政府农业农村主管部门加强耕地种植用途管控日常监督的具体职责。同时,发挥村民委员会、农村集体经济组织的作用,规定其对于违反耕地种植用途管控要求行为的及时报告义务。

一、耕地应当主要用于粮食和棉、油、糖、蔬菜等农产品及饲草饲料生产

本条规定明确了耕地种植用途要求。具体而言,根据农业农村部《关于落实党中央国务院 2022 年全面推进乡村振兴重点工作部署的实施意见》(农发〔2022〕1 号)以及国务院办公厅《关于防止耕地"非粮化"稳定粮食生产的意见》(国办发〔2020〕44 号),应分类明确耕地用途。确保耕地主要用于粮棉油糖菜和饲草饲料等生产,在优先满足粮食和食用农产品生产基础上,适度用于非食用农产品生产;一般耕地主要用于粮食和棉、油、糖、蔬菜等农产品及饲草饲料生产;永久基本农田重点用于粮食生产,特别是保障稻谷、小麦、玉米三大谷物的种植面积;高标准农田原则上全部用于种粮。

二、县级以上地方人民政府应当根据粮食和重要农产品保供目标任务，加强耕地种植用途管控，落实耕地利用优先序，调整优化种植结构。具体办法由国务院农业农村主管部门制定

本条规定分别确立了县级以上地方人民政府以及国务院农业农村主管部门的具体耕地种植用途管控职责。具体可从以下两个方面理解：

1. 为保障耕地种植用途管控的有序实施，必须以科学完备的制度规范为基础

本条规定，县级以上地方人民政府加强耕地种植用途管控等的具体办法由国务院农业农村主管部门制定。(1)此规定系一项授权立法规定，通过在法律条文中明确指出由特定主体针对特定事项制定相关法律法规，赋予该特定主体对特定事项的立法权限。同时，亦强调该特定主体应当对特定事项进行立法的具体职责。(2)国务院农业农村主管部门应在本条的指引下着力制定耕地种植用途管控的具体实施细则，明确耕地种植用途管控的具体实施范围、措施、管控程序以及监管规定。同时，政府的具体管控手段亦应尊重粮食市场的运行规律，避免政府的过度干预。由此，为耕地种植用途管控的逐级规范有序落实提供完备的制度框架。

2. 县级以上地方人民政府应当严格依照前述规范，根据粮食和重要农产品保供目标任务，加强耕地种植用途管控，落实耕地利用优先序，调整优化种植结构

(1)按照文义解释，耕地种植用途管控主要即为对于耕地上的具体种植行为进行细化管理和调控。其制度本质，实则为在粮食安全公益性目标下，对于农业生产经营者耕地利用自由这一“私益”的适度限缩。本法出台前，耕地种植用途仅在限制耕地转为林地、草地、园地等其他农用地的相关规范中予以间接管控。通过严格规制在耕地上种植苗木等行为，限制耕地的具体种植用途。随着本法明确通过单条对于耕地种植用途管控制度进行有针对性的规定，国家对于农用地内部具体地类结构的治理再次细化，构建了土地用途管控、耕地用途管控以及耕地种植用途管控的“三层”用途管控机制。该机制对于耕地用途作了更具明确性的利用限制，为进一步加强对耕地的严格保护提供了规范基础。①

(2)根据国务院办公厅《关于防止耕地“非粮化”稳定粮食生产的意见》(国办发〔2020〕44号)，“耕地利用优先序”主要是指对于一般耕地以及永久基本农田耕地利

① 参见王丽惠、赵晓峰：《“非粮化”整治的负外部性及政策优化》，载《学术论坛》2021年第6期。

用和保护的优先级次序规定。永久基本农田是依法划定的优质耕地，要重点用于发展粮食生产，特别是保障稻谷、小麦、玉米三大谷物的种植面积。一般耕地应主要用于粮食和棉、油、糖、蔬菜等农产品及饲草饲料生产。耕地在优先满足粮食和食用农产品生产基础上，适度用于非食用农产品生产。

针对耕地利用优先序的具体落实，《农村土地承包合同管理办法》第四条规定，农村土地承包合同管理应当遵守法律、法规，保护土地资源的合理开发和可持续利用，依法落实耕地利用优先序，发包方和承包方应当依法履行保护农村土地的义务。据此，实践中农村集体经济组织或村民委员会，可以通过农村土地承包合同这一工具，实现对于耕地利用优先序的有效落实。此外，还应逐级制定明确的实施细则。对于一般耕地、永久基本农田以及高标准农田分别确立具体的耕地利用规则，确保"良田粮用"。需要强调的是，政府在耕地利用优先序的具体落实过程中，必须严格基于中央规定，在遵循市场法则的基础之上明确政府权力行使的边界，不可任意限制农业生产经营者的耕地利用自由。

三、县级以上地方人民政府农业农村主管部门应当加强耕地种植用途管控日常监督。村民委员会、农村集体经济组织发现违反耕地种植用途管控要求行为的，应当及时向乡镇人民政府或者县级人民政府农业农村主管部门报告

本条规定主要为耕地种植用途管控的常态化分级监督制度。以县级以上地方人民政府农业农村主管部门的日常监督为主体，以村民委员会、农村集体经济组织的及时报告为补充，构建跨层级的耕地种植用途管控体系。(1)乡镇人民政府应严格落实县级人民政府农业农村主管部门对于耕地种植用途管控日常监督的具体要求，及时将违反耕地种植用途管控要求的行为向县级人民政府农业农村主管部门报告。申言之，对于本条规定的具体适用，还应侧重补足乡镇人民政府对于行政管辖区域内的耕地种植用途管控监督职责，发挥乡镇一级人民政府的"中介"作用。尽管村民委员会、农村集体经济组织具备耕地种植用途管控常态化监督的地理位置与组织管理优势，但考虑实践中村民委员会、农村集体经济组织发展基础仍相对薄弱，乡镇人民政府还应适当引导、支持村民委员会和农村集体经济组织开展耕地种植用途管控监督工作。同时，对村民委员会和农村集体经济组织的具体管控行为予以监督考核，确保耕地种植用途管控的依法有序落实。(2)在耕地种植用途管控的实际推行过程中，还应探索扩大土地承包经营权人的有效参与。具体而言，农业农村部可将合同作为间接管控工具,出台耕地种植用途管控合同示范文本,引导土地承包经营权人在作为发包方时,与相对人签署相应合同或补充相关条款。若相对人违反耕地种植用途管控的合同义务,应承担相应的违约责任。

【实务应用】

典型案例:"胡某诉某街道办事处行政强制及行政赔偿案"①

基本案情:2015 年 6 月,胡某在本村承包耕地,办理了农村土地承包经营权证,种植小麦、玉米及部分果树。某街道办事处发布关于加强农田管理的公告,告知自 2017 年 9 月 1 日起对改变农业种植结构等情况予以冻结,自冻结之日起,不得改变农业种植结构和耕地用途,不得在农田内突击种植树木等,否则依法予以拔除。后村民委员会通知要求截至 2020 年 2 月 28 日处理掉种植在基本农田上的树木,过期将集中拔除。胡某在冻结日之后又在承包地上突击种植部分树木,并在规定的时间内未自行拔除。2020 年 3 月,某街道办事处强制拔除了胡某承包地上的果树,对冻结之日前承包地上种植的果树制作了核查表,补偿胡某 1770 元。后生效判决确认上述强制拔除行为违法。胡某诉至法院,要求赔偿强制拔除果树造成的损失。

争议焦点:胡某在加强农田管理公告载明的冻结日之后种树,是否属于突击种植树木的行为,某街道办事处强制拔除所种树木的行为是否违法。

法院判决:济南市章丘区人民法院经审理认为,《国家赔偿法》第二条规定,国家机关和国家机关工作人员行使职权,有本法规定的侵犯公民、法人和其他组织合法权益的情形,造成损害的,受害人有依照本法取得国家赔偿的权利。某街道办事处发布关于加强农田管理的公告,明确自冻结之日起,不得在农田内突击种植树木等。胡某在上述公告载明的冻结日之后种树,明显属于突击种植树木的行为。某街道办事处已经按照树木核查表对冻结公告之前存在的树木进行了补偿,胡某对此并无异议。胡某要求对核查表之外的树木进行赔偿,明显不属于《国家赔偿法》所保护的合法利益。遂判决驳回胡某的诉讼请求。

专家评析:耕地是保障国家粮食安全的根本。《粮食安全保障法》《土地管理法》

---

① 参见《山东高院发布耕地保护典型行政案例》,载微信公众号"高密自然资源和规划局"2023 年 8 月 12 日,https://mp.weixin.qq.com/s/o2TZD0gtIxJIIuRSWdTUgA,最后访问日期:2024 年 2 月 5 日。

《基本农田保护条例》等法律法规，均对加强耕地保护和用途管控予以规定。耕地用途管控项目细化到种植用途，为落实最严格的耕地保护制度提供了制度指引。本案中，村民为获取补偿款，擅自改变农业种植结构和耕地用途，在承包地上突击种植树木的行为，不具有需要保护的合法经济利益，相应的法律责任应由涉案村民自行承担。该案裁判对于承包耕地的村民合理合法利用耕地具有较强的警示引导意义。

【相关规定】

《农村土地承包合同管理办法》第四条；

《国家赔偿法》第二条。

【法条】

第十四条　国家建立严格的耕地质量保护制度，加强高标准农田建设，按照量质并重、系统推进、永续利用的要求，坚持政府主导与社会参与、统筹规划与分步实施、用养结合与建管并重的原则，健全完善多元投入保障机制，提高建设标准和质量。

【立法背景】

夯实粮食安全根基，加快建设农业强国的关键因素在于耕地。耕地是粮食生产的命根子，是中华民族永续发展的根基。在耕地保护这一系统工程中，需要着重强调质与量并重。在充足的耕地面积保障粮食生产可持续的基础上，优质的耕地资源可以更大拓展粮食产量增长和质量提升的空间。这也是落实“藏粮于地、藏粮于技”战略的关键所在。然而，我国不仅耕地数量不足，而且耕地质量总体不高，中等、低等产田大约占耕地总面积的2/3以上，且局部区域土壤退化、水土资源不匹配加剧等趋势日益突出。为保障优质的耕地资源，更大程度地激发粮食产量增长和质量提升的空间。因地制宜开展以耕地质量提升为核心的高标准农田建设，进行田块整治、土壤改良、田间道路整修等工程项目，已然成为防范和化解粮食安全面临风险的重要抓手。

长期以来，国家对高标准农田建设予以高度重视，自2008年政府工作报告首次述及“建设一批高标准农田”之后，国家不断强化政策支持、加强法律指引。随着国家层面对粮食安全战略和耕地保护战略的部署和推进，全国各地推开高标准农田建设工作,致力于完成阶段性的建设任务。《全国高标准农田建设规划(2021—2030年)》已经按照省份、分时间段下达了高标准农田建设任务,从2023年起,启动已建高标准农田改造提升,全国每年平均将改造提升3500万亩高标准农田,成为指导各地科学有序开展建设工作的重要依据。2023年中央一号文件中共中央、国务院《关于做好2023年全面推进乡村振兴重点工作的意见》明确强调,要加强高标准农田建设,制定逐步把永久基本农田全部建成高标准农田的实施方案。鉴于不同区域自然资源特点和经济发展水平的较大差异,目前全国高标准农田建设分成东北区、黄淮海区、长江中下游区、东南区、西南区、西北区、青藏区7个区域,各区域在化解粮食生产差异化的制约因素基础上,合理开展建设活动。2023年中央农村工作会议提出,应加强耕地保护和建设,优先把东北黑土地区、平原地区、具备水利灌溉条件地区的耕地建成高标准农田,并适当提高投资补助水平。此外,着眼中央层面的立法,涉及高标准农田建设的规范性文件主要有《乡村振兴促进法》《土地管理法》《黄河保护法》《黑土地保护法》《土地管理法实施条例》《高标准农田建设质量管理办法(试行)》等,为高标准农田建设的法治化提供了初步的制度框架。

在前述规范体系的推动之下,截至2021年年底,我国已经完成9亿亩的建设任务,正朝着2030年建成12亿亩高标准农田的目标迈进。相较建成前,新增建设高标准农田亩均提高粮食综合产能100公斤左右,提升了粮食可持续生产的能力;亩均每年增收节支约500元,有利于充分调动种粮主体的积极性。尽管高标准农田建设带来巨大的经济效益和社会效益,在促进农业生产方式转型升级,提升国家粮食综合生产能力方面取得了显著成效,但仍存在建设标准偏低、田间配套设施薄弱、建后管护机制不健全、建设资金渠道分散、忽视农民的权益等突出问题。依托法治保障促进高标准农田建设,具有独特规范性、稳定性、权威性等优势,也是纾解以上突出问题、矫正土地治理政策化倾向的应因之道。为此,本法基于前述既有立法及政策基础,着重将耕地质量保护在第十四条、第十五条中予以专门规定,并突出强调高标准农田建设要求。不仅再次凸显耕地质量保护针对性立法的重要性,也为耕地质量保护具体工作的有效落实奠定了更坚实的制度基础。

【法条释义】

本法第十四条为耕地质量保护制度构建的原则性规定,以及高标准农田建设要求的具体规定。

概括而言,(1)本条首先强调"国家建立严格的耕地质量保护制度"。(2)在前述耕地质量保护要求之下,提出应"加强高标准农田建设"。具体规定"量质并重、系统推进、永续利用"的要求,以及"坚持政府主导与社会参与、统筹规划与分步实施、用养结合与建管并重"的原则。同时,规定"健全完善多元投入保障机制",保障前述具体要求及原则的贯彻落实。最后,提出"提高建设标准和质量"这一高标准农田建设的核心目标。

一、国家建立严格的耕地质量保护制度

本条规定首次明确将"建立严格的耕地质量保护制度"上升为法律,体现了对于耕地质量保护的极大重视。通过本条规定,各粮食安全保障相关责任主体均应当严格贯彻落实耕地质量保护要求。一方面,应系统考量耕地质量保护相较数量保护的特殊性,对具体耕地质量保护内容、标准设定、质量监测等具体规范予以细化;另一方面,应进一步厘清耕地质量保护制度与土地利用总体规划制度、耕地转用制度等的适用范围及相应边界,确保耕地保护相关规范体系的协调性。

二、加强高标准农田建设,按照量质并重、系统推进、永续利用的要求,坚持政府主导与社会参与、统筹规划与分步实施、用养结合与建管并重的原则,健全完善多元投入保障机制,提高建设标准和质量

1. 按照量质并重、系统推进、永续利用要求

耕地保护是一个系统工程,要突出把握好量质并重、严格执法、系统推进、永续利用等重大要求。本条规定进一步聚焦高标准农田建设,提出应在强调数量、质量并重的基础上,系统化部署具体建设任务。同时,重视高标准农田的建后管护工作,保障高标准农田建设工程的良性可持续利用。

2. 坚持政府主导与社会参与、统筹规划与分步实施、用养结合与建管并重的原则

具体而言,(1)高标准农田建设的全过程囊括了政府、投资者、新型农业经营主体、农民、农村集体经济组织、基层组织、社会力量等多元主体的参与。处理好实践中错综复杂的法律关系,引导各方主体合理支配自己的行为实则为制度落实的关键。根据本条规定,应坚持以政府为主导,积极扩大社会参与。在此过程中,政府应履行好统筹规划、制度供给、支持引导、监督管理、兜底保障等具体职责,保障多元主体的权责相协同。在制定完备的高标准农田建设规划以及制度框架的基础之上,政府应

激励社会主体参与高标准农田建设及建后管护的具体环节，并加强对高标准农田建设及建后管护的常态化监督，在紧急情况下及时接管。(2)前已述及，《全国高标准农田建设规划(2021—2030年)》按照省份及具体时间段下达了高标准农田建设任务，且适时动态调整，为各地科学有序开展建设工作提供了重要依据。鉴于不同区域自然资源特点和经济发展水平的较大差异，目前全国高标准农田7个建设区域在化解粮食生产差异化的制约因素基础上，推进开展建设活动。譬如，东北区以黑土地保护修复为主攻方向；长江中下游区以增强农田防洪排涝能力为重点，开展田间灌排工程；西北区以培肥耕地地力为目标推行土壤改良。(3)在具体实践中，高标准农田建设工程主要囊括了田块整治、土壤改良、田间道路整修、灌排设施建设、农业科技服务提供、高标准农田建设工程管护等诸多内容，在一定程度上体现耕地数量、质量保护并行，高标准农田建设、管护并重。进言之，解构高标准农田建设法律关系，无一例外都会涉及实际建设、建设监管、建成后的实际利用和运营、后续管护等多重法律关系。①

3. 健全完善多元投入保障机制

在高标准农田建设及建后管护过程中，政府还应健全完善多元投入保障机制。有效发挥政府财政、社会资本、金融机构等在高标准农田建设及建后管护中的投入保障。发挥多元主体对于资金、技术、人力保障等的重要作用，切实提高高标准农田建设及管护的标准和质量。

【实务应用】

典型案例："上栗县人民检察院督促履行高标准农田建后管护职责行政公益诉讼案"②

基本案情：2023年3月，为有效保护高标准农田资源，上栗县人民检察院部署开展高标准农田建后管护专项监督行动，成立工作专班深入全县高标准农田试点乡镇进行实地走访核查。经核查，发现上栗县部分乡镇高标准农田项目未按照有关规定安排管护人员，没有巡查记录表和管护台账，部分渠道未及时清除淤泥、杂草，工程设

① 参见曾福生：《高标准农田建设的理论框架与模式选择》，载《湖湘论坛》2014年第4期。

② 参见《江西省人民检察院发布耕地保护公益诉讼典型案例》，载江西省人民检察院官网，http://www.jx.jcy.gov.cn/jchd/dxal/202308/t20230831_5916251.shtml，最后访问日期：2024年1月8日。

施无法正常使用，影响土地种植条件。2023 年 3 月 30 日，上栗县人民检察院依法对相关单位等进行立案审查，并先后制发诉前检察建议。

检察建议要旨：检察机关针对履职中发现的未全面履行高标准农田建后管护职责问题，以点带面，摸排全县高标准农田建后管护存在的难点问题，推动问题的系统治理。通过公开听证的方式现场核实整改成效，强化高标准农田保护力度。2023 年 6 月 26 日依法召开公开听证，邀请人大代表、政协委员、人民监督员，对整改情况进行实地查看。经核查，截至 2023 年 8 月底，全县通过重新平整土地、清理砂石、修缮水渠、管涵、排水沟等方式修复并复耕高标准农田 3448 亩。

专家评析：高标准农田建设保护和管理好农田基础设施是保持耕地地力，加快推进农业农村现代化和维护国家粮食安全的重要保障。在本案中，检察机关能够在督促相关单位依法履行管护职责的同时，充分发挥检察公益职责，实现公益诉讼检察协同监督的重要作用。通过加强司法与行政执法的衔接，有效强化了高标准农田建后管护的具体监督保障机制，有利于切实发挥高标准农田对于促进粮食产能提升的关键作用。

【相关规定】

《土地管理法》第三十二条；

《乡村振兴促进法》第十四条；

《黄河保护法》第八十八条；

《黑土地保护法》第二十一条；

《土地管理法实施条例》第十一条。

【法条】

第十五条　县级以上人民政府应当建立耕地质量和种植用途监测网络，开展耕地质量调查和监测评价，采取土壤改良、地力培肥、治理修复等措施，提高中低产田产能，治理退化耕地，加强大中型灌区建设与改造，提升耕地质量。

国家建立黑土地保护制度，保护黑土地的优良生产能力。

国家建立健全耕地轮作休耕制度，鼓励农作物秸秆科学还田，加强农田防护林建设；支持推广绿色、高效粮食生产技术，促进生态环境改善和资源永续利用。

【立法背景】

完备的耕地质量立法是粮食和重要农产品供给安全的根本保证，是农业高质量发展的制度基础。近年来，中央积极推动黑土地保护法、耕地保护法等立法工作，围绕耕地质量保护立法开展了大量研究和前期工作，系统梳理了实践中耕地质量保护面临的困难和亟须立法明确解决的问题。从落实“藏粮于地、藏粮于技”的战略高度，将耕地质量保护以及黑土地的特别保护上升为国家意志。对耕地质量保护具体措施等予以规范，既强化了耕地质量保护利用的法治保障，也为耕地质量保护专门立法提供了立法借鉴。2022 年中央一号文件中共中央、国务院《关于做好 2022 年全面推进乡村振兴重点工作的意见》明确提出，应加大中低产田改造力度，提升耕地地力等级，加大大中型灌区续建配套与改造力度，深入推进国家黑土地保护工程，分类改造盐碱地。

此外，各地方亦对于耕地质量保护立法进行了积极探索，对于具体耕地质量保护措施进行细化规定，并且取得了较好的实践效果。目前，全国已有 30 多个省份颁布实施了耕地保护相关的地方性法规或规章，其中湖北、内蒙古、吉林、黑龙江、陕西、湖南、江苏等省、自治区专门出台了耕地质量保护地方性法规。在耕地质量建设、质量监测与监督管理、科技与教育培训等多方面对耕地质量保护作出了较系统全面的规定，取得了良好实践效果。

在此背景下，本法亦通过单条对耕地质量保护的具体措施予以明确。着眼弥补现有耕地保护规范体系的不足，精准聚焦到耕地质量层面，对于耕地质量和种植用途监测、耕地质量调查和监测评价、耕地养护与污染防治、耕地生态建设、科技与教育培训等耕地质量保护具体举措突出强调，进一步增强耕地质量保护立法的针对性。为推动耕地质量保护实践，巩固提升粮食综合产能提供了具体指引。

【法条释义】

本法第十五条明确了耕地质量保护措施的具体规定。

概括而言，本条第一款明确县级以上人民政府耕地质量保护的具体责任要求以及应当采取的具体措施；第二款聚焦黑土地保护，强调国家建立黑土地保护制度，保护黑土地的优良生产能力；第三款着眼耕地生态保障，提出国家应采取的具体耕地生态保障措施，以实现“促进生态环境改善和资源永续利用”的规范目的。

一、明确县级以上人民政府的耕地质量保护职责

1. 建立耕地质量和种植用途监测网络，开展耕地质量调查和监测评价

针对耕地质量监测，2017 年农业农村部成立耕地质量监测保护中心，逐步构建起国家、省、市、县四级耕地质量监测网络。通过建立国家耕地质量长期定位监测点以及省、市、县监测点，定期组织开展耕地质量监测与评价工作。2022 年第三次全国土壤普查，亦系统化地对全国耕地、园地、林地、草地等土壤质量集中监测。此外，按照国务院办公厅《关于切实加强高标准农田建设、提升国家粮食安全保障能力的意见》（国办发〔2019〕50 号），我国逐步强化全国农田建设“一张图”的监管要求，不断推进全国农田建设综合监测监管平台建设，对高标准农田建设项目的立项、实施、验收、使用等各阶段相关信息进行全流程管理，对建成的高标准农田开展上图入库，准确掌握各地农田建设进展，实现高标准农田建设精准监管。

针对耕地种植用途监测，2021 年 3 月自然资源部印发《耕地卫片监督方案（试行）》，建立耕地卫片监督工作机制。该方案主要运用卫星遥感影像和信息化手段，定期对耕地保护利用情况进行动态监测。此外，农业农村部也综合运用卫星遥感、无人机航拍等现代信息技术，每年以抽样方式开展粮食生产功能区和重要农产品生产保护区目标作物种植情况监测，深入分析“两区”目标作物种植变化情况，为“两区”的建设和管护提供数据支撑。

2. 采取土壤改良、地力培肥、治理修复等措施，提高中低产田产能，治理退化耕地

具体而言，中低产田主要为单位面积粮食产量相对较低且难以保障稳定产量的耕地。近年来，随着大量农业投入品的使用以及气候变化等的影响，多数地区的耕地地力状况已呈现较明显的下降趋势。根据《2019 年全国耕地质量等级情况公报》，2019 年我国被评价为一至三等的耕地面积为 6.32 亿亩，占耕地总面积的 31.24%；被评价为四至六等的耕地面积为 9.47 亿亩，占耕地总面积的 46.81%；被评价为七至十等的耕地面积为 4.44 亿亩，占耕地总面积的 21.95%，平均等级仅为不到五等。基于以上数据，我国的耕地地力总体状况不容乐观，1/5 以上的耕地地力退化问题严峻，耕地地力质量状况总体上仍待提升。对于前述耕地的治理，可在编制相关规划和

专项实施方案的基础上，完备耕地治理、配套水利工程建设、工程建后管护、资金投入保障、责任主体及实施机制等具体制度细则。在明确具体责任主体的基础之上，综合采取土壤改良、地力培肥、治理修复等措施，推进耕地治理工程建设，并加强建后管护，在此过程中，创新多元投入保障机制，引导金融机构和社会资本积极参与耕地治理。

3. 加强大中型灌区建设与改造

大中型灌区，是指灌溉面积较大、水资源利用较充分、灌溉设施较完善的灌区。中共中央、国务院《关于做好 2022 年全面推进乡村振兴重点工作的意见》中指出，应加大大中型灌区续建配套与改造力度，在水土资源条件适宜地区规划新建一批现代化灌区，优先将大中型灌区建成高标准农田。近年来，水利部也在加快推进大中型灌区建设和现代化改造，明确“十四五”期间应完成 1200 多处大中型灌区的现代化改造任务，着力提升供水用水服务能力和水平。为加快提升灌区标准化管理水平，我国还应加快推动大中型灌区改造与建设的制度化、标准化进程。通过完备的制度供给，保障大中型灌区改造与建设的规范化开展。

二、国家建立黑土地保护制度，保护黑土地的优良生产能力

本条规定明确提出国家建立黑土地保护制度，并强调应保护黑土地的优良生产能力。黑土地被誉为“耕地中的大熊猫”，是耕地中的精华。《黑土地保护法》第二条第二款指出，“黑土地，是指黑龙江省、吉林省、辽宁省、内蒙古自治区（以下简称四省区）的相关区域范围内具有黑色或者暗黑色腐殖质表土层，性状好、肥力高的耕地”。凭借地利的先天优势，我国的黑土区长期以来都是国家重要的粮食生产基地。其粮食产量约占全国的 1/4，调出量约占全国的 1/3，在保障国家粮食安全中具有举足轻重的地位。针对黑土地优良生产能力的具体保护措施，可结合并参照《黑土地保护法》的具体规定，坚持统筹规划、因地制宜、用养结合、近期目标与远期目标结合、突出重点、综合施策的原则，并建立健全政府主导、农业生产经营者实施、社会参与的保护机制。

三、突出国家对于耕地生态安全的保护规定，以促进生态环境改善和资源永续利用

1. 建立健全耕地轮作休耕制度

着眼我国耕地质量保护的突出问题以及粮食安全保障的切实需要，我国自 2016 年起探索实行耕地轮作休耕制度，并专门制定了《探索实行耕地轮作休耕制度试点方案》,在部分地区先行试点。耕地轮作休耕制度主要包括轮作与休耕两个具体制度。(1)休耕是对土壤和生态环境遭到严重破坏、亟须修复治理、恢复生产能力的补救性措施。该制度主要针对地下水漏斗区、重金属污染区以及生态严重退化地区,通过农艺措施和其他手段开展修复治理,待符合种植要求后再进行复耕。(2)轮作是在同一田块上、在季节间和年度间轮换种植不同作物或复种组合的农业种植方式。①

此外,根据《探索实行耕地轮作休耕制度试点方案》,耕地轮作休耕应以尊重农民意愿,稳妥有序实施为基本原则。通过完备耕地轮作休耕组织方式和政策体系,明确轮作、休耕的补助标准和方式,并强化对于具体实施的监督机制,予以系统推进。

2. 鼓励农作物秸秆科学还田

农作物秸秆科学还田不仅是耕地地力提升的有效措施,也是防治大气污染的重要举措。《大气污染防治法》第七十六条明确规定,应加大对秸秆还田、收集一体化农业机械的财政补贴力度。针对秸秆还田的技术手段提升,原农业部办公厅《关于印发全国农业机械化专项发展规划的通知》(农办机〔2011〕55 号)明确提出,应推进机械化秸秆综合利用技术。国务院《空气质量持续改善行动计划》进一步强调,应提高秸秆还田标准化、规范化水平。健全秸秆收储运服务体系,并使全国秸秆综合利用率稳定在 86% 以上。在前述目标下,国家应着力配套具体技术研发推广的财税、金融支持政策,并着力推动技术利用的培训、指导服务机制,为农作物秸秆科学还田构建更完善的配套机制。

3. 加强农田防护林建设

农田防护林是农田基础设施建设的重要组成部分,对防风固沙、保持水土、改善农田小气候、保障粮食高产稳产等具有重要作用。国家林业和草原局、自然资源部、农业农村部《关于加强农田防护林建设管理工作的通知》(林生发〔2022〕65 号)明确规定,支持各地结合林业草原生态保护修复、全域土地综合整治、高标准农田建设等项目统筹开展农田防护林建设,积极构建适应现代农业发展需要的农田防护林体系。新建或改造农田防护林,依法依规享受中央财政造林、森林抚育补助;涉及使用农户承包地的,应给予承包农户适当经济补偿。需要注意的是,农田防护林建设亦应受到

---

① 参见《制度篇(中)|“十四五”规划和 2035 年远景目标纲要中的名词解释》,载中华人民共和国国家发展和改革委员会官网,https://www.ndrc.gov.cn/xxgk/jd/wsdwhfz/202106/t20210629_1284498.html。

明确的规范约束。具体而言,农田防护林建设应以坚持节约集约用地、因地制宜、建管并重为原则,尽量少占耕地、避让永久基本农田,并严格落实耕地年度"进出平衡"制度,落实耕地及永久基本农田的具体保护规定。此外,在实践中需针对地区差异,科学选择更适当的树种和种植结构。此外,农田防护林建成后,县级林业和草原主管部门应切实承担林地上防护林的建后管护职责,县级人民政府应承担非林地上防护林的建后管护职责,对于具体管护主体、措施以及监督保障机制等予以明确。

4. 支持推广绿色、高效粮食生产技术

为推动粮食生产方式转型,原农业部印发的《关于大力开展粮食绿色增产模式攻关的意见》(农农发〔2015〕1 号)着重强调应加快推动绿色、高效粮食生产技术的攻关,以实现生产与生态协调发展,探索有中国特色的粮食可持续发展之路。在此基础上,应进一步强调对于绿色、高效粮食生产技术的有效推广,确保具体技术的落地。对此,国家应协同耕地地力保护补贴、绿色高效生产技术指导服务等具体支持措施,完备相应的制度机制,为粮食生产的绿色化、现代化转型提供制度支撑。

【实务应用】

典型案例:"浙江省海宁市某科技工业园部分企业废水通过渗坑直排污染土壤生态环境损害赔偿案"①

基本案情:2019 年 11 月,某科技工业园部分企业通过渗坑直排废水,污染周边土壤及河道的问题被推动长江经济带发展领导小组办公室曝光。嘉兴市生态环境局海宁分局依法对涉案企业废水通过渗坑直排等违法行为予以 4.28 万~69.4 万不等的行政处罚。2020 年 10 月,嘉兴市生态环境局海宁分局联合海宁市农业农村局委托开展生态环境损害鉴定评估。经鉴定评估,重点调查范围内的 48 个土壤样品中,8 个土壤样品属于轻度盐渍化(16.7%),2 个土壤样品为中度盐渍化(4.2%),土壤生态环境损害涉及赔偿金额 225 万余元(盐渍化土壤改良所需的灌、排水费用与修复评估费用难以精确估算,暂不核定)。经多轮磋商,嘉兴市生态环境局海宁分局与 17 位

---

① 参见《生态环境部公布第三批生态环境损害赔偿磋商十大典型案例》,载中华人民共和国生态环境部官网,https://www.mee.gov.cn/ywgz/fgbz/sthjshpczd/202310/t20231013_1043094.shtml,最后访问日期:2024 年 1 月 8 日。

赔偿义务人签订系列生态环境损害赔偿协议。17 位赔偿义务人自愿承担总计 229 万余元赔偿金(大于评估核定 225 万元),主要用于支付窖池复垦费用,复垦面积约 5.67 万平方米。根据农田改良方案,窖池复垦后通过水利措施排除土壤中过多的盐分,为农作物创造正常生长的土壤环境,然后进一步运用农作物栽种措施改善土壤的物理、化学和生物性质,提高肥力并防止返盐。所有盐渍化复垦农业用地均已按方案落实灌、排水等措施及多茬作物栽种,经农业农村部门测产和专业机构评估,盐渍化土壤均原地得到了有效改良,成效明显。

专家评析:该案是耕地质量违法相关案件中,部门协同配合共同开展的涉及多个赔偿义务人的典型案件,对耕地质量的切实保护具有一定的借鉴意义。(1)落实耕地损害多方责任,探索同类案例一体办理。该案除追究 10 家涉案企业生态环境损害责任外,根据过错与责任相适应原则,还对 7 家未完全履行土地保护责任的村级合作社提出具体生态环境损害赔偿请求并达成磋商协议,推动了耕地领域生态环境损害赔偿责任的有效落实。(2)坚持耕地质量多元共治,该案件涉及传统农产品加工业造成的土壤盐渍化,不是一般意义上的土壤环境污染问题。涉案土地的用地类型为农业用地,由生态环境和农业农村两个行政部门协同合作开展生态环境损害索赔,有利于磋商工作的推进。在办理过程中,部门高效联动协同,推进生态环境损害修复。同时,借助检察力量,以常态化监督巩固生态修复治理。

【相关规定】

《黑土地保护法》第二条;

《大气污染防治法》第七十六条。

【法条】

第十六条 县级以上地方人民政府应当因地制宜、分类推进撂荒地治理,采取措施引导复耕。家庭承包的发包方可以依法通过组织代耕代种等形式将撂荒地用于农业生产。

【立法背景】

耕地是发展之基、民生之本。有效保障耕地产能是落实国家“藏粮于地”战略的关键举措。党的十八大以来，耕地保护不断强化，高标准农田建设加快推进，粮食综合生产能力稳步提升，有力支撑了国家粮食安全和重要农产品有效供给。但受农业比较效益偏低、耕种条件差、农民外出务工等因素影响，在实践中弃耕撂荒现象仍屡禁不止。国务院《关于2022年度中央预算执行和其他财政收支的审计工作报告》中提及，在重点抽查的10省92个国家乡村振兴重点帮扶县中，就有13县4501.92亩耕地占而未用，长期撂荒。相对较高的抛荒率不仅威胁国家粮食和重要农产品的稳定有效供给，而且极易导致耕地地力的严重耗损。

对耕地抛荒的限制，自1998年《土地管理法》修订便被法律明文规定。该条①第一款明确禁止任何主体闲置、荒芜耕地，并对非农建设占用耕地流转后一定期限内未使用的行为设置恢复耕种、缴纳闲置费、收回土地使用权等惩罚手段。此后，《土地管理法》虽然经过多次修改，但具体内容并未调整，凸显了对于耕地抛荒的严格禁止，这也是我国“十分珍惜、合理利用土地和切实保护耕地”基本国策要求下的题中应有之义。近年来为加强撂荒地治理，农业农村部发布《关于统筹利用撂荒地促进农业生产发展的指导意见》（农规发〔2021〕1号），对于撂荒地治理的具体措施作出了较全面系统的规定。《“十四五”推进农业农村现代化规划》亦提出，应改善撂荒地耕种条件，有序推进撂荒地利用。中共中央、国务院《关于做好2023年全面推进乡村振兴重点工作的意见》着重强调，应加大撂荒耕地利用力度。国务院《关于确保国家粮食安全工作情况的报告》再次对于撂荒地治理予以明确。在此背景之下，本法明确将撂荒地治理单列，并进一步细化规定相应治理措施，突出强调对于耕地撂荒的严格规制和对耕地保供要求的切实保障。

【法条释义】

本法第十六条明确规定了撂荒地治理的总体规定和组织代耕代种等具体措施。概括而言，本条首先规定县级以上地方人民政府的撂荒地治理责任及规范要求，在此基础上进一步引导家庭承包的发包方对于撂荒地予以利用。

---

① 指《土地管理法》（1998年修订）第三十七条、《土地管理法》（2004年修正）第三十七条、《土地管理法》（2019年修正）第三十八条。

一、县级以上地方人民政府应当因地制宜、分类推进撂荒地治理，采取措施引导复耕

根据农业农村部《关于统筹利用撂荒地促进农业生产发展的指导意见》(农规发〔2021〕1号)，政府应将统筹利用撂荒地情况纳入考核指标，层层压实责任，有效遏制耕地撂荒。在该指导意见中，明确规定应坚持分类指导，有序推进撂荒地利用。政府应基于各辖区耕地撂荒基本情况的排查，因地制宜制订统筹利用撂荒地的具体方案。区分平原、丘陵确不适宜耕种的撂荒地以及季节性撂荒地等不同地区类别，确定差异化的治理措施。在此过程中，还应综合采取以下措施实现对于撂荒地的系统治理。

1. 强化政策扶持，加快设施建设，引导农民复耕撂荒地

一方面，针对比较效益偏低这一耕地撂荒的重要原因，各地方应进一步落实稻谷小麦最低收购价政策、健全相关补贴机制、加大农业生产社会化服务项目种粮支持力度，并完善保险政策和信贷支持等支持机制；另一方面，由于撂荒地多为丘陵山区的坡地或细碎地块，通过配套完善农业基础设施、改良提升地力，有助于尽快恢复适宜耕种的基础条件，促进撂荒地的有效利用。

2. 规范土地流转，促进撂荒地规模经营和社会化服务供给

当下，农村地区青壮年种粮劳动力的缺失，直接与粮食产出效益的保证产生冲突。此外，农村人口结构的"空心化"不仅会导致种粮劳动力短缺，老年群体等与现代数字发展的鸿沟也将直接阻碍种粮技术的提升，进而桎梏粮食种植的规模化、机械化、智慧化发展，威胁国家粮食安全的保障。通过农民土地流转的规范化建设和规模化粮食种植制度体系的完善，可以在促进贫困地区农民有效增收的同时，有效解决返贫治理中劳动力外流问题。进一步释放我国农村地区的粮食生产潜力，守住粮食安全保障与不发生规模性返贫的两条底线。对此，应重点加强农村土地流转制度体系的规范化建设，推进对农村土地经营权流转市场和产权交易市场的有效规制，引导不具备农业生产条件的农户依法有序流转土地经营权，避免采取撂荒方式。同时，可加大对社会化服务组织的培育支持机制，完善社会化服务供给的制度激励体系，鼓励发展现代化农业生产托管服务，积聚撂荒地治理中的多元主体效能。

3. 完备对于耕地撂荒的监督管理以及责任后果

土地经营权受让方应依法合理利用土地，不得闲置撂荒。各地方可引导流转双方将防止耕地撂荒要求纳入流转合同内容，并强化对于具体义务履行的约束监督。

对于撂荒连续2年以上的，承包方在合理期限内不解除土地经营权流转合同的，发包方亦有权要求终止土地经营权流转合同。

二、家庭承包的发包方可以依法通过组织代耕代种等形式将撂荒地用于农业生产

1. 家庭承包的发包方主要为各村的村集体经济组织、村民委员会或村民小组

根据《农村土地承包法》第十三条的规定，农民集体所有的土地依法属于村农民集体所有的，由村集体经济组织或者村民委员会发包；已经分别属于村内两个以上农村集体经济组织的农民集体所有的，由村内各该农村集体经济组织或者村民小组发包。国家所有依法由农民集体使用的农村土地，由使用该土地的农村集体经济组织、村民委员会或者村民小组发包。因此，家庭承包的发包方主要为各村的村集体经济组织、村民委员会或村民小组。

2. 本条第二句主要为对前述发包方通过组织代耕代种等形式引导撂荒地利用的法律指引

随着农业产业的现代化转型推进，代耕代种、代管代收、全程托管等农业社会化服务模式逐渐完善，成为释放农业农村劳动力、促进农业产业高质量发展的重要推动力。一般而言，“代耕代种”主要是指农户通过与社会化服务组织以合同、协议等达成合意，委托社会化服务组织在相应地块从事耕作、种植等农业生产行为。在该种模式下，社会化服务组织可以根据合同约定获得劳动报酬、土地租金收入或种植收益的部分利润。而凭借社会化服务组织更先进的耕种技术和耕种相关的机械设备等突出优势，农户则可以有效节约人力等成本，避免农业生产风险，且易获得相对更高的种植收益。

在本条规定中，并未直接明确农户为代耕代种的委托者，而是将发包方作为代耕代种的组织者。对于“组织”的具体内涵，可以从以下两个方面展开：(1)各村的村集体经济组织、村民委员会或村民小组等可以依法引导本村农户采取代耕代种等形式，将撂荒地块重新利用；(2)为推进撂荒地的高效利用，可积极推进农村土地规模化流转，由村集体经济组织、村民委员会或村民小组等对于本集体的撂荒地块自行采取代耕代种等种植模式。也可进一步探索赋予村集体经济组织、村民委员会或村民小组等直接委托社会化服务组织的法定权限。并规定，对于本村农户撂荒达一定期间等具体情形，村集体经济组织、村民委员会或村民小组等可委托社会化服务组织进行代

耕代种，相应成本应由撂荒农户负担。

【实务应用】

典型案例："荣县人民检察院诉荣县自然资源和规划局怠于履行土地行政监管职责案"①

基本案情：2014年下半年，荣县鸿康农业有限公司（以下简称鸿康公司）负责人谢某某通过租赁方式流转荣县旭阳镇石碓窝村第1、第2、第9组的27.738亩土地，约定用途为种植、养殖业及农业经济开发。2015年3月，鸿康公司以该宗地坡坎大，不利于花卉苗木种植为由，申请在该宗地倾倒土石方进行土地填平整治，所在村组、旭阳镇人民政府、荣县自然资源和规划局等予以审批同意。荣县自然资源和规划局就倾倒土石方予以选址会审并收取鸿康公司复垦保证金1.732万元。鸿康公司在流转土地上倾倒建筑渣土，未按照申请的时间和范围平整土地用于种养殖业和农业经济开发。2017年4月，荣县旭阳国土资源中心所在巡查中发现该公司涉嫌超范围倾倒弃土、压占土地，并现场口头通知鸿康公司对超范围部分复耕，对存在的安全隐患进行整治。2017年12月18日，荣县自然资源和规划局对鸿康公司未经批准修建构筑物作出《责令停止违法行为通知书》（荣国土资停〔2017〕196号），鸿康公司停止修建。针对鸿康公司长时间存在的倾倒城市建筑弃土、非法压占土地的行为，荣县人民检察院经立案调查，于2018年5月8日向荣县自然资源和规划局发出荣检行建〔2018〕03号检察建议：（1）对谢某某违反土地管理法规的行为依法作出行政处罚；（2）责令谢某某按照国家有关规定负责将破坏的耕地复垦，如其没有条件复垦或者复垦不符合要求，应当责令其足额缴纳土地复垦费，并将该费用专项用于其破坏的耕地复垦；（3）对谢某某修复耕地、复垦的情况进行检查、督促，确保整改到位。

荣县自然资源和规划局收到检察建议书后，于当月18日对鸿康公司的违法行为启动立案调查。2018年6月12日，向鸿康公司发出《责令改正违法行为通知书》（荣国土资改〔2018〕02号），责令该公司自收到通知之日起60日内，对压占的土地按要

---

① 参见《公益诉讼起诉人荣县人民检察院诉荣县自然资源和规划局怠于履行土地行政监管职责案》，载山东省东营市中级人民法院官网2023年1月1日，http://www.sdcourt.gov.cn/dyzy/372897/372898/9141570/index.html，最后访问日期：2024年1月9日。

求进行土地复垦，该公司于当日向荣县自然资源和规划局提交书面承诺。同年6月16日，鸿康公司自行编制复垦方案，并按方案开始对该宗地进行土地整理（复垦）。同年6月25日，荣县自然资源和规划局组织旭阳镇政府、县农牧业局、县城管局、县环保局对鸿康公司土地整理（复垦）进度进行现场检查，指出了存在的问题。同年7月，鸿康公司重新编制复垦方案（内容含填充土石方等）并报荣县自然资源和规划局，鸿康公司遂采用继续倾倒建筑弃土填充的方式对该宗地进行土地整理（复垦），导致压占土地面积进一步明显增加。同年11月27日，荣县自然资源和规划局对鸿康公司在土地复垦中超高超范围倾倒城市建筑弃土、弄虚作假的行为处以罚款3万元并执行到位。此外，鸿康公司非法倾倒建筑弃土的位置附近共有3组国防光缆（空中1组、地下2组）通过，鸿康公司倾倒建筑弃土对国防光缆造成经济损失和通信危害。荣县自然资源和规划局针对鸿康公司在土地复垦中弄虚作假的情况，组织农业、城管等相关部门再次会商，由四川省地质矿产勘查开发局化探队技术人员于2018年11月按照相关标准重新编制土地整理（复垦）方案，旭阳镇石碓窝村民委员会和鸿康公司共同委托具备资质的土地整理（复垦）单位按照方案开展复垦工作。荣县自然资源和规划局对于履行土地监管职责的情况，分别于2018年7月5日、12月7日，向荣县人民检察院进行书面回复。2019年2月22日，经鸿康公司申请，由荣县自然资源和规划局邀请县农牧业局、县水务局、县林业局专业人员组成土地整理（复垦）工作验收专家组，会同县城管局、旭阳镇政府、石碓窝村组干部、社员代表进行现场验收，结论为按复垦方案的建设内容基本完成，并对边坡完善排灌沟渠、修筑土埂、清捡块石、提高土壤质量等提出了进一步完善复垦工作的建议意见。荣县自然资源和规划局将验收情况向一审法院和荣县人民检察院书面报送。2019年4月14日，四川川法环境损害司法鉴定所受荣县人民检察院委托，组织专家开展现场踏勘、访谈及复垦方案等资料核实，认为该复垦工程部分未达到国家土地复垦标准。

法院判决：四川省荣县人民法院一审认为，鸿康公司及负责人谢某某以发展种植、养殖业及农业经济开发之名流转荣县旭阳镇石碓窝村约27亩农用地，但长达数年未实际用于农业经营，而是违规倾倒建筑渣土谋利并压占农村土地。荣县自然资源和规划局应当依法履行土地违法行为查处和土地复垦的监管职责，但对鸿康公司的违法行为未及时、有效地进行制止和处罚，致使被压占的土地长期处于荒芜状态，违背农业用途，导致国家土地资源遭到破坏，并危害国防通信安全。荣县自然资源和规划局在收到检察建议后，虽履行了一定的职责，但其履行监管职责不力致使鸿康公司继续倾倒建筑弃土填充的复垦方案得以实施，使公益损害进一步扩大。公益诉讼起诉人请求判决确认荣县自然资源和规划局对鸿康公司非法压占土地行为未完全履行土地监督管理职责违法，应予支持。

一审法院受理公益诉讼后，荣县自然资源和规划局加大对鸿康公司土地复垦的监管力度，并于2019年2月22日组织有关专业人员、相关部门、基层组织，对复垦情况进行现场验收。参考验收情况和有关专家意见，均提出本案土地复垦中还需对边坡完善排灌沟渠、修筑土埂、清捡块石、提高土壤质量等要求。这仍需荣县自然资源和规划局加强后续监督管理，使案涉土地的利用符合农用地性质。公益诉讼起诉人请求判令荣县自然资源和规划局依法履行对鸿康公司非法压占土地的后续复垦工作的监督管理职责，应予支持。据此，判决确认荣县自然资源和规划局对荣县鸿康农业有限公司土地违法行为怠于履行监督管理职责的行为违法；责令荣县自然资源和规划局在判决生效后90日内对本案所涉土地后续复垦事项依法履行职责。

专家评析：2017年修正的《行政诉讼法》第二十五条确立了行政公益诉讼制度。人民检察院在履行职责中发现生态环境和资源保护等领域负有监督管理职责的行政机关违法行使职权或者不作为，致使国家利益或者社会公共利益受到侵害的，应当向行政机关提出检察建议，督促其依法履行职责。行政机关不依法履行职责的，人民检察院依法向人民法院提起诉讼。在本案中，主管行政机关虽对土地违法行为履行了一定监督管理职责，但未全面依法履职，致使环境公益仍然遭受侵害。人民检察院依法充分发挥法律监督职能作用，促进依法行政、严格执法，充分体现了行政公益诉讼在依法监督行政执法、制止及恢复被破坏耕地方面的积极意义。

【相关规定】

《农村土地承包法》第十三条；

《行政诉讼法》第二十五条。

【法条】

第十七条　国家推动盐碱地综合利用，制定相关规划和支持政策，鼓励和引导社会资本投入，挖掘盐碱地开发利用潜力，分区分类开展盐碱耕地治理改良，加快选育耐盐碱特色品种，推广改良盐碱地有效做法，遏制耕地盐碱化趋势。

【立法背景】

我国是全球第三大盐碱地分布国家，凸显盐碱地面积较大、类型复杂、分布广泛三大特点。由于工业化进程引致的生态恶化等影响，部分地区耕地盐碱化趋势不断加剧，严重威胁耕地数量和质量安全，并进一步引致国家粮食安全难以保障。中央财经委员会第二次会议针对加强耕地保护和盐碱地综合改造利用等问题明确强调，盐碱地综合改造利用是耕地保护和改良的重要方面，要充分挖掘盐碱地综合利用潜力，加强现有盐碱耕地改造提升，有效遏制耕地盐碱化趋势。习近平总书记亦明确发文强调，应抓好盐碱地综合改造利用。① 立足国情农情，因地制宜开展盐碱地综合利用，是提高耕地利用效率、保护生态环境、促进农业可持续发展的必要措施，也是保障耕地数量和质量安全、守住国家粮食安全底线的题中应有之义，紧密关涉我国可持续粮食安全治理的走向和成效。

据统计，我国拥有各类可利用盐碱地资源约5亿多亩，其中具有农业利用前景的盐碱地总面积可达1.85亿亩。② 近年来，我国着力加大对盐碱地治理的政策和制度支持，在实践中盐碱地的综合利用取得了较突出的进展。农业农村部会同有关部门通过加强耕地土壤盐碱化防治，探索不同盐碱类型区域的综合治理模式，实施盐碱地普查，加强“以种适地”，积极推进盐碱地治理改造进程。截至2022年年底，我国共建成高标准农田10亿亩，有效提高了农田灌排能力，并进一步强化了对于耕地土壤盐碱化的防治。③ 2020～2022年，农业农村部指导8个省份开展了盐碱耕地治理试点项目，在3年内累计治理面积约为240万亩。各地累计建成了200多个集中连片综合治理示范区，试点区域内耕地质量平均提升了0.11～0.51个等级，盐碱地治理效果显著。本法依托法治手段，有序、审慎地把盐碱地治理与综合利用相关政策及实

① 参见习近平：《切实加强耕地保护　抓好盐碱地综合改造利用》，载《求是》2023年第23期。

② 参见蒋波：《盐碱地也能变“油”田》，载百家号“经济日报”2023年7月25日，https://baijiahao.baidu.com/s?id=1772345016174370865&wfr=spider&for=pc，最后访问日期：2024年1月9日。

③ 参见《我国已建成10亿亩高标准农田》，载中华人民共和国农业农村部官网，http://www.moa.gov.cn/xw/shipin/xwzx/202301/t20230128_6419347.htm，最后访问日期：2024年1月9日。

践中具有稳定性、可操作性的部分及时上升为法律规则,有效地弥合了法律与具体政策、实践之间的罅隙和张力,实现盐碱地治理与综合利用中法律、政策与实践的相互制约促进与良性互动。

【法条释义】

本法第十七条明确规定,国家应推动盐碱地治理改良与综合利用机制。

概括而言,本条首先提出“国家推动盐碱地综合利用”的总体要求。其次,具体规定“制定相关规划和支持政策”以及“鼓励和引导社会资本投入”的盐碱地综合利用相关保障机制。最后,规定“挖掘盐碱地开发利用潜力”“分区分类开展盐碱耕地治理改良”“加快选育耐盐碱特色品种”“推广改良盐碱地有效做法”“遏制耕地盐碱化趋势”等盐碱地综合利用的具体措施。

一、国家应制定相关规划和支持政策,鼓励和引导社会资本投入

1. 制定相关规划和支持政策

具体而言,(1)盐碱地综合利用相关规划应是推动盐碱地综合利用的“龙头”。科学合理的规划编制将为盐碱地治理改良与综合利用提供规范有序的资金安排与措施落实的具体框架。国务院《关于确保国家粮食安全工作情况的报告》也提出,需研究编制盐碱地综合利用总体规划和专项实施方案。参照《吉林省盐碱地等耕地后备资源综合利用工程建设方案》等地方盐碱地综合利用具体方案,在具体规划中可明确建设目标、建设布局、建设内容、实施计划、实施流程以及实施监督等具体内容。此外,在盐碱地综合利用总体规划的基础之上,也可逐步配套具体专项实施方案,推动相关规划的有效落实。(2)盐碱地综合利用相关支持政策是推动盐碱地综合利用的关键保障。中央和各地方政府应强化财政、税收、金融、土地、服务等政策支持,完备盐碱地综合利用相关财政补贴和转移支付政策,完善对相关企业等的税收优惠政策,优化对社会资本参与盐碱地治理的信贷支持,健全用地保障机制,并加强对相关主体进行盐碱地综合利用的服务支持。

2. 鼓励和引导社会资本投入

鼓励、引导社会资本投入是拓宽资金筹措渠道、提升建设质量和效率的有力措施。政府可通过金融、财政、服务等多重激励手段,鼓励、引导社会资本参与盐碱地综合利用工程建设。受制于政府在财政资金、盐碱地利用技术等方面的有限性,仅依靠

政府单一主体显然难以完成盐碱地综合利用这一长期性、专业性、系统性工程,而社会资本的资金、人力以及技术等多重资源,将为盐碱地综合利用提供关键的助力。针对资金支持,政府可在债务风险可控的前提下,通过发行政府专项债券方式,鼓励金融机构支持盐碱地等耕地后备资源综合利用。此外,可支持符合条件的投资主体发行企业债券、公司债券、非金融企业债务融资工具等公司信用类债券,进一步拓宽盐碱地等耕地后备资源融资渠道。针对人力与技术等支持,地方政府可通过多元的政府购买服务方式,吸纳社会资本参与盐碱地综合利用工程建设。在政府适度的监督与引导下,充分发挥社会资本在盐碱地综合利用中的重要作用。

二、国家应挖掘盐碱地开发利用潜力,分区分类开展盐碱耕地治理改良,加快选育耐盐碱特色品种,推广改良盐碱地有效做法,遏制耕地盐碱化趋势

国务院《关于确保国家粮食安全工作情况的报告》指出,应充分挖掘盐碱地综合利用潜力,全面摸清盐碱地资源状况,分区分类开展盐碱耕地治理改良,加快选育耐盐碱特色品种,大力推广盐碱地治理改良的有效做法,做好盐碱地特色农业大文章。(1)对于盐碱地开发利用潜力的挖掘,应重点支持农田水利、化学改良、生物改良、技术推广等盐碱地治理改良的关键技术攻坚,突破淡水资源分布不均、改良治理技术效果有限等困境。(2)对于分区分类开展盐碱耕地治理改良的具体实施,应以对于全国盐碱地实际分布情况以及质量状况的全面摸清为前提,因地制宜确定相应的治理方案。具体而言,盐碱地多指含有盐碱成分的土壤,即含盐量一般超过0.1%的土壤,包括盐碱耕地、盐碱林草地、盐碱未利用地等。我国盐碱地主要可大致分为五大类型区:西北内陆盐碱区、黄河上中游盐碱区、东北松嫩平原盐碱区、滨海盐碱区以及黄淮海平原盐碱区。不同地区的盐碱地亦存在盐碱地含盐量的差异,应区分轻度、中度、重度盐碱地等分别采取不同的治理与利用方案。(3)对于加快选育耐盐碱特色品种,国家应加快构建耐盐碱特色品种选育的制度支持机制。具体而言,国家应增加对于耐盐碱特色品种采集、筛选、培育等技术攻坚的财政资金支持,并加快耐盐碱特色品种成果转化与推广的技术与服务支持,同时加强对于特色品种的知识产权保障机制。(4)对于推广改良盐碱地有效做法,应参照相关既有研究,在区分不同盐碱地含盐量等实际情况的基础上,采取不同的盐碱地改良措施。具体而言,轻度盐碱地应重点抓好粮食作物生产,加强耐盐高产品种、减肥增效、节水灌溉等技术模式的集成应用,力争"多产粮";中度盐碱地重点抓好油料和牧草作物的综合生产,加强优质耐盐新品种、盐分阻控、有机培肥、轮作和种养结合等技术模式的集成应用，力争“产得好”；重度盐碱地重点抓好油葵、野大豆等适生特色植物生产，加强节水灌排脱盐、抗逆栽培和高值化利用等技术的集成应用，力争“有特色”。[①] (5)对于遏制耕地盐碱化趋势，实则为在盐碱地综合利用基础上对于盐碱地治理的进一步强化。除综合采取前述措施加强对既有盐碱地的治理外，还应注重对于其他耕地盐碱化的预防。具体而言，可协同政府、村治组织与农民等的耕地保护合力，通过采取科学合理培肥、精细化灌溉、选育耐盐碱植物、适度轮作、系统化推进水盐平衡治理等预防盐碱化措施，有效遏制耕地的盐碱化趋势。

【实务应用】

近年来，河北省通过农田水利、化学改良、生物改良、技术推广等措施，形成一批有区域特色的关键技术，农业适用性应用得到有效推广。

1. 加快研发土壤改良和水资源利用等技术，提高盐碱地农业生产能力。充分考虑盐碱地改良区的气候特点、作物生长发育规律及土壤水盐动态规律，优化完善盐碱地改良综合措施，以较低的成本达到较好的经济、社会和生态效益。不断创新综合改良技术，提高盐碱地改良效率，增强土地土壤质量，为提高耕地生产力、保障粮食安全提供有力支撑。土壤改良技术和水资源利用技术都是盐碱地改造提升和综合开发利用的关键技术，通过科技创新研发更加高效、环保、经济的土壤改良技术，如生物技术、纳米技术、生态修复技术等，改善盐碱地的土壤质量，提高土壤肥力和保水能力，促进植物生长和发育，从而提高盐碱地产能；利用生物技术研发适应盐碱地生长的微生物菌剂，促进土壤中有益微生物的生长，改善土壤质量；研发更加高效、节水的灌溉技术、水资源循环利用技术等，提高盐碱地的水资源利用效率，减少水资源的浪费；利用智能灌溉技术，根据土壤湿度、气象条件等因素，精准控制灌溉量，提高灌溉效率。

2. 培育旱碱麦等耐盐碱农作物品种，提高盐碱地经济效益。从盐碱地特点和产业发展实际出发，因地制宜探索特色农业新路径。把盐碱地综合利用摆在重要位置，摸清底数、完善政策、强化协调，积极推进盐碱地综合利用，大力发展盐碱地特色农业。科技创新是促进盐碱地综合开发利用的重要手段，特色农业是盐碱地综合开发

---

① 参见李玉义：《系统推进盐碱地综合利用》，载《光明日报》2023 年 7 月 25 日，第 7 版。

利用的重要方向。通过基因工程、遗传育种等方式，根据不同地区盐碱地的土壤和气候条件，研发出适应盐碱地生长的作物品种，如旱碱麦、耐盐碱水稻、苜蓿等，选择适宜的特色农业种植，提高作物的适应性。近年来，河北省沧州市立足“以种适地”，综合提升农田基础设施，依靠科技提升旱碱麦生产能力，大力推广适应盐碱地种植的小麦新品种、新技术、新模式，深入开展盐碱地小麦种植的小面积高产攻关和大面积示范推广，实现良田、良种、良法、良机、良制配套，在盐碱地上建成了“新粮仓”，有效提升了盐碱地的经济效益。

3. 建设综合信息管理系统，精准支持盐碱地农业生产。盐碱地的改造提升和综合开发利用需要建立综合信息管理系统，对土地资源、水资源、农作物、特色产业等进行全面、系统管理和监测。通过研发更加高效、智能化的综合信息管理系统，如物联网技术、大数据技术、人工智能技术等，实现对盐碱地的全面监测和管理，提高盐碱地的综合利用效益。根据盐碱地的特点和综合开发利用的目标，确定综合信息系统的需求，包括数据采集、处理、分析、展示等功能，进行数据采集、处理和评估。建立各地区盐碱地的数据采集网络，包括传感器、遥感技术、地理信息系统等，实时采集盐碱地的土壤、水分、气象等数据，对采集到的数据进行处理，包括数据清洗、整合、分析等，形成可视化的数据报告和分析结果。基于数据分析结果，对各地区盐碱地进行综合评估，包括土地利用潜力、农业生产潜力、生态环境状况等方面的评估。根据盐碱地综合评估结果，为政府决策提供支持，包括土地利用规划、农业生产方案、生态环境保护措施等。此外，建立信息共享平台，将全省各地区盐碱地的数据、分析结果、决策支持等信息共享给其他相关部门和利益相关者，促进盐碱地的综合开发利用。

4. 加大政策支持和资金投入，促进盐碱地可持续发展。科技创新需要配套的政策支持和资金投入，才能够得到广泛有效的推广和应用。为此应出台相应的配套政策，鼓励企业和科研机构加大对盐碱地改造提升和综合开发利用的科技创新投入，提高科技创新的效益和成果转化率。在政策上应大胆创新，面向全社会公开征集盐碱地开发利用科技创新成果，以科研成果兑现科研经费投入。还可以采取“政策上支持、项目上倾斜”的方式，激发企业参与科技创新的积极性，对研发出新品种、新技术、新工艺的企业予以奖励。

第三章
粮食生产

【法条】

第十八条　国家推进种业振兴，维护种业安全，推动种业高质量发展。

国家加强粮食作物种质资源保护开发利用，建设国家农业种质资源库，健全国家良种繁育体系，推进粮食作物种质资源保护与管理信息化建设，提升供种保障能力。

国家加强植物新品种权保护，支持育种基础性、前沿性研究和应用技术研究，鼓励粮食作物种子科技创新和产业化应用，支持开展育种联合攻关，培育具有自主知识产权的优良品种。

【立法背景】

种子是我国粮食安全的关键，保障粮食安全必须把种子牢牢攥在自己手中。长期以来，我国高度重视种业振兴，积极推进种质资源保护和种业科技创新。为适应国家创新驱动发展战略和农业农村现代化的要求，《乡村振兴促进法》《种子法》《植物新品种保护条例》等相关法律法规和司法解释相继出台。当前，我国已逐步构建起较完善的种业发展法律保障体系，为我国种业科技自强自立、种源自主可控提供了法治基石。

着眼粮食作物种质资源保护开发利用相关制度，我国尚没有专门的法律规范予以规定，具体内容多被纳入种质资源范畴予以概括性保护。《种子法》专章强调种质资源保护的突出重要性,并对具体措施予以明确。《乡村振兴促进法》第十五条从农业种质资源保护利用和种质资源库建设维度,提出了促进种业高质量发展的具体要求。《青藏高原生态保护法》第二十八条第二款、第三十九条,《黄河保护法》第八十八条,《科学技术进步法》第一百零六条第二款以及《草原法》第四十四条等均从具体领域对于种质资源保护、种质资源库建设等予以规定。此外,《中华人民共和国国民经济和社会发展第十四个五年规划和2035年远景目标纲要》提出,应加强种质资源保护利用和种子库建设,确保种源安全。国务院办公厅《关于加强农业种质资源保护与利用的意见》通过规范性文件系统规定了农业种质资源保护与利用的具体要求,为农业种质资源保护与利用实践提供了更完备的规范支持。国务院《关于确保国家粮食安全工作情况的报告》亦明确强调,应加强农业种质资源保护利用,全面实施农业生物育种重大项目,提高种业企业自主创新能力。以前述规范为基础,本法在“粮食生产”一章的首条,首次聚焦粮食领域,明确强化加强粮食作物种质资源保护开发利用等具体要求,凸显了粮食安全保障中种业振兴的重要意义。

聚焦植物新品种权保护制度,我国在此方面起步较晚,但经过近30年的探索和发展,已取得了较显著的成果,并逐步与国际接轨。在充分考察国际经验的基础上,我国现已初步构建起一套由法律法规、行政规章和司法解释相结合,实体、程序和技术规范有机配套的植物新品种权保护制度规范体系。(1)在法律、行政法规层面,我国以《民法典》《种子法》《专利法》《植物新品种保护条例》为内核,为植物新品种权保护提供了法律支持。《专利法》历经多次修改,将与植物有关的发明排除在了专利保护之外,仅对非生物学生产方法授予专利权。而对于新品种植物,特别是具有特异性、一致性、稳定性和适当命名的植物新品种,国家允许以专门立法的形式进行保护。1997年,国务院颁布《植物新品种保护条例》,植物新品种权保护制度正式开始建立。此后,2015年《种子法》修订,设专章强调植物新品种权保护,进一步强化植物新品种权保护的制度支撑。2021年起施行的《民法典》也在第一百二十三条将植物新品种明确列为知识产权的权利客体,使植物新品种的知识产权地位更加明确,保护位阶显著提升。(2)在部门规章层面,农业农村部和国家林业和草原局分别发布了配套实施细则及规章制度,主要包括《植物新品种保护条例实施细则(农业部分)》《植物新品种保护条例实施细则(林业部分)》《植物新品种复审委员会审理规定》《农业植物新品种权侵权案件处理规定》《农业植物品种命名规定》等。总体而言,中国植物新品种分为农业和林业两类,并分别由农业农村部和国家林业和草原局负责其品种权的申请、审查和授权事宜。[①] (3)在司法解释层面,最高人民法院发布了《关于审理植物新品种纠纷案件若干问题的解释》(法释〔2020〕19 号)、《关于审理侵害植物新品种权纠纷案件具体应用法律问题的若干规定》(法释〔2020〕19 号)以及《关于审理侵害植物新品种权纠纷案件具体应用法律问题的若干规定(二)》(法释〔2021〕14 号)3 部司法解释。此外,在国际条约方面,我国于 1999 年加入了国际植物新品种保护联盟(UPOV)的《国际植物新品种保护公约(1978 年文本)》,2021 年 5 月,中国与欧盟在《双边合作协议(2018—2020)》的基础上签署了《中欧植物新品种保护战略合作协议(2021—2025)》,标志中欧植物新品种权保护合作进入新的篇章。[②] 通过梳理我国粮食新品种权保护法律体系,我国《种子法》与现行相关法律法规之间仍然缺乏有效衔接,并且无法有效保护农民育种权益,粮食新品种权保障制度仍有待完善。此外,种子基地生产作为种业科研成果向产业转化的纽带,是种业市场良种供应的基础,也是降低种子市场违法违规行为和保障种业知识产权的源头,但当前中国种子基地的生产环节还存在一定的监管缺陷。在此背景之下,本法在本条第三款突出强调植物新品种权保护要求,是从粮食安全保障视阈下对于粮食作物新品种权保护要求的重申。

【法条释义】

本法第十八条明确规定了种业保障、粮食作物种质资源保护开发利用以及育种支持机制等具体制度。

概括而言,本条第一款首先提出"国家推进种业振兴、维护种业安全以及推动种业高质量发展"的原则要求。第二款聚焦粮食作物种质资源保护开发利用,提出"建设国家农业种质资源库,健全国家良种繁育体系,推进粮食作物种质资源保护与管理

---

① 参见杨红旗、许兰杰等:《植物新品种保护模式探讨及我国发展对策》,载《中国种业》2022 年第 7 期。

② 参见柳玉霞:《中欧签订植物新品种保护战略合作协议》,载国家林业和草原局国家公园管理局官网 2021 年 6 月 1 日,https://www.forestry.gov.cn/main/586/20210531/212111635323734.html,最后访问日期:2024 年 1 月 9 日。

信息化建设”等具体要求，以此实现“提升供种保障能力”的具体目标。第三款着眼育种支持机制，首先提出“加强植物新品种权保护”的要求，其次系统规定了“支持育种基础性、前沿性研究和应用技术研究，鼓励粮食作物种子科技创新和产业化应用，支持开展育种联合攻关，培育具有自主知识产权的优良品种”等育种支持措施。

一、国家推进种业振兴，维护种业安全，推动种业高质量发展

本条规定为本法中对于种业法治保障的原则性规定，凸显了粮食安全保障工作中种业振兴、种业安全的重要地位。值得注意的是，本条规定统筹兼顾种业发展与安全，遵循了“坚持发展和安全并重”的重要理念。聚焦种业领域，在大力推进粮食作物种质资源开发利用等的过程中，亦应重视种质资源保护、植物新品种权保护以及种业科技研发风险防范化解等一系列安全问题，力求实现种业发展和安全的动态平衡。

二、国家加强粮食作物种质资源保护开发利用，建设国家农业种质资源库，健全国家良种繁育体系，推进粮食作物种质资源保护与管理信息化建设，提升供种保障能力

粮食作物种质资源是保障国家粮食安全的战略性资源，是粮食科技创新与种业振兴的基础保障。具体而言，本条着力通过以下措施加强对于粮食作物种质资源的保护、开发与利用。

1. 明确加强粮食作物种质资源保护开发利用的总体要求

根据国务院办公厅《关于加强农业种质资源保护与利用的意见》（国办发〔2019〕56 号），国家主要通过开展系统收集保护，强化鉴定评价、提高利用效率，健全种质资源保护体系，推进开发利用、提升种业竞争力，完善政策支持以及落实管理责任六大措施对农业种质资源保护与利用予以保障。着眼粮食作物种质资源保护开发利用，可以在前述规定的基础上进一步聚焦粮食作物种质资源的突出重要性，进一步强化对其保护开发利用的具体要求，压实相关粮食安全保障责任。

2. 建设国家农业种质资源库

我国从 1975 年起开始筹建种质资源库，广西壮族自治区农业科学院种质资源库、中国农业科学院作物品种资源研究所国家种质库于 1981 年、1984 年相继建成。2019 年 2 月 26 日，新国家作物种质库项目在中国农科院正式开工建设，种质库设计容量为 150 万份，极大地扩充了原有的种质库容量。在此基础上，国家农业种质资源库突破了作物范畴,实现了重要粮食作物和畜禽水产良种的“联合攻关”,[①]进一步促进了全国农业种质资源的长期保存、研究与利用。

3. 健全国家良种繁育体系

良种繁育体系包括良种选育、良种繁殖、良种推广等诸多环节。健全国家良种繁育体系,可从加大良种选育、推广的财税政策支持,积极培育种业技术创新平台和商业化育种中心以及推动良种地理商标的推广和应用等措施着手。以国家制种大县和区域性良种繁育基地县为重点,加大中央财政对制种大县奖励政策的支持力度,将现代种业提升纳入政府债券重点支持范围,扩大种业企业信贷担保规模,并支持推进高标准制种基地建设。

4. 推进粮食作物种质资源保护与管理信息化建设

科技手段的赋能是粮食作物种质资源保护与管理水平有效提升的关键措施。对此,国家应加快推进粮食作物种质资源保护与管理中的信息化建设,运用大数据、信息网络、云计算等先进手段系统提升粮食作物种质资源保护与管理的信息化水平。受制于政府单一主体有限的财政能力和专业技术水平,在此过程中政府可探索加强与私人资本、科研机构等的合作,实现优势资源的高效整合。2023 年 3 月,中国农业科学院启动的“国家作物种质库 2.0 项目”[②]即集聚了私人资本与科研机构对于种质资源保护与管理的合力,有效加快了数字种业工具开发工作,提升了种质资源保护与管理的信息化水平,并进一步加强了种质资源保护与利用能力。

5. 提升供种保障能力

供种保障能力主要针对种企、制种大县以及区域性良种繁殖基地等的种子产能。一方面,政府应持续加大对种企的税收优惠与金融支持,加大对制种大县的奖励力度,推进良种繁殖基地建设,强化高效、可持续的供种保障能力。另一方面,根据农业农村部办公厅《关于加快推进种业基地现代化建设的指导意见》(农办种〔2022〕11 号),除提升常态化供种保障能力外,还应强化良种应急保障。各地方应制定完备的

① 参见农业农村部《关于落实党中央、国务院 2020 年农业农村重点工作部署的实施意见》(农发〔2020〕1 号)。

② 参见于文静:《“国家作物种质库 2.0 项目”启动　加快信息技术推动种业振兴》,载中华人民共和国农业农村部官网 2023 年 3 月 2 日,http://www.moa.gov.cn/ztzl/ymksn/xhsbd/202303/t20230302_6422008.htm,最后访问日期:2024 年 1 月 10 日。

粮食作物供种应急预案,提高种子应急调度能力,并加强种子仓储、运输、加工、供应等应急能力建设,确保紧急情况下的稳定有序供种。

三、国家加强植物新品种权保护,支持育种基础性、前沿性研究和应用技术研究,鼓励粮食作物种子科技创新和产业化应用,支持开展育种联合攻关,培育具有自主知识产权的优良品种

1. 加强植物新品种权保护

植物新品种保护制度作为一项专门的制度,为农业育种创新提供知识产权保护,对于激励育种创新、提升种业科技创新、推动和促进现代农业的发展具有不可替代的作用。① 为全面、系统地回应当今植物新品种作为知识产权保护的要求,立法机关还应以本法为指引,加快制定植物保护法,对植物新品种权保护作专章规定,并完善粮食作物新品种权保护的相关规定。具体而言,可推进粮食新品种权与专利权保护的衔接,建立粮食品种权与专利权间的强制交叉许可制度,并加强对农民育种、留种权的特殊保障。

2. 支持育种基础性、前沿性研究和应用技术研究,鼓励粮食作物种子科技创新和产业化应用,支持开展育种联合攻关,培育具有自主知识产权的优良品种

本条规定较系统地构建了育种相关的支持机制。具体而言,政府应加大对生物育种、基因编辑等基础性、前沿性技术以及应用技术研究的财政、税收与金融政策支持。同时,鼓励粮食作物种子的技术攻坚,培育具有生长势强、抗逆性强等特性的高质量种子。在此基础上,加强对优良品种的推广与应用,推进育种产业化进程,进一步扩大良种的产业化应用试点范围,并加强国家种业基地建设。

【实务应用】

典型案例:"四川雅玉科技股份有限公司诉云南金禾种业有限公司、云南瑞禾种业有限公司侵害植物新品种权纠纷案"②

基本案情:四川雅玉科技股份有限公司(以下简称雅玉公司)因云南金禾种业有

① 参见中国社会科学院知识产权中心、中国知识产权培训中心编:《中国知识产权法律修订相关问题研究》,知识产权出版社 2014 年版,第 438 页。

② 最高人民法院(2022)最高法知民终 789 号民事判决书、云南省昆明市中级人民法院(2021)云 01 知民初 106 号民事判决书。

限公司(以下简称金禾公司)与云南瑞禾种业有限公司(以下简称瑞禾公司)未经许可利用玉米授权品种“YA8201”生产杂交品种“金禾880”侵害植物新品种权纠纷,向云南省昆明市中级人民法院(以下简称一审法院)提起诉讼。涉案品种为玉米“YA8201”,品种权授权日为2010年1月1日,品种权号为CNA20060204.7,品种权人为雅玉公司。2021年4月23日,雅玉公司在中国种业大数据平台查到金禾公司为玉米“金禾880”云南品种审定的申请者和育种者,于2013年在云南省用母本“LSC107”和授权品种父本“YA8201”配制杂交组合;自2019年12月30日至2021年4月19日,累计有458条生产经营备案信息,涉及种子数量为76,549.5公斤;全国种子市场监测信息发布平台显示,规格为1公斤/袋的“金禾880”种子价格为55元,四川省成都市律政公证处对上述过程进行了证据保全。2021年3月25日,雅玉公司向被告发送告知函,要求协商涉案授权品种使用问题。2021年4月9日,瑞禾公司复函,称其与金禾公司在2020年11月12日签订《杂交玉米新品种合作协议》,愿意配合调查取证。该协议规定金禾公司对“金禾880”“金禾玉618”(另案处理)享有知识产权,瑞禾公司需协助其办理生产经营备案手续,并提供生产经营许可证复印件、营业执照复印件、委托书等备案资料,向瑞禾公司支付2020年11月2日至2021年11月2日的年度品种管理费60,000元。

争议焦点:本案主要争议焦点为,金禾公司以“YA8201”为亲本生产、销售“金禾880”的行为是否侵害雅玉公司的植物新品种权,以及雅玉公司主张适用一倍惩罚性赔偿的请求是否应予支持。

法院判决:一审法院认为,金禾公司以“YA8201”为亲本生产、销售“金禾880”的行为侵害了雅玉公司的植物新品种权;瑞禾公司在金禾公司生产、销售“金禾880”的过程中,将农作物种子生产经营许可证出借给金禾公司,构成帮助侵权;没有证据或理由表明垦丰公司属于必须参加诉讼的当事人,雅玉公司有权选择不向垦丰公司主张权利;综合考虑“金禾880”原始批发价格与市场销售价格的差异,以及金禾公司所支出的亲本种子、生产费用、运输成本、人工等费用,按照亲本“YA8201”对繁育“金禾880”有50%的贡献率计算,确定侵权赔偿额为228,448.5元;考虑金禾公司借用瑞禾公司的农作物种子生产经营许可证,持续、大量生产、销售“金禾880”,并在诉讼过程中存在不诚信,对金禾公司适用一倍惩罚性赔偿。一审法院判决金禾公司、瑞禾公司停止生产、销售“金禾880”,支付侵权损失456,897元,瑞禾公司承担连带赔偿责任。雅玉公司认为损害赔偿数额计算有误,金禾公司认为,“金禾 880”使用的是“YA8201”的变异株作为亲本,与涉案授权品种为不同品种,不构成侵权,均向最高人民法院知识产权法庭(以下简称二审法院)提起上诉。

二审法院认为,该案被诉侵权行为应适用 2015 年修订的《种子法》等相关规定,争议焦点为侵权认定和损害赔偿数额确定等问题。金禾公司基于商业目的将“YA8201”重复使用于生产“金禾 880”,构成对涉案授权品种“YA8201”的品种权的侵害,瑞禾公司出借其种子生产经营许可证,从中获利,构成帮助侵权。考虑金禾公司申请“金禾 880”云南品种审定时知道“YA8201”为雅玉公司选育并获品种权保护,并借用瑞禾公司种子生产经营许可证生产经营“金禾 880”,属于最高人民法院《关于审理侵害植物新品种权纠纷案件具体应用法律问题的若干规定(二)》第十七条第一款第五项规定的“租借种子生产经营许可证”的情形,可以认定为侵权行为情节严重,因此支持雅玉公司主张适用一倍惩罚性赔偿的请求。关于侵权损害赔偿额的计算,由于金禾公司不提供其财务账簿等证据证明获利情况,构成举证妨碍,应承担举证妨碍的相应后果。一审法院以中国种业大数据平台中“金禾 880”相关备案信息为依据,认定“金禾 880”的生产经营数量为 76,549.5 公斤,并无不当;按照雅玉公司主张的“金禾 880”利润为每公斤 20 元,并且考虑“金禾 880”的母本“LSC107”也为受保护品种,确定“YA8201”对“金禾 880”玉米杂交品种的贡献率为 50%,确认金禾公司截止到 2021 年 3 月 25 日因生产经营“金禾 880”而侵害雅玉公司“YA8201”品种权的侵权获利为 761,495 元,同时支付一倍惩罚性赔偿金,共计赔偿雅玉公司 1,522,990 元。二审判定金禾公司赔偿雅玉公司经济损失 1,522,990 元,瑞禾公司对上述赔偿数额承担连带责任。

专家评析:该案为故意侵犯植物新品种权而被判承担惩罚性赔偿的典型案例。因该案的典型意义,也被纳入 2023 年最高人民法院发布的第三批人民法院种业知识产权司法保护典型案例。尽管该案依据主要为 2015 年修订的《种子法》,但根据 2021 年修正的《种子法》,仍可予以适用。根据《种子法》第七十二条第三款的规定,故意侵犯植物新品种权,情节严重的,可以在参照实际损失或许可使用费的基础上按照一倍以上五倍以下确定赔偿数额。最高人民法院《关于审理侵害植物新品种权纠纷案件具体应用法律问题的若干规定(二)》第十七条规定,除有关法律和该司法解释规定的情形以外,涉及重复侵权,以侵权为业,伪造品种权证书,无标识标签销售,无证生产经营，不正当手段获得、伪造、变造、变卖、租借种子生产经营许可证等情形也可以认定为侵权行为情节严重，并可按照计算基数的二倍以上确定惩罚性赔偿数额。该案中以“合作”为名实为“租借农作物种子生产经营许可证”从事侵害品种权的违法行为，属于上述情形之一，并且涉案证据充分表明被控侵权人属于故意侵权。尽管被控侵权人抗辩租借其他公司农作物种子生产经营许可证是行业通行做法，但该做法实则严重侵害了植物新品种权人的合法权益，甚而衍生出“搭便车”等道德风险，阻碍了植物新品种的攻坚与技术创新。故而，审理法院对该案被控侵权人判定一倍惩罚性赔偿，共计二倍的赔偿数额，实则为对前述“通行做法”所引致的负外部性的弥补，有利于保障种业的高质量发展。

【相关规定】

《青藏高原生态保护法》第二十八条、第三十九条；

《黄河保护法》第八十八条；

《科学技术进步法》第一百零六条；

《草原法》第四十四条；

《民法典》第一百二十三条；

《种子法》第七十二条；

最高人民法院《关于审理侵害植物新品种权纠纷案件具体应用法律问题的若干规定（二）》第十七条。

【法条】

第十九条　省级以上人民政府应当建立种子储备制度，主要用于发生灾害时的粮食生产需要及余缺调剂。

【立法背景】

我国的种子储备制度早在1989年颁布的原《种子管理条例》中即有规定，其中第三十三条明确规定，国家建立种子贮备制度，并分别规定了生产单位和农户、各级人民政府、林业部门的种子贮备要求。此时种子贮备的主体仅表述为国家，体现为各级政府以及各生产单位和农户的具体责任或义务。2000年《种子法》颁布，在第七条中规定“国家建立种子贮备制度,主要用于发生灾害时的生产需要,保障农业生产安全”,首次将该制度上升为立法。然而,该条规定凸显种子贮备责任主体的单一性,仅表述为“国家”。由于中央财政能力及种子贮备能力等的制约,仅依靠国家难以实现对于突发灾害的有效应对和种子保供。针对该问题,2011 年国务院《关于加快推进现代农作物种业发展的意见》(国发〔2011〕8 号)第十一条提出,应完善种子储备调控制度,在既定的国家救灾备荒种子储备基础上,建立国家和省两级种子储备体系,并分别明确国家和省两级种子储备的不同目标与具体任务。2013 年修正《种子法》并未对此作出回应,仍沿用“种子贮备制度”的相应表述,并且未明确划分国家和省两级种子储备体系。直至 2015 年修订《种子法》,省级以上人民政府应当建立种子储备制度的规定才得以确立,有力地推进了国家和省两级种子储备体系的建设进程。2021 年修正的《种子法》保留该制度,在第六条中明确规定:“省级以上人民政府建立种子储备制度,主要用于发生灾害时的生产需要及余缺调剂,保障农业和林业生产安全。对储备的种子应当定期检验和更新。种子储备的具体办法由国务院规定。”要建立国家级和省级种子救灾备荒种子储备制度,保障农业救灾备荒生产用种安全,确保国家粮食安全和重要农产品有效供给。

检视各地方相关立法实践,多个省市通过地方立法对该制度予以落实,例如,《辽宁省农作物种子管理条例》《上海市种子条例》《上海市地方粮食储备安全管理办法》《贵州省农作物种子条例》《山西省小杂粮保护促进条例》《北京市种子条例》《吉林省农作物种子条例》等。在其具体规定中,亦进一步细化了定期检验和更新;完备种子储备基础设施;政府主导、企业等多方参与;明确设区的市级政府及相关管理部门职责等具体规范,为国家级和省级救灾备荒种子储备机制的完备提供了有益的经验借鉴。在前述中央与地方立法的基础之上,本法再次强调,省级以上人民政府应当建立种子储备制度。着眼粮食安全保障要求,突出强调种子储备制度对于保障突发情形下粮食生产需要及余缺调剂的关键作用。

【法条释义】

本法第十九条明确规定了国家和各省应建立种子储备制度。概括而言,本条首先原则性规定了“省级以上人民政府应当建立种子储备制度”的总体要求。其次,明确了种子储备的具体适用情形。

一、种子储备制度的建立主体为省级以上人民政府

本条明确规定种子储备制度的建立主体为国务院及各省人民政府。2011 年国务院《关于加快推进现代农作物种业发展的意见》第十一条指出，国家应重点储备杂交玉米、杂交水稻种子及其亲本，保障杂交种子供应和平抑市场价格；省级应重点储备短生育期和大宗作物种子，保障灾后恢复生产和市场调剂。根据前述规定，国务院和各省人民政府需侧重完成相应的制度目标，应按照不同的储备种类以及制度目标分别推进种子储备的具体实践。此外，借鉴各地方的既有立法，各省内部也可进一步明确省级与设区的市级政府推进种子储备的具体责任分工，构建更规范的政府种子储备体系。

二、种子储备制度主要用于发生灾害时的粮食生产需要及余缺调剂

根据本条规定，(1)种子储备制度的适用情形主要为发生灾害之时。参照本法第二十四条，此处所指的灾害应包括干旱、洪涝、低温、台风等自然灾害以及粮食作物病虫害等生物灾害。(2)种子储备制度的目的主要为保障发生灾害时的粮食生产需要及余缺调剂。首先，发生灾害时对于粮食生产需要的保障主要指在灾情发生时，由地方农业农村主管部门向省级农业农村主管部门申请调用省级种子储备，保障特殊情形下的农业生产用种安全。其次，参照《浙江省级林木种子储备管理办法》的政策解读，①县级以上林木良种培育任务需要余缺调剂，是指林木良种基地当年生产供应的种子不能满足县级以上林业主管部门下达的林木良种培育任务，并且需要省级林业种苗管理机构调剂以完成林木良种培育任务。本法第十九条规定中所指的余缺调剂应概括性指向某地方生产供应的种子不能满足该地粮食生产需要，需要省级种子储备调剂以保障粮食生产安全。

三、种子储备制度的具体落实还需更完备的制度支持

1. 优化招投标程序规范

国务院《关于加快推进现代农作物种业发展的意见》第十一条提出，种子储备任务应通过招投标方式落实，国家重点支持的“育繁推一体化”种子企业要主动参与投标。国务院办公厅《关于印发全国现代农作物种业发展规划(2012—2020 年)的通

---

① 参见《〈浙江省级林木种子储备管理办法〉政策解读》，载浙江省林业局官网 2023 年 3 月 6 日，http://lyj.zj.gov.cn/art/2023/3/6/art_1275959_59047215.html，最后访问日期：2024 年 1 月 10 日。

知》(国办发〔2012〕59号)第十四条再次明确,种子储备实行公开招投标,国家重点支持的"育繁推一体化"种子企业要主动承担储备任务。前述规范仅初步明确公开招投标制度,并未能确立具体招投标细则。此外,国家重点支持的"育繁推一体化"种子企业"主动参与投标"与"主动承担储备任务"二者实则不能等同。在具体招投标过程中,需严格按照《政府采购法》的规定,对各类种子企业适用平等、公开的招投标规则。

2. 完善中央和省级政府对种子储备的支持机制

国务院办公厅《关于印发全国现代农作物种业发展规划(2012—2020年)的通知》(国办发〔2012〕59号)中通过财政补贴、农业保险、财政补助3种方式对种子储备予以支持。具体包括:增加种子储备财政补贴,调动企业承担国家种子储备的积极性;增加制种风险较高的杂交玉米和杂交水稻等种子生产保险;对国家救灾备荒种子储备的贷款贴息、保管、检验、自然损耗及正常转商费用等进行补助。《国家救灾备荒种子储备补助经费管理办法》也进一步对补助经费管理的具体要求予以规定。在此基础上,还需进一步厘清补贴与补助的适用情形,以及具体补贴的范围与标准,并配套财政资金使用的监管机制。此外,为进一步提升企业对于种子储备的积极性,还可通过税收优惠、信贷支持等予以激励。

【实务应用】

检视地方种子储备制度具体落实实践,吉林省农业农村厅开展的省级救灾备荒种子储备计划项目招标采购活动具有较好的可借鉴性。2022年11月9日,吉林省农业农村厅在吉林省公共资源交易中心官方网站上发布了《吉林省农业农村厅2023—2025年省级救灾备荒种子储备计划项目招标采购招标公告》,①将项目基本情况、申请人的资格要求、招投标程序要求、应适用的相关法律法规等均予以明确。

具体而言,(1)项目基本情况中对于预算金额、最高限价、种子储备情况等均予以明确。对于项目基本情况等信息的依法公开有助于确保招投标的公开和透明,避

---

① 参见《吉林省农业农村厅2023—2025年省级救灾备荒种子储备计划项目招标采购招标公告》,载吉林省人民政府官网2022年11月9日,http://www.jl.gov.cn/ggzy/zfcg/cggg/202211/t20221109_8624916.html,最后访问日期:2024年1月10日。

免地方政府权力寻租等道德风险,遏止"暗箱操作"等违法违规招投标行为。最高价格限制也能够起到避免恶性价格竞争的作用,从具体价格维度规范招投标活动。此外,所采用的分段式储备模式也利于实现对于具体储备企业种子储备情况的实时调控,以便更科学地部署安排种子储备目标。(2)申请人资格要求中区分积极与消极要件,并体现对于中小企业的倾斜支持。在首条中即突出《政府采购法》第二十二条的具体规定,体现了对《政府采购法》及相应实施条例的严格遵从。在消极要件中,主要划分严重违法失信、存在特殊利害关系两类主体,取消该类企业参与招投标的资格。前述规定不仅能够保障招投标工作的公平性,也有利于确保种子储备要求的规范有序落实,避免发生违约风险,进而实现对种子储备安全的切实保障。此外,项目专门面向中小企业的规定,也直接为中小企业的运营提供了政府采购项目的支持,凸显对于中小企业的倾斜扶持。(3)对于招投标程序要求予以细化。上述公告中对参与竞标品种数,中标优先序原则,获取及提交招标文件的时间、地点、方式等均予以明确,进一步分散了种子储备风险和因规则漏洞所引致的违法违规招投标风险。(4)明确相关的立法及政策规定。上述公告在补充事项中对于需要落实的政府采购规定及政策等进行逐一列举,将《政府采购法》《政府采购法实施条例》《政府采购货物和服务招标投标管理办法》《政府采购促进中小企业发展管理办法》《关于政府采购支持监狱企业发展有关问题的通知》《关于促进残疾人就业政府采购政策的通知》《关于调整优化节能产品、环境标志产品政府采购执行机制的通知》等法律法规,以及其他各省的地方性法规予以明确。此举不仅可以为参与招投标的企业提供具体行动指引和稳定预期,而且可以进一步规范政府行为,增强招投标及采购活动的规范性。

【相关规定】

《政府采购法》第二十二条。

【法条】

第二十条　县级以上人民政府应当统筹做好肥料、农药、农用薄膜等农业生产资料稳定供应工作,引导粮食生产者科学施用化肥、农药,合理使用农用薄膜,增施有机肥料。

【立法背景】

肥料、农药、农用薄膜等农业生产资料在粮食生产中具有两个重要面向。一方面,农业生产资料是粮食生产的重要物质基础,其稳定供应对粮食生产效率、粮食质量以及粮食产量具有直接影响。自2021年以来,受原材料价格大幅上涨的影响,国内农资市场持续供应偏紧,农资价格出现大幅上涨,至今仍处于高位运行态势。再叠加农资及其原材料运输成本居高不下,农资企业生产成本难以控制,农资稳定供应受阻。进一步导致农民种粮成本陡增,并且农业生产资料的稳定获取难以保障,甚而导致粮食生产安全面临威胁。针对农业生产资料的保供工作,《农业法》第三十七条第一款突出强调,国家应建立和完善农业支持保护体系,采取财政投入、税收优惠、金融支持等措施,加强对农业生产资料供应的扶持。第四十三条第二款、第三款进一步规定,国家采取税收、信贷等手段鼓励和扶持农业生产资料的生产和贸易,为农业生产稳定增长提供物质保障。国家采取宏观调控措施,使化肥、农药、农用薄膜、农业机械和农用柴油等主要农业生产资料和农产品之间保持合理的比价。除前述立法外,国务院办公厅《关于做好当前煤电油气运和农资供应保障工作的通知》(国办发明电〔2008〕30号)强调,应切实保证化肥等农资的市场供应。全国供销合作总社《关于加大农资供应、稳定市场价格、提升服务水平的通知》(供销办发明电农字〔2012〕7号)着重强调了稳定农资价格的要求。近年来,农业农村部办公厅《关于新冠肺炎疫情防控期间不误农时切实做好农资保供工作的通知》(农办种〔2020〕2号)针对新冠肺炎疫情防控期间的农资保供专门提出推动农资企业复工复产、打通农资运输通道、推动农资门店开门营业、解决农资进村入户难题以及加强市场监管等系统应对措施。在此基础上,本法在本条中对肥料、农药、农用薄膜等农业生产资料稳定供应工作再次予以强调,进一步突出农资稳定供应对于粮食安全保障的重要作用。

另一方面,化肥、农药、农用薄膜等农业生产资料的使用也紧密关涉耕地等的生态安全保障。作为粮食生产最基本物质条件的耕地,耦合了生产、生态保护、社会保障、景观和文化等多维层次的功能,通过其功能的发挥源源不断为我们提供粮食作物。然而,长期以来,化肥、农药、农用薄膜等农业生产资料的不当使用,已使耕地质量退化严重,耕地生态环境日趋恶化。检视既有相关立法,《乡村振兴促进法》第三十九条规定,不得违反农产品质量安全标准和国家有关规定超剂量、超范围使用农药、兽药、肥料、饲料添加剂等农业投入品。《黑土地保护法》第十三条第四项、第五项规定:“县级以上人民政府应当推广科学的耕作制度,采取以下措施提高黑土地质量……(四)组织实施测土配方施肥,科学减少化肥施用量,鼓励增施有机肥料,推广土壤生物改良等技术;(五)推广生物技术或者生物制剂防治病虫害等绿色防控技术,科学减少化学农药、除草剂使用量,合理使用农用薄膜等农业生产资料……”第十八条第一款规定,农业投入品生产者、经营者和使用者应当依法对农药、肥料、农用薄膜等农业投入品的包装物、废弃物进行回收以及资源化利用或者无害化处理,不得随意丢弃,防止黑土地污染。《农业法》第二十五条第二款规定,各级人民政府应当建立健全农业生产资料的安全使用制度,农民和农业生产经营组织不得使用国家明令淘汰和禁止使用的农药、兽药、饲料添加剂等农业生产资料和其他禁止使用的产品。《农产品质量安全法》第二十三条亦规定,农产品生产者应当科学合理使用农药、兽药、肥料、农用薄膜等农业投入品,防止对农产品产地造成污染。农药、肥料、农用薄膜等农业投入品的生产者、经营者、使用者应当按照国家有关规定回收并妥善处置包装物和废弃物。《环境保护法》第四十九条、《青藏高原生态保护法》第二十七条、《野生动物保护法》第二十条、《黄河保护法》第八十一条以及《草原法》第五十四条等也均着眼生态环境保护目标,分别从不同适用范围内对于农业投入品的不当使用予以规制。此外,《农药管理条例》第五章也通过专章形式针对农药使用予以规范,其中第三十二条即突出强调农药减量要求。在前述立法基础之上,本法亦基于粮食可持续安全保障立法目标,对于化肥、农药的科学施用要求予以明确,以保证耕地、水环境等的生态安全。

【法条释义】

本法第二十条明确规定了肥料、农药、农用薄膜等农业生产资料的稳定供应以及合理使用制度。

概括而言,本条首先规定“县级以上人民政府应当统筹做好肥料、农药、农用薄膜等农业生产资料稳定供应工作”的具体职责。在此基础上,进一步提出县级以上人民政府应“引导粮食生产者科学施用化肥、农药,合理使用农用薄膜,增施有机肥料”两项具体要求。

一、县级以上人民政府应当统筹做好肥料、农药、农用薄膜等农业生产资料稳定供应工作

国务院办公厅《关于做好当前煤电油气运和农资供应保障工作的通知》(国办发明电〔2008〕30 号)即提出,各地区、各有关部门要落实扶持和促进化肥等农资生产供应和流通的各项优惠政策,保障重点化肥企业用煤、用电、用气及原材料供应,组织好农资生产和运输。要充分挖掘钾肥生产潜力,加快新增能力建设,努力增加国内钾肥供给。要继续严格控制化肥及其原料出口,完善化肥淡季储备政策办法,增加储备规模,确保淡储旺供。要进一步整顿和规范化肥市场秩序,减少流通环节,降低流通成本,加强价格和质量监管,严厉打击各种价格违法和生产经营假冒伪劣农资等行为。

在各地方具体实践中,主要采取了以下措施:(1)着眼农资生产环节,地方政府综合采用了协调保障原料、水、电、气等生产要素供给,降低相关费用成本,对化肥生产企业用电实行优惠电价,暂免征收农资产品相关税费,对农资批发和零售价格实行进销差率、批零差率或最高限价等措施,有力降低企业生产成本,保障农资产品稳定供给。(2)聚焦流通环节,部分地区政府探索开辟农资运输车辆“绿色通道”,保障农资的及时足额供应。(3)眷注农资销售环节,针对农资价格的上涨,地方实践中体现出对社会化服务组织作用的强化,加大农资直供力度,有效降低农民的农资购买成本。同时,加大对实际种粮农民的补贴力度,完善与农业生产资料价格上涨挂钩的农资综合补贴动态调整机制,保障农民的种粮积极性。①

二、县级以上人民政府应当引导粮食生产者科学施用化肥、农药,合理使用农用薄膜,增施有机肥料

1. 责任主体确定为县级以上人民政府

本条规定仅将责任主体确定为县级以上人民政府,但《农药管理条例》第三十二条第五款中则将乡、镇人民政府的责任亦予以规范,提出乡、镇人民政府应当协助开展农药使用指导、服务工作。从粮食生产实际出发,乡、镇人民政府以及村自治组织实则均有引导粮食生产者减少化肥农药施用量、合理使用农用薄膜以及增施有机肥料的区位优势以及组织优势。为扩大粮食安全保障合力,应通过明确的法律规定明确其具体责任。

① 参见王金虎:《力保农资供应和价格稳定》,载《经济日报》2022 年 5 月 21 日,第 6 版。

2. 具体责任要求为引导粮食生产者科学施用化肥、农药，合理使用农用薄膜，增施有机肥料

根据本条规定，县级以上人民政府不仅应引导粮食生产者科学施用化肥、农药，还应引导农业投入品的合理使用。具体而言，可从以下三个方面理解。

（1）针对具体引导措施，政府可着力加强政策宣传并开展相关针对性技术培训及指导工作。在此过程中，政府可协同优化耕地地力保护补贴政策，具体补贴标准的确定可结合有关部门针对当地耕地地力保护的需求及试推行的重点措施，对诸如投入品改良、深松土地、水肥一体化技术应用等，按照市场标准进行成本估算，在此基础上确定相应的补贴数额。此外，在按照耕地面积计算补贴资金的基础上，亦可基于各地方耕地地力保护的实际需要，试对耕地地力保护的关键举措分条目划定相应的补贴比例，如按各地方实际对遏制露天焚烧秸秆、黑土地保护、测土配方施肥、推广稻田冬种绿肥及惩治投入品违规使用等具体措施予以专项划定。并与耕地地力保护效果的核验相衔接，对特定举措未完成者酌以扣减，对采用试推广的地力保护技术者予以适度的额外奖补，保障耕地地力等保护的有效落实。

（2）针对科学施用化肥、农药的具体措施，主要体现为科学控制化肥、农药的施用类型、施用剂量、施用方式以及施用时间。具体而言，各地方政府应分别结合当地粮食生产和耕地保护实际，采用技术指导、专门培训等方式引导化肥、农药的科学施用。此外，还可因地制宜确定化肥、农药施用总量指标以及减量指标，根据各行政区域所覆盖的具体粮食作物等分别明确相应的农药施用安全率标准以及化肥均匀施用率标准，并指导粮食种植者具体贯彻实施。

（3）针对合理使用农用薄膜中“合理”的具体内涵，《土壤污染防治法》第二十九条第四项规定，国家鼓励和支持农业生产者使用生物可降解农用薄膜；第三十条第二款规定，使用者应当及时回收农用薄膜。《农用薄膜管理办法》系统规定了农用薄膜的使用规定，其中第六条明确规定禁止使用国家明令禁止或者不符合强制性国家标准的农用薄膜；第十二条规定，使用者应当按照产品标签标注的期限使用农用薄膜。农业生产企业、农民专业合作社等使用者应当依法建立农用薄膜使用记录，如实记录使用时间、地点、对象以及农用薄膜名称、用量、生产者、销售者等内容。此外，《农用薄膜管理办法》第十五条进一步规定，农用薄膜使用者应当在使用期限到期前捡拾田间的非全生物降解农用薄膜废弃物，交至回收网点或回收工作者，不得随意弃置、

掩埋或者焚烧。

【实务应用】

典型案例:“马某某等生产、销售伪劣种子案”①

基本案情:2018 年年底,被告人马某某在其担任法定代表人的北京某农业技术研究所没有农作物种子生产经营许可证的情况下,未经授权和委托,谎称自己为“德尔红 88”胡萝卜种子的中国区总代理,与被告人尹某某、刘某某分别在河北省围场满族蒙古族自治县、山东省平度市召开推广会,向社会公开推广、销售该品种胡萝卜种子,并分别授权尹某某、刘某某 2 人为该种子在当地的销售代理。随后,马某某定制了黄色高罐作为“德尔红 88”的包装罐,并购买其他品种的胡萝卜种子进行罐装。马某某将上述情况告知尹某某、刘某某,分别以每罐 400 元、360 元的价格销售给尹某某、刘某某,销售金额 48.32 万元。尹某某、刘某某又分别以每罐 1100 元、900 元的价格加价销售给当地农户,销售金额分别为 30 余万元和 15 万元。农户种植后,先后出现大面积红苗、死苗的现象。经测产评估和鉴定,正规“德尔红 88”胡萝卜种子的亩产量为 5625 公斤,马某某等人销售的胡萝卜种子测产亩产量仅为 3164 ~ 3535 公斤,尹某某、刘某某所售种子分别造成 122 余万元和 42 余万元的损失。经鉴定,涉案胡萝卜种子 SSR 引物扩增出的指纹图谱与对照样品正规“德尔红 88”胡萝卜种子扩增出的 SSR 指纹图谱在 47 个位点上有 36 个位点带型不一致。案发后,尹某某、刘某某分别赔偿损失 109.4 万元、33 万元,退还部分种子款并取得被害人谅解。

争议焦点:生产、销售伪劣种子造成农作物减产的行为认定。

法院判决:法院经审理认为,被告人马某某生产、销售伪劣种子,使生产遭受特别重大损失,其行为已构成生产、销售伪劣种子罪;被告人尹某某、刘某某销售伪劣种子,使生产遭受特别重大损失,其行为均已构成销售伪劣种子罪。马某某、尹某某归案后如实供述,具有坦白情节;刘某某自动投案,并如实供述所犯罪行,具有自首情节;尹某某、刘某某积极赔偿被害人损失,并得到被害人谅解。法院经综合考量,以生产、销售伪劣种子罪判处被告人马某某有期徒刑 9 年,并处罚金人民币 35 万元;以销售伪劣种子罪判处被告人尹某某有期徒刑 7 年,并处罚金人民币 25 万元;以销售伪

① 参见《最高人民法院发布“农资打假”典型案例》,载《人民法院报》2022 年 3 月 19 日,第 3 版。

劣种子罪判处被告人刘某某有期徒刑3年，并处罚金人民币10万元。

专家评析：农资质量直接关系粮食生产安全和生态安全，亦紧密关切民生福祉。根据《刑法》第一百四十七条的规定，生产假农药、假兽药、假化肥，销售明知是假的或者失去使用效能的农药、兽药、化肥、种子，或者生产者、销售者以不合格的农药、兽药、化肥、种子冒充合格的农药、兽药、化肥、种子，使生产遭受较大损失的，处3年以下有期徒刑或者拘役，并处或者单处销售金额50%以上2倍以下罚金；使生产遭受重大损失的，处3年以上7年以下有期徒刑，并处销售金额50%以上2倍以下罚金；使生产遭受特别重大损失的，处7年以上有期徒刑或者无期徒刑，并处销售金额50%以上2倍以下罚金或者没收财产。据此，农资经营者应依法诚信经营，严禁生产、销售假冒伪劣等不合格的农资产品，严格依法依规生产经营农资产品。

【相关规定】

《农业法》第二十五条、第三十七条、第四十三条；

《乡村振兴促进法》第三十九条；

《黑土地保护法》第十三条、第十八条；

《农产品质量安全法》第二十三条；

《环境保护法》第四十九条；

《青藏高原生态保护法》第二十七条；

《野生动物保护法》第二十条；

《黄河保护法》第八十一条；

《草原法》第五十四条；

《土壤污染防治法》第二十九条、第三十条；

《刑法》第一百四十七条。

【法条】

第二十一条　国家加强水资源管理和水利基础设施建设，优化水资源配置，保障粮食生产合理用水需求。各级人民政府应当组织做好农田水利建设和运行维护，保护和完善农田灌溉排水体系，因地制宜发展高效节水农业。

县级以上人民政府应当组织开展水土流失综合治理、土壤污染防治和地下水超采治理。

【立法背景】

水乃生命之源,农业之本。水资源作为粮食生产的关键要素,对其合理管理与保障,是确保粮食生产安全的重要举措。然而,当下我国资源约束不断加剧,生态环境压力剧增,农业用水保障面临突出挑战。

一方面,我国水土资源约束不断加剧。(1)水资源禀赋缺陷明显。尽管我国水资源总量较多,但人均占有量远低于世界平均水平。此外,水土资源空间匹配性较差,资源富集区与生态脆弱区多有重叠。(2)水资源需求刚性增长。随着新型工业化、信息化、城镇化、农业现代化同步发展,水资源需求长期保持强劲势头。各产业发展的用水量仍有待调控,以保障水资源的合理配置。(3)水资源利用方式较粗放。根据国务院《关于印发全国国土规划纲要(2016—2030年)的通知》,我国目前单位国内生产总值用水量和能耗分别是世界平均水平的3.3倍和2.5倍。[①] 水资源利用效率偏低,资源耗损形势严峻。

另一方面,当下生态环境压力不断加大。(1)水土资源质量持续下降。2015年十大流域的700个水质监测断面中,劣V类水质断面比例占8.9%。[②] 全国土壤环境状况总体不容乐观,部分地区土壤污染较重,耕地土壤环境质量堪忧,工矿废弃地土壤环境问题突出。(2)生态系统功能不断退化。部分地区森林破坏、湿地萎缩、河湖干涸、水土流失、土地沙化、草原退化问题突出,生态灾害频发。2017年,全国水土流失、沙化和石漠化面积分别为295万平方千米、173万平方千米和12万平方千米。[③]

既有立法多以水污染防治为重心,规范农业用水行为,但对于保障农业用水供应的规定较少。《环境保护法》系统规定应当保护和改善环境,防治污染和其他公害。《土壤污染防治法》《水污染防治法》《水土保持法》《循环经济促进法》《清洁生产促进法》等则从具体领域对规范农业用水行为予以明确。而对于农业用水的保障则主要体现于《水法》第三条、第二十一条以及《乡村振兴促进法》第十四条、第五十二条。

① 参见国务院《关于印发全国国土规划纲要(2016—2030年)的通知》(国发〔2017〕3号)。

② 参见国务院《关于印发全国国土规划纲要(2016—2030年)的通知》(国发〔2017〕3号)。

③ 参见国务院《关于印发全国国土规划纲要(2016—2030年)的通知》(国发〔2017〕3号)。

具体规定仍凸显原则性和零散性，未能系统针对粮食生产用水规定相应制度。本法将粮食生产用水保障以及节水、规范用水作专条规定，是从粮食安全保障系统工程中对于水资源保障重要性的明确强调，有利于规范具体水资源管理以及粮食生产用水实践。

【法条释义】

本法第二十一条明确规定了粮食生产用水保障以及规范用水的具体规范。

概括而言，本条第一款首先提出“国家加强水资源管理和水利基础设施建设，优化水资源配置，保障粮食生产合理用水需求”的总体规定。在此基础上，规定各级人民政府应当组织做好农田水利建设和运行维护，保护和完善农田灌溉排水体系，因地制宜发展高效节水农业的积极义务。本法第二款进一步提出“县级以上人民政府应当组织开展水土流失综合治理、土壤污染防治和地下水超采治理”的水土资源生态安全防护治理要求。

一、国家加强水资源管理和水利基础设施建设，优化水资源配置，保障粮食生产合理用水需求

为保障粮食生产的合理用水需求，国家应通过加强水资源管理和水利基础设施建设以及优化水资源配置，完备粮食生产用水的供应保障机制。具体而言，本条规定可从以下三个方面理解。

（1）针对水资源管理及优化配置，《水法》第三条明确水资源的所有权由国务院代表国家行使。农村集体经济组织的水塘和由农村集体经济组织修建管理的水库中的水，归各该农村集体经济组织使用。此外，该法第二十一条第一款亦强调，开发、利用水资源，应当首先满足城乡居民生活用水，并兼顾农业、工业、生态环境用水以及航运等需要。聚焦粮食生产用水，国家应重视对农业用水中粮食生产用水的有效保障，为粮食生产提供必要的物质基础。此外，针对不同地区水资源储备、粮食作物品种及粮食种植结构等的特殊性，国家应进一步优化各地区间以及各产业间水资源的配置方式，并引导各地方结合地区实际需求细化具体水资源配置方案。

（2）针对水利基础设施建设，《水法》第五条明确规定，县级以上人民政府应当加强水利基础设施建设，并将其纳入本级国民经济和社会发展计划。《中华人民共和国国民经济和社会发展第十四个五年规划和2035年远景目标纲要》在第十一章“建设现代化基础设施体系”第四节着重强调应加强水利基础设施建设,并对国家水网骨干工程中重大引调水、供水灌溉以及防洪减灾的具体工程予以列举。国家应按照前述部署加强水利基础设施建设,并侧重加强粮食生产灌溉、水旱灾害防御等基础水利工程建设。

(3)针对保障粮食生产合理用水需求,国务院《关于印发全国国土规划纲要(2016—2030年)的通知》(国发〔2017〕3号)提出,应严格控制流域和区域用水总量。统筹各地区水资源承载能力与合理用水需求,控制水资源开发利用强度,科学制定主要江河流域水量分配方案。国务院办公厅《关于推进农业水价综合改革的意见》着眼市场与政府的关系,提出既要使市场在资源配置中起决定性作用,促进农业节水,也要更好地发挥政府作用,保障粮食等重要农作物合理用水需求,总体上不增加农民负担的基本原则。国务院《关于创新重点领域投融资机制鼓励社会投资的指导意见》(国发〔2014〕60号)进一步提出,加快建立水权制度,培育和规范水权交易市场的具体规定,并鼓励积极探索多种形式的水权交易流转方式,允许各地通过水权交易满足新增合理用水需求,进一步保障农业用水的稳定供应。

二、各级人民政府应当组织农田水利建设和运行维护,保护和完善农田灌溉排水体系,因地制宜发展高效节水农业

《水法》第八条第一款、第二款即原则性指出,国家厉行节约用水,大力推行节约用水措施,推广节约用水新技术、新工艺,发展节水型工业、农业和服务业,建立节水型社会。各级人民政府应当采取措施,加强对节约用水的管理,建立节约用水技术开发推广体系,培育和发展节约用水产业。国务院办公厅《关于切实加强高标准农田建设提升国家粮食安全保障能力的意见》(国办发〔2019〕50号)进一步将加强农田水利建设和运行维护、发展高效节水灌溉作为高标准农田建设的重要内容,从有效提升耕地产能、确保粮食生产安全的角度对此予以强调。结合前述规范,各级人民政府应结合国土空间、水资源利用、高标准农田建设等相关规划,根据各地方粮食生产发展实际,组织相关部门完备农田水利建设和运行维护的财政支持,完善农田灌溉排水体系建设,并落实建后管护,因地制宜发展高效节水农业。在此过程中,可参照国务院《关于创新重点领域投融资机制鼓励社会投资的指导意见》(国发〔2014〕60号),鼓励社会资本参与,构建多元协同的用水保障体系。具体而言,可通过财税政策激励引导社会资本投资运营农业和水利工程,在扩充建设资金、人力等要素的同时,保障建设管护工作的专业化、市场化运行。

三、县级以上人民政府应当组织开展水土流失综合治理、土壤污染防治和地下水超采治理

本条第二款从统筹发展与安全的角度进一步强调对于水土流失、土壤污染和地下水超采的治理规范，确保从源头实现水资源的良性、可持续保障。具体而言，水土流失综合治理主要是指按照水土流失规律和社会经济发展需要，根据国土空间规划重新调整土地利用结构，推进水土保持工程建设，并综合采取植被措施和耕作措施，以形成完整的水土流失防治体系；土壤污染防治主要指采取措施防止土壤遭受污染，并对已被污染的土壤进行治理的相应活动；地下水超采治理主要是指对于地下水实际开采量超过规定可开采量的行为予以规制。县级以上人民政府应当组织相关部门开展水土流失综合治理，并对于土壤污染、地下水超采等破坏水土资源行为加大监督管理力度，明确具体违法行为及相应的责任后果。在此基础上，县级以上人民政府应当组织有关部门开展常态化的监督检测工作，实现对于相应违法行为的有力遏制。

【实务应用】

典型案例："中铁建四川德都高速公路有限公司违反土壤污染风险管控和修复管理制度案"①

基本案情：成都市生态环境保护综合行政执法总队执法人员根据上级移交线索对都江堰市原红星电镀厂地块开展现场检查，发现中铁建四川德都高速公路有限公司在该地块上修建了三绕德都段 DDTJ10 标段项目。成都市生态环境局委托第三方单位对该地块进行了初调评估，发现该地块东南侧土壤重金属（六价铬、总铬）超标，未达到土壤污染风险评估报告确定的风险管控、修复目标。

执法意见：该公司上述行为违反了《土壤污染防治法》第六十六条第三款"未达到土壤污染风险评估报告确定的风险管控、修复目标的建设用地地块，禁止开工建设任何与风险管控、修复无关的项目"的规定。成都市生态环境局依据《土壤污染防治

① 参见《全文实录丨生态环境厅召开 6 月例行新闻发布会》，载微信公众号"德阳生态环境"2023 年 6 月 28 日，https://mp.weixin.qq.com/s?__biz=MzAwNjczMDc5Nw==&mid=2247517480&idx=4&sn=ad5265e8b0b998117560b449a1ab6ab4&chksm=9b0a206aac7da97cb9974201afcbb78d8077bd66466a1140aaec32c4cf92f72b7ac7520f7531&scene=27，最后访问日期：2024 年 1 月 11 日。

法》第九十一条第四项及《四川省生态环境行政处罚裁量标准》的规定，对该公司和相关主管人员分别作出罚款10万元和0.5万元的处罚决定。

专家评析：土壤污染严重影响粮食安全、农产品质量安全、人居环境安全以及生态环境安全。建设项目开发企业必须严格落实主体责任，充分收集项目所在地的土壤污染情况，对未依法完成土壤污染状况调查与风险评估的地块，不得开工建设与风险管控和修复无关的项目；属地政府要压实守土责任，落实土壤污染风险管控和修复名录制度，做好污染状况调查、监测和评估工作，有效管控建设用地土壤污染风险；生态环境部门应坚持用最严格的制度、最严密的法治确保土壤的状况。《土壤污染防治法》明确规定，土壤修复是土壤污染责任人的法定义务。对拒不履行修复义务者，坚决予以严厉打击，若当事人继续不履行，可申请人民法院强制执行。该规定构建了"责任人修复＋政府监管＋人民法院强制执行"的复合治理路径，有力推进了污染土壤的修复治理，确保实现涉地农业生产环境安全，体现行政、司法保护公益的良好效果。

【相关规定】

《土壤污染防治法》第四十五条。

【法条】

第二十二条　国家推进农业机械产业发展，加强农业机械化作业基础条件建设，推广普及粮食生产机械化技术，鼓励使用绿色、智能、高效的农业机械，促进粮食生产全程机械化，提高粮食生产效率。

【立法背景】

粮食生产乃是粮食安全的基石，是国家粮食安全战略的基础环节。在"藏粮于技"战略的指引下，粮食生产安全的保障必须坚持科技兴农。现阶段，我国人口老龄化趋势不断加剧，农村青年人口为了谋求更好的发展不断向城市涌入，在农村从事农业活动的农民普遍年龄偏大，对于先进技术、智能设备的接受与应用率难以提升。为有效提高粮食产能，国家应积极推进农业机械产业发展，进一步推广普及粮食生产机械化技术以及绿色、智能、高效的农业机械。

梳理既有规范，为鼓励、扶持农民和农业生产经营组织使用先进适用的农业机械，促进农业机械化进程，《农业机械化促进法》自2004年颁布，并在2018年予以修正。此次修正侧重强调市场监督管理部门对于农业机械产品质量以及农业机械产品市场的监督管理责任。检视《农业机械化促进法》的具体规定，主要仍着眼于农业发展目标对农业机械的生产、应用与推广等予以规范，相关规定并不能直接针对粮食生产这一具体领域。此外，既有规定对于绿色化、智能化的回应仍显滞后，已难以适应生态环境保障以及智慧农业发展的现实需求。2007年中央一号文件中共中央、国务院《关于积极发展现代农业扎实推进社会主义新农村建设的若干意见》即明确要求提高农业机械化水平，加快粮食生产机械化进程。2010年，农业部在《进一步加快转变发展方式优化农机装备结构布局工作方案》中重点针对大宗农作物特别是粮食生产机械化发展的不平衡状况，强调应解决水稻机插秧、玉米机收割水平偏低，加工业机械化、设施农业等发展较慢等具体困境，尽快提高粮食生产机械化水平，由耕种收环节机械化向产前、产中、产后全过程机械化延伸。在前述规范基础上，本法对于农业机械化推进再次予以强调。着眼粮食安全保障的迫切需求，明确了基础条件建设，鼓励使用绿色、智能、高效的农业机械设备，促进粮食生产全程机械化等具体规定，为有效落实“藏粮于技”战略、提升粮食产能提供了有力的法治支持。

【法条释义】

本法第二十二条明确规定了推进农业机械化生产的具体规范。概括而言，本条提出国家应分别采取“推进农业机械产业发展”“加强农业机械化作业基础条件建设”“推广普及粮食生产机械化技术”“鼓励使用绿色、智能、高效的农业机械”的具体措施，实现“促进粮食生产全程机械化，提高粮食生产效率”的制度目的。

一、推进农业机械产业发展

本条规定着眼农业机械产业整体发展维度，提出国家应采取相应推进措施。(1)农业机械产业主要是指以生产、加工、销售农业机械为主，为农业生产提供必要工具和设备的行业。作为农业发展的关键基础支撑，这一行业的整体发展状况将直接影响农业生产效能。(2)为推进农业机械产业发展，国务院《关于加快推进农业机械化和农机装备产业转型升级的指导意见》(国发〔2018〕42号)通过完善农机装备创新体系、推进农机装备全产业链协同发展以及优化农机装备产业结构布局等举措，加快推动农机装备产业高质量发展。同时,提出建立健全部门协调联动、覆盖关联产业的协同创新机制,引导零部件企业与整机企业构建成本共担、利益共享的新型合作机制以及支持企业加强农机装备研发生产等相应具体支持措施。

二、加强农业机械化作业基础条件建设

本条规定提出,国家应加强农业机械化作业基础条件建设。(1)农业机械化作业基础条件建设主要指建设适合农业机械化作业的农田条件,如土地平整度、排水条件以及通行条件等。农业机械化作业基础条件将直接影响农业机械设备的作业效果以及使用寿命。(2)为改善农业机械化作业基础条件,国务院《关于加快推进农业机械化和农机装备产业转型升级的指导意见》着眼提高农机作业便利程度以及改善农机作业配套设施条件,分别规定了一系列支持措施。同时,明确前一举措应由农业农村部、国家发展改革委、财政部、自然资源部以及市场监管总局等负责,后一举措应由农业农村部、国家发展改革委、财政部、自然资源部以及税务总局等负责。具体而言,主要支持机制包括完备土地综合整治等相应制度体系,统筹中央和地方各类相关资金及社会资本积极开展高标准农田建设以及采取用地、用电、服务及税费综合支持措施等。

三、推广普及粮食生产机械化技术

本条规定提出,国家应推广普及粮食生产机械化技术。(1)粮食生产机械化技术主要指粮食播种、培育、收获过程中运用的机械化技术。参照农业农村部办公厅《关于推介发布2021年农业主推技术的通知》(农办科〔2021〕18号),粮食生产机械化技术可包括小麦、水稻及玉米等机械化收获减损技术,黄淮海夏大豆高质低损机械化收获技术以及黄淮海夏大豆免耕覆秸机械化生产技术等。(2)对此,国务院《关于加快推进农业机械化和农机装备产业转型升级的指导意见》(国发〔2018〕42号)亦提出,应加强绿色高效新技术示范推广,大力支持保护性耕作、精量播种、精准施药、高效施肥、水肥一体化、节水灌溉等绿色高效技术的示范推广。同时,提高农业机械化技术推广能力,通过政府购买服务等具体机制强化农业机械化技术推广机构的能力。

四、鼓励使用绿色、智能、高效的农业机械

本条规定提出,国家应鼓励使用绿色、智能、高效的农业机械。(1)绿色、智能、高效的农业机械主要包括保护性耕作、秸秆还田离田、精量播种、精准施药、高效施肥、水肥一体化、节水灌溉、残膜回收利用、饲草料高效收获加工、病死畜禽无害化处理及畜禽粪污资源化利用等机械装备。(2)国务院《关于加快推进农业机械化和农机装备产业转型升级的指导意见》(国发〔2018〕42号)亦规定,稳定实施农机购置补贴政策、鼓励金融机构针对权属清晰的大型农机装备开展抵押贷款,鼓励有条件的地方探索对购买大型农机装备贷款进行贴息以及政府购买服务等措施支持绿色、智能、高效的农业机械普及推广。

五、促进粮食生产全程机械化,提高粮食生产效率

本条规定提出促进粮食生产全程机械化以及提高粮食生产效率的制度目标。粮食生产机械化应覆盖粮食播种、培育、收获等全过程。为促进粮食生产全程机械化,国家应构建系统完备的支持体系,针对粮食生产不同环节机械化的特殊性,制定相应的具体支持制度,并重视财政补贴、服务支持等具体制度的规范落实。以此确保粮食生产全程机械化能够有效实现,进而系统提高粮食生产效率。

【实务应用】

典型案例:"曹某、陈某套取农机购置补贴案"[①]

基本案情:曹某原系5家企业的负责人,其中4家系农业机械有限公司,主要经营农业机械销售及协助农户申办农机购置补贴。2020年,曹某进购了4台植保无人机,后因进购的无人机未能售出,遂产生骗取农机购置补贴的想法。曹某联系陈某,两人协商通过曹某名下农机公司虚开购机发票,让陈某冒充农户在当地农村信用合作社银行网点以循环存取现金的方式向曹某名下农机公司存款,伪造购机交易记录,后再由曹某根据申报补贴让陈某配合办理无人机保险等手续。2020年11月,曹某伙同陈某向农机站提交4台植保无人机购置补贴资金申请。其间,曹某与陈某以同样的方式,伪造陈某向曹某名下另一农机公司购买风送喷雾机一台,并再次申报农机购置补贴。2021年3月23日,申报的4台植保无人机、1台风送喷雾机农机购置补贴款共计人民币56,800元发放至陈某名下农村信用合作社银行账户,后曹某将全部资金用于店铺周转。

争议焦点:曹某、陈某虚开购机发票,提交4台植保无人机购置补贴资金申请行

① 湖北省应城市人民法院(2014)鄂应城刑初字第00183号刑事判决书。

为的性质认定。

法院判决：法院经审理认为，曹某、陈某以非法占有为目的，以虚购农机方式骗取农机财政购置补贴，数额较大，其行为均已构成诈骗罪。综合曹某、陈某的地位、作用、犯罪情节等，判处曹某有期徒刑1年，陈某有期徒刑9个月，并处相应罚金。判后，两名被告人均服判息诉。

专家评析：近年来，国家加大对农户通过购买农业机械申领购置补贴的支持力度，但不法经销商通过虚假购置农机骗取购置补贴的现象屡禁不止。《刑法》第二百六十六条规定，诈骗公私财物，数额较大的，处3年以下有期徒刑、拘役或者管制，并处或者单处罚金；数额巨大或者有其他严重情节的，处3年以上10年以下有期徒刑，并处罚金；数额特别巨大或者有其他特别严重情节的，处10年以上有期徒刑或者无期徒刑，并处罚金或者没收财产。对农机购置补贴违法违规行为进行严肃处理是确保农机购置补贴政策公正、规范、高效实施的重要保证。各级农业农村部门应严格审核申领农业机械购置补贴的具体程序，对于骗取购置补贴的行为严格依照前述规定予以查处，确保国家农机购置补贴的强农惠农富农政策目标落到实处。

【相关规定】

《刑法》第二百六十六条。

【法条】

第二十三条　国家加强农业技术推广体系建设，支持推广应用先进适用的粮食生产技术，因地制宜推广间作套种等种植方法，鼓励创新推广方式，提高粮食生产技术推广服务水平，促进提高粮食单产。

国家鼓励农业信息化建设，提高粮食生产信息化、智能化水平，推进智慧农业发展。

【立法背景】

践行大食物观，维护国家粮食安全，应以科技作支撑。落实“藏粮于技”战略的关键在于粮食科技创新与应用。尤其体现在先进粮食生产技术的有效推广，以及以数据、算法、人工智能为基础的数字化技术革新。

一方面，为了加强农业技术推广工作，促使农业科研成果和实用技术尽快应用于农业生产，增强科技支撑保障能力，我国于 1993 年颁布《农业技术推广法》，并于 2012 年加以修正，建立了较完备的农业技术推广法律体系。然而，随着数字时代的发展浪潮，既有农业技术推广机制已凸显滞后性，难以应对数字技术发展现状以及更高的粮食生产技术推广服务需求。另一方面，粮食产业数字化转型是推动粮食全产业链不断优化的过程。加快粮食产业数字化建设，重构粮食产业价值链，建立新的粮食行业生态，成为提升粮食品质和保障国家粮食安全的重要支撑。《2022 年数字乡村发展工作要点》在构筑粮食安全数字化屏障方面提出具体要求，明确了以大数据为基础、以粮食产业链为脉络，加强农业稳产保供信息监测，强化粮食购销领域数字化监管。"数智时代"已然赋予"藏粮于技"战略落实新的使命和任务。

检视相关规范基础，我国关于农业农村数据服务的标准规范已经比较成熟和完备，基础标准常用参考标准 24 项，技术标准常用参考标准 20 项，管理标准常用参考标准 6 项，安全标准常用参考标准 93 项，应用标准常用参考标准 44 项。[①] 其中，《粮食大数据资源池设计规范》（LS/T 1820－2018）通过规范粮食大数据资源池的规划、设计、开发、部署及应用，旨在汇聚和集成各粮食信息系统中的数据，建立数据丰富、格式规范、存储安全、访问高效的数据资源平台，以支撑基于大数据的各种粮食信息化服务。然而，该标准侧重粮食大数据资源池的数据获取、访问、存储以及资源池建设与管理，每项内容并未细化，并且未能明确对涉及由该资源池流出的粮食数据及其应用。我国粮食领域的数据管理法律规范数量少、效力层级不高。我国《农业法》《乡村振兴促进法》《数据安全法》等相关法律没有对粮食领域与数字化技术应用二者融合的相关行为予以规范。为了促进粮食行业数据标准化，推进数据共享和视频监控互通，提升粮库智能化升级改造项目建设成效，国家粮食和物资储备局办公室 2020 年牵头修订了部门规范性文件《粮食和物资储备管理平台数据互通共享技术规范》，以及新编《粮食和物资储备管理平台视频监控系统互联互通技术规范》。上述文件规定了国家粮食和物资储备管理平台与省级平台之间数据共享、视频监控系统互通的总体架构、技术要求和数据安全要求，存在规范内容不周延、体系不健全等较

① 参见《标准规范》，载中华人民共和国农业农村部大数据发展中心官网，http://www.abdc.org.cn/sjfw/sjfw_bzgf/，最后访问日期：2024 年 1 月 6 日。

大缺陷。首先,上述文件着眼粮食储备环节,未提及粮食生产、加工、销售环节。其次,主体为国家平台与省级平台,未涉及二者与省级以下平台的数据共享行为规范。最后,仅从技术层面规定如何推进粮食储备数据共享和视频监控互通,并未从法律层面规范其共享与互通行为以及数据安全行为,粮食流通领域的数据共享不充分,存在相关主体之间"信息孤岛"困境。政府与粮食企业如何做到互通数据信息,如何处理好粮食流通领域的数据共享与数据安全之间的关系,相关主体的行为还有待相关制度规范作进一步的明确和细化。

基于前述粮食生产实践发展的现实需求,本法在本条中对于农业技术推广以及智慧农业发展要求予以规定,为推动粮食生产高质量发展提供法治保障。

【法条释义】

本法第二十三条明确规定了农业技术推广以及智慧农业发展的规范要求。概括而言,本条第一款首先总体规定"国家加强农业技术推广体系建设",在此基础之上细化"支持推广应用先进适用的粮食生产技术,因地制宜推广间作套种等种植方法,鼓励创新推广方式,提高粮食生产技术推广服务水平"等具体推广要求,以实现"促进提高粮食单产"的制度目的。本条第二款聚焦农业信息技术,提出"国家鼓励农业信息化建设"的概括规定,并提出"提高粮食生产信息化、智能化水平,推进智慧农业发展"的具体信息化建设要求。

一、国家加强农业技术推广体系建设,支持推广应用先进适用的粮食生产技术,因地制宜推广间作套种等种植方法,鼓励创新推广方式,提高粮食生产技术推广服务水平,促进提高粮食单产

1. 本条规定明确国家加强农业技术推广体系建设。具体而言,《科学技术普及法》对于科学技术推广普及的组织管理、社会责任和保障措施等作了较系统的规定。《促进科技成果转化法》针对促进科技成果转化的保障措施和技术权益等着重予以规范,该两部法律为广泛意义上科学技术的普及和科技成果的转化提供了一定的制度保障,是粮食生产技术普及和科技成果转化的一般法。由于农村居民较城市居民而言更难接触到先进科技、对新科技自主接受意愿较低,《农业技术推广法》第十条又进一步规定了农业技术推广机构与农业科研单位、有关学校以及群众性科技组织、农民技术人员相结合的农业技术推广体系和对农业技术的推广、应用和保障措施。

结合前述规范，政府应进一步探索加大对先进粮食生产技术推广应用的支持力度，扶持培育粮食生产社会化服务组织以及龙头企业，并采取政府服务购买项目等方式，提高粮食生产技术推广服务水平。

2. 支持推广应用先进适用的粮食生产技术，因地制宜推广间作套种等种植方法，鼓励创新推广方式，提高粮食生产技术推广服务水平。本条规定提出国家加强农业技术推广的具体措施。(1)先进适用的粮食生产技术包括先进且具有领先性和可适用性的粮食机械化信息化生产技术、粮食生产良种培育技术以及粮食绿色生产技术等粮食生产技术。对此的支持推广机制可包括组织专门技术培训、采用政府服务购买支持机制等，促进粮食生产技术的推广应用。(2)间作套种主要是指在同一地块按照一定行、株距和占地的宽窄比例种植不同种类作物，为更充分利用种植空间和资源的种植方法。国家因地制宜推广间作套种等种植方法，需要结合各地区实际情况推广间作套种等更先进的粮食种植方法，并确保具体方法具备可适用性。(3)创新推广方式主要是指采用多样化的推广方式，如利用互联网、应用程序、社交媒体等新型技术手段，并综合采取线上、线下相结合的技术培训、技术示范等推广活动。对此，国家应运用多种制度支持机制，鼓励各类科研机构、涉农企业以及政府部门等不断创新推广方式。(4)粮食生产技术推广服务主要是指通过采取试验、示范、宣传、培训、指导以及咨询服务等手段，把粮食生产技术予以推广普及。为提高粮食生产技术推广服务水平，国家可推动完备粮食生产技术推广服务制度体系，并明确各级政府的服务推广责任。同时，通过定期组织技术培训和指导活动等提高基层粮食生产技术推广人员的服务水平。在此过程中，加大政府财政对粮食生产技术推广服务的支持力度，完备粮食生产技术推广服务水平提升的制度保障机制。

3. 促进提高粮食单产。促进提高粮食单产为国家加强农业技术推广体系建设的关键制度目的。提高粮食单产即提高单位面积内的粮食作物产量。粮食种植面积和单产是保障粮食丰产丰收的两大因素。国务院《关于建立健全粮食安全省长责任制的若干意见》(国发〔2014〕69 号)亦明确强调，应该将提高粮食单产作为主攻方向。本法将促进提高粮食单产入法，体现了对于提高粮食单产明确的法治保障。

二、国家鼓励农业信息化建设，提高粮食生产信息化、智能化水平，推进智慧农业发展

应对粮食产业数字化建设面临的挑战和难题，我国应当积极探寻粮食产业数字保障的法治化路径，着眼粮食安全战略和大食物观，强化粮食产业数字化制度保障，加快推进粮食领域数字化建设。

1. 重视粮食数据资源的公共价值，建立健全粮食产业数字化标准规范和法律规范

着眼粮食安全和数据安全的国家战略，大数据广泛应用于粮食生产、流通、加工、储备、销售环节，使粮食产业数据资源的公共属性和公益价值更加凸显。立法者、标准制定者、规范适用者均应当重视数据资源的公共价值，从数据收集使用，到数据开放共享，构建粮食产业全链条的数字化“软法”“硬法”共同约束机制。具体而言，首先，应优化粮食产业数字化标准。标准作为一种典型的“软法”，与具有强制性和普遍约束力的法律法规（“硬法”）不同，“标准基于其自身特性与硬法形成了互补，充塞填满了硬法的空隙”。[①] 标准作为法律规范与技术实践的耦合，是规制与自治之间的衔接点和“缓冲区”。[②] 在粮食产业数字化技术应用的初级阶段，制定并优化粮食数字化标准规范能够填补立法空白。对此，应针对主要粮食作物不同类型、不同产区、不同种植技术、不同生长周期等特异性，制定具体的、差异化的算法技术标准。同时，加强算法技术标准与上位法的联动。粮食产业算法技术标准应当与《粮食安全保障法》《标准化法》《农业法》《数据安全法》等上位法形成联动机制，强化粮食数据资源开放共享与数据安全标准规则的建立及相互衔接。

此外，为加快推进粮食产业数字化建设，农业领域相关立法应加强数字化制度保障。（1）提升法律规范的效力层级。将“加强粮食领域数字化管理与安全保障”作为原则性规定，纳入相关实施条例中，弥补现行农业领域相关法律中的数字化立法空白，提升粮食产业数字化制度保障的效力层级。（2）将“技术规范”拓展为“法律规范”，粮食数字化制度规范不仅要有技术层面的规则指引，也要有法律行为层面的约束规制，以标准规范的优化推动法律规范的完善。（3）加强粮食流通环节数据资源

---

① 罗豪才、周强：《软法研究的多维思考》，载《中国法学》2013 年第 5 期。

② 参见柳经纬：《标准的类型划分及其私法效力》，载《现代法学》2020 年第 2 期。

的管理,构建粮食数据流通的分级分类机制,打破市场主体“信息孤岛”,同时着力规范企业在粮食加工、粮食销售过程中的数据处理行为,保障数据共享与数据安全之间的利益平衡。

2. 厘清粮食全产业链的数据权责配置,推进粮食领域多元主体协同参与数字化建设

粮食产业全链条涉及环节较多,涵盖领域广泛,关涉主体众多。在粮食数据产出、流通、加工和使用过程中,需正确处理政府、企业、农户(涉农组织)、消费者等之间的法律关系。一方面,要坚持以政府为主导的粮食数据资源管理,同时警惕政府垄断数据;另一方面,应当修订完善财税法律制度,执行相关财税政策、措施,激励市场主体有效地参与数字化建设。

3. 加强数据监测管理和事故处置能力,落实法律责任分配制度,着力提升“数字产粮”“数字储粮”的风险防范能力

随着农业技术迭代革新,农业数字化和智能化广泛应用于粮食领域,粮食产业全链条的可持续发展对数据的需求和应用愈加迫切。立法应当以数据收集为基础、以数据分析为抓手、以数据应用为目标,规范粮食生产者、经营者和利益相关者的法律行为,提升其行为的科学性与规范化,加强数据监测管理和事故处置能力,提高粮食产业全链条数字化的风险防范能力。

【实务应用】

我国政府历来重视对粮食信息和数字化管理,对粮食的宏观调控成效显著。1994 年国家粮油信息中心的数据中心成立,作为国家粮食和物资储备局直属事业单位发布信息的重要平台,该中心主要为粮油企业提供政策信息、市场价格监测及市场分析报告。为全面推进数字农业农村建设,2021 年农业农村部大数据发展中心成立,作为公益类事业单位,它搭建起农业农村大数据平台,承担数据汇集管理、分析挖掘和整合应用等工作职责,建立数据开放共享机制,旨在盘活粮食生产等农业农村数据资源,提供精准的农业服务和决策管理。

粮食产业数据资源的公共性,要求必须建立以政府为主导的粮食数据管控机制。政府授权事业单位对农业数据、粮油数据实施统一管理,本质是将其纳入政务数据管理的范畴,行政管制特色仍较突出。由政府主导的粮食数据资源并未得到充分利用,

在实践中，政府部门间的“数据鸿沟”“数据孤岛”大量存在，导致政务数据资源无法有效整合共享，①也在一定程度上阻碍了向粮食流通市场共享数据资源。对此，可探索建立以政府主导的粮食数据收集和应用机制。政府在粮食数据资源管理中要做好“如何收”和“如何用”。“如何收”是政府通过组建大数据平台，获取并整合全国各地的粮食数据资源。“如何用”即政府建立分级分类的粮食数据保护体系以及数据开放共享机制，确定哪些数据可以共享，哪些数据禁止开放。总体观之，我国在粮食数据平台的建设方面成效显著，但仍需注意以下两个关键点。

1. 处理好粮食大数据资源池与国家数据局之间的关系

国家粮食和物资储备局已建成以“云平台”方式为主的粮食大数据资源池，该平台分为国家级资源池和省级资源池，汇集粮食生产、收购、仓储、加工、销售等过程中的各种相关数据，与粮食有关的宏观经济数据、管理数据，以及互联网公众舆情等数据，而新组建的国家数据局负责统筹数据资源整合共享和开发利用，二者在粮食数据资源的获取与利用方面有交叉地带。因此，要厘清二者的职责权限。国家数据局作为统筹数据资源的机构，是数据资源管理方案的设计者，侧重协调粮食数据资源跨行业跨部门的互联互通。而粮食大数据资源池是在国家数据局总体方案之下的具体操作者，不仅要做好粮食领域数据资源管理，还要加强与其他行业领域的数据流通。

2. 解决粮食产业数据资源的分类分级问题

我国《数据安全法》第二十一条明确规定国家建立数据分类分级保护制度。一方面，依照法律规定，政府相关部门对关系国家安全、国民经济命脉、重要民生、重大公共利益等应当纳入核心数据范畴的粮食储备数据和流通数据，实行更加严格的管理。譬如，粮食流通数据与粮食市场供需、粮食价格紧密关联，进而影响国家粮食安全战略和民生福祉，因而，涉及粮食流通和交易的相关数据，政府从市场主体处获取后，应按照法律规定将其归类到国家核心数据，加强对其重点保护。另一方面，政府细化数据分级标准，对核心粮食数据进行分级。譬如，以是否公开为标准，非公开的核心粮食数据作为不予公开的政务数据，按照密级（绝密、机密、秘密）和内部信息不同层级进行管理，仅在政府各相关部门之间进行内部网络传输和使用；对可以公开的

① 参见袁刚、温圣军等：《政务数据资源整合共享：需求、困境与关键进路》，载《电子政务》2020 年第 10 期。

粮食数据进行再次分配，构建统一规范、互联互通、安全可控的政务数据开放平台，[1]向粮食关联企业、上下游企业以及粮食生产者和消费者无偿提供，促进粮食数据开放利用。此外，对于粮食数据提供和使用过程做到可追溯、可定位，从而明确责任定位，进行数据校验核对等工作。[2]

【相关规定】

《农业技术推广法》第十条；

《环境保护法》第十七条、第十八条；

《数据安全法》第二十一条、第四十二条。

【法条】

第二十四条　国家加强粮食生产防灾减灾救灾能力建设。县级以上人民政府应当建立健全农业自然灾害和生物灾害监测预警体系、防灾减灾救灾工作机制，加强干旱、洪涝、低温、高温、风雹、台风等灾害防御防控技术研究应用和安全生产管理，落实灾害防治属地责任，加强粮食作物病虫害防治和植物检疫工作。

国家鼓励和支持开展粮食作物病虫害绿色防控和统防统治。粮食生产者应当做好粮食作物病虫害防治工作，并对各级人民政府及有关部门组织开展的病虫害防治工作予以配合。

【立法背景】

聚焦当下国内粮食安全形势，尽管我国粮食生产实现“十九连丰”，但粮食供求总体仍呈紧平衡状态，粮食产业的高质量发展面临更多挑战。《“十四五”国家应急体系规划》中已深入研判当下的自然灾害风险，指出随着全球气候变暖，我国自然灾害风险进一步加剧，极端天气趋强趋重趋频，台风登陆更加频繁、强度更大，降水分布

---

① 《数据安全法》第四十二条。

② 参见袁刚、温圣军等：《政务数据资源整合共享：需求、困境与关键进路》，载《电子政务》2020 年第 10 期。

不均衡、气温异常变化等因素导致发生洪涝、干旱、高温热浪、低温雨雪冰冻、森林草原火灾的可能性增大，重特大地震灾害风险形势严峻复杂，灾害的突发性和异常性越发明显。此外，根据全国农技中心对2023年全国农作物重大病虫害发生趋势的预报，①小麦、水稻、玉米、马铃薯等主要粮食作物重大病虫害将呈重发态势，全国发生面积20.20亿亩次，比2022年和2017～2021年均值分别增加29.5%和10.6%，如不采取有效防控措施，潜在产量损失将达3500亿斤以上；预计柑橘黄龙病、梨火疫病、红火蚁、马铃薯甲虫、苹果蠹蛾等重大检疫病虫发生面积938万亩，比2022年和2017～2021年均值分别增加4.2%和18.1%，部分地区存在重发和扩散风险。自然灾害以及粮食作物病虫害等生物灾害的频现，已成为持续威胁国家粮食安全的一大痼疾。

对此，《中华人民共和国国民经济和社会发展第十四个五年规划和2035年远景目标纲要》明确提出，应加快补齐防灾减灾领域短板、提高防灾减灾抗灾救灾能力。国务院《关于确保国家粮食安全工作情况的报告》系统强调，应始终立足抗灾夺丰收，加强基础设施建设，强化灾害应急管理，加大技术推广力度，健全农作物病虫害等防治体系，逐步构建农业防灾减灾长效机制，全面提高农业抗风险能力。在立法层面，《乡村振兴促进法》第四十九条提出，地方各级人民政府应当强化农村防灾减灾救灾安全管理责任。《农业法》第四十七条规定，各级人民政府应当采取措施，提高农业防御自然灾害的能力，做好防灾、抗灾和救灾工作。着眼粮食作物病虫害的防治，《农业法》第二十四条明确规定，国家实行植物防疫、检疫制度，健全植物防疫、检疫体系，加强对植物病、虫、杂草、鼠害的监测、预警、防治，建立重大植物病虫害的快速扑灭机制。《环境保护法》第三十三条第一款提出，各级人民政府应当推广植物病虫害的综合防治。《农作物病虫害防治条例》亦系统规定了对危害农作物及其产品的病、虫、草、鼠等有害生物的监测、预报、预防、控制以及应急处置等防治活动，并强调对前述活动的监督管理。以前述法律法规及政策性规定为基础，本法专门针对粮食生产防灾减灾救灾机制予以规范，构建了较完备的自然灾害及生物灾害防治制度体系，有力地保障了粮食生产安全。

---

① 参见《2023年全国农作物重大病虫害发生趋势预报》，载中华人民共和国农业农村部官网2023年1月9日，https://www.moa.gov.cn/ztzl/2023cg/jszd_29356/202302/t20230209_6420225.htm，最后访问日期：2024年1月12日。

【法条释义】

本法第二十四条明确规定国家应加强粮食生产防灾减灾救灾机制建设。

概括而言,本条第一款首先总体规定“国家加强粮食生产防灾减灾救灾能力建设”。在前述总体规定的基础上,第一款细化规定粮食生产防灾减灾救灾的具体制度设计,统筹“建立健全农业自然灾害和生物灾害监测预警体系、防灾减灾救灾工作机制”“自然灾害防御防控技术研究应用和安全生产管理”“落实灾害防治属地责任”“加强粮食作物病虫害防治和植物检疫工作”。第二款进一步着眼粮食作物病虫害这一生物灾害的防治工作,提出“国家鼓励和支持开展粮食作物病虫害绿色防控和统防统治”。同时,明确粮食生产者对于进行粮食作物病虫害防治以及配合相关部门组织开展的病虫害防治工作的具体责任。

一、国家加强粮食生产防灾减灾救灾能力建设

本条规定为国家加强粮食生产防灾减灾救灾能力建设的总体性规定。(1)明确责任主体为国家。针对当下粮食生产面临的突出灾害风险,强调应从国家战略全局的高度统筹发展和安全,全面提高粮食生产防灾减灾救灾能力,从中央层面推进粮食生产防灾减灾救灾的具体部署,切实保障国家粮食生产安全。(2)粮食生产防灾减灾救灾能力建设是一项系统工程,需要构建完备的粮食生产防灾减灾救灾制度体系。根据《中华人民共和国国民经济和社会发展第十四个五年规划和2035年远景目标纲要》,应首先构建粮食生产防灾减灾救灾管理体制,强化各级政府、各部门、各区域、各主体间的协同联动,统筹落实灾害监测、预报、预防、控制、应急处置以及全过程的监督管理。同时,应系统优化财政资金、金融保险、社会资本等多渠道的资金保障,优化粮食生产防灾减灾救灾多元投入保障机制。

二、县级以上人民政府应当建立健全农业自然灾害和生物灾害监测预警体系、防灾减灾救灾工作机制,加强干旱、洪涝、低温、高温、风雹、台风等灾害防御防控技术研究应用和安全生产管理,落实灾害防治属地责任,加强粮食作物病虫害防治和植物检疫工作

1. 县级以上人民政府应当建立健全农业自然灾害和生物灾害监测预警体系、防灾减灾救灾工作机制

本条规定强调,县级以上人民政府应建立健全灾害监测预警体系及防灾减灾救灾工作机制。一方面,应建立健全农业自然灾害和生物灾害监测预警体系。(1)如

前所述，既有立法多为概括规定自然灾害防灾、抗灾和救灾工作，对于农业自然灾害监测预警机制还没有通过专门立法予以明确。对此，本法首次通过立法规定农业自然灾害监测预警制度，加强对农业自然灾害的防控。（2）《农业法》第二十四条着眼植物病虫害防治，规定了监测预警机制。《生物安全法》第二十八条亦规定，植物病虫害预防控制机构应当对植物疫病开展主动监测，收集、分析、报告监测信息，预测植物疫病的发生、流行趋势。国务院有关部门、县级以上地方人民政府及其有关部门应当根据预测和职责权限及时发布预警，并采取相应的防控措施。在此基础上，本法将植物病虫害纳入"生物灾害"范畴，制定了更全面的生物灾害监测预警体系。（3）参照国务院《关于印发"十四五"国家应急体系规划的通知》，健全农业自然灾害和生物灾害监测预警体系，还应优化自然灾害和生物灾害监测站网布局，构建完备的监测预警机制。对于自然灾害的防治，还应针对性完善应急卫星观测星座，构建空、天、地、海一体化全域覆盖的灾害监测预警网络。同时，应强调预警的及时有效发布，保障防控措施的顺利开展。

另一方面，应建立健全农业自然灾害和生物灾害的防灾减灾救灾工作机制。系统梳理中共中央、国务院《关于推进防灾减灾救灾体制机制改革的意见》，防灾减灾救灾工作机制是主要针对预防、减轻、救助灾害工作建立的一系列统筹协调机制、属地管理体制、防灾减灾救灾资金多元投入机制等制度体系。具体而言，（1）应充分发挥国家减灾委员会对防灾减灾救灾工作的统筹指导和综合协调作用，针对不同灾害类型建立相关部门间的工作协同机制，并加强灾情信息、救灾物资、救援力量等的区域协同联动制度。（2）应强化地方应急救灾的主体责任，以分级负责、属地管理为原则，在此基础之上明确中央和地方防灾减灾救灾的职责划分。进一步明确中央和地方、地方各级政府间应对自然灾害的责任划分。对达到国家启动响应等级的自然灾害等，中央应发挥统筹指导和支持作用，地方党委和政府承担减灾救灾的主体责任。地方各级政府应分级建立应急预案，统筹落实具体灾害处置工作。（3）应健全防灾减灾救灾资金多元投入机制，发挥政府财政、金融机构、社会资本等的资金保障合力。具言之，应落实各级政府的救灾补助政策，加大防灾减灾基础设施建设的投入保障，指导保险机构规范开展保险赔付及预赔工作，并鼓励社会资本等对防灾减灾救灾工作的投入支持。

2. 加强干旱、洪涝、低温、高温、风雹、台风等灾害防御防控技术研究应用和安全生产管理

本条规定侧重自然灾害的防御技术研究应用以及安全生产管理规定，旨在提升对自然灾害的防御防控能力并尽量减少自然灾害对粮食生产等造成的损失。《农业法》第四十七条强调，各级人民政府应当采取措施，提高农业防御自然灾害的能力，做好防灾、抗灾和救灾工作，帮助灾民恢复生产，组织生产自救。具体而言，(1)针对自然灾害防御防控技术研究应用，《促进科技成果转化法》第十二条第三项提出，对提高应对气候变化和防灾减灾能力的科技成果转化项目，国家通过政府采购、研究开发资助、发布产业技术指导目录、示范推广等方式予以支持。《农业技术推广法》第二条第一款第二项、第七项亦将植物病虫害、动物疫病和其他有害生物防治技术以及农业防灾减灾、农业资源与农业生态安全和农村能源开发利用技术纳入该法规定的农业技术范畴，并对一系列技术推广措施予以明确。为加强干旱、洪涝、低温、高温、风雹、台风等自然灾害防御防控技术研究应用，政府仍需加大对相关技术研究、推广、应用的政策支持，通过研究开发资助、政府采购等方式推动自然灾害防御防控技术优化升级。(2)针对自然灾害安全生产管理，应着眼自然灾害全过程，切实保障粮食等的生产安全。首先，需依托完备的监测预警机制，做好自然灾害防御防控工作。有关部门应及时发布灾害预警信息，完备农田水利等基础设施，并指导粮食生产者采取科学的抗灾措施，降低自然灾害对生产安全的威胁。此外，《乡村振兴促进法》第五十二条提出，县级以上地方人民政府应当统筹规划、建设、管护防灾减灾等公共基础设施和新型基础设施。县级以上地方人民政府也应做好常态化的防灾减灾工作，完备农业生产相关的基础设施，保障生产安全。其次，应做好灾后救援和恢复工作。在发生自然灾害后，有序落实自然灾害应急预案，尽可能采取修复措施，帮助灾民恢复生产，保障生产安全。

3. 落实灾害防治属地责任

中共中央、国务院《关于推进防灾减灾救灾体制机制改革的意见》明确提出，应健全属地管理体制。对此，首先应强化地方应急救灾主体责任。前已述及，应坚持分级负责、属地管理为主的原则，明确中央和地方应对自然灾害的事权划分。此外，还应健全灾后恢复重建工作制度。特别重大自然灾害灾后恢复重建应在中央统筹指导下，明确地方政府的主体责任，由中央与地方协同推进灾后恢复重建。在此过程中，

地方政府作为灾后恢复重建的责任主体和实施主体,应加强对重建工作的组织领导,加强对灾后恢复重建工作的规划、协调、实施和监管,保障灾后恢复重建的资金支持,激励社会公众对灾后恢复重建工作的积极参与。

4. 加强粮食作物病虫害防治和植物检疫工作

本条规定明确提出了粮食作物病虫害防治和植物检疫要求。(1)针对粮食作物病虫害防治,既有相关规定主要强调广义的"农作物病虫害防治",未能聚焦粮食作物作针对性的病虫害防治规定。如《中华人民共和国国民经济和社会发展第十四个五年规划和2035年远景目标纲要》提出,要加强农作物病虫害防治。本法着眼粮食安全保障工作,明确规定应加强粮食作物病虫害防治,体现了对粮食安全的特殊保障。进言之,粮食作物病虫害防治的具体措施可以参照《农作物病虫害防治条例》对病、虫、草、鼠等有害生物的监测与预报、预防与控制、应急处置等防治活动及其监督管理活动的一般规定。但仍应考虑到粮食作物的特性,配套制定专门的粮食作物病虫害防治具体实施细则。(2)针对植物检疫工作,既有法律已作了较完备的规定。《进出境动植物检疫法》着眼进出境环节,对植物检疫作了系统规定。《种子法》第五十三条明确规定,从事品种选育和种子生产经营以及管理的单位和个人应当遵守有关植物检疫法律、行政法规的规定,防止植物危险性病、虫、杂草及其他有害生物的传播和蔓延。禁止任何单位和个人在种子生产基地从事检疫性有害生物接种试验。《刑法》第四百一十三条规定,动植物检疫徇私舞弊罪以及动植物检疫失职罪,突出强调动植物检疫的重要性。此外,《植物检疫条例》以及《进出境动植物检疫法实施条例》亦通过行政法规形式对于植物检疫以及进出境动植物检疫的具体实施细则予以明确。植物检疫工作的具体实施,应严格按照前述规范要求。进言之,前述规定仍主要从植物检疫层面予以规范,并未能体现粮食作物检疫的特殊性。本法出台后,有关部门还应针对粮食作物进一步规范落实粮食作物检疫要求,严格保障粮食生产安全。

三、国家鼓励和支持开展粮食作物病虫害绿色防控和统防统治。粮食生产者应当做好粮食作物病虫害防治工作,并对各级人民政府及有关部门组织开展的病虫害防治工作予以配合

1. 国家鼓励和支持开展粮食作物病虫害绿色防控和统防统治

本条规定从国家层面提出鼓励和支持开展粮食作物病虫害绿色防控和统防统治的总体要求。既有规范主要强调"农作物病虫害绿色防控和统防统治",并未能聚焦粮食作物予以规定。本法突出粮食作物病虫害绿色防控和统防统治，体现了对粮食生产安全的切实保障。

（1）参照原农业部办公厅《关于推进农作物病虫害绿色防控的意见》（农办农〔2011〕54号），粮食作物病虫害绿色防控是指采取生态调控、生物防治、物理防治和科学用药等环境友好型措施，控制粮食作物病虫危害的植物保护措施。推进绿色防控是贯彻"预防为主、综合防治"植物保护方针，实施绿色植物保护战略的重要举措。对此，《黄河保护法》第八十一条第一款规定，黄河流域县级以上地方人民政府及其有关部门应当推广病虫害绿色防控等先进适用技术。对于具体绿色防控措施，《黑土地保护法》第十三条第五项规定，县级以上人民政府应当推广生物技术或者生物制剂防治病虫害等绿色防控技术，科学减少化学农药、除草剂使用量。《土壤污染防治法》第二十九条第三项规定，国家鼓励和支持农业生产者采用测土配方施肥技术、生物防治等病虫害绿色防控技术。此外，《农药管理条例》第三十二条规定，国家通过推广生物防治、物理防治、先进施药器械等措施，逐步减少农药使用量。县级人民政府应当制定并组织实施本行政区域的农药减量计划；对实施农药减量计划、自愿减少农药使用量的农药使用者，给予鼓励和扶持。县级人民政府农业主管部门应当鼓励和扶持设立专业化病虫害防治服务组织，并对专业化病虫害防治和限制使用农药的配药、用药进行指导、规范和管理，提高病虫害防治水平。县级人民政府农业主管部门应当指导农药使用者有计划地轮换使用农药，减缓危害农业、林业的病、虫、草、鼠和其他有害生物的抗药性。乡、镇人民政府应当协助开展农药使用指导、服务工作。前述规定较完备地规范了病虫害绿色防控措施，有关部门应进一步聚焦粮食作物对相关规范严格落实。

（2）统防统治，是指具备相应植物保护专业技术和设备的服务组织，开展社会化、规模化、集约化农作物病虫害防治服务的行为，是以高效、精准、持续和系统为特征的病虫害综合防控体系。它既是发展现代农业的客观要求，又是解决农民防病治虫难、减少农药污染的有效途径，也是保障农业生产安全、农产品质量安全和农村生态安全的重要措施。[①] 2010年中央一号文件中共中央、国务院《关于加大统筹城乡发

---

① 参见张世宏：《关于加强长春市农作物病虫害统防统治的建议》，载中国人民政治协商会议长春市委员会官网，http://www.cczx.gov.cn/dyscbg/201501/t20150107_1370933.html，最后访问日期：2024年1月15日。

展力度进一步夯实农业农村发展基础的若干意见》提出，应大力推进农作物病虫害专业化统防统治。此后，农业农村部分别出台《关于切实做好农作物病虫害专业化统防统治农机购置补贴工作的通知》（农办财〔2010〕36 号）以及《关于加强秋粮病虫害统防统治工作的通知》（农明字〔2023〕102 号），对于病虫害统防统治工作予以落实。《农作物病虫害防治条例》第二十五条亦明确规定了病虫害统防统治的具体实施细则，规定农作物病虫害严重发生时，县级以上地方人民政府农业农村主管部门应当按照农作物病虫害预防控制方案以及监测预报情况，及时组织、指导农业生产经营者、专业化病虫害防治服务组织等有关单位和个人采取统防统治等控制措施。一类农作物病虫害严重发生时，国务院农业农村主管部门应当对控制工作进行综合协调、指导。二类、三类农作物病虫害严重发生时，省、自治区、直辖市人民政府农业农村主管部门应当对控制工作进行综合协调、指导。国有荒地上发生的农作物病虫害由县级以上地方人民政府组织控制。

2. 粮食生产者应当做好粮食作物病虫害防治工作，并对各级人民政府及有关部门组织开展的病虫害防治工作予以配合

本条规定着眼粮食生产者，对其粮食作物病虫害防治工作以及对有关部门组织开展相关工作的配合义务予以明确。粮食作物病虫害防治不仅对于粮食生产安全的保障作用影响重大，也关涉粮食生产者的民生福祉实现。考虑粮食生产者对于粮食作物病虫害防治获得的相应利益以及该主体进行防治的便利优势，明确粮食生产者对于粮食作物病虫害防治的法定义务具有正当性。此外，由于粮食作物病虫害具有极快的扩散性，仅靠单一政府主体难以迅速监测。为保障粮食生产安全，必须协同政府与粮食生产者的合力。具体而言，粮食生产者应当做好粮食作物病虫害防治工作，及时采取前述病虫害防治措施；同时，应对各级人民政府及有关部门组织开展的病虫害防治工作予以配合，避免阻挠、妨碍相关工作人员开展病虫害防治工作。

【实务应用】

典型案例："四川省江油市某种业有限公司生产销售未经检疫水稻种子案"[①]

基本案情：2021 年 2 月，重庆市合川区农业综合行政执法机构开展执法检查时发现，辖区内某种子经营门店从四川省江油市某种业有限公司调入的某品种水稻种子无植物检疫证书。经检测，该批种子带有植物检疫性病菌。四川省农业农村厅接到线索通报后，迅速组织江油市农业农村局对该公司库存未销售的同品种种子抽样检测，确认带有植物检疫性病菌。江油市农业农村局立即立案调查，查明涉案种子已销往四川省内 16 个市州 77 个县（区），以及重庆市、湖南省、贵州省的 43 个县（区）。按照农业农村部统一部署，四川、重庆、湖南、贵州 4 省（市）农业农村部门立即组织对染病种子开展拉网式排查，依法采取查封扣押、监督召回和销毁等措施，全力阻止染病种子下田入户。因当事人生产销售带有检疫性病菌水稻种子的行为已涉嫌刑事犯罪，江油市农业农村局依法将案件移送绵阳市公安局。

执法意见：公安机关对四川某种业有限公司法定代表人、直接责任人等依法采取了取保候审措施，并将该案移送检察机关审查起诉。此外，四川、重庆、湖南、贵州 4 省（市）农业农村部门同步对染病种子调运、经营环节的违法行为进行了立案调查，查处未办理植物检疫证调运种子、经营劣种子等相关违法案件 100 余件。

专家评析：植物检疫是农业生产安全的重要保障，对于重要粮食作物种子的严格检疫直接关涉粮食生产安全。根据《植物检疫条例》第七条第二项的规定，凡种子、苗木和其他繁殖材料，无论是否列入应施检疫的植物、植物产品名单和运往何地，在调运之前，都必须经过检疫。此外，该条例第十一条亦规定，植物检疫机构应实施产地检疫。前述规定不仅设置了种子生产、销售者的检疫义务，而且对农业农村部门的种子执法检查提出了明确的规范要求。农业农村部门应严格查验种子检疫证明的相关文件，对于未经检疫或不符合检疫规定的种子生产销售行为应及时予以规制，保障粮食生产安全。

---

① 参见《农业农村部公布第二批农业行政执法指导性案例》，载中华人民共和国农业农村部官网 2022 年 2 月 17 日，http://www.fgs.moa.gov.cn/gzdt/202202/t20220217_6388920.htm，最后访问日期：2024 年 1 月 25 日。

【相关规定】

《乡村振兴促进法》第四十九条、第五十二条；

《农业法》第二十四条、第四十七条；

《环境保护法》第三十三条；

《生物安全法》第二十八条；

《科技成果转化法》第十二条；

《农业技术推广法》第二条；

《种子法》第五十三条；

《刑法》第四百一十三条；

《黄河保护法》第八十一条；

《黑土地保护法》第十三条；

《土壤污染防治法》第二十九条。

【法条】

第二十五条　国家加强粮食生产功能区和重要农产品生产保护区建设，鼓励农业生产者种植优质农作物。县级以上人民政府应当按照规定组织划定粮食生产功能区和重要农产品生产保护区并加强建设和管理，引导农业生产者种植目标作物。

【立法背景】

近年来，国家出台了一系列强农惠农富农政策，实现了粮食连年丰收，重要农产品生产能力不断增强。但是，我国农业生产基础还不牢固，工业化、城镇化发展和农业生产用地矛盾不断凸显，保障粮食和重要农产品供给任务仍然艰巨。在此背景下，我国建立粮食生产功能区和重要农产品生产保护区，进一步优化农业生产布局，聚焦主要品种和优势产区，实行精准化管理。2016 年 3 月 25 日，国务院批转国家发展改革委《关于 2016 年深化经济体制改革重点工作意见的通知》（国发〔2016〕21 号）首次提出，探索建立粮食生产功能区和重要农产品生产保护区。2016 年 10 月，国务院《关于印发全国农业现代化规划（2016—2020 年）的通知》（国发〔2016〕58 号）提出，到 2020 年，以高标准农田为基础、以粮食生产功能区和重要农产品生产保护区为支撑的产能保障格局基本建立的发展目标,并明确要求建立粮食生产功能区和重要农产品生产保护区。2017 年 3 月 31 日,国务院发布《关于建立粮食生产功能区和重要农产品生产保护区的指导意见》(国发〔2017〕24 号),明确提出建立粮食生产功能区和重要农产品生产保护区,并确立了总体要求以及具体区域划定和建设规定。此后,国家逐步推进粮食生产功能区和重要农产品生产保护区的划定和建设工作。

然而,除前述政策性规定外,我国并未通过立法对于粮食生产功能区和重要农产品生产保护区的建设管理要求予以明确,在相当程度上阻碍了粮食生产功能区和重要农产品生产保护区建设管理的有序推进。本法首次将粮食生产功能区和重要农产品生产保护区建设管理要求上升为法律,为粮食生产功能区和重要农产品生产保护区建设管理工作的贯彻落实提供了坚实的制度支持,进一步保障粮食的供给安全。

【法条释义】

本法第二十五条明确规定了粮食生产功能区和重要农产品生产保护区建设管理机制。概括而言,本条首先总体规定"国家加强粮食生产功能区和重要农产品生产保护区建设",并"鼓励农业生产者种植优质农作物"。在前述规定基础之上,进一步明确县级以上人民政府对于粮食生产功能区和重要农产品生产保护区的建设管理责任,规定"县级以上人民政府应当按照规定组织划定粮食生产功能区和重要农产品生产保护区并加强建设和管理",并"引导农业生产者种植目标作物"。

一、国家加强粮食生产功能区和重要农产品生产保护区建设,鼓励农业生产者种植优质农作物

1. 国家加强粮食生产功能区和重要农产品生产保护区建设

本条规定原则性强调国家应加强粮食生产功能区和重要农产品生产保护区建设。根据国务院《关于建立粮食生产功能区和重要农产品生产保护区的指导意见》,对于"两区"的建设可侧重以下三个方面:(1)强化综合生产能力建设。对此,首先可依据高标准农田建设规划和土地整治规划等,按照集中连片、旱涝保收、稳产高产、生态友好的要求,推进高标准农田建设以及农田水利设施建设。国务院《关于印发"十四五"推进农业农村现代化规划的通知》(国发〔2021〕25 号)亦着重强调,应以永久基本农田、粮食生产功能区和重要农产品生产保护区为重点,开展高标准农田建设。(2)发展适度规模经营。国家应优化对"两区"范围内的新型经营主体的培育与支持政策体系，推动发展多种形式的适度规模经营，同时加强对土地经营权流转和适度规模经营的相关服务支持。(3)提高农业社会化服务水平。国家应推动“两区”农业生产转型升级，完善农业社会化服务体系，综合采取多种手段支持机械化、信息化设备与技术的应用，促进农业生产水平提升。在前述具体建设过程中，还应根据国务院办公厅《关于完善支持政策促进农民持续增收的若干意见》(国办发〔2016〕87号)的要求，着重完善农业支持保护制度，并加大粮食生产功能区和重要农产品生产保护区建设支持力度，以提升农民及“两区”粮食生产积极性。

2. 鼓励农业生产者种植优质农作物

本条规定提出国家鼓励农业生产者种植优质农作物。优质农作物的具体范畴可参考农业农村部发布的《2023年国家农作物优良品种推广目录》，种植其中列举的10种农作物及241个优良品种。需要明确的是，“鼓励”并非“强制”，国家应尊重农业生产者的生产经营自主权。在此前提要求下，国家的具体鼓励方式主要体现为对于种植优质农作物的制度支持。具体而言，国家可支持发展生态高值粮食产业，培育粮食生产新业态。如加大对富硒、富锌、降血糖、降血压、降血脂等优质高值粮食品种的补贴力度，加大对打造本土粮食品牌的政策扶持，有效实现品牌溢价。在此基础上，政府可通过多样的项目支持、财税优惠措施等支持粮食生产经营新业态发展，推动粮食生产与第二、第三产业有机衔接，引导粮食生产与电商、数字产业有效统合。

二、县级以上人民政府应当按照规定组织划定粮食生产功能区和重要农产品生产保护区并加强建设和管理，引导农业生产者种植目标作物

1. 县级以上人民政府应当组织划定粮食生产功能区和重要农产品生产保护区并加强建设和管理

本条规定对县级以上人民政府按照规定组织划定、建设以及管理粮食生产功能区和重要农产品生产保护区的具体责任予以明确。具体而言，可从以下三个方面理解。

(1)针对县级以上人民政府的组织划定责任，四级政府应按照各行政管辖范围内粮食生产功能区和重要农产品生产保护区的具体划定任务，科学合理地组织“两区”划定。对此，可根据国务院《关于建立粮食生产功能区和重要农产品生产保护区的指导意见》(国发〔2017〕24号)的要求，首先，应明确划定标准。粮食生产功能区和重要农产品生产保护区应同时具备以下条件：水土资源条件较好、坡度在15度以下的永久基本农田;相对集中连片,原则上平原地区连片面积不低于500亩,丘陵地区连片面积不低于50亩;农田灌排工程等农业基础设施比较完备,生态环境良好,未列入退耕还林还草、还湖还湿、耕地休耕试点等范围;具有粮食和重要农产品的种植传统,近3年播种面积基本稳定。此外,应优先选择已建成或规划建设的高标准农田进行"两区"划定。依据前述划定标准具体实施时,还应逐级细化落实各级政府的划定任务,保证细化分解到县级,并将产粮大县作为粮食生产功能区划定的重点县。其次,在具体划定过程中,县级人民政府应明确"两区"具体地块并统一编号,标明相关信息。依托国土资源遥感监测"一张图"和综合监管平台建立电子地图和数据库,对划定的地块予以登记。最后,还应完备动态的补划工作,对耕地性质发生改变、不符合划定标准的及时剔除,并重新进行补划。

(2)针对县级以上人民政府的建设责任,在对粮食生产功能区和重要农产品生产保护区的具体建设过程中,可参照前述强化综合生产能力建设、发展适度规模经营以及提高农业社会化服务水平等要求,有序推进落实"两区"的建设工作。同时,着重完善农业支持保护制度,并优化对建设工作的相关支持机制。

(3)针对县级以上人民政府的管理责任,主要应强化对"两区"的数量及质量保护、设施建后管护等具体责任。对此,各省级政府可在中央指导下,完备相应的管理规定,并指导下级人民政府贯彻落实。一方面,应严格保护"两区"范围内的永久基本农田及高标准农田,确保数量、质量和生态安全;另一方面,应明确农业基础设施管护责任,指导、支持、监督具体管护主体加强高标准农田设施、农田水利设施等的建后管护工作。

2. 县级以上人民政府应当引导农业生产者种植目标作物

本条规定突出强调了县级以上人民政府引导农业生产者种植目标作物的具体责任。这一规定主要源于国务院办公厅《关于防止耕地"非粮化"稳定粮食生产的意见》(国办发〔2020〕44号)对加强粮食生产功能区监管的规定,体现了对防止耕地"非粮化"的特殊保护。该意见提出,各地区应引导种植目标作物,保障粮食种植面积。引导作物一年两熟以上的粮食生产功能区至少生产一季粮食,种植非粮作物的要在一季后能够恢复粮食生产。对于"目标作物"的理解应结合耕地利用优先序的要求,永久基本农田重点用于发展粮食生产,特别是保障稻谷、小麦、玉米三大谷物的种植面积;一般耕地主要用于粮食和棉、油、糖、蔬菜等农产品及饲草饲料生产。耕地在优先满足粮食和食用农产品生产的基础上，适度用于非食用农产品生产，对市场明显过剩的非食用农产品，要加以引导，防止无序发展。政府在具体引导过程中，应充分尊重农民自主经营的意愿和保护农民土地的承包经营权，并侧重完善支持政策和制度保障体系。本条规定主要强调政府对于农业生产者种植目标作物的引导责任，并非直接规定农业生产者种植目标作物的法定义务。因此，政府在具体引导过程中，应以尊重农民自主经营权为前提，通过完善种植目标作物的支持政策和制度保障体系激励农民种植相应的目标作物。

【实务应用】

典型案例：云和县"三创新三转变"探索山区粮食生产功能区"非粮化"整治的共富路径①

基本案情：浙江省丽水市云和县耕地面积10.25万亩，基本农田9.2万亩（高标准农田8.12万亩、粮食功能区1.0027万亩）。近年来，该县以盘活土地资源、保障粮食安全、促进农民增收为目标，摸清云和县粮食生产功能区"非粮化"整治形势趋势，明晰粮食生产功能区"非粮化"整治实现路径，以"强村公司+村集体+粮食产业"等发展模式为支撑，推动云和县将土地等生态资源转化为支撑经济发展的资源要素，形成山区"粮食+增收"的云和样板。截至2022年10月26日，完成粮食播种面积5.54万亩，已完成耕地抛荒整治5273.12亩，完成率为113.8%；完成粮食生产功能区"非粮化"整治优化2528亩，完成率为100%，已完成县级验收，耕地"非粮化"整治进度排名全市第三。

专家评析：系统梳理云和县对于粮食生产功能区"非粮化"整治的治理经验，在此过程中，云和县创新用于粮食生产功能区"非粮化"整治的综合管理机制，主要采取了以下治理措施，(1)采用多层次监督方式。在县级专项整治的基础上，整合乡贤队伍、网格员、志愿者等的监督合力，构建"县—乡—村"三级联动的耕地保护监管体系。同时，建立"排查情况—组织清退—复耕复种—建设高标准农田"管理体系，全

① 参见《云和县"三创新三转变"探索山区粮食生产功能区"非粮化"整治的共富路径》，载云和县人民政府官网，http://www.yunhe.gov.cn/art/2022/11/8/art_1229493498_59107127.html，最后访问日期：2024年1月15日。

面巩固和提升粮食安全生产保障能力。(2)优化闲置农田流转模式。该县创新推行以村集体为主导的“闲置农田流转”模式,引导农户与村集体签订农田承包经营权流转协议,由村集体等统一规划高标准农田、粮食生产功能区提升项目,发展规模化农业,促进农业发展转型升级。(3)创新粮食种植模式。该县先后出台了《云和县关于推进粮油生产若干政策(试行)》(云政办发〔2020〕38 号)、《云和县耕地“非粮化”专项整治行动实施方案》(云政办发〔2021〕77 号)、《推进粮油生产十条政策》(云农发〔2022〕78 号)等补助政策,鼓励农户采取“稻鳖共生”“稻耳共生”“稻螺共生”等种养模式,提高粮食种植效益,以此提升农民种粮积极性。

【法条】

第二十六条　国家采取措施稳定粮食播种面积,合理布局粮食生产,粮食主产区、主销区、产销平衡区都应当保面积、保产量。

粮食主产区应当不断提高粮食综合生产能力,粮食主销区应当稳定和提高粮食自给率,粮食产销平衡区应当确保粮食基本自给。

国家健全粮食生产者收益保障机制,以健全市场机制为目标完善农业支持保护制度和粮食价格形成机制,促进农业增效、粮食生产者增收,保护粮食生产者的种粮积极性。

省级以上人民政府应当通过预算安排资金,支持粮食生产。

【立法背景】

确保粮食安全的基础在于粮食生产安全。当下粮食供求紧平衡叠加消费需求升级的新形势,对粮食生产提出了“保量、提质、增效”的新挑战,其关键问题是如何有效激励粮食生产稳中求进。然而,当下我国突出面临宏观和微观两个维度粮食生产积极性难以提升的困境。

一方面,从我国粮食生产结构现状观之,粮食生产过度集中于粮食主产区,直接引致主产区生态损耗以及利益失衡等诸多困局,阻碍主产区的可持续供给。再叠加市场风险以及社会因素等导致的粮食流通受阻,进一步衍生主销区与产销平衡区的粮食调入风险。此外,由于主销区与产销平衡区自身产能偏弱,难以应对消费需求的刚性升级,粮食品种等产需结构不平衡的矛盾逐渐激化。故而,粮食主销区与产销平衡区对于主产区的过度倚赖已难以适应新形势下国家粮食安全保障的新要求,甚而成为我国粮食安全风险的直接诱因。对此,亟待由粮食主产区生产责任的过重负担,转向主销区与产销平衡区粮食生产责任的有效共担。2004 年公布的国务院《关于进一步深化粮食流通体制改革的意见》指出,“主销区要保证粮食播种面积,保证必要的粮食自给率;产销平衡地区要继续稳定粮食产需平衡的局面”。2022 年中央一号文件中共中央、国务院《关于做好 2022 年全面推进乡村振兴重点工作的意见》再次强调,“主产区、主销区、产销平衡区都要保面积、保产量”。[①] 检视我国当下“三大功能区”粮食生产责任的相关制度框架,既有政策及规范文件凸显对于主销区与产销平衡区粮食生产责任共担“强激励”与“硬约束”的欠缺。具言之,主销区与产销平衡区粮食生产责任共担主要面临相应制度激励规定不足、具体责任内容规范不清以及责任落实约束缺乏的三重制度困境。由此,直接桎梏主销区与产销平衡区粮食生产责任共担的有效实现。在粮食安全外忧内困交织的当下,如何通过行之有效的制度建构,促使粮食主销区与产销平衡区生产责任切实共担,促进“三大功能区”粮食生产责任配置与利益划分相协同,保障国家粮食生产安全实现,已成为亟待回应的重要命题。在此背景之下,本法通过专条予以回应,以期实现“三大功能区”粮食生产责任的统合,确保牢牢守住国家粮食安全底线。

另一方面,相较种植其他经济作物,农民种粮的比较收益仍明显偏低。因种粮成本居高不下,以及种粮利润持续走低,农民种粮收益难以保障,种粮积极性亟待提升。长期以来,为有效促进国家粮食生产提质增效,我国陆续出台多项政策措施激励农民积极投入粮食生产,并逐步探索构建了以价格支持和直接补贴导向为主的农业支持保护制度。中共中央、国务院《关于全面推进乡村振兴加快农业农村现代化的意见》亦明确指出,要“稳定种粮农民补贴,让种粮有合理收益”。

然而,随着我国农业生产的不断发展,持续多年的普惠式农业补贴政策开始呈现边际效应递减甚至出现制度异化,小农户粮食生产补贴制度的弊病越发明显。系统梳理我国的粮食生产补贴制度,我国的粮食直接补贴肇始于 2004 年,同年农机具购

① 参见中共中央、国务院《关于做好 2022 年全面推进乡村振兴重点工作的意见》。

置补贴确立。其后，良种推广补贴逐步施行，并将农资综合补贴正式纳入粮食补贴体系。[①] 此外，我国粮食最低收购价政策于2004年开始实施，明确"最低收购价格由相关部门按照'生产成本 + 基本收益'原则，根据粮食市场价格水平以及生产资料成本变化等制定"。[②] 综合来看，我国粮食补贴政策制定初期的重点在于对农户的直接补贴。诸多补贴政策的确立对促进粮食生产和农民增收、推动农业农村发展发挥了重要作用。但随着农业生产实践的发展，前述制度已凸显滞后性，并且部分制度逐渐异化为农民的收入补贴。具言之，补贴标准明显与粮食生产实践相脱节，新型粮食生产经营主体等很难获得除自己承包耕地以外的补贴支持。同时，粮食直接补贴使补贴与粮食市场价格挂钩，进一步扰乱粮食市场正常经营秩序，导致补贴实践与其政策目标相偏离，在较大程度上阻碍农业生产提质增效。

为重新修正我国的补贴政策体系，我国于2015年出台《关于调整完善农业三项补贴政策的指导意见》（财农〔2015〕31号，已失效），推进粮食生产补贴制度改革。该项改革旨在将农业领域的"三项补贴"整合为"农业支持保护补贴"。此外，2016年，财政部、农业部联合印发《建立以绿色生态为导向的农业补贴制度改革方案》。[③] 该改革方案明确提出，到2020年基本建成以绿色生态为导向、促进农业资源合理利用与生态环境保护的农业补贴政策体系和激励约束机制。同时，为适应世界贸易组织规则变化，保护农户的根本利益，我国于2020年调整了粮食最低收购价政策。其中，最突出的制度转向是开始限定粮食收购的总量，并将财政政策的支持力度限定在最高收购总量内。[④] 这一举措不仅与世界贸易组织规则相适应，而且能在一定程度上缓解我国粮食收储规模过大、库存积压严重等问题，进一步优化了我国的粮食补贴制度体系。国家层面主要依靠统一的政策性文件对粮食补贴制度作出总体安排，大量补贴文件出自农业农村部和财政部，相关文件层级较低。粮食补贴的制度化、稳定

---

① 参见冯达：《我国粮食补贴制度法律问题研究》，载《农业经济》2021年第12期。

② 李明建：《关于我国粮食最低收购价政策变迁与取向研究》，载《农业经济》2022年第1期。

③ 参见《财政部、农业部大力推进建立以绿色生态为导向的农业补贴制度改革》，载中华人民共和国中央人民政府官网，https://www.gov.cn/xinwen/2016-12/19/content_5149900.htm，最后访问日期：2024年1月15日。

④ 参见国家发展和改革委员会、国家粮食和物资储备局、财政部等《关于完善稻谷最低收购价有关政策的通知》（国粮粮〔2020〕41号）。

性尤显不足,尚未实现由国家政策向明确法律条文的地位跃升。同时,我国各地方的具体补贴依据主要由省级人民政府结合本地实际自定。这一制度安排使各省在粮食补贴的问题上取得了较大的自主权,能够在一定程度上避免全国统一标准造成的"一刀切"问题,从而使粮食补贴的具体规定更加符合各省的实际情况。然而,由于粮食补贴政策性文件缺乏立法指引,地方的自主权行使可能会加剧粮食补贴制度的不稳定性,进一步加重粮食补贴制度体系的无序状态。政策以其灵活便利的巨大优势成为国家进行社会治理的重要工具,能够实现对某一领域迅捷高效的鼓励或规制,这是创制和修改均需经历漫长复杂过程的法律所不可比拟的优势。但是,正因政策制定灵活,其在稳定性和长效性上存在较大疑问。此种缺陷可能会降低政策承受者的稳定预期,从而无法达至最优的实施效果。我国粮食补贴政策经过长期发展演变已呈现出较稳定的现实状态,对粮食补贴法治化、稳定化的追求已成为现阶段的主要价值目标。对此,本法明确规定,健全粮食生产者收益保障机制,促进实现粮食安全保障的法治化。

此外,在新型农业生产经营主体发展过程中,仍然突出存在规模发展融资难的困局。检视新型农业生产经营主体的融资现状,其在直接融资中直接面临融资利率的畸高困境;在间接融资中,信用贷款、抵押贷款和担保贷款方式均在一定程度上受到新型农业生产经营主体弱质性的掣肘。直接引致新型农业生产经营主体难以突破融资门槛,信贷压力不断增加。前述困境已在相当程度上影响了新型农业生产经营主体的生产积极性,进一步威胁我国粮食生产安全。[①] 为纾解新型农业生产经营主体的融资困境,既有的法治解决措施集中体现于约束与激励两个维度,主要包括金融机构贷款利率的监管和拓宽农业企业融资渠道的政策激励等。检视既有法治措施,主要凸显以下问题:(1)由于监管力度不足,部分金融机构抓住新型农业生产经营主体融资"难"的现实窘境,超额攫取不合理利润;(2)农村的信用评价体系建设滞后,缺乏对新型农业生产经营主体在借贷活动中的信用评价,加剧新型农业生产经营主体

---

① 农民日报社《2022 新型农业经营主体发展评价》课题组的调查报告显示:2021 年,500 强农业企业的资产周转率平均值为 2.27,其中,近 400 家农业企业的资产周转率小于等于平均值,在政策如何支持农业企业复工复产方面,18.49% 的农业企业提出了对银行贷款的需求,仅次于财政补贴(29.40%)和税收减免(24.89%)。参见《2022 中国新型农业经营主体发展分析报告(一)》,载百家号"农民日报"2022 年 12 月 30 日,https://baijiahao.baidu.com/s?id=1753598676683961137&wfr=spider&for=pc,最后访问日期:2024 年 1 月 15 日。

的融资难度;(3)拓宽融资渠道的激励性制度未具体落实,较大程度抑制了新型农业生产经营主体的粮食生产积极性。本法通过对粮食生产者收益保障机制的统一规定,可以实现从法治层面对于新型农业生产经营主体发展困境的纾解目的,提升新型农业生产经营主体的生产积极性,保障国家的粮食生产安全。

【法条释义】

本法第二十六条明确规定了粮食主产区、主销区、产销平衡区的粮食生产责任,以及粮食生产者收益保障机制。

概括而言,本条第一款及第二款从宏观维度规定了粮食主产区、主销区、产销平衡区的粮食生产责任,强调三者粮食产能的协同提升。第一款着眼国家主体,强调国家稳定粮食播种面积的具体责任;第二款眷注粮食主产区、主销区及产销平衡区,分别明确三区各自的粮食生产责任。第三款从微观维度规定了粮食生产者收益保障机制,以保护粮食生产者的种粮积极性。第四款总体规定省级以上人民政府的资金保障责任,以加强对粮食生产的支持。

一、国家采取措施稳定粮食播种面积,合理布局粮食生产,粮食主产区、主销区、产销平衡区都应当保面积、保产量

为促进主产区、主销区与产销平衡区承担粮食生产责任,亟待完备从中央到地方的多元政策激励体系。要言之,在中央层面,应眷注主销区与产销平衡区粮食生产的现实困境;予以针对性制度供给;在地方层面,则应进一步聚焦粮食生产主体的实践诉求,有效协同小农户与规模性生产经营主体,并综合采取多元激励措施。

针对主销区与产销平衡区粮食生产的客观要素限制,中央层面可以采取以下举措:(1)重点扶持推进主销区与产销平衡区的耕地建设,通过加大财政转移支付力度支持其开展土地综合整治,破解土地碎片化问题。(2)完善农业用水管理体制,对于农田灌溉用水等较短缺的区域予以倾斜性水权分配,并支持其加强水资源的合理开发与利用。为避免水资源的不当耗费,可配套相应的节水用水监管措施,引导水资源的规范有序利用。(3)加强农业基础设施建设及农技发展的支持力度。通过采取专项补贴、转移支付等措施,重点扶持农业基础设施建设较落后的省份,完善其粮食生产的必需设施,并支持其推进粮食生产相关机械设备、种植技术等的现代化转型。(4)制定专门的粮食生产激励办法,将激励措施制度化、规范化。对此,可参照广西壮族自治区的实践,[1]构建较规范的粮食生产激励机制并配套科学合理的评价标准。

针对主销区与产销平衡区农业生产经营者生产积极性的有效提升,除由中央发放统一的种粮补贴外,各地方也应逐步完善其政策激励机制。(1)为保障水资源缺乏地区的农业用水,省级政府可主导完善农业水费补贴激励机制,由县级以上政府按照相应比例对农业用水费用予以补贴,由此减轻农民的农业用水成本负担。(2)对于丘陵山区较密集的地区,可以由省级政府重点统筹,由县级政府具体落实,加快开发并推广适宜耕作的农业生产机械与设备,并同时加强农田整治与农业基础设施建设,推进粮食生产的高效化。(3)为协同提升小农户与规模性农业生产经营主体的生产积极性,各地方在倾斜性扶持规模性农业生产经营主体的同时,亦应着力推进小农户与现代农业的有机衔接。对此,建议可由县级政府推动构建规模性农业生产经营主体联农带农促农机制,引导规模性农业生产经营主体与小农户的有机联结。

二、粮食主产区应当不断提高粮食综合生产能力,粮食主销区应当稳定和提高粮食自给率,粮食产销平衡区应当确保粮食基本自给

在粮食安全新型“适应性治理”理论的指导下,为纾解环境、社会、经济压力等多重要素引致的政府粮食安全治理压力,国家的粮食安全治理模式可逐渐由僵化的单中心治理逐步转向多中心的适应性治理。以明确粮食安全治理目标为前提,协调各地方的多级、多元利益结构,并采取较灵活、科学的制度安排。[2] 聚焦主销区与产销平衡区粮食生产责任的划定,可在明确主销区与产销平衡区粮食自给底线的基础上,由省级政府责任逐级下沉,构建粮食生产功能区建设、粮食安全党政同责及省长责任制落实的规范体系,以此实现各级政府的“多层次互动”。[3] 在此过程中,对于粮食生产经营主体的生产实践,应由强制干预具体生产经营行为转为协同引导粮食生产安全举措的落实。由此,不仅有助于加强对实现粮食自给率的有效约束,而且进一步提升了粮食生产安全的治理弹性。

---

① 参见《广西壮族自治区粮食生产激励办法(试行)》(桂农厅发〔2022〕15 号)。

② See Laura M. Pereira, Shaun Ruysenaar, *Moving from Traditional Government to New Adaptive Governance: the Changing Face of Food Security Responses in South Africa*, Food Security, Vol. 4, p. 41 (2012).

③ Folke, *Resilience: the Emergence of a Perspective for Socialecological Systems Analyses*, Global Environmental Change, Vol. 16 (2006).

具体而言,粮食自给水平是衡量区域和国家粮食安全的重要指标之一。2004 年国务院《关于进一步深化粮食流通体制改革的意见》即要求"主销区要保证粮食播种面积,保证必要的粮食自给率;产销平衡地区要继续稳定粮食产需平衡的局面"。针对主销区与产销平衡区具体粮食自给率的设定,既有研究多以国家粮食自给率①为基准。有学者认为,粮食缺口率在 5% 以下为低风险,20% 以上则为高风险。② 针对主销区与产销平衡区的具体粮食自给率,有学者分别就不同区域划分,设定了差异化的警限和权重作为粮食安全预警指标。③ 有学者通过区分具体粮食品种、粮食用途、城乡区域,提出除北京、天津、上海、西藏、新疆另设底线外,粮食产销平衡区应至少满足常住人口的稻麦直接用于口粮用途的消费自给,粮食主销区则应至少满足农村常住人口的稻麦直接用于口粮用途的消费自给。④ 以此为参考,各地方可在中央指导下结合其粮食安全产需实际情况确定各自的粮食自给率。各级政府应以粮食自给率为底线,并在此基础上配套设计更具体的实现措施及规范体系,逐级加强对于自给率实现的制度约束。申言之,在具体制度体系构建的过程中,尤应注重对于小农户与新型农业生产经营主体等的协同。对于农民等实际粮食生产主体,相应的制度设计应避免以损害农民经营自主权等基本权益为典型的过度约束,而应转向侧重引导激励与合理规范相结合的制度架构。具体而言,应以前述诸多激励措施为制度重心,有针对性地规制农民在实际耕作中破坏耕地、毁损粮食生产基础设施等诸多违反法律法规的行为。由此,在有效迸发粮食生产活力的同时,保证粮食生产安全实现的应有秩序。

三、国家健全粮食生产者收益保障机制,以健全市场机制为目标完善农业支持保护制度和粮食价格形成机制,促进农业增效、粮食生产者增收,保护粮食生产者的种粮积极性

1. 针对小农户种粮积极性的提升

对于小农户种粮积极性的提升,应着力推进统一的粮食生产补贴法律体系构建。

---

① 依据《国家粮食安全中长期规划纲要(2008—2020 年)》,我国粮食自给率应稳定在 95% 以上。

② 参见起晓星、刘黎明、刘亚彬:《基于缺口率模型的区域粮食安全风险评估》,载《农业工程学报》2013 年第 9 期。

③ 参见张勇、曾澜、吴炳方:《区域粮食安全预警指标体系的研究》,载《农业工程学报》2004 年第 3 期。

④ 参见普莫喆、周琳等:《我国粮食产销平衡区和主销区粮食自给底线设定研究》,载《农业经济问题》2022 年第 7 期。

2023年中央一号文件中共中央、国务院《关于做好2023年全国推进乡村振兴重点工作的意见》指出，国家应加快出台本法。由于实施粮食补贴的根本目的在于激发农民的种粮积极性，对于确保国家粮食安全具有重要作用。由此，粮食补贴相关规范应当成为本法的重要组成部分。有关部门也应当尽快推动粮食补贴政策法律化。概言之，应当“将粮食补贴领域的制度规定囊括进来，对涉及农业补贴、农村金融、农业投资和农业保险等问题融合立法，最终形成统一完备的粮食生产补贴实体法律体系”。[①] 具体而言，粮食生产补贴法律体系构建的核心在于采用权威的法律文件将粮食补贴政策的基本框架予以确定，以此消除国务院行政规范性文件层级较低带来的政策不稳定性，实现粮食补贴制度由国家政策向法律条文的跃升。在粮食补贴政策的具体细节问题上可以由法律授权国务院或地方政府根据实际情况进行具体规定，但应要求国务院及地方政府厘清粮食补贴政策文件的效力层级，避免出现不同的政策文件各行其是，造成粮食补贴依据的混乱。此外，为确保粮食补贴政策实施得高效、透明，仍需要加强粮食生产补贴监管制度的优化构建。

2. 针对新型农业生产经营主体种粮积极性的提升

为保障粮食生产安全，提高新型农业生产经营主体粮食生产积极性，对其面临的突出融资困境可以从三个方面予以纾解：(1)从新型农业生产经营主体自身出发，规范其组织治理。为纾解新型农业生产经营主体的融资困难，亟待解决的问题之一即为如何提升其经营运作的规范性。[②] 在实践中，不同种类的新型农业生产经营主体内部的治理机制各有不同，对各类新型农业生产经营主体应当结合实际情况进行分类监管。(2)优化农村信用环境，推进农村信用体系建设。在实践中，由于农村金融信用体系建设落后，农户与农村金融机构之间难以形成良性互动。对此，首先，可以改变以往农村信用联合社单打独斗的局面，[③]转由地方政府相关部门牵头，农村信用联合社配合，共同采集农户信用信息。其次，对采集得来的信息可以借助电子手段予

① 谈玉欣：《我国粮食补贴制度与政策体系研究》，载《农业经济》2022年第10期。

② 参见朱文胜、王德群：《新型农业经营主体融资难》，载《中国金融》2014年第21期。

③ 参见陈永富、孟凡泽：《农村信用体系建设实践与思考——以辽宁省北票市为例》，载《征信》2019年第3期。

以整理归纳，并探索为新型农业生产经营主体建立电子信息档案，[①]使新型农业生产经营主体与金融机构的每笔交易均纳入信用评价。此外，在建立统一透明信用评价体系的同时，还应当遵循“守信激励，失信惩戒”的原则，推进“硬约束”与“强激励”双管齐下，营造良好的信用环境。(3)完备农业政策性金融保障体系，拓宽新型农业生产经营主体融资渠道，以平衡金融支持的供需矛盾。政府应运用政策性金融工具，通过建设完备的农业政策性金融保障制度体系来拓宽融资渠道，保障粮食生产主体的生产安全。具体而言，政府应建立较完善的财政补贴机制，通过建立利差拨付、确立合理经营费用补贴、提高呆坏账准备率等利益补偿机制，对政策性金融因农业高风险所造成的政策性亏损，给予及时弥补，实现农业政策性金融机构的保本经营。同时，充分利用金融支持政策，引导金融机构落实支农再贷款的低息政策，[②]合理调整融资成本，提高新型农业生产经营主体粮食生产的积极性，进而保障粮食生产安全。

省级以上人民政府应当通过预算安排资金，支持粮食生产。本条规定实则强调通过编制规划并列明具体预算，实现对于具体资金安排的有效约束。根据《预算法》第二十七条第二款的规定，一般公共预算支出包括农业支出。梳理财政部发布的财政收支情况，农林水支出一般均被纳入一般公共预算支出。因此，本条规定中的“预算”主要是指一般公共预算。参照《土壤污染防治基金管理办法》第二条的规定，省级以上人民政府通过预算安排资金，除采取补贴、转移支付等外，还可设立专门基金。具体而言，可通过政府单独出资或者与社会资本共同出资设立，并采用股权投资等市场化方式，引导各类社会资本支持粮食生产。

【实务应用】

当前，我国粮食主销区与产销平衡区凸显粮食生产安全责任考核监督体系难以构建的突出困境，使其粮食生产责任难以从形式规范转向治理实效。具体而言，当下以粮食安全党政同责制与省长责任制为代表的责任追究机制尚未形成较系统规范的责任考核监督体系，尤其对县域内的逐级约束效力明显欠缺。(1)在法律法规层面，

① 参见李真、高旗胜、戎蕾：《我国农村信用体系建设存在的问题与对策建议》，载《农村金融研究》2022 年第 3 期。

② 参见潘悦宁：《新型农业经营主体融资问题探析》，载《农业经济》2018 年第 9 期。

除本法外，粮食安全党政同责制仅规定于《粮食流通管理条例》这一单一行政法规，其余则仅体现为江西省、宁夏回族自治区、内蒙古自治区、新疆维吾尔自治区、重庆市、四川省及黑龙江省的地方性法规，尚未形成较统一的规范体系。① 此外，前述法规均未明确党委政府及其部门的责任考核标准和具体责任承担，更阻碍其进一步适用。(2)在粮食安全省长责任制的规范体系中，《粮食流通管理条例》亦已在第七条中予以明确。此外，国务院根据《关于建立健全粮食安全省长责任制的若干意见》等有关规定制定了《粮食安全省长责任制考核办法》，对各省粮食安全保障具体环节的考核方案加以细化。对此，多地出台了相应的地方性规范性文件，但在主销区与产销平衡区中仅上海市、浙江省、广东省、贵州省、福建省、西藏自治区、天津市将粮食安全省长责任制纳入了各地的地方性法规与地方政府规章。② 由于仅依据配套性文件难以严格地逐级下沉粮食安全具体考核指标，各级粮食安全首长责任容易虚化，并进而衍生地域之间的"搭便车"行为。进言之，从粮食生产实践维度考量，县域是保证国家粮食安全最重要的行政单元，强化县域党委政府的粮食安全责任是保证区域粮食安全乃至国家粮食安全的关键。③ 因此，当下对于县域内粮食安全责任考核约束的薄弱将成为粮食主销区与产销平衡区生产责任共担的重要掣肘。

为保证主销区与产销平衡区粮食生产责任共担具体机制的落实，必须对当前的粮食生产安全失职追责机制予以深化，完备粮食安全党政同责及粮食安全省长责任制的规范体系。(1)在中央层面，应首先明确党委与政府的粮食生产责任间的具体分工与配合。以党委为领导，政府为责任主体，实现党委政治、思想、组织领导与政府

---

① 具体体现为《江西省粮食流通条例》第四条、《宁夏回族自治区地方储备粮管理条例》第五条、《内蒙古自治区建设国家重要农畜产品生产基地促进条例》第六条、《新疆维吾尔自治区粮食安全保障条例》第四条、《重庆市乡村振兴促进条例》第十条、《四川省乡村振兴促进条例》第十五条及黑龙江省人民代表大会常务委员会《关于切实加强黑土地保护利用的决定》中的相关规定。

② 参见《上海市粮食安全责任制考核办法》(沪府办发〔2020〕11号)、《厦门经济特区粮食安全保障规定》(厦门市第十六届人民代表大会常务委员会公告第6号)、《广东省粮食安全保障条例》(广东省第十三届人民代表大会常务委员会公告第92号)、《浙江省粮食安全保障条例》(浙江省第十三届人民代表大会常务委员会公告第7号)、《贵州省粮食安全保障条例》、《福建省粮食安全保障办法》(福建省人民政府令第209号)、《西藏自治区乡村振兴促进条例》(西藏自治区人民代表大会常务委员会公告〔2022〕4号)、《天津市乡村振兴促进条例》(天津市人民代表大会常务委员会公告第83号)。

③ 参见郑宝华:《责任下沉:提高省级粮食安全的必然选择——基于云南80个贫困县的粮食生产趋势分析》,载《云南社会科学》2014年第5期。

具体贯彻落实的统合。在此基础上,应依据主销区与产销平衡区党委政府及其部门承担的不同责任,科学设定权责考核指标和赋值权重,细化年度考核指标评分标准。为了提高考核的公平性、公正性与客观性,粮食安全责任考核方式可以引入第三方评估,并重视考核结果的作用发挥。(2)在地方层面,各主销区与产销平衡区应依据中央政府的相关规范,结合各地方粮食生产发展实际及粮食安全保障的现实要求,相应出台地方性粮食生产责任监督考核规范。尤其应注意的是,为确保对于粮食实际生产的严格监管,对于粮食生产责任的落实应由省域逐级下沉,侧重强调县域内的粮食生产责任约束。对此,可借鉴浙江省、贵州省等的既有实践,①由省级政府完备各地粮食安全保障条例或制定专门规范,逐级落实粮食安全责任制考核。在此基础上,可进一步引导各县级政府建立粮食安全保障责任清单,强化对于县域内粮食生产安全具体目标实现的统筹落实。

【相关规定】

《粮食流通管理条例》第七条。

【法条】

第二十七条　国家扶持和培育家庭农场、农民专业合作社等新型农业经营主体从事粮食生产,鼓励其与农户建立利益联结机制,提高粮食生产能力和现代化水平。

国家支持面向粮食生产者的产前、产中、产后社会化服务,提高社会化服务水平,鼓励和引导粮食适度规模经营,支持粮食生产集约化。

---

① 《浙江省粮食安全保障条例》第三条规定:"县级以上人民政府按照粮食安全行政首长责任制的要求,承担保障本行政区域粮食安全的主体责任,提高粮食可持续生产能力,保护粮食生产主体种粮积极性,增强地方粮食储备能力,保障粮食市场供应,确保粮食质量安全。省人民政府应当每年对设区的市人民政府进行粮食安全责任制考核,设区的市人民政府应当每年对县(市、区)人民政府进行粮食安全责任制考核。"《贵州省粮食安全保障条例》(已被修改)第三条规定:"粮食安全保障实行县级以上人民政府行政首长负责制。县级以上人民政府应当将粮食安全保障工作纳入对本级人民政府有关部门和下一级人民政府的目标绩效考核。"

【立法背景】

农业生产者是保障国家粮食安全的关键主体。以农户及新型农业生产经营主体为代表的农业生产经营者生产积极性的提升，紧密关涉国家粮食生产安全。其中，农户为传统农业生产者，也是农业经济的基本单位。在小农户基础上逐渐演化而成的新型农业生产经营主体，日益成为我国农业生产的重要组织形式，对保障国家粮食安全和重要农产品供给起着重要的依托作用。为有效提升农户与新型农业生产经营主体的生产积极性，我国已出台了一系列制度规范以加大对新型农业生产经营主体从事粮食生产的保障力度，并促进其与小农户建立利益联结机制，以提高其粮食生产能力和现代化水平。

检视既有制度规范，针对新型农业生产经营主体，《中华人民共和国国民经济和社会发展第十三个五年规划纲要》专门针对培育新型农业生产经营主体部署了系列措施。国务院《关于印发“十四五”推进农业农村现代化规划的通知》（国发〔2021〕25号）强调，应培育壮大新型农业经营主体，并提出新型农业经营主体培育提升行动。党的二十大报告明确强调，应“发展新型农业经营主体和社会化服务，发展农业适度规模经营”。2022年农业农村部《关于实施新型农业经营主体提升行动的通知》进一步具体明确了对新型农业经营主体的支持措施，提出应“以内强素质、外强能力为重点，突出抓好农民专业合作社和家庭农场两类农业经营主体发展”。[①] 针对新型农业生产经营主体的融资困境，中国人民银行、中央农办、农业农村部等专门出台了《关于金融支持新型农业经营主体发展的意见》，提出拓宽新型农业经营主体多元化融资渠道的具体措施。

针对新型农业经营主体与农户的利益联结，党的十九大报告明确强调，应“实现小农户与现代农业有机衔接”。中共中央办公厅、国务院办公厅《关于促进小农户和现代农业发展有机衔接的意见》再次强调，应促进小农户之间、小农户与规模性农业生产经营主体之间开展合作与联合。基于我国“大国小农”的国情农情将长期存在这一事实，推动小农户和现代农业发展有机衔接是确保规模性农业生产经营主体和小农户长效性利益联结机制稳定运行的关键。中共中央、国务院印发的《乡村振兴

① 参见《农业农村部关于实施新型农业经营主体提升行动的通知》，载中央人民政府网，http://www.gov.cn/zhengce/zhengceku/2022-03/29/content_5682254.htm。

战略规划(2018—2022 年)》中提出,应壮大新型农业生产经营主体,促进小农户生产和现代农业发展有机衔接。2019 年中共中央办公厅、国务院办公厅印发《关于促进小农户和现代农业发展有机衔接的意见》,要求健全面向小农户的社会化服务体系,加快促进小农户与现代农业有机衔接。2021 年国务院《关于加快构建新型农业经营体系推动小农户和现代农业发展有机衔接情况的报告》再次强调,加快构建新型农业经营体系,推动小农户和现代农业发展有机衔接。国务院《关于印发"十四五"推进农业农村现代化规划的通知》(国发〔2021〕25 号)亦强调,应发挥新型农业经营主体对小农户的带动作用,健全农业专业化社会化服务体系,并构建支持和服务小农户发展的政策体系,以实现小农户和现代农业发展有机衔接。国务院《关于确保国家粮食安全工作情况的报告》进一步提出,应发展多种形式的适度规模经营及面向小农户的代耕代种等社会化服务,不断提高粮食生产现代化水平。在立法层面,《乡村振兴促进法》第十二条第二款明确提出,"……培育新产业、新业态、新模式和新型农业经营主体,促进小农户和现代农业发展有机衔接"。

在前述规范基础上,本法进一步基于粮食安全保障目标,明确规定对于粮食生产经营者的保障措施,以提升其粮食生产积极性,进而提高粮食生产能力和现代化水平,保障粮食生产安全。

【法条释义】

本法第二十七条主要规定了新型农业经营主体扶持培育以及社会化服务等支持机制。

概括而言,(1)本条第一款首先提出,国家对新型农业经营主体的扶持培育机制,并鼓励其与农户建立利益联结机制,以实现"提高粮食生产能力和现代化水平"的制度目标。(2)第二款提出,国家应支持完备社会化服务机制、鼓励引导粮食适度规模经营以及支持粮食生产集约化。其中,完善的社会化服务机制是推动粮食适度规模经营的重要举措,而粮食适度规模经营的推进则是实现粮食生产集约化的必然要求。

一、国家扶持和培育家庭农场、农民专业合作社等新型农业经营主体从事粮食生产，鼓励其与农户建立利益联结机制，提高粮食生产能力和现代化水平

1. 国家扶持和培育家庭农场、农民专业合作社等新型农业经营主体从事粮食生产

本条规定概括性提出，国家应扶持和培育新型农业经营主体从事粮食生产。具体而言，新型农业经营主体主要包括家庭农场、农民专业合作社以及农业相关龙头企业等。对其扶持和培育的具体措施可包括以下几个方面：(1)财政支持及税收优惠支持。国家可通过直接补助、以奖代补、项目扶持等方式，支持家庭农场、农民专业合作社等新型农业经营主体开展粮食生产。此外，可对从事粮食生产的新型农业经营主体实行减免增值税、所得税等税收优惠政策，以降低其经营成本。(2)金融扶持。国家政策性、商业性金融机构可为从事粮食生产的新型农业经营主体提供融资支持，并有效降低其经营风险。(3)用地保障。为促进粮食生产经营规模化、专业化和集约化发展，国家可加大对新型农业经营主体从事粮食生产经营的用地支持，并逐步完善农村土地流转相关规范。

2. 鼓励新型农业经营主体与农户建立利益联结机制

本条规定提出，国家应鼓励新型农业经营主体与农户建立利益联结机制。新型农业经营主体与农户的利益联结为集聚新型农业经营主体规模性优势、有效带动农户粮食生产积极性的有力措施。具体而言，(1)二者的利益联结机制包括股份联结、订单联结、服务、劳务联结等多种方式。① 各地可根据当地发展实际，引导鼓励相应的利益联结机制，并进一步确定农户与新型农业经营主体的具体利益分配方式。(2)为保障建立紧密稳定的长效性利益联结机制，促进二者的生产积极性，可从激励与约束两个维度协同构建具体制度措施。一方面，应完善对新型农业生产经营主体积极开展利益联结的制度激励措施，保障实现互利共赢。例如，给予新型农业经营主

① 具体而言，股份联结，主要是指农户以土地、资金及自有设施设备等入股新型农业经营主体，获得基础收益及按股分红利益；订单联结，主要是指对于有产品销售需求的农户，鼓励新型农业经营主体优先与其签订农产品购销合同，形成稳定的购销关系。服务联结，主要是指对于有生产经营服务需求的农户，鼓励新型农业经营主体提供农资供应、农机作业以及仓储物流等服务；劳务联结，主要是指鼓励新型农业经营主体优先雇用当地农户从事长期、短期务工，以保障农户获得工资收入。

体以专项财政补贴、税收优惠以及融资支持，[①]激励新型农业生产经营主体发挥联农带农助农作用。另一方面，应加大对利益联结机制具体实践的监督力度，确保其规范有序运行。受制于规模性经营主体与小农户的经济地位不平等，小农户处于相对劣势地位，难以分享到农业生产及农产品加工和流通环节的实际红利。[②] 对此，应当加强对具体利益分配方式等具体环节的监督，着重规范新型农业经营主体与农户间的入股合同、订单合同、服务供给合同等具体合同订立过程，并着重发挥行业协会等中介组织的作用。

3. 提高粮食生产能力和现代化水平

本条规定主要明确了提高粮食生产能力和现代化水平这一制度目标。通过扶持和培育家庭农场、农民专业合作社等新型农业经营主体从事粮食生产，并鼓励其与农户建立利益联结机制，有利于突出新型农业经营主体对于土地、资金、人力、技术等资源的规模化集成优势。通过引导其开展适度规模经营以及推动农业机械化、信息化发展转型，有利于在相当程度上提高粮食生产能力和现代化水平。

二、国家支持面向粮食生产者的产前、产中、产后社会化服务，提高社会化服务水平，鼓励和引导粮食适度规模经营，支持粮食生产集约化

1. 国家支持面向粮食生产者的产前、产中、产后社会化服务，提高社会化服务水平

本条规定提出，国家完善粮食生产社会化服务机制的责任要求。粮食生产社会化服务是推动粮食适度规模经营的重要举措，相关服务贯穿产前、产中、产后等粮食生产全过程。通过支持社会化服务发展、提高社会化服务水平，有利于提高粮食生产效率，并有效降低农民的粮食生产成本。具体而言，(1)相关服务包括产前种子、化肥、农药、薄膜等生产资料供应以及农机供应服务，产中耕种技术、栽培技术、病虫害防治技术等技术指导服务以及产后销售、运输、加工服务等具体社会化服务形式。(2)为支持农业社会化服务发展，《农业法》第四十四条第一款亦明确规定，“……县级以上人民政府及其各有关部门应当采取措施对农业社会化服务事业给予支持”。

① 参见王乐君、寇广增、王斯烈：《构建新型农业经营主体与小农户利益联结机制》，载《中国农业大学学报（社会科学版）》2019年第2期。

② 参见杜洪燕、陈俊红、李芸：《推动小农户与现代农业有机衔接的农业生产托管组织方式和利益联结机制》，载《农村经济》2021年第1期。

对跨地区从事农业社会化服务的,农业、工商管理、交通运输、公安等有关部门应当采取措施给予支持。在此基础上,相关部门应进一步针对粮食生产经营活动,明确具体支持措施,并保障相关服务规范有效开展。对此,一方面,政府可加强对于粮食生产经营相关社会化服务供给主体的政策支持,通过政府服务购买、财政资金支持等方式引导相关粮食生产社会化服务开展。另一方面,政府应加强对于具体服务供给过程的全过程监督,重点加强服务供给质量评估监测,保障粮食生产社会化服务供给的规范化运行。

2. 鼓励和引导粮食适度规模经营,支持粮食生产集约化

本条规定提出,国家应鼓励和引导粮食适度规模经营并支持粮食生产集约化的责任要求。前已述及,粮食适度规模经营是实现粮食生产集约化的必然要求。具体而言,(1)粮食适度规模经营主要是指在一定区域内,从事粮食生产的劳动力、劳动手段以及劳动对象的集中程度达到目标效益最佳的经营状态。因此,粮食适度规模经营并不等同盲目扩大粮食生产经营规模,具体规模化程度必须基于特定地区的资源禀赋、农村劳动力转移情况以及土地流转实践等发展实际,平衡效率与公平。为鼓励、引导粮食适度规模经营,国家可进一步完备农业生产支持保护补贴政策,并探索通过采取贷款贴息、技术推广与服务补助等方式支持新型经营主体发展多种形式的粮食适度规模经营。(2)粮食生产集约化主要是指在有限地域范围内通过合理配置劳动力、资金和技术等生产要素,并配套科学管理和技术创新,系统提升粮食生产效率和质量,并实现可持续发展的粮食生产模式。在粮食适度规模经营基础上,国家还应进一步系统完善土地、技术以及基础设施建设等粮食生产集约化制度支持体系。具体包括,加大土地综合整治力度并加强高标准农田建设,着力提高土地利用效率;采取财政补贴、技术引导等支持政策,推动智慧农业、间作套种、节水灌溉等粮食生产相关现代化技术的推广应用。同时,通过开展农业技术培训、田间指导等服务,提高农民的农业生产技能和经营管理能力,以提高粮食生产效率;着力提升基础设施配套建设,加大对高标准农田建设以及智能化粮食生产基地建设的财政支持,为粮食生产集约化提供基础支撑。

【实务应用】

典型案例:土地托管 订单种养 股份合作 枝江探索利益联结机制强农富民①

基本案情:针对家庭农户经营规模小、承包土地碎片化、专业化程度低以及农业生产和管理成本高等当前制约农业发展的共性问题,枝江市委有效聚合各方社会力量,探索土地托管、订单种养以及股份合作等利益联结机制。以此推动农业规模化、集约化发展,促进农业科技现代化,并带动农民增收。

2017年,央企中化现代农业有限公司(以下简称中化农业)落户枝江市,建设MAP(现代农业技术服务平台)智慧农场。通过系统采取App远程巡田、农场遥感、精准气象、病虫测报等科技手段,精准掌握生产情况。中化农业落户同年,枝江市与中化农业共同出资300万元,建立粮食产业发展基金,并与合作银行按照确定比例分担风险,实现利益共享、风险共担。此外,中化农业积极推进与农户的土地托管、社会化服务供给等方式,承租农户的土地,并积极向农户开展技术培训、田间指导以及订单对接,相关服务覆盖耕、种、管、收、储、加、销等全生命周期。2022年8月,中化农业举行枝江"玛瑙米"全国客户大会,来自全国各地的经销商签订3.2万吨大单,总价值1.3亿元。截至2023年上半年,枝江市通过全托管、半托管等模式,已流转土地20万亩,覆盖2万多户农民,帮助粮食增产2400万斤,实现了粮食增产与农民增收的双向互动。

专家评析:推进农户与新型农业生产经营主体的利益联结机制,是促进粮食生产现代化转型的重要举措,紧密关系国家的粮食生产安全。系统梳理当前农户与新型农业生产经营主体的利益联结实践,集中体现为以传统订单合同和专业合作模式为主,多种新型联结方式并存的模式。在前述案例中,枝江市系统采取了土地托管以及股份合作等方式,并探索由新型农业生产经营主体开展覆盖粮食生产经营全生命周期的社会化服务支持。同时,注重发挥政府的引导功能,实现政府与社会资本对于粮食生产社会化服务的合作供给,系统提升了农户与新型农业生产经营主体的利益联结的制度效能。

第二十七条

---

① 参见《土地托管 订单种养 股份合作 枝江探索利益联结机制强农富民》,载农业农村部官网,http://www.moa.gov.cn/xw/qg/202306/t20230621_6430753.htm。

为实现农户与新型农业生产经营主体在粮食生产过程中的长效性利益联结，国家层面可系统梳理并借鉴实践经验，进一步出台更完善的制度细则。(1)系统发挥政府、新型农业生产经营主体以及社会组织等合力，在政府的引导推动下不断优化农户与新型农业生产经营主体的利益联结机制。(2)优化具体利益联结模式，综合采取土地托管、订单种养、股份合作、服务供给、劳务提供等多元利益联结机制，畅通农户与新型农业生产经营主体间的利益联结渠道。(3)严格规范服务供给及利益分配机制。对此，可通过出台示范合同明确合同条款，对于具体违约情形及责任、利益分配方案等予以约定。针对股份合作模式等建立的关系性合约，也可约定限制失信方参与经营管理、剥夺其当年利润分配请求权或削减现金分红等失信违约机制，①以有效降低违约可能。

【相关规定】

《乡村振兴促进法》第十二条；

《农业法》第四十四条。

【法条】

第二十八条　国家健全粮食主产区利益补偿机制，完善对粮食主产区和产粮大县的财政转移支付制度，调动粮食生产积极性。

省、自治区、直辖市人民政府可以根据本行政区域实际情况，建立健全对产粮大县的利益补偿机制，提高粮食安全保障相关指标在产粮大县经济社会发展综合考核中的比重。

【立法背景】

长久以来，粮食主产区在保障国家粮食安全系统工程中作出了显著贡献。2023年中央一号文件中共中央、国务院《关于做好2023年全面推进乡村振兴重点工作的意见》中强调“健全主产区利益补偿机制，增加产粮大县奖励资金规模”，可见中央已

---

① 参见栾天虹、魏聪、何克杰：《商业银行风险承担行为的激励合约选择》，载《浙江社会科学》2012年第4期。

经逐步将补偿重点向粮食主产区、产粮大县转移。2022 年全国粮食总量 68,653 万吨，相比 2003 年的 43,070 万吨，粮食产量增加 1.5 倍，至 2022 年粮食主产区粮食产量占全国粮食总产量的 78% 以上，为国家粮食安全作出了突出贡献。[①] 粮食生产的正外部性弥补了粮食主销区粮食产需的缺口，但同时粮食主产区也丧失了发展第二、第三产业的机会，现行粮食主产区利益补偿机制无法改善“粮食大省、财政穷省”的局面，因此如何完善粮食主产区利益补偿机制是实现产销区域平衡亟待解决的问题。

检视相关规范，既有粮食主产区利益补偿机制的法律制度构建仍较笼统，且多散布于政策性文件之中；其实施过程中因需要根据社会形势的变化而调整，极具不稳定性，因此会直接导致农民对种粮收益的期待性降低，其激励效果也将大打折扣。在有限的具体规范中，《粮食法（送审稿）》第二十四条[②]规定了粮食主产区的利益补偿机制，并鼓励支持建立产销合作关系。《农业法》第三十二条第二款、第三十三条，分别规定了国家支持粮食主产区与粮食主销区建立购销合作关系以及实行粮食保护价制度。通过梳理前述具体制度，发现其中突出存在以下问题：（1）从立法机关的表述来看，对粮食补偿机制的建立以原则性规定为主，对于建立产销合作关系并非强制性规定。因此，对于粮食主产区利益补偿的法律保障力度凸显不足。（2）关于粮食主产区利益补偿机制的条款散布于不同的法律规范中，缺乏完整性与系统性。对粮食主产区利益补偿的主体、客体、内容、程序等更未作出明确规定，无法落实粮食主销区的责任，难以满足对粮食主产区利益补偿的现实需求。在此背景下，本法再次强调对粮食主产区以及产粮大县的利益补偿机制，力求调动相应地区的粮食生产积极性。

【法条释义】

本法第二十八条明确规定国家健全对粮食主产区及产粮大县的利益补偿机制。

概括而言，本条有以下两层含义：（1）本条第一款着眼国家层面，系统规定“国家健全粮食主产区利益补偿机制”。在此基础上，进一步规定“完善对粮食主产区和产

---

① 参见《国家统计局关于 2022 年粮食产量数据的公告》，载《现代面粉工业》2023 年第 2 期。

② 参见《国务院法制办公室关于〈粮食法（送审稿）〉公开征求意见的通知》，载中华人民共和国商务部官网，http://www.mofcom.gov.cn/article/zcfb/-zcwg/201501/20150100858578.shtml。

粮大县的财政转移支付制度”这一具体利益补偿机制，以实现“调动粮食生产积极性”的制度目的。(2)第二款聚焦省、自治区、直辖市人民政府层面，明确产粮大县利益补偿机制的具体落实规则。

一、国家健全粮食主产区利益补偿机制，完善对粮食主产区和产粮大县的财政转移支付制度，调动粮食生产积极性

1. 国家健全粮食主产区利益补偿机制

现有的粮食主产区利益补偿机制对于粮食主产区农民种粮积极性的激励效应逐渐放缓。[①] 从补偿手段观之，既有规范仍以中央政府纵向转移支付为主，补贴额度不高；从补偿方式观之，当下补偿方式主要以直接的资金补偿为主，凸显激励效应放缓的现实问题。具体而言：(1)就补偿手段而言，现有的粮食主产区利益补偿仍更多关注注入补贴、奖励等外生性的利益补偿，对利用市场手段激发粮食主产区种粮积极性的关注度不高。[②] 具体表现为，我国现行的粮食主产区利益补偿政策主要包括最低收购价和对粮食生产的直接补贴，由此形成了行政手段为主，市场手段缺失的补偿机制，补偿力度不足。(2)就补偿方式而言，我国粮食主产区利益补偿主要体现为资金补贴和最低保护价政策，对主产区的激励明显不足。一方面，尽管资金补贴作为一种直接的补偿方式，能够直观地增加种粮农户的收入，激发种粮积极性。但是，资金直补属于“输血式”的补偿方式，增长幅度有限，对于粮食主产区经济发展和农民收入提高不具有持续性。另一方面，“最低收购价是政府通过价格机制进行调控的手段，收储企业的资金来源之一是中央财政拨付的资金补贴”。[③] 为保护粮食生产者的利益，需要依靠粮食主产区政府的财政拨付对收储企业进行补贴，由此导致出现粮食主产区为粮食安全作的贡献越大，其地方政府承担的补贴资金负担也越重，如此一来，并未改变“产量大省，财政穷省”的局面。可见，“非资金”的间接补偿方式仍有欠缺。

针对前述问题，国家应完善“内生性”补偿方式，并系统构建市场化的补偿制度体系。具体而言：(1)对于“内生性”补偿方式，首先，可探索构建“资金 + 产业”的可

---

① 参见郑兆峰、宋洪远：《健全粮食主产区利益补偿机制：现实基础、困难挑战与政策优化》，载《农业现代化研究》2023 年第 2 期。

② 参见陈明星、唐轲、张淞杰：《完善粮食主产区利益补偿机制的路径及对策》，载《区域经济评论》2022 年第 1 期。

③ 赵天虹：《我国粮食保护价格政策的研究》，载《理论观察》2015 年第 12 期。

持续补偿,延伸粮食产业链。[1] 粮食主销区政府可在粮食主产区政府进行产业规划与产业投资,推动粮食主产区第一、第二、第三产业融合,提高粮食产品的附加值和粮食产业的核心竞争力。其次,可拓展非现金的补偿方式,如政策补偿、科技补偿、服务补偿、实物补偿等。这些补偿目的在于改善农业基础设施建设,提高粮食生产的机械化水平,进一步提高粮食主产区的粮食综合生产能力。(2)对于市场化的补偿制度体系,可以通过政府引导和利用市场机制,鼓励粮食主产区与粮食主销区建立购销协作关系,引导粮食企业签订具有约束力的购销合同,完善粮食购销流程。鼓励粮食主销区企业与粮食主产区企业加强合作,建立产销一体化的流通企业。同时粮食主产区企业能够借鉴粮食主销区企业先进的技术水平和管理经验,提升主产区粮食产业现代化水平,推动粮食主产区形成粮食产业集群布局,提高粮食主产区的"造血"能力。

2. 完善对粮食主产区和产粮大县的财政转移支付制度

粮食主产区及产粮大县是保障国家粮食安全的主力军,对保障全国粮食安全的意义重大。为解决粮食主产区及产粮大县突出面临的经济发展乏力、公共服务投入不足等"粮财倒挂"的现实问题,亟待完善对粮食主产区和产粮大县的财政转移支付制度。

(1)长期以来,为补偿粮食主产区的发展利益,中央政府承担了主要的财政转移支付责任。通常采取一般性纵向转移支付的方式,弥补粮食主产区的财力缺口,均衡地区间的财力差距。然而,我国尚未构建产销区间的横向转移支付机制。根据"谁受益,谁补偿"的原则,应积极推动粮食主销区政府承担横向转移支付责任。进言之,应明确粮食主销区作为利益补偿主体,拓宽资金来源。

具体而言,一方面,可在量化补偿标准的基础上关注区域公平的实现,[2]粮食主销区以较低的购粮成本换取了粮食安全和发展机会,因而可以粮食调出量为依据,即按照"多调多补偿,少调少补偿,不调不补偿"的原则进行补偿,保障补偿的公平性与合理性。另一方面,可强制粮食主销区政府等缴纳特定资金,以此补偿粮食主产区在

---

① 参见蒋和平:《健全种粮农民收益保障机制和主产区利益补偿机制,调动维护粮食安全的"两个积极性"》,载《农业经济与管理》2022年第6期。

② 参见汪伟全:《区域一体化、地方利益冲突与利益协调》,载《当代财经》2011年第3期。

粮食生产中的福利损失。[①] 在财力与支出责任匹配的基础上，通过粮食主销区政府对粮食主产区政府的横向转移支付方式，探索设立粮食主产区利益补偿基金用于农业基础设施建设。

(2)既有规范性文件中并未明确提出"产粮大县财政转移支付制度"，中央预算及决算决议中一般表述为"产粮大县奖励"；国务院《关于印发"十四五"推进农业农村现代化规划的通知》(国发〔2021〕25 号)概括表述为"健全产粮大县支持政策体系"。本法首次通过立法的形式对产粮大县财政转移支付制度予以明确，不仅强调了加大产粮大县财政支持力度的要求，而且进一步体现了对于产粮大县相关财政支持资金发放的有序规范。

具体而言，本条规定中所指的财政转移支付，主要是指一般财政转移支付。参照前述主产区转移支付机制，产粮大县财政转移支付也应包括纵向中央、省级及设区市级财政转移支付，以及横向县域间的财政转移支付。此外，为保障相关财政转移支付的规范发放，还应配套构建完备的财政转移支付办法，对于财政转移支付主体、转移支付资金规模、具体发放程序等予以系统规定。

二、省、自治区、直辖市人民政府可以根据本行政区域实际情况，建立健全对产粮大县的利益补偿机制，提高粮食安全保障相关指标在产粮大县经济社会发展综合考核中的比重

1. 省、自治区、直辖市人民政府可以根据本行政区域实际情况，建立健全对产粮大县的利益补偿机制

本条规定在法律层面首次提出产粮大县利益补偿机制，明确了产粮大县利益补偿机制的建立健全主体及总体性规定。建立健全产粮大县利益补偿机制，有助于减轻产粮大县财政压力，提升产粮大县的产粮积极性，筑牢粮食安全民生基底，为本法的又一大创举。具体而言：(1)首先明确产粮大县的利益补偿机制的建立健全主体为省、自治区、直辖市人民政府。这一主体规定是在前款粮食主产区利益补偿机制构建的基础之上进一步聚焦产粮大县，在各省、自治区、直辖市管辖范围内构建对产粮大县的利益补偿机制。需要注意的是，产粮大县利益补偿机制的建立健全主体并不等同产粮大县利益补偿主体。参照前述粮食主产区利益补偿机制的完善路径，产粮

---

① 参见沈琼：《粮食主产区利益补偿的经济分析》，载《世界农业》2014 年第 5 期。

大县利益补偿也应包括省级、设区市级财政的纵向利益补偿，以及县、市级财政的横向利益补偿。(2)产粮大县利益补偿机制的建立与否以及具体机制内容，均应基于各行政区域的实际情况。本条规定并非为建立产粮大县利益补偿机制的强制性规定，省、自治区、直辖市人民政府可以根据本行政区域实际情况选择是否建立，并决定利益补偿机制的具体设计。对此，在国务院《关于印发“十四五”推进农业农村现代化规划的通知》（国发〔2021〕25 号）的规定中也有所体现，表述为“支持有条件的省份降低产粮大县三大粮食作物农业保险保费县级补贴比例”。

2. 省、自治区、直辖市人民政府可以根据本行政区域实际情况，提高粮食安全保障相关指标在产粮大县经济社会发展综合考核中的比重

本条规定进一步提出，省、自治区、直辖市人民政府可以根据本行政区域实际情况，提高粮食安全保障相关指标在产粮大县经济社会发展综合考核中的比重。产粮大县经济社会发展综合考核主要指对产粮大县的经济发展指标以及社会发展指标等设立考核评价指标体系，并根据多指标进行综合评价，对考核评价情况较好的县可给予一定奖励。既有规范性文件中尚未明确针对产粮大县调整经济社会发展综合考核评价指标，多为各地方的统一规定。本法首次提出该制度，有利于保障区际发展公平，更好地发挥经济社会发展综合考核评价体系的导向作用，提高产粮大县稳抓粮食生产的积极性。

参照《合肥市乡镇经济社会发展综合考核评价办法》，其经济发展指标主要包括：财政总收入、人均财政收入、债务负担率、农民人均纯收入、市级及以上农业产业化龙头企业营销收入、工业经济指标、第三产业个体、私营企业户数、全社会固定资产投资额以及实际利用外来资金。社会发展指标主要包括：行政村水泥路通达率、九年义务教育期间辍学率、参加农村合作医疗人数、五保集中供养率、环境保护指标（包括重点工业污染达标排放率、建设项目“环评”及“三同时”执行率、规模化畜禽养殖场粪便综合利用率）、自来水普及率以及无害化卫生户厕普及率。前述指标均未体现粮食安全保障内容，也未区分产粮大县作针对性考核指标设置。对此，省、自治区、直辖市人民政府可以视本区域的实际情况，在省级明确出台产粮大县经济社会发展综合考核办法，适度提高粮食安全保障相关指标的考核比重。在此基础上，指导下级政府分别对具体考核办法逐级细化落实。

【实务应用】

2004年以来，国家一系列支农惠农政策在增加农民收入、提高种粮积极性等方面发挥了重要作用。“但是近年来粮食生产成本的攀升，以粮食高保护、高补贴的政策来维护农民权益的方式，并不利于长期保障粮食安全。”①概言之，既有补贴政策存在两大问题：(1)粮食主产区利益补偿实践中以资金补贴为主，市场机制发挥不充分；(2)政府的过度介入已扭曲价格形成机制。一方面，补偿渠道以中央政府的财政纵向转移支付和最低收购价格为主，即侧重外生性的补偿，未充分发挥市场配置资源的作用，“造血式”的内生性补偿较匮乏。另一方面，作为保障粮食市场供应实施的价格调控政策，粮食最低收购价实则将影响粮食市场价格的走向。该调控政策的不当适用将影响不同粮食品种的比价关系，造成粮食供给结构的不合理。② 既有粮食主产区的最低收购价格执行时段过长，且收购量偏大，未发挥市场在粮食资源配置上的作用，导致粮价偏离市场。“政府农业产业上的主导行为和作用替代了市场机制。”③市场难以在资源配置中起到决定性作用，粮食市场的正当秩序受到干扰。

粮食主产区利益补偿机制是区域利益协调发展的重要制度构建，为规制地方利益冲突，需要形成和谐的利益分享与补偿机制。为实现利益协调，有赖建立健全的市场体系和完善的市场机制。④ 因此，构建新的利益协调机制需要以市场为导向，运用“看不见的手”配置资源，优化补偿方式。具体措施包括：(1)拓宽粮食主产区“内生性”的补偿方式，发展粮食跨区交易。为提高粮食主产区的种粮积极性，需要完善“内生性”的补偿方式。首先，构建“资金＋产业”的可持续补偿方式，延伸粮食产业链。⑤ 粮食主销区政府可在粮食主产区政府进行产业规划与产业投资，推动粮食主产区第一、第二、第三产业融合，提高粮食产品的附加值和粮食产业的核心竞争力。(2)完备非现金的补偿方式。非现金的补偿方式包括政策补偿、科技补偿、服务补

---

① 李兵园：《协同发展视野下我国粮食补贴政策实施的问题及对策》，载《农业经济》2023年第2期。

② 参见何蒲明、魏君英：《农业供给侧改革背景下粮食最低收购价政策改革研究》，载《农业现代化研究》2019年第4期。

③ 黄祖辉、李懿芸、马彦丽：《论市场在乡村振兴中的地位与作用》，载《农业经济问题》2021年第10期。

④ 参见汪伟全：《区域一体化、地方利益冲突与利益协调》，载《当代财经》2011年第3期。

⑤ 参见蒋和平：《健全种粮农民收益保障机制和主产区利益补偿机制，调动维护粮食安全的“两个积极性”》，载《农业经济与管理》2022年第6期。

偿、实物补偿等。这些补偿目的在于改善农业基础设施建设,提高粮食生产的机械化水平,从而提高粮食主产区的粮食综合生产能力。在国家宏观调控的框架下,粮食主销区的粮食安全得以保障,同时还可以享受工业化、城镇化的发展成果。

根据经济外部性理论,粮食主产区是“粮食安全”这一公共物品的主要提供者,粮食主销区享受了粮食主产区粮食供给的成果,却未支付相应成本,体现了粮食生产的外部性。“为缓解产销矛盾,粮食主销区需要对粮食生产的外部性支付成本,即实现外部效应的内部化。”①具体而言,可以通过政府引导和利用市场机制,鼓励粮食主产区与粮食主销区建立购销协作关系,引导粮食企业签订具有约束力的购销合同,完善粮食购销流程。鼓励粮食主销区企业与粮食主产区企业加强合作,建立产销一体化的流通企业。同时,粮食主产区企业能够借鉴粮食主销区企业先进的技术水平和管理经验,提升主产区粮食产业现代化水平,推动粮食主产区形成粮食产业集群布局,进而提高粮食主产区的“造血”能力。

【相关规定】

《农业法》第三十二条、第三十三条。

① 赵波:《中国粮食主产区利益补偿机制的构建与完善》,载《中国人口·资源与环境》2011年第1期。

第四章
粮食储备

【法条】

第二十九条　国家建立政府粮食储备体系。政府粮食储备分为中央政府储备和地方政府储备。政府粮食储备用于调节粮食供求、稳定粮食市场、应对突发事件等。

中央政府粮食储备规模和地方政府粮食储备总量规模由国务院确定并实行动态调整。政府粮食储备的品种结构、区域布局按照国务院有关规定确定。

政府粮食储备的收购、销售、轮换、动用等应当严格按照国家有关规定执行。

【立法背景】

1990年国家建立专项粮食储备制度,2000年设立专门企业负责中央储备经营管理,形成了中央垂直管理的粮食储备制度。此模式下我国粮食安全保障能力得到很大提高,有效应对了2003年“非典”、2008年南方大雪灾、2008年汶川大地震、2008年世界性粮食危机、2020年新冠肺炎疫情等突发事件。但中央垂直管理的粮食储备模式仍存在一些问题:一是全国粮食储备主要集在中储粮,极大地增加了中央粮食储备的管理难度和监管成本,导致中央财政压力较大;二是中储粮成立以来出现多起腐败案件,造成了国家财产的巨大损失;三是我国幅员辽阔,各地区情况差异较大,仅由中央一级储备难以平衡各地区粮食需求。

针对上述问题，理论界和实务界开始认识到地方在粮食储备中的重要作用，强调政府粮食储备需要中央和地方共同承担。一方面，着眼于理论界，学者纷纷探索地方政府粮食储备功能的发挥，呼吁建立中央和地方分级储备体系。例如，谢洪燕、贾晋认为，我国应严格划分中央和省级储备的事权，中央主要承担战略储备任务，而省级政府主要承担周转储备任务；[①]李建宇、郭小军认为，为缓解中央财政压力、督促地方政府认真落实省长责任制，应将中央与地方的储备规模比控制在1∶1左右。[②] 另一方面，着眼实务界，中央也多次出台相关规范性文件强调地方政府要建立合理的粮食储备。2014年国务院印发的《关于建立健全粮食安全省长责任制的若干意见》（国发〔2014〕69号），提出"抓紧充实地方粮食储备""建立地方和中央粮食储备协调机制"。[③] 2019年国务院新闻办公室发布《中国的粮食安全》白皮书，明确指出要"合理确定中央和地方储备功能定位，中央储备粮主要用于全国范围守底线、应大灾、稳预期，是国家粮食安全的'压舱石'；地方储备粮主要用于区域市场保应急、稳粮价、保供应，是国家粮食安全的第一道防线"。[④]

粮食储备是保障国家粮食安全的重要物质基础，需要中央和地方共同发挥作用。经过多年发展，我国已初步建成中央储备与地方储备协同发展的粮食储备体系。[⑤] 本次立法明确规定，国家建立中央和地方分级政府粮食储备体系，旨在进一步落实地方政府储备责任，完善政府粮食储备制度。

---

① 参见谢洪燕、贾晋：《新时期我国国家粮食储备目标、功能的调整与优化》，载《宏观经济研究》2013年第12期。

② 参见李建宇、郭小军：《调整储备政策　强化动态监管——财政支持粮食储备政策的问题及建议》，载《中国财政》2016年第23期。

③ 参见国务院《关于建立健全粮食安全省长责任制的若干意见》（国发〔2014〕69号），载中华人民共和国中央人民政府官网，https://www.gov.cn/zhengce/content/2015-01/22/content_9422.htm，最后访问日期：2024年1月16日。

④ 参见中华人民共和国国务院新闻办公室：《中国的粮食安全》，载中华人民共和国国务院新闻办公室官网2019年10月14日，http://www.scio.gov.cn/ztk/dtzt/39912/41906/index.htm，最后访问日期：2024年1月16日。

⑤ 刘慧：《构建政企互补的粮食储备格局》，载《经济日报》2021年9月2日，第5版。

【法条释义】

本法第二十九条主要明确了政府粮食储备体系宏观层面的制度建立以及微观层面的具体设计。

概括而言:(1)本条第一款从宏观层面规定,“国家建立政府粮食储备体系”,并明确政府粮食储备的具体构成及用途。(2)第二款及第三款均为微观层面的具体制度设计。第二款主要规定政府粮食储备总量规模的动态调整以及储备品种结构、区域布局的具体确定规则;第三款进一步明确政府粮食储备的收购、销售、轮换、动用等具体执行规则。

一、国家建立政府粮食储备体系

政府粮食储备分为中央政府储备和地方政府储备。本部分是对中央和地方分级粮食储备制度的规定。我国粮食储备主要以政府储备为主,政府储备规模占据绝对比重,以中央储备粮总公司垂直管理为核心,辅以“中央—地方”分级管理。具体而言,中央储备主要包括战略储备和专项储备,由中国储备粮集团有限公司负责实行粮食储备垂直管理;地方储备则有赖地方政府,实行粮食储备分级管理。[①]

二、政府粮食储备用于调节粮食供求、稳定粮食市场、应对突发事件等

政府粮食储备对粮食安全的重要性体现在以下三个方面:(1)粮食政府储备能供给市场、平抑粮食价格波动。粮食作为特殊商品是人们所必需的,由于粮食生产和消费具有时间、空间上的差距,在这之中难以确保粮食生产的稳定和持续,因此粮食供给和价格也面临不确定性,一旦粮食难以有效供给或者价格过高则会危及人们的生存。粮食政府储备作为粮食“蓄水池”,能调节粮食供给、平抑粮价波动,确保消费者能够获得粮食,同时避免“谷贱伤民”。(2)粮食政府储备是应对突发事件和粮食公共危机的有力保障。自然灾害、事故灾难以及公共卫生事件都有可能造成粮食供应短缺、粮食价格上涨以及群众哄抢等现象,如果不能有效解决,这些事件将演变为粮食公共危机并直接影响到社会的长治久安。因此,一定规模的粮食政府储备能够保证在突发事件下人们能够获得必需的粮食,保障人民的生存权,消除突发事件向粮食公共危机转化的可能性,维护社会稳定。(3)粮食政府储备还是一国实力的体现,是应对战争等危机的必要保证。自古以来就有“兵马未动,粮草先行”的经验,有足

---

① 参见李蕊:《民之天:粮食安全法治保障体系研究》,法律出版社2020年版,第157页。

够的粮食政府储备作为支撑才能提高获胜的可能性。综观全球，当前的国际形势呈现整体和平、局部战争的基本态势，虽然我国处于和平之中，但是仍面临着经济利益的纠纷等压力。因此，为应对战争、贸易摩擦等突发事件，国家需要储备粮食，以备不时之需。[①] 另外，就中央粮食储备和地方粮食储备的具体功能而言，中央政府粮食储备主要用于全国范围守底线、应大灾、稳预期，是国家粮食安全的“压舱石”；地方政府粮食储备主要用于区域市场保应急、稳粮价、保供应，是国家粮食安全的第一道防线。[②]

三、中央政府粮食储备规模和地方政府粮食储备总量规模由国务院确定并实行动态调整

本条规定明确了政府粮食储备规模的确定及调整规则：(1)中央政府储备粮的规模以及地方政府储备粮的总量规模由国务院确定，这是国家粮食安全的重要保障，也是国家粮食宏观调控的重要手段。(2)政府储备粮的规模应当根据粮食供需平衡、粮食市场变化、粮食储存条件等因素进行动态调整，一般每3～5年调整1次。(3)本条规定尚没有明确政府储备粮规模的具体确定主体。可以参考《中央储备粮管理条例》第十三条的规定，明确由国务院发展改革部门及国家粮食行政管理部门会同国务院财政部门，根据国家宏观调控需要和财政承受能力提出，报国务院批准。

四、政府粮食储备的品种结构、区域布局按照国务院有关规定确定

本条规定是对政府储备品种结构、区域布局的具体规定：(1)政府粮食储备的品种结构是指政府储备的不同种类的粮食的比例和分布。按照“确保口粮绝对安全”的要求，目前我国粮食储备品种主要以稻谷、小麦等口粮为主，占比在七成左右。[③] 同时，鉴于现阶段我国的主要矛盾已经转变为人民日益增长的美好生活需要和不平衡不充分的发展之间的矛盾，为满足人民美好生活需要，应当在保持口粮绝对安全的基础上，进一步丰富粮食储备品种。(2)政府粮食储备的区域布局，是指根据粮食供

---

① 参见李蕊：《民之天：粮食安全法治保障体系研究》，法律出版社2020年版，第164～165页。

② 参见中华人民共和国国务院新闻办公室：《中国的粮食安全》，载中华人民共和国中央人民政府官网，https://www.gov.cn/zhengce/2019－10/14/content_5439410.htm。

③ 参见《粮食储备局：我国粮食储备能够满足市场供应和应急需要》，载中华人民共和国中央人民政府官网，https://www.gov.cn/xinwen/2019－10/14/content_5439652.htm。

需、市场波动等因素，合理确定的政府储备粮的储备地点和分布范围。当前我国政府粮食储备主要布局在粮食主产区。[1]

五、政府粮食储备的收购、销售、轮换、动用等应当严格按照国家有关规定执行

本条规定是对政府粮食储备收购、销售、轮换、动用等具体环节的原则性规定。由于本部分并没有具体明确政府粮食收购、销售、轮换、动用的实施规则，还需要根据本法其他条款以及其他法律规范进行理解。例如，本法第三十条第三款规定："政府粮食储备的收购、销售、轮换、动用等应当进行全过程记录，实现政府粮食储备信息实时采集、处理、传输、共享，确保可查询、可追溯。"

【相关规定】

《国家安全法》第二十二条；

《农业法》第三十四条；

《粮食流通管理条例》第六条、第七条、第二十七条；

《中央储备粮管理条例》第二条、第四条、第六条、第十三条。

【法条】

第三十条　承储政府粮食储备的企业或者其他组织应当遵守法律、法规和国家有关规定，实行储备与商业性经营业务分开，建立健全内部管理制度，落实安全生产责任和消防安全责任，对承储粮食数量、质量负责，实施粮食安全风险事项报告制度，确保政府粮食储备安全。

承储中央政府粮食储备和省级地方政府粮食储备的企业应当剥离商业性经营业务。

政府粮食储备的收购、销售、轮换、动用等应当进行全过程记录，实现政府粮食储备信息实时采集、处理、传输、共享，确保可查询、可追溯。

---

① 参见高洪洋、胡小平：《我国政府粮食储备区域布局：现状、影响及优化路径》，载《华中农业大学学报（社会科学版）》2021 年第 6 期。

【立法背景】

政府粮食储备安全对保障国家粮食安全起着举足轻重的作用。承储政府粮食储备的企业作为政府粮食储备的直接管理者，紧密关涉政府粮食储备安全的实现。

为加强对承储政府粮食储备的企业的治理，加大政府粮食储备安全保障力度，国家相继出台了一系列规范性文件。

一方面，针对中央政府粮食储备，国务院2000年发布的《关于组建中国储备粮管理总公司有关问题的批复》（国函〔2000〕2号）即明确，中国储备粮管理总公司受国务院的委托，具体负责中央储备粮的经营管理，负责中央储备粮储存安全。其分公司根据中国储备粮管理总公司的授权，负责管理辖区内的中央储备粮和中央直属粮食储备库。同时，对中国储备粮管理总公司的经营管理予以原则性规定。《中央储备粮管理条例》亦指出，中国储备粮管理总公司具体负责中央储备粮的经营管理，对中央储备粮的数量、质量和储存安全负责，并具体规定中国储备粮管理总公司的管理机制。另一方面，针对地方政府粮食储备，国务院《关于建立健全粮食安全省长责任制的若干意见》（国发〔2014〕69号）强调，应切实落实地方粮食储备，保障地方粮食储备数量，完善轮换管理和库存监管机制，并完善定期信息报送机制。此外，还应严格执行粮食经营，完善企业库存制度。除前述政策性规范，部分文件对中央与地方政府粮食储备予以统合规范。如1995年国务院《关于粮食部门深化改革实行两条线运行的通知》（国发〔1995〕15号）即强调将粮食部门政策性业务和商业性经营分开，并建立国家储备粮油垂直管理体制。2009年颁布的《粮油仓储管理办法》对于粮油仓储单位的备案、出入库、储存以及具体责任等予以系统规定，建立了较规范的粮食仓储管理制度。国务院办公厅《关于开展全国政策性粮食库存数量和质量大清查的通知》（国办发〔2018〕61号）明确强调，政策性粮食库存是维护国家粮食安全的重要物质基础。为全面掌握政策性粮食库存情况，防范化解风险隐患，确保国家粮食储备安全，要对全国政策性粮食库存数量和质量进行清查。2021年颁布的《政府储备粮食仓储管理办法》进一步加强了对政府储备粮食仓储的管理和规范，并对承储单位政府粮食储备的基本要求以及安全责任予以明确。在立法层面，《农业法》第三十四条统合规定，承担国家粮食储备任务的企业应当按照国家规定保证储备粮的数量和质量，强调承担国家粮食储备任务的企业的粮食安全保障要求。

检视前述规范，对于政府粮食储备安全的规定仍较匮乏，未能形成较系统的政府粮食储备保障机制。在前述规范的基础上,本法第三十条及第三十一条均体现对政府粮食储备安全的保障要求,并在本条总体强调承担国家粮食储备任务的企业或其他组织的政府粮食储备安全保障责任。

【法条释义】

本法第三十条明确提出,承储政府粮食储备的企业或者其他组织确保政府粮食储备安全的总体规定,以及承储政府粮食储备的企业剥离商业性经营业务的具体要求,并强调应完备政府粮食储备信息管理机制。

概括而言,本条第一款从宏观维度规定了承储政府粮食储备的企业或者其他组织对于政府粮食储备的安全保障义务,具体包括"遵守法律、法规和国家有关规定""实行储备与商业性经营业务分开""建立健全内部管理制度""落实安全生产责任和消防安全责任""对承储粮食数量、质量负责""实施粮食安全风险事项报告制度";同时,强调"确保政府粮食储备安全"的总体要求。第二款聚焦承储中央政府粮食储备和省级地方政府粮食储备的企业,强调"应当剥离商业性经营业务"。第三款主要规定政府粮食储备的信息管理机制,明确政府粮食储备"进行全过程记录""实现政府粮食储备信息实时采集、处理、传输、共享"两项具体要求,以实现"确保可查询、可追溯"的制度目标。

一、承储政府粮食储备的企业或者其他组织应当遵守法律、法规和国家有关规定,实行储备与商业性经营业务分开,建立健全内部管理制度,落实安全生产责任和消防安全责任,对承储粮食数量、质量负责,实施粮食安全风险事项报告制度,确保政府粮食储备安全

1. 承储政府粮食储备的企业或者其他组织应当遵守法律、法规和国家有关规定

本条规定提出,承储政府粮食储备的企业或者其他组织应当遵守法律、法规和国家有关规定的总体要求:(1)"承储政府粮食储备的企业或者其他组织"主要包括承储中央政府粮食储备的中国储备粮管理总公司及其分公司,以及经各地方政府粮食行政管理部门批准承储地方政府粮食储备的企事业单位。对于后者,可借鉴《政府储备粮食仓储管理办法》第四十条的表述,进一步从具体功能维度,概括规定为实际承担地方政府粮食储备任务、具有法人资格的企事业单位及其具体承储库点。(2)"应当遵守法律、法规和国家有关规定"体现了对承储政府粮食储备的企业或者

其他组织遵守粮食安全保障相关法律法规的明确要求。根据《政府储备粮食仓储管理办法》第七条规定，承储单位应当执行相关法律法规、规章、国家标准和相关规定。据此，“国家有关规定”包括粮食安全保障相关的行政规章、国家标准及政策性管理规定。

2. 实行储备与商业性经营业务分开

本条规定提出“储备与商业性经营业务分开”的具体业务经营要求。根据国务院《关于粮食部门深化改革实行两条线运行的通知》（国发〔1995〕15号）的规定，商业性经营业务是指政策性业务范围以外的经营业务。承储政府粮食储备的企业或者其他组织应将政府粮食储备与自身的商业性经营业务分开，实行分仓存储、财务分账、分别核算。

3. 建立健全内部管理制度

本条规定提出了“建立健全内部管理制度”的内部合规要求；《政府储备粮食仓储管理办法》第七条亦提出，承储单位应当建立健全内控管理制度，规范政府储备的仓储管理及相关业务。一般而言，“企业内部管理制度”主要包括人力资源管理制度、安全管理制度、财务管理制度以及行政管理制度等。聚焦到政府粮食储备安全保障领域，承储政府粮食储备的企业或者其他组织至少需完善以下相关制度：(1)人力资源管理制度，明确具体承储业务准则以及岗位职责，积极开展员工业务培训，并明确违反相关规定的责任后果。(2)安全管理制度，完备安全生产制度、安全保卫制度以及消防安全制度等。(3)财务管理制度，健全统计管理制度、资金管理制度以及储备相关固定资产管理制度。(4)行政管理制度，需重点完备粮食储备相关记录或档案管理制度。

4. 落实安全生产责任和消防安全责任

本条规定从责任维度，提出落实安全生产责任和消防安全责任两项具体责任：(1)根据《安全生产法》的相关规定，安全生产责任，主要指承储政府粮食储备的企业或者其他组织依据法律法规的规定应承担的人员安全以及粮食储存安全等责任。具体而言，按照《安全生产法》第二十一条的规定，承储政府粮食储备的企业或者其他组织的主要负责人应至少承担以下责任：建立健全并落实全员安全生产责任制，加强安全生产标准化建设；组织制定并实施安全生产规章制度、操作规程及安全生产教育和培训计划；保证本单位安全生产投入的有效实施；组织建立并落实安全风险分级管控和隐患排查治理双重预防工作机制及生产安全事故应急救援预案，并及时、如实报告生产安全事故。(2)根据《消防法》的相关规定，消防安全责任，主要是指承储政府粮食储备的企业或者其他组织依据法律法规的规定应承担的预防火灾和减少火灾危害的具体责任。按照《消防法》第十六条的规定，承储政府粮食储备的企业或者其他组织至少应当承担下列责任：落实消防安全责任制，制定本单位的消防安全制度、消防安全操作规程及灭火和应急疏散预案；按照国家标准、行业标准配置消防设施、器材，设置消防安全标志，并定期组织检验、维修，确保完好有效；对建筑消防设施每年至少进行一次全面检测，确保完好有效；保障疏散通道、安全出口、消防车通道畅通，保证防火防烟分区、防火间距符合消防技术标准；组织防火检查，及时消除火灾隐患，并进行有针对性的消防演练。

5. 对承储粮食数量、质量负责

本条规定明确强调，承储政府粮食储备的企业或者其他组织应当对承储粮食的数量及质量安全负责：《政府储备粮食仓储管理办法》第七条亦规定，承储单位应按照"谁储粮、谁负责，谁坏粮、谁担责"的原则对政府储备承担储存安全责任。《中央储备粮管理条例》第五条也聚焦中央储备粮的管理，提出应当实行严格责任，确保中央储备粮数量真实、质量良好和储存安全。承储政府粮食储备的企业或者其他组织应当确保承储的粮食数量真实，严格保障数量安全，并保证粮食质量符合国家粮食相关标准。若未能保障承储粮食的数量与质量安全，承储政府粮食储备企业或者其他组织的负责人及具体责任人员应严格依照法律法规的相关规定承担责任。

6. 实施粮食安全风险事项报告制度

本条规定提出，应实施粮食安全风险事项报告制度：具体而言，主要指承储政府粮食储备的企业或者其他组织，应当将承储政府粮食储备过程中面临的威胁粮食安全的风险事项及时报告给所在地的粮食和储备管理部门，保障迅速有效防范化解粮食安全风险。

二、承储中央政府粮食储备和省级地方政府粮食储备的企业应当剥离商业性经营业务

本条规定明确承储中央政府粮食储备和省级地方政府粮食储备的企业应当剥离商业性经营业务：(1)限定主体为"承储中央政府粮食储备和省级地方政府粮食储备的企业"。相较第一款，这一主体主要将承储政府粮食储备的事业单位等组织，以及承储县级政府粮食储备、地(市)级政府粮食储备的企业予以排除。(2)强调承储中央政府粮食储备和省级地方政府粮食储备的企业应当剥离商业性经营业务,严格落实储备与商业性经营业务分开,防控粮食安全风险。

三、政府粮食储备的收购、销售、轮换、动用等应当进行全过程记录,实现政府粮食储备信息实时采集、处理、传输、共享,确保可查询、可追溯

1. 政府粮食储备的收购、销售、轮换、动用等应当进行全过程记录

本条规定首次通过立法提出政府粮食储备的记录要求,并强调包括"收购、销售、轮换、动用等"全过程。既有规范并未能对政府粮食储备相关活动的记录要求予以重视,主要在《政府储备粮食仓储管理办法》第二十二条中指明,承储单位收购政府储备粮源,应按照规定记录与收购有关的信息并存档备查。同时,《粮油仓储管理办法》第十八条规定,粮油仓储单位应当建立粮油仓储管理过程记录文件。相较于前述规定,本次立法涵括了收购、销售、轮换、动用多个环节,并用"等"字兜底概括,确保覆盖政府粮食储备的全过程。此举有助于进一步规范承储单位等对政府粮食储备的管理,保障政府粮食储备安全。

2. 实现政府粮食储备信息实时采集、处理、传输、共享

本条规定在前述全过程记录制度的基础上,进一步提出实现政府粮食储备信息实时采集、处理、传输、共享的制度要求:(1)"实时"强调政府粮食储备信息相关管理活动的即时性,需依托于数字技术等对政府粮食储备信息进行处理。不同于国务院《关于建立健全粮食安全省长责任制的若干意见》(国发〔2014〕69 号)提出的定期信息报送要求,政府粮食储备信息还需实现即时的信息传输和共享。(2)"采集、处理、传输、共享"主要聚焦政府粮食储备信息管理的关键环节,覆盖了信息采集、加工处理、传输及共享四个主要方面。这一规定也进一步体现了对于政府粮食储备信息的加工、分析及共享要求,有利于国家和相关承储单位等对政府粮食储备信息进行更高效的利用。

3. 确保可查询、可追溯

本条规定主要为政府粮食储备信息管理要求需实现的制度目标:(1)确保可查询主要指前述采集、传输、共享的政府粮食储备信息应可供查询。同时,这一查询要求也进一步提出了对于政府粮食储备信息的管理要求。粮食和储备管理部门应主导构建统一的政府粮食储备信息管理平台,保障实现政府粮食储备信息的可查询功能。

(2)确保可追溯主要指承储政府粮食储备的单位以及管理政府粮食储备信息的有关部门应当对所管理的政府粮食储备信息保存至一定期间,确保能够追溯历史信息或者数据。粮食和储备管理部门应进一步明确各承储单位政府粮食储备信息的最低保存期限,对其管理的政府粮食储备信息也应审慎保存。

【实务应用】

典型案例:"中国储备粮管理总公司某直属库分库在收购期间未严格执行国家粮食质量标准,未按要求制作收购凭证案"①

基本案情:国家粮食和物资储备局江西局在中央储备粮棉管理和中央事权粮食政策执行情况年度考核中发现,中国储备粮管理总公司某直属库分库在2021年秋粮收购期间,自行修改质价公告中杂质扣量标准并违规扣量,未按规定真实、准确记载粮食入库检验检斤单信息。江西局依据《粮食流通管理条例》和《粮油仓储管理办法》,对该企业给予警告并处罚款5万元。

专家评析:政府粮食储备紧密关涉粮食储备安全,承储政府粮食储备的企业必须承担政府粮食储备数量、质量安全的保障责任。在该案中,中储粮某直属库分库未能在收购期间严格执行国家粮食质量标准,已然威胁政府粮食储备质量安全。此外,该分库还未按规定真实、准确记载粮食入库检验检斤单信息,违背了对于收购过程真实准确记录的规范要求。国家粮食和物资储备局江西局依据《粮食流通管理条例》和《粮油仓储管理办法》对该企业的违法行为及时予以查处,有力地保障了中央政府粮食储备安全。

【相关规定】

《农业法》第三十四条;

《安全生产法》第二十一条;

《消防法》第十六条。

---

① 参见《国家粮食和物资储备局关于八起粮食收购环节违法违规典型案例的通报》,载国家粮食和物资储备局官网,http://www.lswz.gov.cn/html/ywpd/zfdc/2023-05/17/content_274775.shtml,最后访问日期:2024年1月17日。

【法条】

第三十一条 承储政府粮食储备的企业或者其他组织应当保证政府粮食储备账实相符、账账相符，实行专仓储存、专人保管、专账记载，不得虚报、瞒报政府粮食储备数量、质量、品种。

承储政府粮食储备的企业或者其他组织应当执行储备粮食质量安全检验监测制度，保证政府粮食储备符合规定的质量安全标准、达到规定的质量等级。

【立法背景】

承储政府粮食储备的企业或者其他组织对于保障政府粮食储备安全责任重大。除本法第三十条规定的相应制度要求外，本条着重提出了承储政府粮食储备的企业或者其他组织应当履行的账目管理和储备粮食质量安全检验监测制度的具体规定。

一方面，针对承储政府粮食储备的企业或者其他组织的账目管理要求，2006 年《粮食库存账务检查办法》（国粮检〔2006〕117 号）系统规定了粮食库存检查中的账务检查方法和程序，明确提出统计账检查、会计账检查、账账及账实相符检查、储备粮轮换账务检查以及特殊粮食业务检查的具体要求。2009 年《粮油仓储管理办法》第二十三条再次强调粮油仓储单位的账目管理要求，强调应确保账账相符、账实相符。《中央储备粮管理条例》亦聚焦中央政府粮食储备，在第二十四条明确承储企业应当对中央储备粮实行专仓储存、专人保管、专账记载，保证中央储备粮账账相符、账实相符、质量良好、储存安全。同时，该条例第二十五条规定，承储企业不得虚报、瞒报中央储备粮的数量，不得在中央储备粮中掺杂掺假、以次充好，不得擅自串换中央储备粮的品种、变更中央储备粮的储存地点，不得因延误轮换或者管理不善造成中央储备粮陈化、霉变。《粮食流通管理条例》第二十条亦强调，粮食经营者从事政策性粮食经营活动，应当严格遵守国家有关规定，不得实行虚报粮食收储数量，通过以陈顶新、以次充好、低收高转、虚假购销、虚假轮换、违规倒卖等方式，套取粮食价差和财政补贴，骗取信贷资金，以及其他违反国家政策性粮食经营管理规定的行为。

另一方面，针对承储政府粮食储备的企业或者其他组织的储备粮食质量安全检验监测要求，《粮食流通管理条例》第三十七条主要聚焦国家及相关行政管理部门维度，规定国家建立健全粮食流通质量安全风险监测体系。《中央储备粮管理条例》第二十八条规定，承储企业应当对中央储备粮的数量、质量和储存安全等储存管理状况进行经常性检查。2021 年，国家粮食和物资储备局为加强粮食储备安全管理，确保政府储备粮食质量安全，专门制定《政府储备粮食质量安全管理办法》，对政府储备粮食入库、储存、出库环节质量安全管控及相关监督检查活动予以系统规定；此后，于 2022 年再次出台《粮食质量安全风险监测管理暂行办法》（国粮标规〔2022〕30 号），进一步规范粮食质量安全风险监测工作，加强质量安全风险控制和管理，保障国家粮食质量安全。

在前述规范的基础上，本法通过明确立法强调了承储政府粮食储备的企业或者其他组织对于账目管理以及储备粮质量安全检验监测的具体要求，为保障政府粮食储备安全提供了立法支撑。

【法条释义】

本法第三十一条明确规定了承储政府粮食储备的企业或者其他组织对于账目管理以及储备粮质量安全检验监测的制度要求。

概括而言，本条第一款主要强调承储政府粮食储备的企业或者其他组织保证政府粮食储备账目管理的要求，并提出“账实相符、账账相符”“实行专仓储存、专人保管、专账记载”“不得虚报、瞒报政府粮食储备数量、质量、品种”的具体规定。第二款着眼储备粮食质量安全检验监测制度，规定承储政府粮食储备的企业或者其他组织执行储备粮食质量安全检验监测制度，以及保证政府粮食储备符合规定的质量安全标准、达到规定的质量等级的具体要求。

一、承储政府粮食储备的企业或者其他组织应当保证政府粮食储备账实相符、账账相符，实行专仓储存、专人保管、专账记载，不得虚报、瞒报政府粮食储备数量、质量、品种

1. 保证政府粮食储备账实相符、账账相符

本条规定强调，承储政府粮食储备的企业或者其他组织对政府粮食储备账目的管理要求。根据《政府储备粮食仓储管理办法》第二十八条的规定，“账实相符”主要是指政府粮食储备保管账等账目的记载与承储政府粮食储备的实物、专卡等实际情况相符。“账账相符”主要是指企业或者其他组织对政府粮食储备的保管账、统计账以及会计账等账目的记载相符。此外，《粮油仓储管理办法》第二十三条规定，库存

粮油情况发生变化的，粮油仓储单位应当在5个工作日内更新库存粮油货位卡和有关账目，进一步确保账账相符、账实相符。

2. 实行专仓储存、专人保管、专账记载

本条规定明确承储政府粮食储备的企业或者其他组织的储存、保管及账目记载要求：(1)根据《政府储备粮食仓储管理办法》第二十五条的规定，“专仓储存”主要是指政府储备应当按照不同品种、年份、等级、性质、权属，采用独立仓廒分开储存（洞库、地下仓分货位储存），不得与其他粮食混存。此外，承储政府粮食储备的企业或者其他组织还应在仓外显著位置悬挂或者喷涂规范的标牌或者标识，标明储粮性质，体现粮权所属。专门仓号一经确定，在储粮周期内不得变动。政府储备入仓前，还应当对目标承储仓房进行空仓验收，查验仓房及相关设施设备是否完好。(2)根据《政府储备粮食仓储管理办法》第二十六条的规定，“专人保管”主要是指承储政府粮食储备的企业或者其他组织应当在政府储备入仓前，指定保管人员专门负责粮油进出仓及保管工作，对相关账卡簿记载内容的完整性、真实性负责，对保管期间粮食的数量、质量、储存安全负责。(3)根据《政府储备粮食仓储管理办法》第二十七条的规定，“专账记载”主要是指承储政府粮食储备的企业或者其他组织应当对政府储备建立专门的保管账、统计账、会计账，并保证账目记载规范。

3. 不得虚报、瞒报政府粮食储备数量、质量、品种

本条规定明确了承储政府粮食储备的企业或者其他组织不得虚报、瞒报政府粮食储备数量、质量、品种的消极义务。“虚报”主要是指多报粮食数量、品种，或将粮食质量等级报告过高。“瞒报”主要是指隐瞒不报或少报政府粮食储备数量、质量及品种信息。《中央储备粮管理条例》第二十五条亦规定，承储企业不得虚报、瞒报中央储备粮的数量，不得在中央储备粮中掺杂掺假、以次充好，不得擅自串换中央储备粮的品种等。相较本条，本法在本条中系统规定了不得虚报、瞒报政府粮食储备数量、质量及品种的要求，有助于实现对政府粮食储备安全的全面保障。

二、承储政府粮食储备的企业或者其他组织应当执行储备粮食质量安全检验监测制度，保证政府粮食储备符合规定的质量安全标准、达到规定的质量等级

1. 执行储备粮食质量安全检验监测制度

本条规定总体提出，承储政府粮食储备的企业或者其他组织应当执行储备粮食质量安全检验监测制度。参照《粮食质量安全风险监测管理暂行办法》第六条及第

二十条的规定,承储政府粮食储备的企业或者其他组织应当不断加强粮食储备质量安全的内部管控,完善储存粮食质量安全自检制度,强化库存粮食温度、湿度和生虫、生霉等测控,全面落实储备质量安全主体责任。此外,承储政府粮食储备的企业或者其他组织还应当积极配合实施库存监测采样,提供真实的采样仓号(货位号)、粮食品种、粮食数量、入库时间、检验数据、产地和粮情记录等信息,不得无正当理由拒绝配合有关部门的质量安全检验监测。

2. 保证政府粮食储备符合规定的质量安全标准、达到规定的质量等级

本条规定提出,承储政府粮食储备的企业或者其他组织应实现的政府粮食储备质量安全保障目标。前述企业或者组织应保证承储的粮食符合国家相关政府粮食储备的质量安全标准以及质量等级。具体而言,可在严格执行储备粮食质量安全检验监测的基础上,加大对粮食购进的质量标准控制。同时,在储存过程中,综合采取技术手段强化对强化库存粮食温度、湿度和生虫、生霉等的控制,保证粮食质量安全。

【实务应用】

典型案例:红河州个旧市粮食储备库原主任马某,通过调整财务账面、虚构粮食交易,违规套取储备粮补贴以及虚报粮食购销入账价格,套取、截留粮食购销款案件①

基本案情:2013 年 3 月至 2016 年 6 月,个旧市粮食储备库时任主任马某,擅自决定用到期轮换的旧粮顶替新粮入库,并安排财务人员在储备库财务账面以购销商名义先后虚构 555 万公斤粮食交易(仅在账面做科目间相互调整),违规套取保管费用补贴、轮换费用补贴 111 万元。2012 ~ 2016 年,马某利用职务便利,通过向财务人员虚报粮食购销入账价格,在粮食购销商与储备库的购销业务往来中形成粮食差价,套取、截留粮食购销款 191 万元。此外,马某还存在其他违纪违法问题。其于 2020 年 10 月受到开除党籍处分,于 2021 年 9 月被认定犯贪污罪、受贿罪、私分国有资产罪以及国有企业人员滥用职权罪,并被判处有期徒刑 11 年。

专家评析:该案中,马某违规套取、截留粮食购销款的行为,严重违反了《粮油仓

---

① 参见《省纪委省监委通报 8 起粮食购销领域腐败问题典型案例》,载云南省监察委员会官网 2021 年 12 月 23 日,http://ynjjjc.gov.cn/html/2021/yunlingyaowen_1223/106008.html,最后访问日期:2024 年 1 月 17 日。

储管理办法》及《政府储备粮食仓储管理办法》的相关规定。马某通过调整财务账面、虚构粮食交易的方式，违规套取储备粮补贴以及虚报粮食购销入账价格，明显违反了不得虚报、瞒报政府粮食储备数量、质量、品种的要求。此外，其利用职务便利，通过向财务人员虚报粮食购销入账价格，在粮食购销商与储备库的购销业务往来中形成粮食差价，套取、截留粮食购销款，进一步侵犯了国有财产的所有权，亦未尽到专人保管和专账记载的职责。对其行为的严格查处，对于保障粮食储备安全具有重要意义。承储政府粮食储备的企业或者其他组织应当严格遵守相关规定，确保政府粮食储备的数量、质量、品种准确无误，并采取有效措施防止粮食质量安全风险的发生。同时，对于违反规定的行为，应当依法追究相关责任人的法律责任，以维护国家粮食安全和社会稳定。

【相关规定】

《粮食流通管理条例》第二十条、第三十七条。

【法条】

第三十二条　县级以上地方人民政府应当根据本行政区域实际情况，指导规模以上粮食加工企业建立企业社会责任储备，鼓励家庭农场、农民专业合作社、农业产业化龙头企业自主储粮，鼓励有条件的经营主体为农户提供粮食代储服务。

【立法背景】

目前，我国已初步建成中央储备与地方储备协同发展的粮食储备体系，在稳市、救灾、恤民方面发挥了重要作用。但这种政府储备为主、社会储备参与较低的粮食储备体系主体单一，政府承担了大量的储备任务，财政压力巨大。想要保障粮食安全，仅靠政府一方承担责任，难以有效落实国家粮食安全战略，因此需要政府与市场共同参与。企业储备作为政府粮食储备的必要补充，是确保区域粮食安全的重要抓手。2019 年我国对粮食储备管理作出全面部署，勾勒了全新的粮食储备安全制度框架。中央深化改革委员会第八次会议审议通过《关于改革完善体制机制加强粮食储备安全管理的若干意见》，指出要推动中央储备与地方储备、政府储备与企业储备互为补充、协同发展。要改革完善粮食储备管理体制,健全粮食储备运行机制,加快构建更高层次、更高质量、更有效率、更可持续的粮食安全保障体系。近年来,全国不断加快企业社会责任储备建设,包括粮食主产省在内的多个省份,陆续建立“政府储备、企业储备互为补充”的全社会储备共担机制。本次立法旨在引导社会主体(主要是企业)参与粮食储备,旨在通过形成“政企互补”“全社会共担”的粮食储备新格局,发挥社会力量在粮食安全保障中的作用,增强粮食市场的稳定性和弹性,缓解政府粮食储备的压力。

【法条释义】

本条主要明确了政府鼓励、引导社会主体参与粮食储备的相关内容。

概括而言,本条主要规定了县级以上地方人民政府鼓励、引导社会储备的3项重要制度,包括粮食加工企业社会责任储备制度,家庭农场、农民专业合作社、农业产业化龙头企业自主储粮制度以及农户粮食代储制度。相较以往政府粮食储备制度,本条明确的粮食社会储备制度是本法的创新之举。

一、县级以上地方人民政府应当根据本行政区域实际情况采取相应措施

本条规定明确了粮食社会储备责任主体:(1)社会主体参与粮食储备属于市场行为,政府不宜加以强制。本部分“指导”“鼓励”的表达,明确了社会粮食储备的自愿性。这意味着政府作为粮食安全保障的主要责任主体,应当承担起对社会主体参与粮食储备的激励、引导、推动责任。(2)“县级以上”既明确了社会粮食储备推动责任的政府层级要求,也明确了社会粮食储备的建立范围。

二、指导规模以上粮食加工企业建立企业社会责任储备

本条规定是对规模以上粮食加工企业社会责任储备的规定:粮食企业社会责任储备是指由规模以上粮食加工企业依据法律法规明确的社会责任建立,平时由企业自主经营,特殊情况下政府可依法有偿动用的常年储备,是粮权归企、常储常新、因情施策的辅助性责任库存。该制度是我国粮食储备制度改革中的一项重要创新,首次提出于2019年5月中央深化改革委员会第八次会议审议通过的《关于改革完善体制机制加强粮食储备安全管理的若干意见》。粮食企业作为市场极为重要的活跃主体,其粮食储备是国家粮食储备体系中的重要组成部分。但粮食企业本质上具有较强的营利性,固有的商业库存往往数量有限,经济利益色彩过重、储备规模较小,难以有效发挥粮食安全保障中的应有功能。粮食企业社会责任储备是粮食企业为履行粮食安全保障社会责任而建立的,能够有效分担政府储备压力。对于粮食企业社会责任储备制度的理解应从以下两个方面入手:一是粮食企业社会责任储备的主体是"规模以上粮食加工企业"。[①] 二是粮食企业社会责任储备的建立依据是法律法规明确的社会责任,即粮食企业承担的粮食安全保障的社会责任。

三、鼓励家庭农场、农民专业合作社、农业产业化龙头企业自主储粮

本条规定是关于新型农业经营主体自主储粮的相关规定。家庭农场、农民专业合作社、农业产业化龙头企业是新型农业经营主体的主要形式,是现代农业经营体系的重要组成部分。家庭农场、农民专业合作社、农业产业化龙头企业自主储粮有利于提高粮食生产效率和质量,增强粮食市场供给能力。

四、鼓励有条件的经营主体为农户提供粮食代储服务

本条规定是关于农户粮食储备代储服务的相关规定。粮食储备事关粮食安全,尤其是囿于储备技术落后、备荒意识减弱以及粮食价格波动影响等,当前农户储粮形势严峻。而"藏粮于民"则是强调新时期农户储备在粮食储备中的重要补充作用,亦是粮食安全的"稳定器"。[②] 为此,探索和建立农户粮食储备代储服务制度具有重要意义:一是粮食代储服务有利于解决农户庭院无处存放、个人投入大、劳动力不足、不便管理和装仓出仓等问题,通过解决"地趴粮"现象,[③]减少农户粮食储备的损耗、提高农户粮食储备规模和质量,增加农户收益;二是粮食代储服务属于粮食产后服务的方式之一,能够解决农户产粮的后顾之忧,进而提高农户生产积极性。

【实务应用】

典型案例:泰安市强化粮食产后服务,助力粮食安全和农民增收双赢[④]

泰安市把粮食产后服务体系建设作为实施优质粮食工程的重要内容,服务农户、

---

① 根据国家统计部门的最新规定,年主营业务收入在 2000 万元及以上的粮食企业属于"规模以上企业"。

② 参见李蕊、陆璐:《基于"藏粮于民"战略的粮食储备主体优化研究》,载《粮食科技与经济》2021 年第 4 期。

③ 参见梁闯:《守护节粮减损的"无形良田"》,载《长春日报》2023 年 10 月 31 日,第 4 版。

④ 参见《泰安市强化粮食产后服务　助力粮食安全和农民增收双赢》,载泰安市发展和改革委员会官网,http://fgw.taian.gov.cn/art/2021/3/25/art_47549_10284698.html,最后访问日期:2024 年 1 月 17 日。

促农增收的有效载体，落实国家“三农”政策、适应农业体制变革、引导粮食产业发展的重要工程，逐步建成了布局合理、能力充分、设施先进、功能完善、满足粮食产后处理需要的新型社会化粮食产后服务体系。截至2021年3月，全市建成的15家粮食产后服务中心运营良好，其中东平县丰谷粮食购销有限公司积极承担社会服务职能，努力探索为民搞好粮食服务的新举措新办法，全力推进粮食“五代”服务，实现了农民致富增收和确保国家粮食安全的双促进、双提高，产生了明显的社会效益。

基本案情：东平县丰谷粮食购销有限公司自2011年建成起，一直坚持“为种粮农民服务”理念，先后引进200吨粮食干燥设备、玉米脱粒及清杂设备、输送机，完成了脱粒、清杂、烘干、入仓等一条龙操作流程，逐步形成布局合理、能力充分、设施先进、功能完善，满足粮食产后处理需要的粮食产后服务体系，粮食产后服务共辐射周边4个县、10个乡镇。

近年来，东平县丰谷粮食购销有限公司在认真进行市场调研、认真分析群众需求的基础上，想群众之所想、办群众之所需，千方百计为群众排忧解难，广泛吸取外地同行业企业成功经验，推出了为种粮农民提供“代清理、代干燥、代储存、代加工、代销售”的“五代”服务模式。这一模式，不但实现了粮食产后节约减损，还有效解决了农民运输难、清理难、储存难、卖粮难等一系列问题，将为民服务、助农增收落到实处，赢得了农户的一致好评。首先，对于“清理难”“晒粮难”问题：小麦、玉米收获后，含水量都很高，如果不及时晾晒，霉菌和发芽将在两三天内发生。烘干机可以很好地解决这个问题，通过为农户提供代清理、代干燥服务，方便种粮农民清理、整晒粮食，减轻产后损失约4%，提高种粮效益。东平县丰谷粮食购销有限公司日烘干处理能力200吨以上，农户集中收割的小麦、玉米能得到及时处理，可减少虫蚀、霉变造成的损失，每亩助农增收120元；减少农户搬倒和晾晒的务农时间，每户节省劳务费约3000元。2020年，累计为周边农户烘干玉米1.2万吨、小麦0.2万吨，为农民减少粮食损失112万斤，实现增收670万元以上。其次，对于“储粮难”“卖粮难”问题：东平县丰谷粮食购销有限公司按照“粮食银行”模式为农户提供代储存服务，坚持“存粮自愿、取粮自由”“落价保底、涨价顺价”原则，减少交易环节，实现安全储粮。农民的粮食存在这里，不仅能保值，还能赚“利息”。这极大地维护了储粮农户的利益，赢得了农户信赖。该公司共建钢架罩棚1664平方米，平房储粮仓2496平方米，立筒仓两座，仓储能力1.3万吨。2020年，该公司为426户提供代储服务，代储粮食共0.576万吨。

最后，提升了粮食品质，保障了粮食安全。粮食烘干对于国家粮食安全、农业生产效益、农产品质量以及农民增收具有非常重要的意义。传统的场院晾晒和公路晾晒，容易受到作业场地和天气条件的影响，在晾晒过程中容易出现粮食破碎和二次污染等问题，同时也不能保证粮食的成色和品质，给粮食品质和安全带来了严重隐患。粮食安全是关系国计民生的大事，然而粮食收获后，不能及时脱粒、晾晒或烘干，往往造成霉变，损失很大。东平县丰谷粮食购销有限公司通过专业化、一体化烘干技术，能提高抵御天气变化的能力，解决因天气原因造成的粮食霉变、收获后晾晒不及时等粮食浪费问题，同时经过清理设备筛除杂质，提升粮食品质，既保证农业丰产丰收，又保障了国家粮食安全。

专家评析：粮食产后服务中心是农户储粮代储服务的重要形式，具体是指为种粮农户提供粮食产后清理、干燥、收储、加工、销售等服务的专业化、社会化的服务机构，旨在提高粮食质量和价值，减少粮食损失浪费，增加农民收入，保障国家粮食安全。《粮食产后服务体系建设实施指南》规定了粮食产后服务中心的目标任务、规划布局、建设主体、功能定位等方面的要求，要求各地因地制宜、科学规划、合理布点、多元参与、精准施策，形成布局合理、需求匹配、设施先进、功能完善的粮食产后服务体系。截至 2021 年 6 月，我国已建立粮食产后服务中心 5300 多个，农户科学储粮仓近 56 万套，实现了产粮大县全覆盖。① 未来，政府应进一步推动粮食产后服务中心建设，扩大覆盖范围，更好地满足种粮农民需求、增加种粮农民收益，更好地为农业服务，更好地促进乡村振兴，让农业更强、农民更富、乡村更美。

【法条】

第三十三条　县级以上人民政府应当加强粮食储备基础设施及质量检验能力建设，推进仓储科技创新和推广应用，加强政府粮食储备管理信息化建设。

---

① 参见《粮食产后服务体系实现产粮大县全覆盖》，载中华人民共和国中央人民政府官网，https://www.gov.cn/xinwen/2021-06/19/content_5619462.htm，最后访问日期：2024 年 1 月 17 日。

【立法背景】

政府粮食储备科技赋能等储备能力建设，对于全面提升政府粮食储备效率和储备安全能力具有重要意义，实为保障国家粮食储备安全的重要举措。对此，《国家粮食安全中长期规划纲要（2008—2020 年）》明确提出，要加强储备粮仓储基础设施建设，改善储粮条件，提高粮食储藏技术应用水平，确保储粮安全。《中华人民共和国国民经济和社会发展第十三个五年规划纲要》指出，应实施粮食收储供应安全保障工程，推进智慧粮库建设。《农业法》第三十四条第二款着眼加强粮食储备基础设施，明确国家应建设仓储运输体系。《粮食流通管理条例》第二十五条亦提出，国家鼓励和支持开发、推广应用先进的粮食储存、运输、加工和信息化技术。国家发展和改革委员会、国家粮食和物资储备局、科技部《关于"科技兴粮"的实施意见》（国粮发〔2018〕100 号）明确提出，应推进安全、绿色、智能、精细仓储科技创新，实施"现代粮仓"创新行动。同时，围绕政府储备粮安全管理需求，专题攻关绿色储粮技术和高标准仓储设施建设标准，实施"现代粮仓"创新行动。国家粮食和物资储备局《关于统筹推进粮食和物资储备信息化建设的指导意见》（国粮发〔2020〕6 号）亦从信息化建设维度着重强调，应加快推进储备管理业务规范化和数据标准化，提升仓储作业自动化和智能化水平，增强储备安全保障能力。《政府储备粮食仓储管理办法》第三十七条也明确规定，承储单位应当加强信息化建设，提升政府储备信息化管理水平，将政府储备业务相关信息纳入全国粮食储备地理信息系统和政府储备库存监管应用系统。在前述规范的基础之上，本法专条强调政府对于粮食储备能力提升的支持和保障，为粮食储备安全提供更有力的制度支撑。

【法条释义】

本法第三十三条明确规定了政府对于促进粮食储备能力提升的支持和保障机制。

概括而言，本条分别规定了"加强粮食储备基础设施及质量检验能力建设""推进仓储科技创新和推广应用""加强政府粮食储备管理信息化建设"3 项县级以上人民政府对于促进粮食储备能力提升的具体要求。

一、加强粮食储备基础设施及质量检验能力建设

本条规定强调，县级以上人民政府应当加强粮食储备基础设施及质量检验能力建设:(1)完备的粮食储备基础设施是保障粮食储备安全的前提和基础。政府应加强粮食储备基础设施建设,推进智慧粮仓建设并配备现代化储粮设备,保障提升粮食储备能力。(2)质量检验能力建设是提升粮食储备能力的重要技术支持,具体包括完备质量检验制度体系,加大对应用推广先进的检验设备、技术的财政支持,以及加大相应的人才培养支持机制,确保粮食储备质量安全。

二、推进仓储科技创新和推广应用

本条规定着眼仓储科技,提出县级以上人民政府应当推进仓储科技创新和推广应用:(1)推进仓储科技创新,主要是指政府应加大对于粮食仓储技术及设备研发、技术攻坚等的支持,综合运用财政、金融、服务手段促进仓储技术的转型升级。(2)在前述技术创新基础上,还应进一步加大对先进仓储技术或设备等创新成果的推广,通过政府补贴、政府服务购买等机制促进推广应用,进一步提升粮食仓储能力。

三、加强政府粮食储备管理信息化建设

本条规定提出加强政府粮食储备管理信息化建设的要求。具体而言,政府粮食储备管理信息化建设主要包括智慧粮仓建设、信息化管理系统建设以及信息化监管系统建设等。政府应加大对于政府粮食储备管理信息化建设的支持力度,通过政府财政补贴、政府服务购买以及信息化管理培训等,推进政府粮食储备管理信息化建设进程,提高粮食储备管理效率,确保粮食储备安全。

【实务应用】

浪潮通软联合黑龙江省粮食和物资储备局打造的“数字龙粮监管服务平台”正式上线运行,该平台是按照《国家粮食和物资储备局粮食购销领域监管信息化规范》建设的国内首个粮食信息化省级管理平台,为实施“数字化管粮”,加强数字化穿透式监管,守住管好“龙江粮仓”提供了有力保障。该平台利用云计算、物联网、人工智能等数字技术,以“服务监管、支撑业务”为建设理念,通过完善监管手段和监督力度,实现了对粮食购销领域存在的问题进行实时穿透式监管、动态预警,为全省13个市(地)级、73个县级粮食行政管理部门和中储粮黑龙江分公司及所属26个直属库加强政策性粮食监管提供全面支撑。在具体推广应用过程中,双鸭山市粮食局为有效加强数字龙粮监管平台管理,专门制定了《双鸭山市数字龙粮监管服务平台系统管理办法(试行)》,对市、县级管理平台的工作职能和责任予以明确,确保平台系统规范有序运营。“数字龙粮监管服务平台”的搭建以及相关管理办法的实施，为各地方智慧化粮食储备管理提供了有益的实践经验，有利于进一步推动粮食信息化的全面实现，保障国家粮食安全。

【相关规定】

《农业法》第三十四条；

《粮食流通管理条例》第二十五条。

【法条】

第三十四条　县级以上人民政府应当将政府粮食储备情况列为年度国有资产报告内容，向本级人民代表大会常务委员会报告。

【立法背景】

年度国有资产报告制度是党中央加强人大国有资产监督职能的重要决策部署，对于增加国有资产管理公开透明度、提升国有资产管理公信力具有重要意义。《企业国有资产法》第六十三条规定，各级人民代表大会常务委员会通过听取和审议本级人民政府履行出资人职责的情况和国有资产监督管理情况的专项工作报告，组织对该法实施情况的执法检查等，依法行使监督职权。党的十八届三中全会进一步提出，要加强人大国有资产监督职能。按照中央部署，全国人大常委会预算工委牵头，财政部、国务院国有资产监督管理委员会参与承担了“建立国务院向全国人大常委会报告国有资产管理情况的制度”的改革任务。十九届中央全面深化改革领导小组第一次会议审议通过了《关于建立国务院向全国人大常委会报告国有资产管理情况的制度的意见》，该意见明确规定，国务院每年向全国人大常委会报告国有资产管理情况，并对报告框架、报告重点、审议程序、审议重点、组织保障等提出了明确要求。《十三届全国人大常委会贯彻落实〈中共中央关于建立国务院向全国人大常委会报告国有资产管理情况制度的意见〉五年规划（2018—2022）》进一步明确了国有资产报告的具体落实要求。根据第十四届全国人民代表大会第一次会议《关于2022年中央和地方预算执行情况与2023年中央和地方预算的决议》，我国已基本摸清四大类国有资产家底，全面实施国有资产报告制度。全国人民代表大会常务委员会《关于加强国有资产管理情况监督的决定》再次对国有资产报告制度作了系统性规定，并提出县级以上地方人大常委会结合本地实际，参照建立健全国有资产管理情况监督制度，加强监督力量，依法履行人大国有资产监督职责。在前述规范的基础上，本法首次提出，县级以上人民政府应将政府粮食储备情况列为年度国有资产报告内容，这有力加强了党中央对政府粮食储备的监督管理，在相当程度上推动了政府粮食储备的规范化治理。

【法条释义】

本法第三十四条明确规定了政府粮食储备情况的年度国有资产报告制度。概括而言，本条首先强调，县级以上人民政府应当将政府粮食储备情况列为年度国有资产报告内容，进而明确应向本级人民代表大会常务委员会报告的具体要求。

一、县级以上人民政府应当将政府粮食储备情况列为年度国有资产报告内容

本条规定强调，县级以上人民政府应将政府粮食储备情况纳入年度国有资产报告。年度国有资产报告是县级以上人民政府就本年度国有资产管理情况，向本级人大常委会作出的综合和专项报告，其全面、准确反映企业国有资产（不含金融企业）、金融企业国有资产、行政事业性国有资产、国有自然资源四类国有资产管理情况。

县级以上人民政府将政府粮食储备情况列为年度国有资产报告内容，需要在报告中如实说明政府粮食储备的品种、数量和规模等信息，将政府粮食储备全面、准确反映政府粮食储备情况。按照全国人民代表大会常务委员会《关于加强国有资产管理情况监督的决定》的规定，国有资产管理情况综合报告还应重点报告政府粮食储备管理中的突出问题，以及加强政府粮食储备管理等情况；专项报告要根据政府粮食储备的性质和管理目标，结合全国人大常委会审议的重点内容突出报告重点，反映政府粮食储备的管理情况、管理成效、相关问题和改进工作安排。

二、向本级人民代表大会常务委员会报告

本条规定明确了县级以上人民政府进行年度国有资产报告的具体报告对象。县级以上人民政府向本级人民代表大会常务委员会作政府粮食储备管理情况的报告，体现了人大对于政府粮食储备这一重要国有资产的监督职责。通过切实加强人大对于政府粮食储备管理情况的监督，有利于提高政府粮食储备管理的公开透明度，实现人大对于政府粮食储备监督的制度化、规范化，进而保证政府粮食储备的规范有序推进，发挥党确保政府粮食储备安全的合力。

【相关规定】

《企业国有资产法》第六十三条。

第五章
粮食流通

【法条】

第三十五条　国家加强对粮食市场的管理，充分发挥市场作用，健全市场规则，维护市场秩序，依法保障粮食经营者公平参与市场竞争，维护粮食经营者合法权益。

国家采取多种手段加强对粮食市场的调控，保持全国粮食供求总量基本平衡和市场基本稳定。县级以上地方人民政府应当采取措施确保国家粮食宏观调控政策的贯彻执行。

【立法背景】

粮食市场为连接粮食生产端与消费端搭建平台，有效平衡了粮食供需，也是农民利益的切实保障。国家对粮食市场的规范和调控，是保障粮食流通有序运行的关键举措；只有依托规范的粮食市场，粮食产出后才能实现稳定顺畅的流转。正确规范粮食市场的调节功能，不仅能保障农民的稳定收益，而且能满足广大人民对于粮食的刚性需求，保障国家粮食安全。

1988 年国务院《关于加强粮食管理稳定粮食市场的决定》（国发〔1988〕67 号）即针对粮食市场的管理出台专门规定。着眼当时自然灾害频繁对粮食供应以及粮食价格产生的影响，该规定明确强调应加强粮食管理，稳定粮食市场。1990 年国务院《关于加强粮食购销工作的决定》（国发〔1990〕44 号）进一步聚焦粮食购销工作的规范治理,重申加强粮食市场管理的要求。1992 年国务院《关于提高粮食统销价格的决定》(国发〔1992〕15 号)从规范粮食统销价格的维度,提出加强粮食市场管理的具体要求。1994 年国务院《关于深化粮食购销体制改革的通知》(国发〔1994〕32 号)首次从规范层面提出“各级政府和粮食部门要加强对粮食市场的管理和调控”,使管理和调控并重,深化粮食购销体制改革,稳定粮食市场。随着国民经济市场化程度的提高,粮食流通体制改革的深入和农村税费改革的全面实行,2004 年国务院《关于进一步深化粮食流通体制改革的意见》(国发〔2004〕17 号)进一步推进粮食购销市场化改革,再次强调维护市场秩序、加强宏观调控。在立法层面,尚没有专门法律对此予以明确,仅《农业法》第三十五条规定粮食风险基金这一重要调控措施。此外,《粮食流通管理条例》亦通过行政法规的形式,对粮食市场的部分管理与调控措施予以规定。在前述政策与规范的基础上,本法首次通过立法明确粮食市场的管理与调控规范,确保粮食市场的稳定有序运行,保障粮食流通安全。

【法条释义】

本法第三十五条明确规定了国家对粮食市场进行干预的总体要求。概括而言,本条两款分别规定了国家对粮食市场的管理和调控要求:(1)第一款首先从宏观维度强调“国家加强对粮食市场的管理”,其后从微观维度提出充分发挥市场作用、健全市场规则、维护市场秩序以及依法保障粮食经营者相关权益 4 项具体规定。(2)第一款首先从宏观维度明确“国家采取多种手段加强对粮食市场的调控”,并提出“保持全国粮食供求总量基本平衡和市场基本稳定”的具体要求。同时,进一步规定县级以上地方人民政府采取措施确保调控政策贯彻执行的具体责任。

一、国家加强对粮食市场的管理

本条规定提出了国家加强粮食市场管理的总体要求:(1)国家对粮食市场的管理主要体现为在充分尊重市场运行规律的前提下,对粮食市场主体行为的直接干预,其本质特征是正当的限制或禁止。通过对粮食市场的直接规制,能够及时有效遏制粮食市场相关主体的违法违规行为,保障粮食市场的良好秩序,进而避免粮食安全风险。(2)概言之,国家粮食市场管理的具体措施主要包括以下两种,首先,立法机关应明确粮食市场经营者的准入条件、价格规范、产品质量标准、竞争秩序等强制性要求或禁止性规定。其次,在前述规则引导下,由行政机关通过许可、定价、检查监督、处罚强制等手段具体实现对市场的依法管理。(3)需要强调的是,国家对粮食市场的管理必须以充分尊重市场运行规律为前提,积极运用市场手段充分发挥市场效能。市场规律是市场经济最基本的运作原则,只有遵循市场规律才能保持市场的有效竞争和运行效率。国家在对粮食市场进行管理的过程中,应有效平衡管制与市场,严格限制政府干预的边界,避免由于政府的不当干预导致市场扭曲。

二、充分发挥市场作用,健全市场规则,维护市场秩序,依法保障粮食经营者公平参与市场竞争,维护粮食经营者合法权益

1. 充分发挥市场作用

本条规定强调,对粮食市场的管理应充分发挥粮食市场作用,并被置于粮食市场管理具体规定的首位,彰显了充分发挥市场作用的重要意义。正如国务院原总理李克强所言,“保供稳价要尊重规律,更加注重运用市场办法”。① 在粮食市场管理中,应充分发挥市场在资源配置中的决定性作用,保障市场交换、调节、引导、优化等多重功能,为激发市场活力提供更完备的法治环境。

2. 健全市场规则

本条规定着眼市场规则健全的制度设计维度,为粮食市场运行提供更完备的基础规则支撑。完善的市场规则是维护市场公正竞争和保障消费者权益的重要依据。政府应积极通过制定法律法规、部门规章等手段规范市场秩序。概言之,此处所指的规则主要包括市场准入及退出规则,市场交易规则,市场竞争规则及诉讼、仲裁等市场争议规则等规则体系,以涵括市场运行的全过程。

3. 维护市场秩序

本条规定主要聚焦维护市场秩序的制度执行维度,强调前述规则设计基础上的进一步适用。维护市场秩序主要仍依赖行政执法手段,对于违反粮食市场管理规定的相关行为予以规制。聚焦粮食市场,市场监督管理机关等应严格履行法定职责,对于粮食市场经营者准入及退出、粮食价格制定、粮食市场竞争等行为予以监督,并对违法行为及时进行查处。

---

① 参见《李克强:保供稳价要尊重规律 更加注重运用市场办法》,载中华人民共和国中央人民政府网,https://www.gov.cn/premier/2019-09/27/content_5434146.htm,最后访问日期:2024年1月18日。

4. 依法保障粮食经营者公平参与市场竞争，维护粮食经营者合法权益

本条规定首先强调，国家应依法保障粮食经营者公平参与市场竞争的具体权利，进而提出维护粮食经营者合法权益的综合要求。（1）在粮食市场领域，“依法”主要指向《粮食安全保障法》《反不正当竞争法》《反垄断法》《价格法》等法律，以及《粮食流通管理条例》等行政法规。（2）粮食经营者公平参与市场竞争应遵循自愿、平等、公平、诚信的原则，遵守法律和商业道德，避免采取前述《反不正当竞争法》《反垄断法》《价格法》等规定的违法行为，如商业贿赂、虚假宣传以及不公平低价等。为实现依法保障粮食经营者公平参与市场竞争的要求，国家应进一步完备粮食市场公平竞争的相关针对性规定，并加大对不公平市场竞争行为的严格查处，确保公平竞争的粮食市场环境。（3）维护粮食经营者合法权益是更具综合性、积极性的保障要求。对此，除行政机关积极行使行政执法权外，检察机关、法院等司法机关也可进一步发挥对公共利益的保护职责，通过检察建议、公益诉讼等方式维护粮食经营者的合法权益，并在法律规定的范围内体现对于中小粮食经营者的侧重保护。

三、国家采取多种手段加强对粮食市场的调控

本条规定是对国家对粮食市场进行宏观调控的原则性要求，提出国家应采取多种手段加强对粮食市场的调控。具体而言，此处的“多种手段”强调了国家的宏观调控手段应体现多元性，综合采取多样化的调控措施实现对粮食市场的有效干预。结合《粮食流通管理条例》的相关规定，粮食调控手段主要是指政策性粮食购销、粮食进出口等多种经济手段和必要的行政手段。具体而言，应至少包括：粮食最低收购价政策、粮食风险基金制度、粮食主产区政策性收储制度、粮食价格干预措施以及粮食重要信息发布机制等粮食市场调控措施。国家应结合实际情况综合采取前述调控措施，并不断创新优化具体机制，以实现更高质量、更高效率的调控效能。

四、保持全国粮食供求总量基本平衡和市场基本稳定

本条规定强调保持全国粮食供求总量基本平衡和市场基本稳定，是国家粮食市场调控应实现的重要目标：（1）“全国粮食供求总量基本平衡”主要聚焦全国粮食供给与需求两个维度，强调粮食供求总量应实现基本平衡，这也是国家粮食安全的基本要求。具体而言，全国粮食供求总量基本平衡要求指向三重内涵：其一，避免粮食供不应求，通过发挥政策性收储制度功能以及调整粮食进出口政策等保障我国粮食的有效供应；其二，避免粮食供过于求，通过及时发布粮食市场信息并采取必要的价格

干预措施等，平衡粮食供需两端；其三，避免各重要粮食作物供需结构不平衡，通过指导粮食种植结构调整、政策性收储等，及时调整粮食供应结构。申言之，要确保国家粮食安全，除聚焦全国粮食供求总量外，还应关注各地区粮食供求总量的平衡要求，避免发生区域粮食安全风险。(2)“全国粮食市场基本稳定”主要着眼粮食市场这一联结供需的关键平台，强调保持其基本稳定的调控目标。具体而言，粮食市场基本稳定主要体现为粮食公平交易秩序、粮食市场合理结构以及粮食市场资源配置等功能正常发挥的稳定状态。在此过程中，还将涉及粮食生产、流通、储备、消费等多重环节，以及粮食应急等特殊机制要求。因此，要实现粮食市场的基本稳定，除依托于国家对粮食市场的整体调控外，还需加强对各具体环节的深入有效调控。

五、县级以上地方人民政府应当采取措施确保国家粮食宏观调控政策的贯彻执行

本条规定进一步提出，县级以上地方人民政府对于国家粮食宏观调控政策的贯彻执行要求。县级以上地方人民政府应当切实贯彻执行国家粮食宏观调控政策，确保具体调控政策能够在各地方逐级落实。具体而言，为确保国家粮食宏观调控政策有效贯彻执行，县级以上地方人民政府可综合采取以下措施：(1)完备地方粮食宏观调控政策贯彻执行的相应规范，并构建以省级规范为指导，市、县级规范相应细化配套的地方粮食宏观调控规范体系。在具体规范中，应重点明确相应政策贯彻执行的约束机制，确保有关政策的切实落实。(2)优化对各地方粮食宏观调控政策贯彻执行的监督机制。在前述规范的基础上，还应加强对各级政府贯彻执行具体调控政策的监督力度，构建覆盖各粮食安全保障环节的常态化监督机制，依法追究相关主体的责任后果。

【实务应用】

典型案例：“南京某米业有限公司粮食收购未明码标价案”①

基本案情：2022 年 6 月，南京市江宁区市场监管局在对南京某米业有限公司开展检查时，发现该公司在开展粮食收购活动时存在未按规定明码标价的行为，该行为

---

① 参见《违规收购粮食被罚 10 万！南京公布一批典型案例》，载微信公众号“南京市场监管”2022 年 7 月 7 日，https://mp.weixin.qq.com/s/Nl-mUgC29rsbB0v9r5pvOQ，最后访问日期：2024 年 1 月 18 日。

违反了《价格法》第十三条第一款的规定，南京市江宁区市场监管局依据《行政处罚法》第二十八条第一款、第五十一条，《价格法》第四十二条的规定，责令当事人改正违法行为，并给予罚款2000元的行政处罚。

专家评析：涉案米业有限公司在粮食收购活动中未按规定明码标价的行为是典型的价格违法行为。相较卖粮农民而言，该米业有限公司在粮食收购活动中明显处于优势地位，其不按规定明码标价的行为应构成滥用交易优势地位的违法行为。该行为不仅直接侵害卖粮农民对于粮食收购价格的知情权以及粮食销售公平交易权等合法权益，而且进一步损害了粮食市场的正当秩序，极易产生负外部性。《价格法》第十三条第一款明确规定，经营者销售、收购商品和提供服务，应当按照政府价格主管部门的规定明码标价，注明商品的品名、产地、规格、等级、计价单位、价格或者服务的项目、收费标准等有关情况。有关市场监管局根据本款对于涉案米业有限公司中未按规定明码标价的行为予以查处，有助于维护卖粮农民的合法权益，保障粮食市场的公平秩序，进一步确保粮食流通安全。

【相关规定】

《价格法》第十三条、第四十二条；

《行政处罚法》第二十八条、第五十一条。

【法条】

第三十六条　县级以上地方人民政府应当加强对粮食仓储、物流等粮食流通基础设施的建设和保护，组织建设与本行政区域粮食收储规模和保障供应要求相匹配，布局合理、功能齐全的粮食流通基础设施，并引导社会资本投入粮食流通基础设施建设。

任何单位和个人不得侵占、损毁、擅自拆除或者迁移政府投资建设的粮食流通基础设施，不得擅自改变政府投资建设的粮食流通基础设施的用途。

【立法背景】

完善的粮食流通基础设施是实现粮食流通安全的基础支撑。粮食仓储、物流等建设、保护水平的提升对于实现粮食的安全存储及运输具有至关重要的意义。

2011 年《粮食行业“十二五”发展规划纲要》明确提出粮食流通基础设施明显改善的重要目标，并着重强调完善粮食仓储设施，打通“北粮南运”主通道、完善黄淮海等主要通道的具体要求。在此基础上，2012 年《粮食流通基础设施“十二五”建设规划》进一步推进“十二五”期间粮食流通基础设施建设，对相应的建设目标、主要任务、项目布局、投资测算及保障措施等作出系统规划。为全面提升粮食收储供应安全保障能力，2015 年国家发展改革委、国家粮食局、财政部发布《粮食收储供应安全保障工程建设规划(2015—2020 年)》，强调应大力实施粮食收储供应安全保障工程，并对建设粮油仓储设施、打通粮食物流通道的具体要求予以规定。依据前述规划纲要，《中央储备粮管理条例》第十一条针对中央储备粮仓储设施，规定任何单位和个人不得破坏中央储备粮的仓储设施。中央储备粮储存地的地方人民政府对破坏中央储备粮仓储设施的违法行为，应当及时组织有关部门予以制止、查处。2016 年国家发改委发布的《国有粮油仓储物流设施保护办法》，也相应对国有粮油仓储物流设施的保护与监管机制予以明确，以加强国有粮油仓储物流设施保护，保证粮油仓储能力满足保障国家粮食安全的需要。《粮食流通管理条例》第三十一条则着眼粮食主产区和主销区，规定国家支持粮食主产区和主销区建设粮食生产、加工、物流基地或者园区，鼓励加强对政府储备粮油仓储物流设施的保护。

检视前述相关政策及规范性文件，诸多规定多聚焦政府储备粮油仓储物流设施的建设和保护。同时，从规范内容观之，相关规定更侧重加强粮食仓储设施的建设和保护，对物流等设施的保障力度相对偏弱。本法首次从立法层面明确提出对粮食流通基础设施的建设和保护要求，系统涵括粮食仓储、物流等相关设施，体现了对粮食流通基础设施的全面保障。

【法条释义】

本法第三十六条明确规定了粮食流通基础设施的建设和保护机制。概括而言，本条第一款首先提出县级以上地方人民政府加强粮食流通基础设施建设和保护的总体规定。在此基础上，进一步强调粮食流通基础设施建设的具体任务要求，并明确应引导社会资本投入。第二款从消极禁止维度，着重规定不得侵占、损毁、擅自拆除或者迁移政府投资建设的粮食流通基础设施，以及不得擅自改变政府投资建设的粮食流通基础设施用途两方面的禁止性要求。

一、县级以上地方人民政府应当加强对粮食仓储、物流等粮食流通基础设施的建设和保护

本条规定提出，县级以上地方人民政府应当加强对粮食仓储、物流等粮食流通基础设施建设和保护的总体规定：(1)粮食仓储、物流等粮食流通基础设施主要包括粮仓、储粮罩棚、烘干设施等粮食仓储设施，公路、铁路、航空、水路等物流设施以及物流信息平台、电子商务平台等信息化设施。(2)“加强粮食流通基础设施建设和保护”突出了建设和保护并重。一方面，县级以上地方人民政府应加大对粮食流通基础设施建设的支持力度，通过财政补贴、转移支付等多种手段推进粮食流通基础设施建设；另一方面，政府也应重视粮食流通基础设施的保护，明确规定粮食流通基础设施的管护机制，加强对各地方粮食流通基础设施保护工作的常态化监督，严格查处破坏粮食流通基础设施等违法行为。

二、县级以上地方人民政府应当组织建设与本行政区域粮食收储规模和保障供应要求相匹配，布局合理、功能齐全的粮食流通基础设施

本条规定明确了粮食流通基础设施建设的具体要求：(1)明确县级以上地方人民政府的组织建设职能。据此，县级以上地方人民政府应首先在上级政府的指导下，重视本级政府对粮食流通基础设施建设的规划编制职责。同时，组织相应部门以及参与建设的市场主体等有序开展粮食流通基础设施建设工作，并提供相应的资金、人员等支持。(2)“与本行政区域粮食收储规模和保障供应要求相匹配，布局合理、功能齐全”的规定，较明确地列举了粮食流通基础设施的建设要求。依据本条规定，县级以上地方人民政府首先应当定期摸排本行政区域的粮食收储规模等具体情况，并因地制宜明确粮食保障供应要求。以此为基础，确定本行政区域粮食流通基础设施建设的数量、布局以及具体功能。

三、县级以上地方人民政府应当引导社会资本投入粮食流通基础设施建设

本条规定提出县级以上地方人民政府应引导社会资本投入粮食流通基础设施建设，这体现了市场导向下多元参与粮食流通基础设施建设的机制设计。国务院《关于完善粮食流通体制改革政策措施的意见》(国发〔2006〕16号)亦提出，应加快实施全国粮食现代物流设施建设规划，引导多元投资主体投资粮食物流设施。根据前述规定，县级以上地方人民政府应当进一步完备社会资本投入粮食流通基础设施建设的激励与支持机制。通过综合采取财政补贴、税收优惠、金融信贷支持、政府服务购买等方式吸引社会资本参与，在扩大粮食流通基础设施建设规模的同时，有效提升粮食流通基础设施建设的效率和质量。

四、任何单位和个人不得侵占、损毁、擅自拆除或者迁移政府投资建设的粮食流通基础设施，不得擅自改变政府投资建设的粮食流通基础设施的用途

本条规定针对政府投资建设的粮食流通基础设施，明确列举任何单位和个人均不得实施“侵占”“损毁”“擅自拆除或者迁移”“擅自改变用途”4 项违法行为。（1）“侵占”主要是指以非法占有为目的，将自己代为管护的粮食流通基础设施非法占为己有且拒不退还的行为。（2）“损毁”在客观上主要表现为损坏或毁灭粮食流通基础设施的行为：损坏是指粮食流通基础设施部分受到破坏，但未完全丧失其使用价值；毁灭则是使粮食流通基础设施全部丧失使用价值，两者有较明显的程度区分。本条规定并未能体现主观要件，为加强粮食流通基础设施的保护，应理解为包括故意或过失。对于因疏忽大意或过于自信损毁政府投资建设的粮食流通基础设施的行为，亦应认定为违法行为予以严格禁止。（3）“擅自拆除或者迁移”以及“擅自改变用途”主要是指未经政府批准，拆除粮食流通基础设施、改变位置以及改变其功能用途。参照《上海市地方粮食储备安全管理办法》第九条的规定，因城市建设或者涉及地方粮食储备规划布局调整，确需拆除、迁移地方粮食储备基础设施或者改变其功能、用途的，应当先建设后拆除。重建、改建地方粮食储备基础设施的，不得降低配置标准、建筑面积等。据此，拆除或者迁移政府投资建设的粮食流通基础设施需受到各省明确的规范限制。

【实务应用】

典型案例：“恩施州粮油储备有限公司原党支部书记、董事长、总经理李某职务违法案”①

基本案情：在湖北省进行粮食购销领域腐败问题专项整治工作中，该省各级纪检

① 参见《典型案例通报|关于粮食购销领域违纪违法典型案例的通报》，载中共湖北省纪律检查委员会、湖北省监察委员会官网 2023 年 5 月 19 日，https://www.hbjwjc.gov.cn/qwfb/pgs/143145.htm，最后访问日期：2024 年 1 月 18 日。

监察机关会同发改、财政、国资、市场监管等相关主管监管部门，查处了一批涉粮乱象背后的腐败案件，并对典型案例予以通报。在“恩施州粮油储备有限公司原党支部书记、董事长、总经理李某职务违法案”中，李某除利用职务便利贪污受贿外，还未能正确履行工作职责，违反工作纪律擅自改变粮油仓储物流设施用途。2022 年 7 月，李某被开除党籍、解除劳务关系，并涉嫌犯罪问题被移送司法机关依法处理。

专家评析：该案为擅自改变政府投资建设的粮油仓储物流设施用途的典型案例。政府投资建设的粮油仓储物流设施系政府保障各地区粮食流通安全的重要物质基础，具体设施布局及功能均为总体规划下的统筹安排。擅自改变粮油仓储物流设施用途将直接阻碍粮食仓储物流设施功能的实现，甚而威胁粮食流通安全。

在该案中，国有粮食企业负责人严重违反职责要求，擅自改变粮油仓储物流设施用途，反映了当前对粮食仓储物流设施保护监管仍存在缺失缺位问题，亟待完备相应的制度规范，严格查处违法违规行为，保障粮食流通安全。

【相关规定】

《粮食流通管理条例》第三十一条。

【法条】

第三十七条　从事粮食收购、储存、加工、销售的经营者以及饲料、工业用粮企业，应当按照规定建立粮食经营台账，并向所在地的县级人民政府粮食和储备主管部门报送粮食购进、储存、销售等基本数据和有关情况。

【立法背景】

粮食流通统计是粮食行政管理部门组织管理的反映粮食商品流通活动和粮食行业基本情况的综合性部门统计，是整个国民经济统计中不可缺少的重要组成部分。建立科学规范的粮食经营统计台账制度以及粮食基本数据等的报送义务，有助于客观、真实地反映粮食经营者的经营活动，便于政府准确掌握各行政区域内的粮食流通情况，进而助力优化粮食行政管理及行业指导，保障国家粮食宏观调控的科学性和合理性。

1995 年国务院批转中国人民银行等六部门《关于加强粮棉油政策性收购资金管理意见的通知》（国发〔1995〕12 号）即提出，尽快建立健全粮棉油收购资金管理台账及统计报告制度。1998 年国务院《关于印发当前推进粮食流通体制改革意见的通知》(国发〔1998〕35 号)明确强调,粮食加工企业必须建立台账制度,购进原粮和销售成品粮要如实登记做账。1999 年国家工商行政管理局《关于进一步加强粮食收购市场监管工作的通知》(工商市字〔1999〕第 272 号)再次强调,应落实并规范经营台账制度。2004 年国务院《关于进一步深化粮食流通体制改革的意见》(国发〔2004〕17 号)亦提出,所有粮食经营企业,包括收购、批发、零售企业都要建立粮食经营台账制度,定期如实向粮食行政管理部门报告粮食收购、销售和库存数量。原国家粮食局《关于印发 2007—2008 年度〈国家粮食流通统计制度〉的通知》(国粮调〔2006〕204 号)系统规定了粮食流通统计制度的具体内容。原国家粮食局《关于贯彻落实〈国务院关于建立健全粮食安全省长责任制的若干意见〉的指导意见》(国粮政〔2015〕23 号)进一步强调,应督促各类涉粮企业严格执行国家粮食流通统计制度,建立粮食经营台账,定期向粮食行政管理部门报送粮食统计数据。基于前述规定,《粮食流通管理条例》第二十三条明确规定了粮食经营台账制度,并强调粮食相关基本数据的报送义务。2022 年公布的《粮食流通行政执法办法》也在第十三条指明,从事粮食收购、销售、储存、加工的经营者以及饲料、工业用粮企业,未按要求建立粮食经营台账,或者未按规定报送粮食基本数据和有关情况的,属于应当立案调查的违法违规行为。在前述规范政策的基础上,本法将粮食流通统计制度上升为明确的法律规定,赋予了粮食经营台账制度以及粮食相关基本数据报送义务更强的规范效力。

【法条释义】

本法第三十七条规定了粮食流通统计的具体制度要求。概括而言,本条分别提出从事粮食收购、储存、加工、销售的经营者以及饲料、工业用粮企业,建立粮食经营台账以及报送粮食基本数据和有关情况两项粮食流通统计的具体要求。

一、从事粮食收购、储存、加工、销售的经营者以及饲料、工业用粮企业,应当按照规定建立粮食经营台账

本条规定提出,从事粮食收购、储存、加工、销售的经营者以及饲料、工业用粮企业应当按照规定建立粮食经营台账:(1)“从事粮食收购、储存、加工、销售的经营者以及饲料、工业用粮企业”这一义务主体规定主要源于《粮食流通管理条例》第二十三条,涵括粮食收购、销售、储存、加工的经营者以及饲料、工业用粮企业。其中,工业用粮企业主要是指将粮食作为工业、手工业原料或辅助材料的企业，如生产酒精、饮料酒、溶剂、医药、浆纱、淀粉等。（2）粮食经营台账是根据粮食经营原始记录，对粮食收购、销售、储存、加工、转化等情况，按照粮食统计制度要求进行记载的专门账簿。根据原国家粮食局《关于进一步提高粮食统计基础数据质量有关问题的通知》（国粮调〔2016〕58 号），前述相关经营者及企业需按照统一粮食经营台账格式及时如实记载粮食收购、销售、储存、加工、转化等情况。此外，《粮食流通管理条例》第二十三条进一步规定，粮食经营台账的保存期限不得少于 3 年。

二、从事粮食收购、储存、加工、销售的经营者以及饲料、工业用粮企业，应向所在地的县级人民政府粮食和储备主管部门报送粮食购进、储存、销售等基本数据和有关情况

本条规定提出从事粮食收购、储存、加工、销售的经营者以及饲料、工业用粮企业，应向所在地的县级人民政府粮食和储备主管部门报送粮食购进、储存、销售等基本数据和有关情况：（1）此处的“所在地”应理解为相关经营者或企业的主要经营与业务活动的处所与地点。（2）“粮食购进、储存、销售等基本数据和有关情况”包括粮食收购品种、数量、价格、来源，各粮食品种的储备量、仓储量、调用情况，以及各粮食品种的销售量、销售价格等相关信息。

【实务应用】

典型案例：“安徽省庐江县某米厂未建立粮食经营台账、未按照规定报送粮食基本数据和有关情况案”①

基本案情：为提升粮食经营者依法合规经营意识，强化警示教育作用，国家粮食和物资储备局对查处的粮食收购环节违法违规典型案例进行公开通报。其中，“安徽省庐江县某米厂未建立粮食经营台账、未按照规定报送粮食基本数据和有关情况案”为违反粮食流通统计制度的典型案例。2022 年 4 月，庐江县有关部门在日常监督检查中发现，庐江县某米厂存在未建立粮食经营台账，未按照规定报送粮食基本数

① 参见《国家粮食和物资储备局关于八起粮食收购环节违法违规典型案例的通报》，载国家粮食和物资储备局官网，http://lswz.gov.cn/html/ywpd/zfdc/2023-05/17/content_274775.shtml，最后访问日期：2024 年 1 月 9 日。

据和有关情况的情形。有关部门依据《粮食流通管理条例》,对该企业给予警告,并处罚款5000元。

专家评析:粮食流通统计不仅关涉粮食流通的有序运行,而且直接关系国家粮食安全宏观调控政策的制定。粮食经营企业作为粮食市场主体,负有建立粮食经营台账并按时报送相关数据的法定义务。《粮食流通管理条例》第二十三条第一款规定:"所有从事粮食收购、销售、储存、加工的经营者以及饲料、工业用粮企业,应当建立粮食经营台账,并向所在地的县级人民政府粮食和储备行政管理部门报送粮食购进、销售、储存等基本数据和有关情况……"上述企业行为明显违反了该条规定要求,应根据《粮食流通管理条例》第四十五条的规定,由粮食和储备行政管理部门责令改正,给予警告,可以并处20万元以下罚款;情节严重的,并处20万元以上50万元以下罚款。粮食监管部门对此类案件的查办,能够有效引导粮食经营主体加强行业自律,规范建立粮食经营台账,并按时上报经营数据,保障粮食流通市场平稳有序运行。

【相关规定】

《粮食流通管理条例》第二十三条;

《粮食流通行政执法办法》第十三条。

【法条】

第三十八条　为了保障市场供应、保护粮食生产者利益,必要时国务院可以根据粮食安全形势和财政状况,决定对重点粮食品种在粮食主产区实行政策性收储。

【立法背景】

重要粮食品种供求关系发生重大变化,会导致粮食市场价格产生异常波动,直接影响包括种粮农民在内的粮食生产者的经济收入,为应对这种情形带来的不良影响,稳定粮食市场价格和种粮农民收入,政府通过购买、储存和销售等措施,对重点粮食品种采取宏观调控措施,调节粮食市场供求关系。

2004年国务院制定出台《粮食流通管理条例》(国务院令第407号),该条例第三章"宏观调控"第二十八条明确规定,特定情形下的政策性粮食收购,当粮食供求关系发生重大变化时，为保障市场供应、保护种粮农民利益，必要时可由国务院决定对短缺的重点粮食品种在粮食主产区实行最低收购价格。《粮食流通管理条例》（2013年修订）和《粮食流通管理条例》（2016年修订）对该条并未作修改。2021年修订发布的《粮食流通管理条例》第二十九条规定，为保障市场供应、保护种粮农民利益，必要时可由国务院根据粮食安全形势，结合财政状况，决定对重点粮食品种在粮食主产区实行政策性收储。该条较之前条文作出了3点修改：一是明确提出了政策性收储，在"实行最低收购价格"的政策性收购基础上，增加了政策性储备，形成完整的政策性粮食收购和储备链条；二是取消了对重点粮食品种的"短缺"限定，扩大了对重点粮食品种实行政策性收储的范围；三是增加了"根据粮食安全形势"和"结合财政状况"的特定情形，较之前仅考虑"粮食供求关系变化"，强调对粮食安全和财政状况的双重因素考量，使实行政策性粮食收储的前提条件更加全面和充分。为深入实施国家粮食安全战略，认真落实国家粮食收储政策，以更加有力的举措、更加有效的监管，切实守住管好"天下粮仓"，国家发展和改革委员会、国家粮食和物资储备局、财政部和中国农业发展银行联合制定《关于切实加强国家政策性粮食收储和销售出库监管的意见》（国粮发〔2018〕264号），其中对压实政策性粮食收储的相关主体责任和加强政策性粮食收购环节、储存环节等重点环节的监管行为，进行了具体规定。[①]《粮食流通管理条例》属于行政法规，其效力等级低于法律。国家发展和改革委员会、国家粮食和物资储备局、财政部、中国农业发展银行《关于切实加强国家政策性粮食收储和销售出库监管的意见》属于阶段性的规范性文件，自2018年11月发布之日起实施，有效期为5年，政策性粮食收储规定呈现阶段性特征。因此，本法将政策性粮食收储规定入法，对政策性粮食收储行为予以原则性规定，从法律层面明确了政策性粮食收储的必要性和可行性。

【法条释义】

本法第三十八条明确规定了政策性粮食收储机制。概括而言：（1）政策性粮食

---

① 参见《关于切实加强国家政策性粮食收储和销售出库监管的意见》，载国家粮食和物资储备局官网，http://www.lswz.gov.cn/html/c100180/2018-11/13/content_240757.shtml，最后访问日期：2024年1月9日。

收储目的是保障市场供应、保护粮食生产者利益；(2)政策性粮食收储的决定主体是国务院；(3)政策性粮食收储的实施范围和实施对象是在粮食主产区的重点粮食品种；(4)政策性粮食收储是在特定情形下实施的。

一、政策性粮食收储目的是保障市场供应、保护粮食生产者利益

我国粮食收储制度是保障国家粮食安全和农民持续增收政策体系的重要构件。政策性粮食收储目的既要维护社会公共利益，也要兼顾社会中弱势群体的利益。

1. 保障市场供应

持续保障市场供应，有利于粮食市场供需关系达致平衡，以应对因国际局势紧张和国内自然灾害等特定情形产生的国内粮食市场供应不足的风险，其旨在稳定国内粮食市场，确保全体国民的口粮充足和安全，维护社会公共利益。

2. 保护粮食生产者利益

我国粮食生产者包括种粮农民和粮食规模生产经营者，其中，种粮农民是粮食生产的核心力量。《粮食流通管理条例》第二十九条规定，“保护种粮农民利益”，种粮农民作为粮食生产的直接执行者和主要投入者，从耕地准备到播种、施肥、灌溉、防治病虫害，再到收割、储存等环节，承担整个粮食生产过程中的重要任务。除种粮农民外，粮食规模生产经营者也是社会中容易被忽略的弱势群体，其合法权益难以得到保障。因此，政策性粮食收储在一定程度上是为了防止危机损害粮食生产者利益。本条将利益保护的主体范围扩大，不仅保护种粮农民利益，也保护粮食规模生产经营者等其他粮食生产者利益，利益保护对象更加全面。

二、政策性粮食收储的决定主体是国务院

本条明确了政策性粮食收储行为的决定主体是国务院。决定主体要区别于执行主体和具体实施主体，其执行主体主要是中国储备粮集团有限公司。中国储备粮管理集团有限公司受国家有关部门委托，组织指导有关分公司和直属企业进一步做好政策性粮食收储工作，确保国家政策落实到位、执行规范。具体从事政策性粮食收储业务的各类企业，应承担企业收储和管理主体责任，对其收储政策性粮食的数量、质量、储存安全、库存管理、销售出库以及出现风险造成的损失负全部责任。

此外，地方粮食行政管理部门作为监管主体，负责对国家政策性粮食政策执行情况，以及国家政策性粮食数量、质量、储存安全、库存管理、销售出库等进行监督检查。同时，要在地方政府的统一领导下，按照职责分工，切实加强对食品安全和安全生产的属地管理。财政部门负责制定和完善相关财政政策，按照全面实施预算绩效管理的有关规定，督促中国储备粮集团有限公司加强补贴资金监管。农业发展银行及分支机构对政策性粮食收购资金实施信贷监管。

三、政策性粮食收储的实施范围和实施对象是在粮食主产区的重点粮食品种

我国实施的政策性粮食收储政策，是针对特定品种和地区实施的。本条明确规定，国务院可以决定的政策性粮食收储范围和对象是在粮食主产区的重点粮食品种。

1. 将实施范围限定在粮食主产区，有利于相关企业对产区粮食就地采取收购和储备措施，尤其是在紧急情形下，在粮食主产区实行政策性收储，能够及时保障粮食市场供应。我国粮食主产区集中在黑龙江、河南、山东、四川、江苏、河北、吉林、安徽、湖南、湖北、内蒙古、江西、辽宁 13 个省、自治区。全国粮食主产区包含 100 个粮食生产大县。

2. 将实施对象限定在重点粮食品种，是因为重点粮食品种种植范围广、产量大，能够保障人们基本的口粮需求。重点粮食品种属于重要农产品范畴，相较一般粮食作物，重点粮食品种主要包括小麦、水稻和玉米等谷类粮食作物，以及大豆等豆类粮食作物。

为了更好地集中资源有针对性地实施粮食收储政策，根据深入推进农业供给侧结构性改革的设想和安排，可以考虑放弃对早籼稻实施最低收购价政策，放弃在淡水资源紧张地区实施稻谷最低收购价政策，放弃在淮河以南地区实施小麦最低收购价政策。随着人们生活水平的提高，早籼稻的用途由直接食用转向加工原料，与口粮绝对安全关联性小。同时种植早籼稻的地区和农民也越来越少，截至 2017 年主要集中在江西和湖南两省。取消早籼稻最低收购价政策，对新形势下国家粮食安全和粮农增收影响相对较小。取消早籼稻最低收购价政策的过渡措施可以采取类似取消油菜籽临时收储政策时由中央财政给予主产区适当补助，以缓解早籼稻收储制度改革可能出现的矛盾。为了促进农业结构调整，在水资源相对紧缺地区，应放弃实施中晚稻最低收购价政策，以减少农业用水。淮河以南地区不是优质小麦主产区，生产的小麦品质较差。为了促进优质小麦生产，可以考虑取消在淮河以南地区实施小麦最低收购价政策。①

---

① 参见李国祥：《深化我国粮食政策性收储制度改革的思考》，载《中州学刊》2017 年第 7 期。

四、政策性粮食收储特定情形的考虑因素是“粮食安全形势和财政状况”

政策性粮食收储是在特定情形下决定和实施的，该特定情形通常需要同时考虑两个因素：一是国内外粮食安全形势；二是国家财政状况。譬如，当国际粮食供应趋于紧张，威胁国内粮食供应安全时，为保障国内粮食市场供应充足，我国政府可以决定实行政策性收储；与此同时，政府必须考虑国内财政资金是否充足，因为国家要给予执行主体在粮食收购环节和储存环节多项财政补贴。相关资料显示，国家实施玉米临时收储政策时，会向执行主体补偿收购费 50 元/吨，做囤费 70 元/吨，保管费每年 92 元/吨，收购资金 5% 利息。如果按照 2015 年临时收储价格每公斤 2 元计算，收储 1.5 亿吨玉米，国家需要支付的各项收储费用补贴金额达到 468 亿元。[①]

【实务应用】

典型案例：“中国储备粮管理集团有限公司某直属库分库虚报政策性粮食收储数量案”[②]

基本案情：根据中国储备粮管理集团有限公司兰州分公司纪委移交线索，国家粮食和物资储备局青海局核查发现，中国储备粮管理集团有限公司某直属库分库在 2017 年执行轮换计划时，将当年新采购的 101 吨小麦随轮换出库小麦一同销售出库，未在财务账、保管账、统计账上扣除，2017 年 9 月至 2021 年 9 月持续虚报 101 吨粮食收储数量。青海局依据《粮食流通管理条例》的规定，对该企业给予警告并处罚款 50 万元。

专家评析：该案反映出中国储备粮管理集团有限公司在政策性粮食收储执行过程中的违法行为。国务院是政策性粮食收储的决定主体，中国储备粮管理集团有限公司是执行主体，受国家有关部门委托，组织指导有关分公司和直属企业进一步做好政策性粮食收储工作，确保国家政策落实到位、执行规范。中国储备粮管理集团有限公司某直属库分库是具体从事政策性粮食收储业务的主体，应承担企业收储和管理主体责任，对其收储政策性粮食的数量、质量、储存安全、库存管理、销售出库以及出

---

① 参见李经谋主编：《2016 中国粮食市场发展报告》，中国财政经济出版社 2016 年版，第 117 页。

② 参见《国家粮食和物资储备局关于八起粮食收购环节违法违规典型案例的通报》，载山东省粮食和物资储备局官网，http://lscb.shandong.gov.cn/art/2023/5/17/art_15618_10308568.html。

现风险造成的损失负全部责任。案例中,中国储备粮管理集团有限公司某直属库分库2017年9月至2021年9月持续虚报101吨粮食收储数量,骗取国家政策性补贴,其行为性质严重、影响恶劣,危及国家粮食安全,应当承担相应的法律责任。

因此,各地政府粮食行政管理部门要加强对政策性粮食收购和储存环节的监管。结合本地实际,相关立法进一步细化粮食入库品质控制标准。具体收储企业在收购过程中发现疑似陈粮或掺混陈粮等异常粮食的,不得作为国家政策性粮食收购入库。在预案执行期间,具体收储企业发生粮食购销、储备轮换等业务的,相关出入库凭证、影像资料、车辆出入库记录等资料须妥善保管备查,地方粮食行政管理部门要会同农业发展银行分支机构、中国储备粮管理集团有限公司分公司及直属企业对粮食购销合同、合同执行情况及出库进度等进行跟踪监督,采取有效措施,严防严惩"转圈粮""以陈顶新""先收后转"等违法违规行为。

该案引发一个争议点——政策性粮食收储的执行主体是否只能为中国储备粮管理集团有限公司一家企业。中国储备粮管理集团有限公司兼具三大主粮托市收购和管理国家粮食储备等多项职能。多年实践表明,赋予中国储备粮管理集团有限公司一家机构执行粮食收储政策产生了诸多弊端。中国储备粮管理集团有限公司少数收储库点利用其独特地位,在收购市场倒卖国家政策性收储指标,并从中赚取差价,既加重了财政负担,又扰乱了粮食收购市场秩序,还严重损害了国家收储政策声誉。

中国储备粮管理集团有限公司作为唯一的粮食托市收购政策执行主体,它一方面可能向政府主管部门游说并抬高托市收购政策的执行成本(包括收购费用补贴和储备费用补贴),增加财政支出;另一方面出现少数收储库点在倒卖政策性收储指标中可能片面地压低代收代储费用的问题,让代收代储政策性粮食企业无利可图,甚至亏损,最后不得不弄虚作假,或者阻挠政策性收储粮食拍卖后及时出库。近年来,各地出现的代收代储政策性粮食企业严重违法等问题,特别是中国储备粮管理集团有限公司委托的民营企业代收代储问题更加突出,都与现行政策性收储制度下国家委托中储粮作为唯一的政策性粮食收储执行主体有关。中国储备粮管理集团有限公司少数收储库点倒卖政策性粮食收储指标就能够轻松获利,也影响了中国储备粮管理集团有限公司安心尽责地管理国家粮食储备。一旦国家粮食出现供求紧张,需要大量粮食供应的时候,现行制度下中国储备粮管理集团有限公司未必能够真正发挥作用,类似情形在20世纪90年代中期发生过,必须避免。为了尽可能以相对较低的政策实施成本取得尽可能显著的托市收购效应，并建立公平竞争的市场环境，深化粮食政策性收储制度，改革时应允许所有符合条件的国内粮食企业有机会成为粮食政策收储的执行主体，特别是用粮加工企业成为托市收购政策的执行主体。[①]

【相关规定】

《粮食流通管理条例》第二十九条。

【法条】

第三十九条　从事粮食收购、加工、销售的规模以上经营者，应当按照所在地省、自治区、直辖市人民政府的规定，执行特定情况下的粮食库存量。

【立法背景】

国际谷物理事会的数据显示，2022～2023 作物年度结束时，全球玉米的缓冲库存仅够满足 80 天的消费量，比 5 年前下降了约 28%。2022 年年底，全球所有收获谷物的库存达到 8 年来的最低点。作为全球最大的玉米生产国，美国 2022 年玉米收成是 3 年来最低水平。此外，受夏季干旱和强风的影响，美国小麦库存与使用量的比例、反映库存水平的指标都在 2022～2023 年度降至 9 年来低点，大豆也出现同样的趋势。[②] 粮食库存量是检验粮食储备是否充足的重要指标，国家（地区）应当具备一定的粮食库存量，以保障特定情形下的粮食市场供应。当粮食市场严重供过于求、粮食价格出现较大幅度下跌时，政府启动最低库存量标准，来限制或禁止库存储备的粮食继续投放到市场；当粮食市场严重供不应求、粮食价格出现较大幅上涨，或出现重大、特别重大的粮食突发事件时，政府启动最高库存量标准，来鼓励或引导库存储备的粮食更多地投放到市场。

为加强粮食宏观调控，确保粮食供给平衡和价格基本稳定，维护粮食流通秩序，《粮食流通管理条例》第十九条规定，从事粮食收购、加工、销售的规模以上经营者，

---

① 参见李国祥：《深化我国粮食政策性收储制度改革的思考》，载《中州学刊》2017 年第 7 期。

② 参见《粮食警报再次响起：全球谷物库存将到达八年来最低点》，载上游新闻网，https://www.cqcb.com/haiwaishichang/2022-09-27/5039888_pc.html，最后访问日期：2024 年 1 月 10 日。

应当按照所在地省、自治区、直辖市人民政府的规定，执行特定情况下的粮食库存量。根据《粮食流通管理条例》的规定和国家有关文件的要求，各省、自治区、直辖市政府制定出台了关于粮食经营者最低和最高库存量标准实施办法，譬如，《海南省特定情况下粮食经营者最低和最高库存量标准实施办法》（琼粮规〔2022〕3号）、《吉林省粮食经营者最低和最高库存量标准实施办法》（吉政办发〔2022〕37号）、《上海市粮食经营者最低和最高库存量标准》（沪经食〔2008〕104号）、《安徽省粮食经营者最低和最高库存量标准》（皖粮法联〔2010〕235号）、《湖南省粮食经营者最低和最高库存量标准》（湖南省粮食局公告2010年第2号）、《北京市粮食经营者最低和最高库存量标准试行规定》（京粮发〔2008〕68号）等。

各省、自治区、直辖市政府对粮食规模经营者执行最低和最高库存量标准，均作出细化规定；虽然《粮食流通管理条例》作出原则性规定，但其效力等级低于法律。因此，本法将粮食库存量规定入法，对粮食规模经营者执行特定情况下的粮食库存量作了原则性规定，提升了该行为规范的法律约束效力，能够更好地衔接《粮食流通管理条例》和各省级政府的相关规定。

【法条释义】

本法第三十九条明确规定了粮食规模经营者执行特定情况下粮食库存量的具体要求。概括而言：（1）执行粮食库存量的行为主体是从事粮食收购、加工、销售的规模以上经营者；（2）执行粮食库存量的标准应当按照所在地省、自治区、直辖市人民政府规定的最低库存量标准和最高库存量标准；（3）执行粮食库存量的特定情况由供需关系和粮食价格决定。

一、执行粮食库存量的行为主体是从事粮食收购、加工、销售的规模以上经营者

《粮食流通管理条例》第八条规定，粮食经营者是指从事粮食收购、销售、储存、运输、加工、进出口等经营活动的自然人、法人和非法人组织。根据《海南省特定情况下粮食经营者最低和最高库存量标准实施办法》的明确规定，粮食规模以上经营者，结合海南省实际情况，原则上是指省内年收购量大于1000吨（含）的收购企业、年加工量大于2000吨（含）的加工企业、年销售量大于3000吨（含）的批发零售企业。

二、执行粮食库存量的标准应当按照所在地省、自治区、直辖市人民政府的规定

各省、自治区、直辖市政府，结合当地经济状况，制定出台了关于粮食经营者执行最低和最高库存量标准的规定。其中,部分省、自治区、直辖市政府的规定已失效或者部分无效,在此列举几例现行有效的规定。

1. 粮食经营者保持的库存量不得低于最低库存量标准

对于粮食经营者的最低库存量标准,不同粮食经营者具有一定差异性。(1)粮食收购经营者:海南省、吉林省规定的最低库存量标准为上年度正常经营情况下月平均收购量的20%,如值新粮集中上市期间,为上年度正常经营情况下月平均收购量的25%;安徽省规定的最低库存量标准为上年度月均收购量的30%。(2)粮食加工经营者:海南省规定的最低库存量标准为上年度正常经营情况下月平均加工量的15%;吉林省规定的原粮最低库存量应保持不低于上年度月均加工量的20%,成品粮油最低库存量应保持不低于上年度月均销售量的10%;安徽省规定的原粮最低库存量标准为上年度月均加工量的30%,成品粮最低库存量为上年度月均加工量的25%。(3)粮食销售经营者:海南省规定的最低库存量标准为上年度正常经营情况下月平均销售量的20%;吉林省规定的原粮销售最低库存量应保持不低于上年度月均销售量的20%,成品粮销售最低库存量应保持不低于上年度月均销售量的10%;安徽省规定的原粮销售最低库存量标准为上年度月均销售量的30%,成品粮销售最低库存量标准为上年度月均销售量的25%。

2. 粮食经营者保持的库存量不得高于最高库存量标准

与前述最低库存量相类似,粮食经营者应保持的最高库存量标准亦应按照不同粮食经营者予以区分。(1)粮食收购经营者:海南省、吉林省规定的最高库存量标准为上年度正常经营情况下月平均收购量的30%,如值新粮集中上市期间,为上年度正常经营情况下月平均收购量的35%;安徽省规定的最高库存量标准为上年度月均收购量的20%。(2)粮食加工经营者:海南省规定的最高库存量标准为上年度正常经营情况下月平均加工量的35%;吉林省规定的原粮最高库存量应保持不高于上年度月均加工量的30%,成品粮油最高库存量应保持不高于上年度月均销售量的20%;安徽省规定的原粮最高库存量标准为上年度月均加工量的20%,成品粮最高库存量标准为上年度月均加工量的15%。(3)粮食销售经营者:海南省规定的最高库存量标准为上年度正常经营情况下月平均销售量的40%;吉林省规定的最高库存量标准应保持不高于上年度月均销售量的30%,成品粮最高库存量应保持不高于上年度月均销售量的20%;安徽省规定的原粮销售最高库存量标准为上年度月均销售量的20%,成品粮销售最高库存量标准为上年度月均销售量的15%。

三、执行粮食库存量的特定情况由供需关系和粮食价格所决定

根据上述各省、自治区、直辖市人民政府制定出台的粮食经营者最低和最高库存量标准,特定情况下的粮食库存量是由粮食市场供给与需求关系,以及粮食价格变化来决定的。当处于粮食市场严重供过于求、粮食价格出现较大幅下跌的情况下,粮食经营者保持的库存量不得低于最低库存量标准;当处于粮食市场严重供不应求、粮食价格出现较大幅上涨的情况下(海南省规定出现重大或者特别重大粮食突发事件,吉林省规定出现省级一级应急响应时),粮食经营者保持的库存量不得高于最高库存量标准。

【实务应用】

以内蒙古呼伦贝尔市为例,该市发展和改革委员会根据《粮食流通管理条例》《内蒙古自治区粮食经营者必要库存量和最低最高库存量具体标准》,对从事粮食收购、加工、销售的经营者依法进行实地勘验(查)、鉴定、询问等检查,若发现其在特定情形下执行粮食库存量的行为中存在问题,将提出整改措施,并制作下发整改通知书。待监督检查完成后,发改委等相关部门按照规定予以通报,对不执行最低最高库存量标准的企业予以行政处罚;向社会公布监督检查结果,接受社会公众的监督。①

专家评析:为了进一步规范粮食市场经营行为,通过制度安排保证全社会保有一定数量的粮食库存量,更好地发挥粮食库存"蓄水池"作用,维护粮食流通的正常秩序,粮食经营者必须保持必要的库存量。各省、自治区、直辖市人民政府根据当地实际情况,制定粮食经营者最低和最高库存量标准。规定最低库存量,是为了防止在粮食供过于求、价格下跌时,粮食经营者不收购、存储粮食,造成农民卖粮难,谷贱伤农,损害种粮农民利益。规定最高库存量,是为了防止在粮食供不应求、价格上涨时,粮食经营者囤积居奇、垄断或者操纵粮食价格,导致谷贵伤民,损害消费者利益。为进一步落实粮食最低和最高库存量标准,引导和督促有关粮食经营者认真履行最低和最高库存量义务,保持必要的粮油库存量,各地政府应当加强对从事粮食收购、加工、

① 参见《权责清单》,载内蒙古政务服务网官网,http://zwfw.nmg.gov.cn/baselist/accrual_detail?ID=310865,最后访问日期:2024年1月10日。

销售的经营者执行特定情况下的粮食库存量实施监督检查。

【相关规定】

《粮食流通管理条例》第十九条。

【法条】

第四十条　粮食供求关系和价格显著变化或者有可能显著变化时,县级以上人民政府及其有关部门可以按照权限采取下列措施调控粮食市场:

(一)发布粮食市场信息;

(二)实行政策性粮食收储和销售;

(三)要求执行特定情况下的粮食库存量;

(四)组织投放储备粮食;

(五)引导粮食加工转化或者限制粮食深加工用粮数量;

(六)其他必要措施。

必要时,国务院和省、自治区、直辖市人民政府可以依照《中华人民共和国价格法》的规定采取相应措施。

【立法背景】

保障粮食市场稳定是政府宏观调控的重要目标。政府按照权限对粮食市场采取调控措施,主要是为了解决粮食市场失灵问题,即粮食市场供求或价格的异常波动。我国政府对粮食市场的宏观调控经历了4个时期,在不同时期,粮食调控目标随着国内宏观经济全局的多重目标衍生发散,并与同期的粮食政策相适应。调控目标优先序的界定和应对措施,体现了调控思路的演变过程。

1985年,国内首次提出构建保证经济平稳发展的宏观调控体系。当时,粮食市场呈现生产力不发达、物质基础相对薄弱等特征。1993年经济体制转轨,国内首次采取经济手段和行政手段并重的方式调控经济,同期实施了力度较大的"粮改",即粮食市场"放开销区、保护产区"。在放开市场不到一年的时间里,购销体制重回"双轨制",恢复并加强了粮食购销、价格和市场方面的控制和干预,这一时期形成的实物储备思路成为平抑价格、稳定市场预期的重要调控手段，在一定程度上起到了抵消贸易政策和国际价格传导对市场影响的作用。

20 世纪 90 年代后期至 2003 年，由于粮食生产维持较高水平，市场形势逐渐转为供过于求，减轻流通环节庞大的财政亏损补贴压力成为同期的粮改政策目标。流通体制实行“四分开一完善”改革，目标主要是解决“卖粮难”、国有粮食企业亏损挂账等问题。在供求关系总量较宽松的情况下，粮食调控的市场化继续推进，包括扩大粮食退出保护价收购范围，完全放开 8 个主销区的粮食收购，在安徽、湖南、湖北、内蒙古、新疆等 5 个粮食主产区实行直补试点，为全国全面放开购销市场创造了条件。①

2003～2007 年，粮食收购市场全面放开，粮食流通引入竞争机制，激活了粮食产业多元主体的发展和粮食产业活力，调控目标转向确保粮食增产与农民增收、促进粮食综合生产能力保持基本稳定。与之相配套，2004 年出台的《粮食流通管理条例》明确形成以分级粮食储备制度、粮食风险基金制度、粮食应急机制和临时性价格干预措施为基本框架的调控体系，调控手段包括托市收购、粮食储备、竞价销售、进出口调控等。其中，以最低收购价为主的托市政策明确仅在粮食主产区短缺的重点粮食品种供求关系发生重大变化时执行，价格干预措施仅在粮食价格显著上涨或者有可能显著上涨时实施。在这一阶段的后期，调控重点从促活力向保安全转变。

2013 年年末，中央确立了新形势下“以我为主、立足国内、确保产能、适度进口、科技支撑”的国家粮食安全战略和“谷物基本自给、口粮绝对安全”新粮食安全观。2014 年以来的调控重点在于改革收储制度，减少对市场机制的扭曲。根据渐进改革原则，对非口粮和口粮分品种施策，玉米和大豆率先改革，从强调产量向产能安全转变。2016 年《粮食行业“十三五”发展规划纲要》中明确，粮食宏观调控的重点是坚持市场化改革取向与保护农民利益并重，发挥市场调节作用，搞活粮食流通。这一时期，调控重点再次从保安全向促活力转变。②

关于粮食流通市场宏观调控措施的规定，散见于我国《价格法》《粮食流通管理

---

① 参见杜政、亢霞：《我国粮食宏观调控政策变迁回顾与经验启示》，载《粮食问题研究》2012 年第 3 期。

② 参加周竹君、王娟：《我国改革开放 40 年以来粮食市场波动及调控回顾》，载《中国物价》2019 年第 7 期。

条例》《中央储备粮管理条例》以及各地政府粮食流通管理办法等,相关立法尚未对政府宏观调控措施予以全面梳理。因此,本法将政府对粮食领域可以采取的宏观调控措施纳入其中,既明确了国务院在内的县级以上人民政府作为调控主体,又以“列举+兜底”形式明确了具体宏观调控措施,较全面、系统地规范了在粮食供求关系和价格发生变化时,县级以上人民政府及其有关部门可以按照权限采取宏观调控措施的行为。

【法条释义】

本法第四十条明确规定政府对粮食市场采取宏观调控措施。概括而言:(1)粮食市场宏观调控的实施主体是县级以上人民政府及其有关部门;(2)粮食市场宏观调控的具体措施包括发布粮食市场信息、实行政策性粮食收储和销售、要求执行特定情况下的粮食库存量、组织投放储备粮食、引导粮食加工转化或者限制粮食深加工用粮数量等,必要时为价格干预措施;(3)粮食市场宏观调控需在一定条件或者特殊情形下实施。

一、针对粮食市场宏观调控的实施主体

原则上,粮食市场宏观调控由县级以上人民政府及其有关部门实施,必要时,由国务院和省、自治区、直辖市人民政府实施。

县级以上人民政府及其有关部门有权采取措施予以粮食市场宏观调控。在此,“有关部门”需要作范围上的界定。根据《江西省粮食流通条例》第二十一条第一款的规定,县级以上人民政府粮食主管部门应当会同发展改革、农业农村、市场监督管理、统计等有关部门建立健全粮食市场监测预警和信息共享机制,完善粮食供需平衡调查制度,对本行政区域内主要粮食品种的生产、需求、库存、价格情况等实行动态监测、分析和预警。由此可知,采取宏观调控措施的县级以上政府有关部门应当是以粮食主管部门为主,发展改革、农业农村、市场监督管理、统计等部门协助。

二、针对粮食市场宏观调控的具体措施

按照主体类型不同,粮食市场宏观调控具体措施不同。

1. 本条第一款由县级以上人民政府及其有关部门采取的具体措施

(1)发布粮食市场信息。该措施的本质是实现粮食市场信息共享。政府通过收集和发布粮食市场信息,促使信息在粮食生产者、经营者、销售者、消费者之间共享,解决相关利益主体之间信息不对称的问题,缓解粮食供不应求或者供过于求的结构性矛盾,以及减小粮食市场价格大幅上涨或者下降的波动风险,稳定国内粮食市场,从而保障我国粮食安全。

(2)实行政策性粮食收储和销售。根据本法第三十八条的规定,当出现粮食价格剧烈波动,影响粮食供求关系变化时,国务院可以根据粮食安全形势和财政状况,决定对重点粮食品种在粮食主产区实行政策性收储。

(3)要求执行特定情况下的粮食库存量。根据本法第三十九条的规定,县级以上人民政府及其有关部门可以要求从事粮食收购、加工、销售的规模以上经营者执行特定情况下的粮食库存量。

(4)组织投放储备粮食。组织投放储备粮食,可以在一定程度上缓解粮食市场供不应求和粮食价格上涨的问题,有利于稳定粮食市场。我国储备粮食分为中央储备粮食和地方储备粮食。国务院根据《中央储备粮管理条例》第四章关于中央储备粮的动用规定,组织实施投放中央储备粮。该条例第三十九条明确规定动用中央储备粮,由国务院发展改革部门及国家粮食行政管理部门会同国务院财政部门提出动用方案,报国务院批准。动用方案应当包括动用中央储备粮的品种、数量、质量、价格、使用安排、运输保障等内容。同理,各地方政府及其有关部门根据地方储备粮管理办法,在组织投放地方储备粮食前,也应按照动用方案和动用程序实施。

(5)引导粮食加工转化或者限制粮食深加工用粮数量。该项措施本质上是通过引导粮食加工转化或限制粮食深加工,控制粮食数量,保障充足的口粮,为减小粮食市场波动风险做准备。

(6)兜底措施。除上述列举的具体措施外,该项是以"其他必要措施"作为本条的兜底项,给予县级以上人民政府在粮食供求关系和价格变化时实施宏观调控行为的自由裁量权限。

2. 本条第二款规定国务院和省、自治区、直辖市人民政府依照《价格法》采取的相应措施

(1)粮食收购中实施价格保护。《价格法》第二十九条规定,政府在粮食等重要农产品的市场购买价格过低时,可以在收购中实行保护价格,并采取相应的经济措施保证其实现。

(2)对部分价格采取限定差价率或者利润率、规定限价、实行提价申报制度和调

价备案制度。《价格法》第三十条规定，当重要商品和服务价格显著上涨或者有可能显著上涨，国务院和省、自治区、直辖市人民政府可以对部分价格采取限定差价率或者利润率、规定限价、实行提价申报制度和调价备案制度等干预措施。省、自治区、直辖市人民政府采取价格干预措施，应当报国务院备案。

(3)采取临时集中定价权限、部分或者全面冻结价格。《价格法》第三十一条规定，当市场价格总水平出现剧烈波动等异常状态时，国务院可以在全国范围内或者部分区域内采取临时集中定价权限、部分或者全面冻结价格的紧急措施。

三、粮食市场宏观调控应在一定条件或者特殊情形下实施

政府在一定条件或者特殊情形下对粮食市场实施宏观调控，主要考量粮食供求关系和粮食价格变化等因素。具体而言，粮食供求关系，是指粮食供过于求或者粮食供不应求的情形，粮食价格显著变化或者有可能显著变化是指价格出现较大幅度的上涨或者下跌。

《粮食流通管理条例》第二十九条第二款规定，当粮食价格显著上涨或者有可能显著上涨时，国务院和省、自治区、直辖市人民政府可以按照《价格法》的规定，采取价格干预措施。对照上述规定，本条第二款"必要时"可以作"粮食价格显著上涨或者有可能显著上涨的特定情形"的对应理解。

【实务应用】

为就近、就便解决因运输等原因造成的湖北等部分南方饲料企业原料紧张问题，2020年2月，国家粮食和物资储备局举办玉米专场网上交易会，面向东北三省一区以外的饲料加工企业，公开竞价挂牌销售296万吨政策性玉米。当日实际成交108万吨，成交均价每吨1919元，与市场价格水平大体相当。尚未成交的188万吨玉米，将继续安排挂牌销售。国家粮食和物资储备局将督促中国储备粮集团有限公司和有关省级粮食和物资储备部门加强沟通协作，敦促承储企业抓紧出库，尽快增加市场供给。①

① 参见《国家粮食和物资储备局安排投放部分政策性玉米　增加南方饲料加工原料供应》，载中华人民共和国中央人民政府官网，https://www.gov.cn/xinwen/2020-02/07/content_5475966.htm，最后访问日期：2024年1月11日。

专家评析：该案是政府粮食和物资储备部门组织投放储备粮食的典型实践。政府粮食和物资储备部门采取了积极措施，加强了市场粮食的调度，有序地组织政策性粮源拍卖，这些措施有效地满足了市场的需求。我国政府储备粮食分为中央储备粮和地方储备粮，地方储备粮主要用于区域市场保应急、稳粮价、保供应，中央储备粮作为国家粮食安全的"压舱石"，主要用于全国范围内的粮食应急和供应，尤其是应对重大自然灾害或者其他突发事件等。当全国或部分地区粮食明显供不应求或者市场价格异常波动时，政府可以动用地方储备粮或者中央储备粮。面对1998年长江流域特大洪水、2008年汶川地震、2020年新冠肺炎疫情以及汛期时南方洪涝灾害等重大自然灾害和突发事件，我国政府及时启动粮食应急机制，投放、调配储备粮食支持受灾地区，以保障受灾人民群众的基本生活需求。

根据我国《中央储备粮管理条例》第三十九条、第四十条的规定，动用中央储备粮由国务院发展改革部门及国家粮食行政管理部门会同国务院财政部门提出动用方案，报国务院批准。动用方案应当包括动用中央储备粮的品种、数量、质量、价格、使用安排、运输保障等内容。国务院发展改革部门及国家粮食行政管理部门，根据国务院批准的中央储备粮动用方案下达动用命令，由中国储备粮管理集团有限公司具体组织实施。在紧急情况下，国务院直接决定动用中央储备粮并下达动用命令。国务院有关部门和有关地方人民政府对中央储备粮动用命令的实施，应当给予支持、配合。

【相关规定】

《价格法》第二十九条、第三十条、第三十一条；

《粮食流通管理条例》第二十六条、第二十七条、第二十九条、第三十条；

《中央储备粮管理条例》第三十八条、第三十九条。

【法条】

第四十一条　国家建立健全粮食风险基金制度。粮食风险基金主要用于支持粮食储备、稳定粮食市场等。

【立法背景】

我国粮食风险基金始建于1994年。《粮食风险基金实施意见》(国发〔1994〕31号,已失效)第一次明确提出要建立粮食风险基金制度。粮食风险基金是中央和地方政府用于平抑粮食市场价格,补贴部分吃返销粮农民因粮食销价提高而增加的开支,是促进粮食生产稳定增长、维护粮食正常流通秩序、实施经济调控的专项资金。这是我国针对关系国计民生的重要商品而建立的第一个专项宏观调控基金。由于经济发展水平和政策差异,我国粮食风险基金的使用范围经历了不同时期的变化。

1998年财政部、中国农业发展银行制定《关于完善粮食风险基金管理的办法》(国办发〔1998〕17号),该办法规定,粮食风险基金必须专项用于:第一,支付省级储备粮油的利息、费用补贴;第二,粮食企业执行敞开收购农民余粮的政策,致使经营周转粮库存增加,流转费用提高,而又不能通过顺价出售予以弥补的超正常库存的利息、费用补贴。国务院《关于进一步完善粮食流通体制改革政策措施的通知》(国发〔1999〕11号)明确规定,中央对地方粮食风险基金补助,在合理确定补助基金的前提下,实行地方政府包干办法,实行包干后各地节余的粮食风险基金只能用于粮食方面的支出,不得挪作他用。国务院《关于进一步深化粮食流通体制改革的意见》(国发〔2001〕28号,已失效)中规定,适当增加中央对粮食主产区的粮食风险基金补助,由地方包干使用。节余的粮食风险基金,要用于陈化粮价差亏损补贴、粮食出口补贴和消化粮食财务挂账等粮食方面的开支,不准挪作他用。《粮食风险基金监督管理暂行办法》(财建〔2001〕691号,已失效)按照粮食主产区、主销区和产销平衡地区不同,明确规定确保粮食购销企业按保护价敞开收购农民余粮、地方储备粮油所需的利息费用补贴等重点后,如有节余,可用于陈化粮价差亏损补贴、消化粮食财务挂账等粮食方面的开支,不准挪作他用。《实行对种粮农民直接补贴调整粮食风险基金使用范围的实施意见》(财建〔2004〕75号,已失效)实行对农民直接补贴及粮食流通体制市场化改革后,粮食风险基金的使用范围扩大,调整为对种粮农民的直接补贴、省级储备粮油的利息费用补贴以及对政策性挂账的利息补贴等。

综上而知,上述规范性文件并没有对粮食风险基金的使用范围作统一规定。根据不同时期的宏观调控政策,我国粮食风险基金的使用范围有逐步扩大的趋势。因此,本法对粮食风险基金制度及主要用途主要作原则性规定。在现行粮食风险基金制度基础上,还应健全和完善粮食风险基金制度。

【法条释义】

本法第四十一条明确规定国家建立健全粮食风险基金制度。概括而言，本条分别规定了粮食风险基金的两个主要用途：(1)用于支持粮食储备；(2)用于稳定粮食市场。

随着经济体制改革的深化，为了用经济手段稳定粮食市场，防止粮食价格大幅波动，国家建立粮食风险基金制度。所谓粮食风险基金，是指中央和地方政府用于平抑粮食市场价格、维护粮食正常流通秩序、实施经济调控的专项资金。粮食风险基金由中央粮食风险基金和地方粮食风险基金两部分构成，资金来源为中央财政预算安排、中央补助和地方财政预算安排。粮食风险基金制度作为我国粮油宏观调控的一项基本制度，通过保证粮食储备制度有效运作和粮食价格支持政策有效落实，进而促进粮食市场稳定和保障国家粮食安全。粮食风险基金有两个方面的主要用途，即支持粮食储备和稳定粮食市场。

一、粮食风险基金用于支持粮食储备

1995 年，国务院《关于粮食部门深化改革实行两条线运行的通知》明确划分了中央和地方的粮食事权。自此，国家粮食储备局实行垂直管理的国家专项储备粮油，也被称为新体制专储粮，它的利息费用直接由中央财政拨付至国家粮食储备局，再由国家粮食储备局拨付至各承储库点。1998 年国务院《关于进一步深化粮食流通体制改革的决定》提出，完善粮食储备体系，建立健全储备粮管理制度，实行储备和经营分开。1999 年，国家粮食局负责中央储备粮的行政管理；中国储备粮管理总公司负责中央储备粮的经营管理，中央储备粮的利息和费用由中央财政承担，增强政府对粮食市场的调控能力。地方实行省长负责制，全面负责本地粮食的生产和流通，负责本地区粮食仓储等流通设施的规划、建设、维修和改造。地方储备粮的亏损则由粮食风险基金弥补；地方政府根据本地需要落实省级(或者市、县级)粮食储备，地方储备粮的费用补贴标准参照中央储备粮，主要由粮食风险基金和地方财政承担。①

二、粮食风险基金用于稳定粮食市场

稳定粮食市场具体包括增强政府调控粮食市场能力和提高政府调控粮食市场效率。随着粮食市场化改革进程的推进，粮食宏观调控的任务变得更加繁重，特别是国

① 参见亢霞：《新中国 70 年我国政府粮食储备体系的演变》，载《中国粮食经济》2019 年第 10 期。

际金融危机后,国内外粮食市场联系愈加紧密,国内粮食市场价格变化更加复杂和不确定。为保持国内粮食市场和价格的基本稳定,应对可能出现的粮食市场风险,我国政府增加粮食风险基金总量,与经济发展水平和调控粮食市场的需要相适应,从而进一步增强粮食宏观调控能力。

与此同时,我国粮食风险基金提高了政府调控粮食市场的效率:(1)保持现有对种粮农民直接补贴规模不变,积极探索直补与粮食种植面积挂钩、与商品粮特别是优质粮挂钩的办法,调动农民种粮积极性,提高促进粮食安全的效用。(2)1998 年以后的政策性挂账利息补贴不再从粮食风险基金中开支,由中央财政单列预算解决。除实行粮食直补外的粮食风险基金,主要用于粮食宏观调控方面的开支,尤其是要优先保证地方储备粮油的相关支出,确保粮油储备规模达到规定要求,增强区域粮食市场调控能力。(3)保护和促进粮食产业发展。发展现代粮食流通产业是促进种粮农民增粮增收、提高粮食企业在国内和国际市场上的竞争力和增强粮食安全保障能力的重要基础。由于粮食流通产业微利性和高风险性,需要通过有效风险支持措施,才能切实增强粮食流通产业的市场竞争力。因此,我国立法应明确将粮食风险基金作为促进现代粮食流通产业发展的重要手段,支持粮食仓储、物流设施建设以及粮食产业化发展,进一步提升粮食宏观调控效率。①

【实务应用】

为保证粮食供应安全、维护粮食流通秩序,四川省隆昌市财政局不断规范并加强粮食风险基金管理,稳健运行,确保全市粮食生产、储备安全。严格按照四川省及内江市粮食风险基金管理的相关要求,严格实行专人、专账和专户“三专”管理,所有资金通过专户拨付,并下发相应文件作为拨付依据。根据粮食风险基金管理相关规定,将专项资金用于种粮农民的直接补贴等,并在规定时间内及时下达各类涉粮补贴费用,有效防止截留、挤占、挪用粮食风险基金等情况发生,确保专款专用。②

专家评析:粮食是关系经济发展、社会稳定和国家安全的重要战略性物资,粮食

---

① 参见邓亦武、亢霞:《进一步完善我国粮食风险基金制度》,载《宏观经济管理》2010 年第 9 期。

② 参见《隆昌市财政局规范并加强粮食风险基金管理》,载内江新闻网,http://www.scnjnews.com/lc/2023-07/11/content_6514946.html,最后访问日期:2024 年 1 月 11 日。

安全如同能源安全、金融安全一样，是牵动全局的战略大事，任何时候都不能放松。粮食风险基金制度成为市场经济条件下保障粮食安全的重要经济手段。因此，要进一步明确和完善粮食风险基金的功能定位，将其定位于应对粮食市场风险和产业风险之上，以更好地服务粮食宏观调控。近年来，福建省、河南省、黑龙江省分别修订各省的粮食风险基金管理办法，明确规定健全财政、粮食等部门共管粮食风险基金制度，加强沟通协商，提高粮食风险基金管理的透明度；市、县财政部门（各级财政部门）应当建立健全粮食风险基金监管制度，加强粮食风险基金管理，严格专户拨付管理，不得用于规定以外的其他方面的开支；同时，建立健全粮食风险基金监管体系，对粮食风险基金的到位、使用情况进行监督检查。各市、县有关部门和单位违反规定将粮食风险基金挪作他用的，以及未严格执行粮食风险基金专户管理制度的，省财政厅将暂停拨付粮食风险基金，直至整改到位。各市县有关部门和单位不按时报备粮食风险基金相关情况的，省财政厅将按照有关规定予以处理。

【相关规定】

《农业法》第三十五条；

《粮食流通管理条例》第二十八条。

第六章
粮食加工

【法条】

第四十二条　国家鼓励和引导粮食加工业发展，重点支持在粮食生产功能区和重要农产品生产保护区发展粮食加工业，协调推进粮食初加工、精深加工、综合利用加工，保障粮食加工产品有效供给和质量安全。

粮食加工经营者应当执行国家有关标准，不得掺杂使假、以次充好，对其加工的粮食质量安全负责，接受监督。

【立法背景】

我国立法对粮食加工环节的行为规定较少，《粮食法（送审稿）》第四十一条规定，国家引导粮食合理加工和副产品综合利用，提高粮食加工出品率和资源利用率，适度发展以玉米、小麦、稻谷为原料的粮食深加工。该条仅对国家引导粮食加工业发展作出原则性规定，没有明确规定粮食就地就近加工。

关于粮食就地就近加工以及协调推进粮食初加工、精深加工、综合利用加工的相关规定，散见于国务院或国家部委制定、各省级政府部门联合制发的规范性文件中。譬如，国务院办公厅《关于进一步促进农产品加工业发展的意见》（国办发〔2016〕93号）指出，根据全国农业现代化规划和优势特色农产品产业带、粮食生产功能区、重要农产品生产保护区分布，合理布局农产品加工业，形成生产与加工、科研与产业、企业与农户相衔接配套的上下游产业格局，促进农产品加工转化、增值增效；加快农产品初加工发展，提升农产品精深加工水平，鼓励主食加工业发展以及加强综合利用等。①

2018 年农业农村部等 15 部门制定出台的《关于促进农产品精深加工高质量发展若干政策措施》（农产发〔2018〕3 号）明确要求，一是优化产业结构，统筹推动农产品精深加工与初加工、综合利用加工协调发展，引导水稻、小麦等口粮适度加工，减少因过度加工造成的资源浪费和营养流失；二是加快布局调整，农产品精深加工产能要向粮食生产功能区、重要农产品生产保护区、特色农产品优势区、现代农业示范区和现代农业产业园布局，推动农产品就地就近转化增值；三是积极培育精深加工企业，引导加工企业与农民合作社和农民构建紧密的利益联结机制，着力扶持一批农村第一、第二、第三产业融合发展利益共同体，让农民更多地分享精深加工带来的增值收益，促进就地就近就业增收；四是提升技术装备水平，采取先进的提取、分离与制备技术，加快推进秸秆、稻壳米糠、麦麸、油料饼粕等副产物综合利用，开发新能源、新材料、新产品。②

陕西省粮食局、陕西省农业厅于 2017 年 9 月出台《关于推进粮食产销融合促进现代农业发展和农民增产增收的实施意见》，该实施意见对推进粮食就地加工转化作出如下要求。依托省级农产品加工产业园区平台，引导加工企业向产业园区集中，实现标准化原料基地、集约化加工、体系化物流配送和营销网络“三位一体”发展，使其成为粮食产销融合、产业发展的主要载体和重要平台。鼓励新型农业经营主体发展粮油加工业，促进粮食就地加工、转化和销售。支持粮食加工企业发展粮食精深加工，提高粮食加工转化率和附加值，开发生产绿色、营养、安全、保健的粮油产品。推进主食产业化，支持粮食企业和新型粮食生产经营主体利用现代科学技术，延伸粮食生产、购销、精深加工与副产品综合开发、环保利用的产业链条，促进粮食产业转型升

---

① 参见国务院办公厅《关于进一步促进农产品加工业发展的意见》（国办发〔2016〕93 号），载中华人民共和国中央人民政府官网，https://www.gov.cn/zhengce/content/2016-12/28/content_5153844.htm，最后访问日期：2024 年 1 月 11 日。

② 参见《农业农村部等 15 部门关于促进农产品精深加工高质量发展若干政策措施的通知》（农产发〔2018〕3 号），载中华人民共和国中央人民政府官网，https://www.gov.cn/zhengce/zhengceku/2018-12/31/content_5443247.htm，最后访问日期：2024 年 1 月 11 日。

级、健康发展。①

【法条释义】

本法第四十二条规定，国家鼓励和引导粮食加工业发展，以及粮食加工经营者的行为规范。概括而言，本条分别从两个方面予以规定：(1)立法倡导粮食就地加工；(2)粮食加工经营者应执行国家标准，对其加工的粮食质量安全负责。

一、国家鼓励和引导粮食加工业发展，重点支持在粮食生产功能区和重要农产品生产保护区发展粮食加工业，协调推进粮食初加工、精深加工、综合利用加工，保障粮食加工产品有效供给和质量安全

1. 发展粮食加工业的重点区域是粮食生产功能区和重要农产品生产保护区

近年来，国家出台了一系列强农惠农富农政策，实现了粮食连年丰收，重要农产品生产能力不断增强。但是，我国农业生产基础还不牢固，工业化、城镇化发展和农业生产用地矛盾不断凸显，保障粮食和重要农产品供给任务仍然艰巨。为优化农业生产布局，聚焦主要品种和优势产区，实行精准化管理，国家建立粮食生产功能区和重要农产品生产保护区。重点支持粮食生产功能区和重要农产品生产保护区发展粮食加工业，存在两个方面的主要原因：一是粮食生产功能区和重要农产品生产保护区的粮食生产条件较好、产量相对高，从而促进粮食加工产品的质优量足。一般而言，粮食生产功能区和重要农产品生产保护区会选择水土资源条件较好、相对集中成片、农业基础设施比较完备的区域，经过科学确定而划定的粮食生产功能区和重要农产品生产保护区范围，本质上是把种植粮食和重要农产品的优势区域相对固定下来，保障粮食作物及加工品。二是财政金融等政策支持力度会向粮食生产功能区和重要农产品生产保护区倾斜，无论是粮食生产还是粮食加工，国家将增加基础建设投入、加大对粮食生产功能区和重要农产品生产保护区的政策支持，激励和引导粮食生产者、加工者，确保粮食作物及加工品有效供给和质量安全。

根据国务院《关于建立粮食生产功能区和重要农产品生产保护区的指导意见》

① 参见《关于推进粮食产销融合促进现代农业发展和农民增产增收的实施意见》，载陕西省粮食和物资储备局官网 2017 年 9 月 11 日，https://lswz.shaanxi.gov.cn/newstyle/pub_newsshow.asp?id=1128179&chid=1006，最后访问日期：2024 年 1 月 12 日。

规定,粮食生产功能区和重要农产品生产保护区具体包括:(1)粮食生产功能区。划定粮食生产功能区9亿亩,其中6亿亩用于稻麦生产。以东北平原、长江流域、东南沿海优势区为重点,划定水稻生产功能区3.4亿亩;以黄淮海地区、长江中下游、西北及西南优势区为重点,划定小麦生产功能区3.2亿亩(含水稻和小麦复种区6000万亩);以松嫩平原、三江平原、辽河平原、黄淮海地区以及汾河和渭河流域等优势区为重点,划定玉米生产功能区4.5亿亩(含小麦和玉米复种区1.5亿亩)。(2)重要农产品生产保护区。划定重要农产品生产保护区2.38亿亩(与粮食生产功能区重叠8000万亩)。以东北地区为重点,黄淮海地区为补充,划定大豆生产保护区1亿亩(含小麦和大豆复种区2000万亩);以新疆为重点,黄河流域、长江流域主产区为补充,划定棉花生产保护区3500万亩;以长江流域为重点,划定油菜籽生产保护区7000万亩(含水稻和油菜籽复种区6000万亩);以广西、云南为重点,划定糖料蔗生产保护区1500万亩;以海南、云南、广东为重点,划定天然橡胶生产保护区1800万亩。

2. 厘清粮食初加工、精深加工、综合利用加工3种形式之间的内在逻辑

粮食加工业的主要形式包括初加工、精深加工、综合利用加工。3种加工形式通过利用一定技术手段,从利用设施设备的初加工,到改进工艺装备的精深加工,再到利用绿色先进技术的综合利用加工,层层递进,来实现粮食加工环节减损增供、减损增收、减损增效,提升粮食作物的附加价值,促进粮食加工业高质量发展,保障粮食主产区的利益。

根据农业农村部《关于促进农产品加工环节减损增效的指导意见》(农产发〔2020〕9号)的规定,粮食初加工、精深加工和综合利用加工呈现出各自特点。(1)粮食初加工主要是指粮食等耐储农产品,重点发展烘干、储藏、脱壳、去杂、磨制等初加工,实现保值增值。(2)粮食精深加工主要是指在粮食初加工基础上,对原材料或半成品通过一定科技手段进行工艺处理,使之成为可以直接使用的具有高附加值的产品。[①] 粮食精深加工要注意"度"的问题。一方面,要促进口粮品种适度加工,引导加工企业合理确定小麦、稻谷等口粮品种加工精度,减少精面、精米等过度加工造成的资源浪费和营养流失,提高出粉和出米率,发展专用粉、全麦粉和专用米、糙米

① 参见《粮食深加工遇"瓶颈",加快产业发展迫在眉睫!》,载北方农资周刊网2020年10月10日,https://www.sohu.com/a/423688793_491799,最后访问日期:2024年1月12日。

等新型健康产品,增加营养成分,减少加工损失;另一方面,要促进粮食深度加工,挖掘玉米、大豆等粮食品种的多种功能价值,提取营养因子、功能成分和活性物质,开发营养均衡、养生保健、食药同源的加工食品和质优价廉、物美实用的非食用加工产品。(3)粮食综合利用加工。如引导加工企业应用低碳低耗、循环高效的绿色加工技术,综合利用碎米、米糠、稻壳、麦麸、胚芽、玉米芯、饼粕等副产物,开发米粉、米线、米糠油、胚芽油、膳食纤维、功能物质、多糖多肽等食品或食品配料,生产白炭黑、活性炭、助滤剂等产品,提高粮食综合利用效率,开发高附加值新产品,提升增值空间,减轻生态环境压力。

3. 粮食就地加工的目的是促使粮食加工产品数量和质量得到双保障

一方面,保障粮食加工产品有效供给。从数量来说,国家引导粮食加工业发展,确保粮食加工产品稳定地向市场供给。国家重点支持粮食生产功能区和重要农产品生产保护区发展粮食加工业,基于就地就近原则,粮食从产出到加工,缩短了运输、仓储环节的时间成本、人力成本和资金成本,形成了较高效的"粮食投入—粮食加工品产出"的加工业链条,为市场提供了稳定而有效的粮食加工产品供给。

另一方面,保障粮食加工产品质量安全。从质量来讲,国家支持就地就近加工,保障粮食加工产品的质量安全。粮食是一类特殊的农产品,它具有一定的质量保存期限,如果经过长时间的运输和异地转移储存,部分粮食会发生变质、毁损等不利后果,直接影响粮食加工产品的质量安全,加大消费者食用加工产品的安全风险。因此,粮食就地就近加工,可以保障粮食经产出后,尽快投入加工,在一定程度上保障粮食在优质期限内能够及时转化为加工产品。

二、粮食加工经营者应当执行国家有关标准,不得掺杂使假、以次充好,对其加工的粮食质量安全负责,接受监督

1. 粮食加工经营者应当执行国家有关标准

国家针对粮食加工领域制定了一系列标准,涵盖了粮食加工厂房建设、设备选型、生产工艺、品质检测要求等方面。例如,修订后的大米、小麦粉、菜籽油等推荐性国家标准,合理确定了粮食加工精度等指标,引导企业从过度加工转向适度加工,大幅降低了粮食损失浪费。如大米国家标准通过设置加工精度上限,总出米率约提高1.25%;小麦粉国家标准降低加工精度要求,将原来的4个加工等级修改为"精制粉""标准粉""普通粉"3个类别,以普通粉为例,总出粉率提高0.5%~3%。

根据《标准化法》的规定，粮食加工经营者应当遵守并严格执行国家有关标准，如《稻米加工技术规程》（LS/T 1231－2023）、《食品安全国家标准　谷物加工卫生规范》（GB 13122－2016）、《食品安全国家标准　食品添加剂使用标准》（GB 2760－2014）等。

2. 粮食加工经营者不得掺杂使假、以次充好，对其加工的粮食质量安全负责，接受监督

我国《产品质量法》《食品安全法》等法律法规中，均有规定禁止经营者销售掺杂、掺假、以假充真、以次充好的产品，以及《粮食流通管理条例》规定，粮食经营者不得以掺杂使假、以次充好的方式来从事政策性粮食经营活动。粮食加工经营者作为上述经营者之一，对其加工的粮食产品要确保质量安全，禁止在粮食加工产品里混入杂质、以劣质产品冒充合格产品，并接受社会公众的监督。

【实务应用】

按照国家供给侧结构性改革的基本需求，在粮食总量供求基本平衡、丰年有余格局趋于稳定的形势下，黑河市积极推进粮食加工就地转化，改变作为粮食主产区在计划经济体制下形成的以追求产量为主、经济结构单一化和初级化、经济效益低下的状况；在维护粮食安全的同时，由粮食主产区向主加工区转变，加快发展粮食加工产业以促进自身发展，已成为今后黑河市的工作重点。①

黑河市现有粮食加工企业 32 户，其中水稻企业 3 户，年加工能力 5.75 万吨；玉米加工企业 4 户，年加工能力 88.2 万吨；小麦加工企业 19 户，年加工能力 69.85 万吨；大豆加工企业 6 户，年加工能力 65 万吨。玉米深加工企业 1 户，年加工能力 60 万吨，主要产品为玉米淀粉。黑河市域内及周边地区大量优质粮源为加工企业的原材料就地采购提供了充足保障，省去了“北粮南运”的大量运输成本，以玉米燃料乙醇加工为例，3 吨玉米生产出 1 吨乙醇，玉米原粮的运输费用远高于成品。同时，黑河市工业用地、水、电、煤、用工等费用支出均低于南方经济发达地区。黑龙江省人民政府对省内规模以上玉米深加工企业在规定期限内收购加工省内新产玉米给予补

① 参见秦晓健：《黑河发展为国家重要粮食储存基地和加工基地可行性研究》，载《黑龙江粮食》2018 年第 7 期。

贴；市域内北安省级粮食加工园区对进驻的企业免收多项行政事业、工程建设及服务费用，对于超大型加工项目，还可享受其他多项优惠政策。

专家评析：粮食产地加工是在粮食生产所在地对小麦、大豆、玉米、稻谷等原粮进行工业化处理制成成品粮、食品和综合利用粮食辅料的过程。粮食加工具有可观的经济效益和社会效益，除具有食物"应急缓冲器"的重要作用外，粮食非食用用途的加工还可以起到"丰欠平衡器"的调节作用。在保障粮食安全的前提下，主产区适度发展粮食精深加工转化，以促进粮食加工向产业化、规模化方向发展，这对于提高主产区粮食的综合利用率和转化增值，带动关联行业和提供大量的就业机会、促进农民增收和构建社会主义新农村具有不容忽视的战略意义。

【相关规定】

《食品安全法》第三十四条；

《粮食流通管理条例》第二十条、第四十九条。

【法条】

第四十三条　国家鼓励和引导粮食加工结构优化，增加优质、营养粮食加工产品供给，优先保障口粮加工，饲料用粮、工业用粮加工应当服从口粮保障。

【立法背景】

近年来，我国口粮、饲料用粮、工业用粮三者之间的关系有所变化，其主要原因是我国居民生活水平普遍提高，城乡居民对肉食、加工食品的需求量增大，导致居民饮食结构发生变化。口粮需求量降低，饲料用粮、工业用粮需求量增加，并不意味着不重视口粮，相反地，国家应当始终坚持口粮的基本地位不动摇。

一方面，随着我国人口基数的持续增长，人口总量将在2025～2030年达到峰值。新增人口的出现会导致对口粮的绝对需求不断增加，粮食需求持续净增长，刚性需求显著。另一方面，随着居民生活水平的不断提高，对粮食产品的需求也变得更多样。[①]

① 参见张新平、代家玮：《总体国家安全观视域下我国粮食安全问题研究》，载《甘肃理论学刊》2022年第4期。

因此，国家不仅要保障口粮持续供给和口粮绝对安全，而且要增加优质、营养粮食加工产品供给。

2013 年 12 月 9 日，中央财经领导小组第四次会议研究国家粮食安全问题，确立了我国新的粮食安全观——“确保谷物基本自给、口粮绝对安全”。中央经济工作会议，进一步提出了“以我为主、立足国内、确保产能、适度进口、科技支撑”的新形势下国家粮食安全战略，要求“依靠自己保口粮，集中国内资源保重点，做到谷物基本自给、口粮绝对安全”。随后召开的中央农村工作会议指出，要进一步明确粮食安全的工作重点，合理配置资源，集中力量首先把最基本最重要的保住，确保谷物基本自给、口粮绝对安全。按照“优先序”，口粮排在第一位。关于口粮的绝对安全，官方解读为“稻谷、小麦 100% 自给”。在“十三五”时期，《全国农业现代化规划(2016—2020年)》也提到，小麦稻谷自给率要求达到 100%。并对“小麦稻谷自给率”给出备注，指小麦稻谷国内生产能力满足需求的程度。①

我国《乡村振兴促进法》第八条规定，国家实施以我为主、立足国内、确保产能、适度进口、科技支撑的粮食安全战略，坚持藏粮于地、藏粮于技，采取措施不断提高粮食综合生产能力，建设国家粮食安全产业带，完善粮食加工、流通、储备体系，确保谷物基本自给、口粮绝对安全，保障国家粮食安全。这是我国首次以法律形式确立口粮绝对安全的总原则。2023 年 8 月 28 日在第十四届全国人民代表大会常务委员会第五次会议上国家发展和改革委员会主任郑栅洁作《国务院关于确保国家粮食安全工作情况的报告》。该报告指出，近年来保障国家粮食安全开展的主要工作及取得的成效之一是健全价格、补贴、保险“三位一体”政策体系，坚持并完善稻谷、小麦最低收购价政策，稳定口粮生产；该报告提出，下一步鼓励发展粮食循环经济，完善粮油技术标准，引导口粮适度加工，减少加工损耗和营养流失。② 此外，大多数规范性文件也规定应当保障口粮供给，坚持口粮适度加工，譬如，农业农村部《关于促进农产品加工环节减损增效的指导意见》(农产发〔2020〕9 号)提出，要促进口粮品种适度

① 参见叶兴庆：《粮食安全讲求“优先序”，要着重处理好这三对关系》，载财经头条网 2022 年 5 月 31 日，https://cj.sina.com.cn/articles/view/1733360754/6750fc72020013ljm，最后访问日期：2024 年 1 月 15 日。

② 参见《国务院关于确保国家粮食安全工作情况的报告》，载中国人大网，http://www.npc.gov.cn/c2/c30834/202309/t20230905_431547.html，最后访问日期：2024 年 1 月 15 日。

加工。

此外,饲料用粮、工业用粮占比过高的问题普遍存在。饲料用粮是粮食消费的最大主力,2021年饲料用粮占比48%,达到口粮消费的1.5倍,且每年增速达7%。[①]工业用粮2022年年度消耗量在1600亿斤以上,约为0.8亿吨,占比9.64%。特别是其中的玉米、大豆,以及“三薯”等,已成为燃料乙醇、食品、医药等工业部门的重要原料。这个消费量位居全球第三。[②]

然而,现行立法和规范性文件未对优先保障口粮加工,以及口粮、饲料用粮和工业用粮三者关系作明确规定,亟待相关立法予以规范和厘清。因此,本法明确规定,优先保障口粮加工,饲料用粮、工业用粮加工应当服从口粮保障,促进粮食加工结构优化。

【法条释义】

本法第四十三条规定了粮食加工结构优化制度。概括而言,本条分别从以下三个方面展开:(1)国家鼓励和引导粮食加工结构优化;(2)立法明确优先保障口粮加工;(3)饲料用粮、工业用粮加工应当服从口粮保障。

一、国家鼓励和引导粮食加工结构优化,结构优化的目标是增加优质、营养的粮食加工产品供给

为了增加优质、营养的粮食加工产品供给,立法倡导粮食加工结构优化既是粮食加工环节的总体要求,也是原则性规定。粮食作物的用途主要包括口粮、饲料用粮和工业用粮等,通过调整和改进口粮、饲料用粮、工业用粮等粮食加工产业的各环节、流程和技术,以提高粮食作物的利用效率,增加粮食作物的附加值,满足人们多样化、高品质、安全、便捷的消费需求;同时,通过加强管理,规范生产流程,严格把控原材料、生产环境和工艺过程,确保粮食加工产品符合食品安全标准。从全局来看,口粮加工、饲料用粮加工和工业用粮加工作为粮食加工结构的组成部分都处于重要地位,但

① 参见余源:《饲料消费已经威胁到中国粮食安全! 专家呼吁:节约粮食,从猪做起》,载腾讯网2023年3月10日,https://new.qq.com/rain/a/20230310A06QG000,最后访问日期:2024年1月12日。

② 参见《太多了,根本吃不完! 我国自产、进口的粮食主要消费途径分享》,载个人图书馆网2023年11月17日,http://www.360doc.com/content/23/1117/21/30882805_1104392023.shtml,最后访问日期:2024年1月12日。

是优化粮食加工结构必须有优先序。因此，粮食加工结构的应然状态是，口粮加工处于基础地位、优先位序，饲料用粮、工业用粮加工服务于口粮供给，处于保障地位、后续顺位。

二、国家优先保障口粮加工

保障口粮加工是粮食加工结构优化的前提和基础。口粮用于保障人们的基本生存需求，口粮加工是粮食产业发展和保障国家粮食安全的重要环节之一。口粮加工涉及原材料收购、研发设计、生产加工、物流运输等多领域，可以将小麦、水稻、玉米等转化为更耐储存、便于运输、易于消费的食品，推动整个粮食加工产业链的发展。同时能够延长口粮保鲜期限，减少粮食损失和浪费，国家优先保障口粮加工的目的是确保口粮供给充足、稳定和安全。通过就地就近加工口粮，小麦、水稻、玉米等粮食作物的附加值得到提升，农民的经济收入也会相应增加。

因此，政府将口粮加工作为重要的战略性产业进行关注和支持，并采取一系列政策、措施加强对口粮加工的监督管理和检验机制，确保口粮加工品符合国家标准和质量要求，以确保粮食安全、满足人民对口粮的需求。

三、饲料用粮、工业用粮加工应当服从口粮保障

中国是世界第一大饲料生产国。随着人口增长，收入水平提升、城镇化推进，中国的肉奶蛋消费需求仍呈刚性增长状态，因此，饲料实际需求也将持续呈现增加状态，而工业用粮亦将呈现“在一定时期内有一定幅度增长”的态势。① 然而，有限的粮食资源需要合理分配，以满足不同领域的需求。饲料用粮和工业用粮作为非直接供给给人们消费的用途，在加工处理时，应该遵守相关的政策法规和管理规定，执行相应的标准和准则，即使饲料用粮和工业用粮的需求在持续增加，也不应当减少口粮的需求量，以确保不会影响基本的口粮供给和国家粮食安全。

【实务应用】

2022 年 5 月，多地“收割青麦作饲料”的视频在短视频平台流传。视频中人群将

---

① 参见孙光梅：《从饲料与工业用粮看国内粮食安全问题》，载山东畜牧经济研究会官网 2020 年 8 月 28 日，http://www.sdxmjingji.com/zhengwugongkai/renshixinxi/257.html，最后访问日期：2024 年 1 月 13 日。

收割机围住，可以看到尚未成熟的小麦被整株粉碎或装满青麦的货车排起长队等待进入养殖场。[①] 农业农村部对此高度重视，"五一"期间部署核查核实，各相关省份抓紧调度排查，并下发通知要求各地进一步全面排查毁麦开工、青贮小麦等各类毁麦情况，对违法违规行为，发现一起处理一起。[②] 河南省发布紧急通知，严禁任何毁麦事件发生，并指出要加强麦田保护，坚决杜绝毁麦，任何地方、任何单位、任何人员不得以任何理由毁麦或将小麦用于青贮饲料。

专家评析：习近平总书记高度重视国家粮食安全，反复强调"中国人的饭碗任何时候都要牢牢端在自己手上"，"饭碗里主要装中国粮"。[③] 这里所指的"饭碗里的中国粮"即口粮，通过优先保障口粮加工来保障口粮绝对安全。因此，青麦作为口粮的重要原料，不能随意用作饲料加工，而是应当优先用作口粮加工和供给。

当前，国际局势波诡云谲，国内自然灾害时有发生，中国碗里的每一粒中国粮都弥足珍贵，它不仅是我们饭碗里看得见的馒头面条，更是我们中国人生活在和平、稳定年代中的底气。尤其是当遭遇严峻的自然灾害时，小麦生产要经历抗秋汛、促弱苗、防病虫等多个关口，可谓关关难过，国家为此出台了多项财政补贴政策，才有如今丰收的好局面。因此，小麦、水稻、玉米等口粮作物，与其他农产品不能等量齐观，理应倍加珍惜，必须颗粒归仓。[④] 习近平总书记曾深刻指出，"农田就是农田，而且必须是良田"，"坚决遏制耕地'非农化'、基本农田'非粮化'"。[⑤] 习近平总书记的重要指示批示为保障口粮足量生产和足额供给提供了正确的指引方向，奠定了国家优先保障口粮加工的坚实基础。

"青麦青贮"事件引起的舆论给我们提出了难题，即如何平衡保障消费者口粮供

---

① 参见陈珂：《割青麦"喂牛"，这事为何挑动公众神经？》，载澎湃网 2022 年 5 月 17 日，https://m.thepaper.cn/baijiahao_18130743，最后访问日期：2024 年 1 月 10 日。

② 参见《农业农村部相关司局负责人：全面排查各类毁麦情况　确保夏粮颗粒归仓》，载中华人民共和国农业农村部官网，http://www.moa.gov.cn/ztzl/ddymdzfhjs/gzbs_29062/202205/t20220510_6398872.htm，最后访问日期：2024 年 1 月 10 日。

③ 参见《"饭碗主要装中国粮"（总书记牵挂的粮食安全）》，载《人民日报》2022 年 2 月 18 日，第 1 版。

④ 参见郭少雅：《收割青麦不应该　夏粮颗粒要归仓》，载《农民日报》2022 年 5 月 12 日，第 1 版。

⑤ 参见《"农田就是农田，而且必须是良田"（总书记牵挂的粮食安全）》，载《人民日报》2022 年 2 月 19 日，第 1 版。

给与提升农民收益之间的关系。养殖企业高价收购青贮小麦,种粮农民因此获取较高收益,对于农民个体来说是有益的。然而,收割青麦作饲料用粮,而非用作口粮,在一定程度上减少了口粮供给的总量,从而影响消费者对口粮的整体需求,或导致供不应求,造成口粮的市场价格上涨,对消费者来说则是不利的。因此,各地政府要采取各种措施以平衡多方利益,只有提升种粮收益,农民才有种粮的意愿和务农的动力,才不会"青麦青贮",口粮供给和粮食安全才能得以保障。

【相关规定】

《乡村振兴促进法》第八条。

【法条】

第四十四条　县级以上地方人民政府应当根据本行政区域人口和经济社会发展水平,科学布局粮食加工业,确保本行政区域的粮食加工能力特别是应急状态下的粮食加工能力。

县级以上地方人民政府应当在粮食生产功能区和重要农产品生产保护区科学规划布局粮食加工能力,合理安排粮食就地就近转化。

【立法背景】

粮食加工业是粮食产业和食品工业的重要组成部分,是连接粮食生产、流通与消费的重要环节,在保障国家粮食安全中具有重要战略地位。近年来,各地高度重视农业产业化工作,特别是粮食加工转化问题,采取了一系列行之有效的措施,促进了粮食加工业的发展。粮食加工企业逐渐增多,加工规模扩大,带动基地能力增强,粮食产业在国民经济发展中的地位日益凸显。主要表现为粮食加工业快速发展,科技含量不断提高,使粮食加工层次低、产业链条短、附加值不高的局面有了一定的改观。[①]截至 2021 年年底,全国共有粮食应急加工企业 5507 家,按照每人每天消费 1 斤粮计

① 参见《正视粮食产业面临形势,提高加工转化能力,确保企业和农民双增收》,载网易网 2023 年 4 月 20 日,https://www.163.com/dy/article/I2PA1L5D05561QKH.html,最后访问日期:2024 年 1 月 11 日。

算，其 1 天的应急加工能力可以满足全国 14 亿人 2 天的需要。[①] 然而，粮食加工业规划布局不合理、粮食加工能力不足、粮食就地就近转化效果不理想等现象仍然存在。

为改变这一现状，2017 年国家粮食和物资储备局启动实施“中国好粮油”行动计划。为确保粮油品质，“中国好粮油”行动努力探索“标准引领”“以质取胜”之路。各级粮食和储备部门、示范县（市）和示范企业，根据区域特点，结合品牌建设，积极研究建立优质粮油产品及加工标准，对优质原粮和粮油成品提出了要求。山东滨州、安徽阜南、浙江湖州等地示范县也发挥粮油资源优势，通过示范企业引领粮食产业集聚发展，实现就地就近加工转化，加工增加值更多地留在县域，有效促进了粮食主产区经济发展，好粮油示范企业得以快速成长，粮食产业优质化、特色化、品牌化发展趋势显现。

未来，粮食市场竞争会更加激烈，将由国内局部竞争转向国内、国际全方位竞争，将由单纯生产能力的竞争转向“生产能力 + 流通能力 + 创新能力”的竞争。逐渐实现从“藏粮于库”向“藏粮于市”转型，以粮食加工企业为引擎，打造从产区到销区、从田间到餐桌的“产购储加销”全产业链粮食产业体系，形成“大粮食”“大产业”“大流通”“大市场”的新发展格局，实现产需有效对接，形成需求牵引供给、供给创造需求的更高水平动态平衡。

【法条释义】

本法第四十四条是关于县级以上地方人民政府科学布局粮食加工业，确保区域粮食加工能力的规定。概括而言，本条第一款针对所有区域，规定县级以上地方人民政府应当科学布局粮食加工业；第二款针对粮食生产功能区和重要农产品生产保护区，规定县级以上地方人民政府应当科学规划布局粮食加工能力。

---

① 参见《官方：中国 1 天粮食应急加工能力可满足 14 亿人 2 天需要》，载国家粮食和物资储备局官网，http://www.lswz.gov.cn/html/zt/qgh2022/2021-12/31/content_268881.shtml，最后访问日期：2024 年 1 月 11 日。

一、县级以上地方人民政府应当根据本行政区域人口和经济社会发展水平，科学布局粮食加工业，确保本行政区域的粮食加工能力特别是应急状态下的粮食加工能力

县级以上地方人民政府即县(区)级、地(市)级和省级人民政府，视一般情形和应急状态的两种不同情况，根据本行政区域的人口规模和经济社会发展水平，合理规划和安排粮食加工业的发展布局。一方面，科学布局粮食加工业可以使粮食加工设施更均衡地分布在各个区域，便利粮食采购、运输和加工，降低物流成本和损耗，提高加工效率，确保粮食能够及时转化为加工产品，满足日益增长的市场需求；另一方面，根据不同地区的特色和优势，可以促进地方产业的协调发展，在资源丰富的农业区域，适当配置粮食加工业可以进一步提升粮食作物及加工品的附加值，提升粮食产业链的完整性。总之，根据人口和经济发展状况，科学布局粮食加工业有助于调整地区产业结构，譬如，可以为农村地区创造就业机会，推动当地农业生产的发展，提高农民收入水平，促进农村经济的可持续发展，平衡城乡区域经济发展。尤其是在应急状态下，科学合理布局可以确保各地区的产业结构得到充分利用和优化调整，满足人们对应急粮食加工品的基本需求。

二、县级以上地方人民政府应当在粮食生产功能区和重要农产品生产保护区科学规划布局粮食加工能力，合理安排粮食就地就近转化

本条规定鼓励和引导政府在粮食生产功能区和重要农产品生产保护区就地就近实施粮食加工转化。粮食生产功能区和重要农产品生产保护区可以划在粮食主产区，也可以划在粮食主销区，其划定标准是以永久基本农田为基础，将粮食和重要农产品生产能力细化落实到具体地块。国家加强粮食生产功能区和重要农产品生产保护区建设的目的在于，引导农业生产者种植目标粮食作物，鼓励经营者在此区域加工，从而促进粮食就地就近转化。一方面，合理安排粮食就地就近转化，在粮食生产功能区和重要农产品生产保护区规划布局粮食加工能力，可以实现粮食从产地到加工厂的最短路径，缩短运输时间和距离，有利于降低粮食损耗和污染风险，确保粮食品质和卫生安全。另一方面，通过创造就业机会、引进先进技术和设备以及加工农产品副产品，可以有效地将粮食作物转化为高附加值产品，增加农民收入，促进农村经济的发展。总之，要科学规划布局粮食加工能力，在粮食主产区等特定区域建设加工厂和相应配套设施，从而促进当地产业链的延伸和完整性，实现各地区间产业协调发展，缩小城乡发展差距，促进区域经济平衡发展。

【实务应用】

为优化粮食产业布局，提升粮食加工能力，《重庆市粮油产业发展“十四五”规划》（渝农发〔2021〕143 号）要求以粮食生产功能区和重要农产品生产保护区为重点，切实落实全市稻谷、玉米、小麦、大豆、植物油料等重要农产品区域布局和保障方案；根据重庆实际，围绕提质增效，提出优质稻、甜糯玉米、青贮玉米、鲜食和加工型薯类以及荞麦、优质酿酒高粱、高蛋白大豆等特色杂粮和高含油优质油菜等特色粮油的发展目标和布局。譬如，要建设优质玉米基地，在渝北、潼南等低海拔区，綦江、武隆等中高山旅游避暑区，酉阳、巫山等有加工企业的区县布局甜糯玉米基地，合理安排玉米就地就近加工转化。①

专家评析：粮食加工业在粮食产业链中起到承上启下的作用。要实现以粮食加工业发展促进城乡区域经济发展，必须要合理规划、科学布局粮食加工业，尤其要统筹安排粮食就地就近加工转化。《粮食加工业发展规划》（2011—2020 年）指出，要坚持产区为主、兼顾销区，综合考虑区域主体功能定位、资源禀赋、发展潜力和市场空间等因素，优化粮食加工业布局，形成协调发展、优势互补、特色鲜明的新格局。为更好地落实科学布局粮食加工业的要求，提升区域粮食加工能力，持续满足人们对粮食加工品的消费需求，以及应对应急状态下的食品短缺风险，2019 年国家粮食和物资储备局制定出台的《“中国好粮油”行动计划实施指南》对粮食加工环节作出了细化规定：国家倡导适度加工，促进“优粮优加”。地方各级粮食和储备部门、示范县（市）和示范企业要建立标准领跑者激励机制，各级粮食和储备部门组织相关企业、科研院所根据优质粮食生产区域特点，结合地域优势和品牌建设等，研究建立优质粮油适度加工标准和规范，走“标准引领”“以质取胜”之路，加快推广粮油产品适度加工，发展粮食循环经济，促进粮食资源综合利用，提升区域粮食加工能力。省级粮食和储备部门结合本省（区、市）实际情况、区域特点、特色品种、市场认可程度等，组织制定优质成

① 参见《重庆市农业农村委员会关于印发重庆市粮油产业发展“十四五”规划的通知》，载重庆市农业农村委员会官网，http://nyncw.cq.gov.cn/xxgk_161/zfxxgkzl/fdzdgknr/ghjh/202201/t20220114_10305153.html，最后访问日期：2024 年 1 月 12 日。

品粮油标准;鼓励粮食企业结合品牌特色、区域特点、市场认可程度等,制定企业产品团体标准,提升区域粮油产品的加工质量。

【相关规定】

《农业法》第九条、第二十九条。

【法条】

第四十五条　国家鼓励粮食主产区和主销区以多种形式建立稳定的产销关系,鼓励粮食主销区的企业在粮食主产区建立粮源基地、加工基地和仓储物流设施等,促进区域粮食供求平衡。

【立法背景】

粮食主产区是中国粮食生产的核心区域,对全国粮食安全有着决定性影响。主销区以工业化、城市化为主要发展导向,产销平衡区则基本能实现粮食的自给自足。中国的粮食供应格局已由原来的"南粮北调"变成了"北粮南调",主产区与主销区之间的粮食生产消费不匹配矛盾越来越突出。2021 年粮食主产区的粮食产量为 53,602.83 万吨,而主销区粮食产量为 2934.80 万吨,仅占主产区粮食产量的 5.48%。主销区主要分布在东部地区,涵盖了北京、上海、广东等人口密集经济大省市,其每年粮食需求量大且增长速度快。2021 年粮食主销区的粮食产量占全国产量水平的4.30%,但年末常住人口达到了全国总人口的 21.58%,该区仅依靠本土粮食生产远远不能实现供需平衡,需借助其他地区的盈余粮食来补足缺口。不仅如此,由于东部城市重点发展工业和服务业,农业发展比重低,加之经济发达城市对周边地区劳动力的天然吸引作用,其人口和粮食需求还将继续增长,增加了主产区向主销区供应粮食的输出压力,提高了粮食储备仓库选址难度。①

2008 年出台的《国家粮食安全中长期规划纲要(2008—2020 年)》提出,要加强对粮食产销衔接的支持,建立健全粮食主销区对主产区利益补偿机制,支持主产区发

① 参见罗海平、黄彦平、张显未:《新时期中国粮食安全主要挑战及应对策略》,载《新疆社会科学》2023 年第 4 期。

展粮食生产。2019 年中央一号文件中共中央、国务院《关于坚持农业农村优先发展做好“三农”工作的若干意见》指出，要发挥粮食主产区优势，完善粮食主产区利益补偿机制，健全产粮大县奖补政策，压实主销区和产销平衡区稳定粮食生产责任。2020 年中央一号文件中共中央、国务院《关于抓好“三农”领域重点工作确保如期实现全面小康的意见》强调，加大对产粮大县的奖励力度，优先安排农产品加工用地指标。

此外，相关立法也对加强产销协作关系、建立主产区利益补偿机制作出明确规定。《粮食流通管理条例》第三十一条规定，国家鼓励粮食主产区和主销区以多种形式建立稳定的产销关系，鼓励培育生产、收购、储存、加工、销售一体化的粮食企业，支持建设粮食生产、加工、物流基地或者园区，加强对政府储备粮油仓储物流设施的保护，鼓励发展订单农业。在执行政策性收储时国家给予必要的经济优惠，并在粮食运输方面给予优先安排。《农业法》第三十二条第二款对“国家支持粮食主产区与主销区建立稳定的购销合作关系”作出原则性规定。《粮食法（送审稿）》第二十四条规定，国家建立和完善粮食主产区利益补偿机制，维护粮食主产区的利益，鼓励粮食主销区到主产区建立稳定的粮食生产基地，鼓励和支持粮食主产区和主销区建立稳定的产销合作关系。因此，本法不仅是对《农业法》《粮食法（送审稿）》等规范的承接，而且着重强调粮食加工领域的产销协作关系。

【法条释义】

本法第四十五条明确规定，国家鼓励通过粮食加工协作的方式，稳定粮食产销关系，促进粮食产销关系利益平衡。概括而言：(1)国家鼓励粮食主产区和主销区以多种形式建立稳定的产销关系；(2)国家鼓励粮食主销区的企业在粮食主产区建立粮源基地、加工基地和仓储物流设施等，是稳定产销关系的重要形式之一；(3)建立稳定的产销关系的目的是促进区域粮食供求平衡。

一、国家鼓励粮食主产区和主销区以多种形式建立稳定的产销关系

1. 关于粮食主产区和主销区的范围

在我国，粮食主产区和粮食主销区的划分源于 2001 年粮食流通体制改革。截至 2023 年年底，全国被划分为 13 个粮食主产区、7 个主销区和 11 个基本平衡区。我国粮食主产区为黑龙江、吉林、辽宁、河南、内蒙古、河北、安徽、山东、四川、湖南、湖北、江苏、江西 13 个省份。主销区为北京、天津、上海、浙江、福建、广东、海南 7 个省市。

平衡区为山西、广西、贵州、重庆、云南、西藏、陕西、甘肃、青海、宁夏、新疆11个省、自治区。粮食主产区是粮食生产的核心区，其粮食生产状况直接关涉国家粮食安全。据统计，全国75%的粮食产量、80%以上的商品粮、90%以上的调出量来自13个主产省。对于粮食主产区，政府鼓励其增加粮食生产，并为其提供必要的政策、技术和金融支持，以提高农业生产效率和增产，主产区可以采取合理的农业管理措施，优化农作物品种结构和种植布局，从而提高粮食产量和质量。对于粮食主销区，政府鼓励其积极开拓市场渠道，制定合理的价格政策，提高粮食采购能力，保障粮食市场的稳定供应。主销区可以与主产区建立长期合作关系，确保稳定的供应来源，并推动粮食流通环节的规范化与现代化。

2. 通过多种形式，建立粮食主产区与主销区协作机制

根据《粮食流通管理条例》《国家粮食安全中长期规划纲要(2008—2020年)》的相关规定，多种形式产销协作包括粮食主产区与主销区之间的生产、收购、储备、加工、物流运输等协作行为。譬如，铁路和交通部门要加强对跨区域粮食运输的组织、指导和协调，优先安排履行产销合作协议的粮食运输；粮食主销区要支持销区的粮食企业到产区建立粮食生产基地，参与产区粮食生产、收购并定向运往销区；鼓励产区粮食企业到销区建立粮食销售网络，保证销区粮食供应；主产区粮食企业在销区建立物流配送中心和仓储设施的，主销区地方人民政府要给予必要支持。

产销协作是一种利益补偿机制，在利益补偿机制中，除中央政府的转移支付外，还应在中央政府组织协调下，建立起粮食主产区与主销区之间的以财政经济为纽带的产销协作关系，主销区向主产区提供与粮食输入规模相适应的财政补贴资金，或者投资粮食生产建设。中央政府作为统筹全局的主体，当粮食主产区政府为了国家粮食安全战略而主要以粮食生产为业时，其享受由此带来的政治、经济和社会上的好处；而主销区作为粮食的主要销售地，由主产区政府为其提供粮食，得以让主销区政府能够集中辖区内的所有资源来大力发展经济效益高的第二、第三产业。因此，粮食主销区应当按照"谁受益，谁补偿"的原则对粮食主产区政府的利益损失予以一定程度上的补偿。立法应当鼓励主销区与主产区建立长期稳定互利互惠的区域合作机制。一方面，将粮食储备向主销区转移，减轻主产区粮食储备负担；另一方面，粮食加工企业尽量建在主产区以延长生产链条，把粮食增值收益留在主产区。

3. 建立稳定的产销关系，促使粮食主产区和主销区实现互利共赢

通过建立稳定的产销关系，主产区能够获得稳定的销售渠道和价格保障，从而增加农民收入，提高农民的积极性和生产热情。主销区则能够获得稳定的粮食供应量，以此满足消费需求、稳定粮食市场价格。

二、国家鼓励粮食主销区的企业在粮食主产区建立粮源基地、加工基地和仓储物流设施等

粮食主产区和主销区借助粮食加工加强产销协作，是建立稳定产销关系的一种重要形式。本质上，这是鼓励培育生产、收购、储存、加工、销售一体化的粮食企业，支持建设粮食生产、加工、物流基地或者园区。

国家鼓励粮食主销区的企业在粮食主产区建立粮源基地、加工基地和仓储物流设施，意味着政府支持粮食主销区的企业将其生产基地和物流设施建设更多地放在粮食主产区，以便更有效地获取原料、进行加工并进行仓储和物流管理，降低粮食的运输成本和损耗，同时加强粮食加工和仓储能力。

三、建立稳定的产销关系的目的是促进区域粮食供求平衡

国家鼓励粮食主产区和主销区以多种形式建立稳定的产销关系，旨在促进区域粮食供求平衡。政府支持建立稳定的合作机制和贸易渠道，使粮食从主产区流向主销区，满足主销区的粮食需求，避免粮食出现在主产区过剩或在主销区短缺的情况，实现区域粮食供给与需求平衡。

【实务应用】

北京市作为粮食主销区，依托粮食主产区形成可靠的粮源基地布局，通过多种形式与粮食主产区形成长期稳定关系，截至2020年，全市在外埠建立了19个自有产权的粮源基地和200个合作基地。按照北京非首都功能疏解的要求，市场上部分商品粮仓储设施已经完成向六环外的搬迁，六环以内的储备粮库点也不再储粮。以京粮集团、通州玉德顺米业、益海嘉里、中联正兴等为代表的粮食加工企业、物流中心向北京六环外或者津冀两地迁移。今后，北京将做好以下几项重点工作：(1)深入巩固粮源基地和物流通道布局。加强与粮源基地的产销合作，确保400万吨的粮食来源，促进产业链条向粮源基地延伸。强化与粮食物流联动，按照全国“两横、六纵”的总体布局，加强构建以“三线”为主的联通通道，优化物流节点布局，促进粮食物流规模化

运营,实现公铁联运和多种装卸方式的无缝衔接。(2)全面优化粮食仓储设施布局,坚持优化布局、保护基本、提升设施、分类指导。市域内地方储备粮库点重点沿六环路分布,依托现有仓容量5万吨以上的库点进行升级,用于地方储备粮的储备;2.5万吨~5万吨的库点,根据库点设施情况可以用于储备;2.5万吨以下的库点,基本不再用于存储,重点进行转型发展。加大外埠基地储备粮库点建设,新建7~13个以大库为主的地方储备粮库。支持企业对成品粮储备设施进行升级改造,保障成品粮地方储备和企业运营。(3)不断完善粮食应急体系布局,确保充足的应对时间、完整的应急响应链条。优化粮食应急加工点布局,优先在两带(南部发展带和北部发展带)区域内布置应急加工点,适当降低市内应急加工能力,将部分应急加工保障能力布局至津冀两地。根据人口分布情况,实现粮食应急投放点的动态调整。通过认定市域内和外埠的应急运输企业,强化粮食应急运输能力建设。谋划粮食应急响应路线图,建立"三、三、三"制应急保障体系。①

专家评析:国家鼓励粮食主销区的加工企业在粮食主产区建立粮源基地、加工基地和仓储物流设施,以稳定主产区和主销区的产销关系,其根源在于实践中主产区和主销区利益分配失衡。本法在"粮食加工"一章中明确要建立主产区和主销区之间的产销协作关系,通过在粮食主产区就地就近设置粮食加工企业的方式,来弥补主产区利益分配的不足。

粮食主产区往往会出现"产粮大县、财政穷县"的现象。这主要是由于以下两点原因:(1)粮食生产在经济效益上的产出比种植经济作物或者发展第二、第三产业低,因而,粮食生产对财政收入的贡献较低。(2)土地资源是最具稀缺性的。无论是粮食生产还是种植经济作物或者发展第二、第三产业都需要一定的土地资源。随着人口的增多和土地用途的多样化,主产区政府为保障一定粮食产量,将辖区内大量土地资源用于粮食生产,从而导致主产区第二、第三产业发展缓慢。简言之,主产区政府着眼粮食安全保障责任的承担,将有限的土地资源倾斜性地分配到粮食生产之中,且粮食生产的经济效益不高;相对于其他非主产区政府而言,尤其是主销区政府,主

---

① 参见《北京市粮食行业发展空间布局专项规划研究》,载北京市粮食和物资储备局官网2020年5月26日,https://lsj.beijing.gov.cn/zwxx/tzgg/202112/t20211230_2577664.html,最后访问日期:2024年1月13日。

产区政府的财政收入一直处于较低水平。从粮食安全激励的角度出发，长此以往，这不仅将打击主产区政府发展农业的积极性，同时也将挫伤种粮农民的种粮积极性。从经济学的角度来分析，利益损失的根本原因是粮食生产的效益外部化。易言之，着眼粮食安全的外部性，主产区政府和种粮农民为了承担粮食安全保障责任牺牲了自身经济利益，但是粮食安全保障的利益是由全社会分享的。由此，将粮食生产的效益内部化是弥补主产区政府和种粮农民损失的唯一方案。

综上所述，立法应当鼓励建立粮食主产区与主销区之间稳定的产销协作关系，健全产销利益补偿机制，加大对粮食主产区的支持力度。鼓励粮食主销区通过在主产区建设加工园区、建立优质商品粮基地和建立产销区储备合作机制以及提供资金、人才、技术服务支持等方式开展产销协作，促进区域粮食供求平衡。

【相关规定】

《农业法》第三十二条；

《粮食流通管理条例》第三十一条。

【法条】

第四十六条　国家支持建设粮食加工原料基地、基础设施和物流体系，支持粮食加工新技术、新工艺、新设备的推广应用。

【立法背景】

概括而言，我国粮食加工业突出存在以下问题：(1)科技研发基础薄弱，自主创新能力不足；(2)创新人才和经营管理人才不足，关键技术装备的开发大多处于仿制阶段；(3)科技成果储备少、转化慢，产品技术含量低，高品质产品少，制约粮食加工产业升级。以我国稻谷加工业为例，我国大米过度加工问题比较普遍，主要表现为碾米机、抛光机道数过多，导致出米率低、能耗高。调研发现，加工企业大米过度加工的表现主要有以下几点：一是碾米机道数较多，超过2/3的企业碾米机串联配置3～5道，最多的6道。二是抛光机道数较多，多数企业串联配置抛光机3～4道，最多的5道。三是出米率较低，稻谷品种、品质、加工工艺与装备等都会影响出米率。每增加一道碾白，平均减少0.3%～0.5%的出米率；每增加一道抛光，平均减少0.3%～

0.4%的出米率。16 家企业的糙米出米率在 50% ~70%,13 家企业的糙米出米率在 70% ~85%。四是电耗较高,碾米机和抛光机配置的电机功率比较大,碾米机和抛光机道数的增加直接增加电耗。[①] 上述表现反映出我国粮食加工业在新技术、新工艺、新设备的研发和应用方面还有待提升。为解决前述问题,国家粮食和物资储备局制定出台《"中国好粮油"行动计划实施指南》,鼓励科技应用于粮食加工业发展。通过示范企业与科研院所开展合作,采用新工艺和新技术,研发优质粮油新产品,示范企业应用先进技术等,实现产品升级,并增加优质粮油产品供给。[②]

【法条释义】

本法第四十六条原则性规定了国家对粮食加工的支持机制。概括而言,本条分别规定了以下两项具体支持机制:(1)国家支持建设粮食加工原料基地、基础设施和物流体系;(2)国家支持粮食加工新技术、新工艺、新设备的推广应用。

一、国家支持建设粮食加工原料基地、基础设施和物流体系

本条规定是国家对粮食加工的基础条件的支持:(1)支持粮食加工原料基地建设。政府鼓励在适宜地区建设粮食加工原料基地,以便供应足够数量和质量的粮食原料给加工企业。这些基地的建设将有助于提高粮食加工的稳定性和可持续性,并为粮食产业链的发展提供坚实的基础。(2)支持基础设施建设。政府支持完善粮食加工业的基础设施,包括道路、仓储设施、电力和水源等。优质的基础设施能够提高粮食加工的效率和运作质量,降低成本,并推动粮食产业的发展。(3)支持物流体系建设。政府鼓励并支持建立高效的粮食物流体系,包括供应链管理、仓储、运输和配送等环节。通过提升物流效率和减少粮食损耗,可以保证粮食原料的及时采购、加工和销售,同时提高产品品质和市场竞争力。

建设粮食加工原料基地、基础设施和物流体系的政策旨在促进粮食产业结构优化,提高附加值和经济效益。通过这些措施,可以促进粮食深度加工、产品升级和市

---

① 参见吴少堂、吴娜娜、吴非霏:《我国稻谷加工业的现状问题、发展路径及对策建议——对 41 家粮食企业的调查报告》,载《中国粮食经济》2023 年第 9 期。

② 参见《"中国好粮油"行动计划实施指南》,载国家粮食和物资储备局官网,http://lswz.gov.cn/html/zfxxgk/2020-11/12/262034/files/2aa67f736c0043e29cbe3bfc6617e3b0.pdf,最后访问日期:2024 年 1 月 13 日。

场开拓，为农民增加收入，推动农村经济发展，并提高国家粮食安全水平。

二、国家支持粮食加工新技术、新工艺、新设备的推广应用

本条规定是国家对粮食加工的科技方面的支持，表明政府致力推动粮食加工业的创新与发展。(1)支持粮食加工新技术。政府鼓励投入资金和资源用于研发和应用新的粮食加工技术。这些新技术包括先进的加工方法、智能化控制系统、传感器技术、数据分析等，以提高生产效率、降低能耗和减少环境影响。(2)支持粮食加工新工艺。政府支持创新粮食加工工艺，以提高产品质量和市场竞争力。新工艺包括新型的烘干、蒸煮、研磨、浸泡等工艺方法，有助于保留粮食的营养成分，改善产品口感和品质。(3)支持粮食加工新设备。政府鼓励引进和开发新型的粮食加工设备和机械。这些新设备采用先进的工程设计、自动化技术和智能控制，能够提高生产效率，降低劳动成本，并确保加工过程的安全性和卫生标准。

通过支持粮食加工新技术、新工艺和新设备的推广应用，政府旨在推动粮食加工业实现技术创新、产业升级和提质增效，有助于提高产品附加值、扩大市场份额、促进农产品深加工和品牌建设。此外，新技术、新工艺和新设备的应用还可以提高加工效率和产品安全性，提供更多就业机会，并推动农村经济的发展，其最终目标是通过技术创新和科技进步，提高粮食加工业的竞争力和可持续发展能力，为国家粮食产业的发展作出贡献。

【实务应用】

近年来，江苏省运用新技术、新手段，开展粮食大数据挖掘与应用，聚焦粮食流通各环节，具有示范意义。在“生产”环节，逐步建成一批“好稻种＋好生态”的“苏米”生产基地；在“购销”环节，研发国内首款面向农民售粮的省域“满意苏粮”App；在“储存”环节，无锡、苏州研发的粮库智能机器人，实现了库区自动巡查等功能；在“加工”环节，江苏宝宝集团“国家稻谷加工技术研发分中心”成功利用生物法提取米蛋白，为企业新增产值过亿元；在“消费”环节，苏北粮油有限公司与京东合作，采取线上网络营销和线下实体配送相结合方式，构建新型粮油销售经营网络和服务平台。为提高“苏米”品质，江苏省深化开展粮食产业发展核心技术攻关，创建“江苏省优质稻米产业技术创新战略联盟”等5家省级以上联盟单位，成立全国首个国家优质粮食工程(南京)技术创新中心，各示范企业相继与部分科研院所建立了创新联盟，聚力解决制约粮食产业发展的关键问题。①

专家评析：我国法律和政策应当加强对粮食加工环节的支持和保障。我国《农业法》第三十二条第一款规定，国家在政策、资金、技术等方面对粮食主产区给予重点扶持，建设稳定的商品粮生产基地，改善粮食收贮及加工设施，提高粮食主产区的粮食生产、加工水平和经济效益。该条从粮食主产区视角，明确国家应当对粮食加工予以政策、资金和技术方面的支持。本条在《农业法》和相关规范性文件的基础上，聚焦粮食产业链中的粮食加工环节，没有区分粮食主产区和主销区，而是从原料基地、设施设备等硬件措施以及技术等软件措施，从建设交通物流体系和研发创新科技等不同层面，将国家支持政策和措施的适用范围有所拓宽。本条与《反食品浪费法》相衔接，通过新技术、新工艺、新设备的推广应用，降低粮食损耗。首先，国家鼓励和支持关键技术研发。国家加大对于节约粮食、减少损失损耗的关键技术研发的投入，资助科研机构和企业开展相关研究，推动粮食加工环节的技术创新，通过改进传统技术或开发新的技术，实现粮食资源的最大化利用和损耗的最小化。其次，国家鼓励和支持新技术、新工艺、新设备的推广应用。国家组织示范项目，将节约粮食、减少损失损耗的新技术、新工艺、新设备在实际生产中进行推广应用；建立示范基地、推广点等，向农民、加工企业等普及先进的技术和管理经验，提高粮食利用效率和减少资源浪费。

【相关规定】

《农业法》第三十二条。

---

① 参见《"中国好粮油"行动计划：让更多优质特色粮油"飞入"百姓家》，载国家粮食和物资储备局官网，http://www.lswz.gov.cn/html/zt/yzlsgc/2020-03/23/content_249785.shtml，最后访问日期：2024年1月13日。

第七章
粮食应急

【法条】

第四十七条　国家建立统一领导、分级负责、属地管理为主的粮食应急管理体制。

县级以上人民政府应当加强粮食应急体系建设，健全布局合理、运转高效协调的粮食应急储存、运输、加工、供应网络，必要时建立粮食紧急疏运机制，确保具备与应急需求相适应的粮食应急能力，定期开展应急演练和培训。

【立法背景】

应急条件下的粮食保障直接关系群众生活和社会稳定。新冠肺炎疫情对粮食安全的现实考验，凸显了粮食应急保障能力建设的重要性。我国基本建立了涵盖储运、加工、配送、供应等全链条的粮食应急保障体系，该体系成为保障国家粮食安全的重要支撑。到2022年年底，全国共有粮食应急加工企业6584家、应急储运企业4846家、应急配送中心3542家、应急供应网点56,495个。应急加工能力每天可达到164万吨，能满足全国人民2天的需要。然而，我国粮食应急保障体系仍存在薄弱环节，主要表现为应急预案体系还不完备，应急保障资源布局还不平衡，现有粮食应急保障企业资源有效利用还不够充分。①

在本法出台之前,我国没有针对粮食领域应急管理和保障的单行立法,与粮食应急相关联的是《突发事件应对法》,所以,《突发事件应对法》也适用于粮食应急管理。该法建立了统一领导、综合协调、分类管理、分级负责、属地管理为主的应急管理体制,实行预防为主、预防与应急相结合的原则,是应对包括粮食领域在内的所有类型突发事件的基本法律规范。该法自2007年公布施行以来,在预防和减少粮食应急事件的发生,控制、减轻和消除粮食应急事件引起的严重社会危害,规范粮食应急事件应对管理活动,保护人民群众对粮食的基本需求,维护国家粮食安全和社会秩序稳定方面发挥了重要作用;尤其是在抗击新冠肺炎疫情过程中,该法在一定程度上为粮食应急管理行为提供了制度保障。

《国家粮食应急预案》对粮食应急保障系统作出详细规定,当进入国家级(Ⅰ级)应急状态后,有关应急粮源的加工、运输及成品粮供应,在国家粮食应急工作指挥部统一指挥协调下,主要由省级人民政府及其有关部门通过地方粮食应急网络组织实施。省级人民政府应根据当地实际情况,抓紧建立健全粮食应急保障系统,确保粮食应急工作需要。此次本法出台,专章规定粮食领域的应急管理,是将《国家粮食应急预案》制度化,也是继《突发事件应对法》之后的一次重大立法突破。

【法条释义】

本法第四十七条是关于建立粮食应急管理体制机制的规定。概括而言,按照主体不同,建立健全粮食应急管理体制机制分为中央和地方人民政府两级:(1)国家建立统一领导、分级负责、属地管理为主的粮食应急管理体制;(2)县级以上人民政府建立健全粮食应急体系,包括健全粮食应急储存、运输、加工、供应网络,建立粮食紧急疏运机制,以及定期开展应急演练和培训。

一、本条第一款是关于国家建立粮食应急管理体制的规定

我国《突发事件应对法》是应对所有类型突发事件的基本法律规范,该法规定对

① 参见《国新办举行"权威部门话开局"系列主题新闻发布会介绍"保障粮食安全,端牢中国饭碗"有关情况》,载国家粮食和物资储备局官网,http://www.lswz.gov.cn/html/xinwen/2023-05/11/content_274670.shtml,最后访问日期:2024年1月14日。

突发事件的预防与应急准备、监测与预警、应急处置与救援、事后恢复与重建等。其第四条规定,国家建立统一领导、综合协调、分类管理、分级负责、属地管理为主的应急管理体制。针对粮食领域的应急管理,国家根据《突发事件应对法》第四条的原则性规定,建立统一领导、分级负责、属地管理为主的粮食应急管理体制。

《国家粮食应急预案》将"统一领导、分级负责"解释为,在国务院统一领导下,对不同等级的粮食应急工作,由中央和省级人民政府按照中央和地方的粮食事权各负其责。"属地管理"在《国家粮食应急预案》中没有体现,但在《突发事件应对法》的原则性条款中有规定。该管理体制具体含义如下:(1)统一领导,是指在粮食应急管理方面国务院负责协调与规划全国范围内的粮食应急工作,保证粮食应急管理的统一性和高效性,以应对突发的粮食安全问题。(2)分级负责,是指为了能够在各级责任单位之间实现信息共享、协同作战、资源整合等方面的有效合作,提高应急响应能力,国家在不同行政区域内,设立省级、地(市)级、县(区)级不同层级、上下分明的相应粮食应急管理机构。(3)属地管理,是指根据各地的实际情况和需求,各级政府采取针对性的粮食应急措施,将粮食应急管理的责任下放到具体的地方层面,由地方政府和相关部门负责执行,确保及时有效地处理各种粮食安全问题。

二、本条第二款是关于县级以上人民政府建立健全粮食应急体系的规定

1. 县级以上人民政府应当加强粮食应急体系建设,健全布局合理、运转高效协调的粮食应急储存、运输、加工、供应网络

建立健全粮食应急体系的主体是县级以上人民政府,包括县(区)级、地(市)级、省级人民政府以及国务院。在粮食应急管理中,各级政府层面应加强对粮食应急系统的建设与管理,确保其在储存、运输、加工和供应环节的合理布局并能够高效、协调地运作。

(1)粮食应急储存,是指在应急情况下能够提供足量粮食的储备体系。地方政府应合理规划粮食仓储设施的分布,确保覆盖区域的完整性和有效性。储存设施应按照标准进行建设,包括仓库、冷藏库等,以确保粮食质量和安全。

(2)粮食应急运输,是指在应急情况下快速、高效地将粮食从储存地点运送至有需要的地方。地方政府应落实相关的运输设施和基础建设,确保畅通的道路、铁路、水路或航空运输网络,以便及时响应和满足粮食应急需求。

(3)粮食应急加工,是指在应急情况下能够迅速进行粮食初加工的设施与机构。

地方政府应建立一定规模的粮食加工厂、磨坊、面点作坊等基础设施,并提供必要的技术指导和支持,以确保在突发情况下能够高效快速地加工供应可食用的粮食产品。

(4)粮食应急供应,是指在应急情况下能够向受灾地区或紧急事项区域供应足够的粮食。

2. 必要时建立粮食紧急疏运机制,确保具备与应急需求相适应的粮食应急能力

为确保人们在紧急情况下能够得到足够的粮食供应,并避免粮食短缺导致的蔓延风险,在出现紧急情况或应急需求时,要对粮食进行及时、高效的运输和调配,提升粮食应急保障能力。

(1)提高响应速度:建立紧急疏运机制有助于政府在粮食紧缺或灾害等突发事件发生时,作出更快的响应,迅速组织粮食的调拨和运输。例如,在自然灾害期间,如洪水、干旱或地震,通过紧急疏运机制,政府和相关机构可以迅速将粮食运送到受灾地区,满足当地居民的基本需求。

(2)加强资源调配:政府建立紧急疏运机制能够及时调配资源,包括收集、储存并分配粮食,满足应急状态下人们对粮食的需求。

3. 定期开展应急演练和培训

开展粮食应急管理培训有助于增强有关人员的风险防范意识,切实增强对粮食应急管理工作的认识水平。同时,组织相关人员开展粮食应急演练,帮助大家熟悉掌握粮食应急预案的响应和处置程序,切实锻炼粮食应急队伍,检验粮食应急预案的科学性和可操作性,进一步增强应对和处置粮食突发事件的能力。

《国家粮食应急预案》对培训、演练作出规定:国务院有关部门(单位)和省级人民政府有关部门要加强对该预案及本省(区、市)粮食应急预案的学习培训,并结合日常工作进行演练,尽快形成一支熟悉日常业务管理,能够应对各种突发公共事件的训练有素的专业化队伍,保障各项应急措施的贯彻落实。

《突发事件应对法》也对应急演练和培训分别作出了规定:首先,县级人民政府及其有关部门、乡级人民政府、街道办事处应当组织开展应急知识的宣传普及活动和必要的应急演练。居民委员会、村民委员会、企业事业单位应当根据所在地人民政府的要求,结合各自的实际情况,开展有关突发事件应急知识的宣传普及活动和必要的应急演练。其次,县级以上人民政府应当建立健全突发事件应急管理培训制度,对人民政府及其有关部门负有处置突发事件职责的工作人员定期进行培训。

【实务应用】

近年来,江苏省不断加强粮食应急保障统筹规划,高质量推进粮食应急保障体系建设,加快构建多元化粮食储备格局,建立平急结合的成品粮储备库存,粮食应急保障水平明显提高。

其一,应急预案日趋完善。推动市、县参照省级预案修订地方粮食应急预案,夯实地方应急保供责任,构建起层级响应、小灾自救、大灾区域联动救助的粮食应急预案体系,截至2023年,省、市、县三级粮食应急预案均已完成修订工作。其二,保障基础相对扎实。增加江苏省地方原粮储备,夯实应急保障物质基础;优化成品粮油储备,联合省相关部门重新测定并下达成品粮储备规模要求,确保江苏省成品粮储备符合国家要求;2021年,江苏省相关部门联合下发文件,引导各市建立社会责任储备,建强政府储备的“缓冲地带”。其三,预警体系比较健全。组建省级分析师团队,定期编制市场分析报告,研判预警市场保供风险。依托44个国家级粮油价格监测点、141个省级粮油价格监测点,实时分析发布江苏省粮食品种价格信息,主要口粮品种市场价格监测率达100%。其四,应急网络比较发达。截至2023年,拥有国家级粮食应急保障企业2家,省级粮食应急保障示范企业20家。全省落实粮食应急供应网2561家、应急加工企业394家、应急配送中心95家、应急储运企业158家、应急保障中心32家。稻谷日应急加工能力1.39亿斤、小麦0.80亿斤、油脂1.31亿斤。应急加工企业成品粮油日加工能力可满足全省城镇人口3天的消费量。其五,扶持措施相对有力。苏州市虎丘区地方财政给予本级粮食应急保障企业1万~7万元/年的定额财政补贴,支持本级粮食应急保障体系建设。①

专家评析:粮食应急管理体制由粮食应急体系和管理机制组成。江苏省粮食应急管理体制较完善,是因为江苏省政府建立了较完整的粮食应急体系,以及相对健全的粮食应急管理机制。首先,从粮食应急体系来看,江苏省严格落实粮食安全党政同责,做到省、市、县三级粮食应急预案全覆盖。预案规定了应对粮食突发事件的指挥机构、监测预警以及应急响应程序等,其中,粮食市场监测预警体系工作方案明确由粮食监测预警委员会统筹协调粮食市场监测预警,发挥粮食市场监测网点供需预警作用。其次,就粮食应急管理机制而言,省政府科学规划、加强统筹,部署各地调整优

---

① 参见范瑞:《关于提升江苏省粮食应急保障能力的若干思考》,载《中国粮食经济》2023年第8期。

化粮油应急保供企业布局，健全布局合理、运转高效协调的粮食应急储存、运输、加工、供应网络。最后，省政府的政策扶持措施或者优惠措施，如关于支持应急企业参与社会责任储备、优先安排成品粮油储备承储工作、优先支持应急保障企业改善仓储设施功能、优先安排符合条件的应急保障企业执行农用电价格政策等，能够发挥粮油应急企业提供保供服务的作用，提升应急保障能力，有助于粮食应急管理机制的运行和落实。

按照党的二十大的部署，国家粮食和物资储备局将努力构建数量充足、结构优化、布局广、管理精、调运快的国家粮食应急保障体系，重点做好三个方面的工作：一是健全粮食应急体系。推动尽快完成《国家粮食应急预案》的修订，指导地方完善省、市、县三级粮食应急预案体系。管好用好粮食应急保障企业资源，充分调动企业应急保供的积极性。二是补齐粮食应急保障能力短板。坚持“一县一策”，充实网点数量、优化网点布局，推动网点全面覆盖，补齐县级粮食应急保障能力短板。坚持底线思维，持续提升大中城市粮食应急保障能力，加强粮食加工能力区域协作、城市粮食供应预案制定和应急演练。聚焦特殊地区粮食应急保障弱项，加快构建多元化粮食储备体系，夯实应急保供的物质基础。三是抓好重点任务落实。指导各地科学构建省、市、县三级粮食应急保障中心，加快实施区域粮食应急保障中心建设。加大力度推进国家与地方粮食应急保障资源优化整合，形成粮食应急保障工作合力。

【相关规定】

《突发事件应对法》第四条、第二十五条、第二十九条；

《粮食流通管理条例》第三十三条。

【法条】

第四十八条　国务院发展改革、粮食和储备主管部门会同有关部门制定全国的粮食应急预案，报请国务院批准。省、自治区、直辖市人民政府应当根据本行政区域的实际情况，制定本行政区域的粮食应急预案。

设区的市级、县级人民政府粮食应急预案的制定，由省、自治区、直辖市人民政府决定。

【立法背景】

为加强粮食安全领域风险防范,提升应急保障能力,有效监测和控制各类突发事件或者其他原因引起粮食市场供求异常波动,确保粮食市场供应,保持粮食市场价格基本稳定,维护正常的社会秩序和社会稳定,保障粮食安全,2005 年国务院办公厅制定《国家粮食应急预案》。该预案对我国境内粮食领域突发事件的预防与应急准备、监测与预警、应急处置与救援、事后恢复与重建等内容作出详细规定。除《国家粮食应急预案》外,我国各地方政府相继出台了粮食应急预案的地方规范性文件,现行有效的规范性文件或工作文件共 208 项。[①] 为做到有备无患,截至 2022 年,有 19 个省(区、市)修订印发了省级粮食应急预案,333 个地级市具备粮食应急预案,2431 个县具备县级粮食应急预案。各地不断加强粮食应急预案演练,通过演练检验粮食应急预案在实战中的实用性、针对性和可操作性,确保应急粮食在紧急情况下调得动、用得上,保证粮食供应安全。[②] 其中,部分省、自治区、直辖市人民政府制定了本行政区域粮食应急预案,按照制定机关统计,有些省份(含设区的市级、县级人民政府)制定的粮食应急预案较多,如陕西省、黑龙江省、浙江省、河南省、四川省、广西壮族自治区,有些省份较少,甚至没有制定粮食应急预案。[③]

本法以法律形式明确了粮食应急预案的制定主体和决定主体,规定省、自治区、直辖市人民政府应当根据本行政区域的实际情况,制定本行政区域的粮食应急预案;设区的市级、县级人民政府粮食应急预案的制定,由省、自治区、直辖市人民政府决定。这将加快推进各地区结合本地实际情况,制定粮食应急预案。

---

① 笔者在北大法宝搜索“粮食应急预案”关键词后得到的数据结果,载北大法宝,https://www.pkulaw.com/,最后访问日期:2024 年 1 月 14 日。

② 参见《做好应急保供 守护百姓粮仓》,载国家粮食和物资储备局官网,http://www.lswz.gov.cn/html/mtsy2023/2023-01/05/content_273337.shtml,最后访问日期:2024 年 1 月 14 日。

③ 省级政府制定的粮食应急预案具体包括:《天津市粮食应急预案》(津政发〔2006〕5 号)、《河北省粮食应急预案》(冀政办〔2006〕12 号)、《重庆市粮食应急预案》(渝府办发〔2016〕237 号)、《山西省粮食应急预案》(晋政办发〔2020〕110 号)、《吉林省粮食应急预案》(吉政办函〔2022〕106 号)、《黑龙江省粮食应急预案》(黑政办规〔2020〕28 号)、《江苏省粮食应急预案》(苏政办发〔2014〕17 号)、《河南省粮食应急预案》(豫政办〔2016〕108 号)、《湖南省粮食应急预案》(湘政办发〔2023〕58 号)、《四川省粮食应急预案(试行)》(川办发〔2022〕35 号)、《贵州省粮食应急预案》(黔府办发〔2003〕0115 号)、《陕西省粮食应急预案》(陕政办发〔2011〕37 号)、《甘肃省粮食应急预案》(甘政办发〔2021〕97 号)、《宁夏回族自治区粮食应急预案》(宁政办发〔2015〕105 号)、《海南省粮食应急预案》(琼府办〔2018〕4 号)。

【法条释义】

本法第四十八条规定了粮食应急预案的具体机制。

概括而言,按照主体不同,本条规定了粮食应急预案由国务院到省级人民政府,再到设区的市级、县级人民政府的制定情形。具体包括三个层面:(1)国家发展和改革委员会、国家粮食和物资储备局会同有关部门制定全国粮食应急预案;(2)省、自治区、直辖市人民政府制定本行政区域的粮食应急预案;(3)地(市)级、县(区)级人民政府制定所辖区域的粮食应急预案。

一、国务院发展改革、粮食和储备主管部门会同有关部门制定全国的粮食应急预案,报请国务院批准

2005 年《国家粮食应急预案》的制定主体是国务院办公厅,此次法律明确了全国粮食应急预案的制定主体是国家发展和改革委员会以及其所属的副部级机构国家粮食和物资储备局。国家粮食和物资储备局是牵头单位,也是预案制定的直接负责单位,在制定粮食应急预案时,它可以会同宣传部门、财政部门、民政部门、商务部、公安部、教育部等有关部门①对全国粮食应急预案予以研判,进而提出科学、可行的应急方案。

为确保国家粮食安全,在应对突发情况时能够快速、有效地采取措施,预案将包括各类应急情况的预警机制、应对措施以及调配和储备粮食的具体安排等内容。制定完毕后,该粮食应急预案将会提交给国务院,需要国务院批准。国务院作为我国中央政府的执行机关,负责国家的宏观管理和行政决策,对于重要政策文件的审批具有权威性。

国务院批准之后,粮食应急预案将正式生效,并由相关部门负责落实执行。这将有助于保障国家的粮食供应和储备体系在紧急情况下的运转,确保人民群众的基本生活需求得到满足。

二、省、自治区、直辖市人民政府应当根据本行政区域的实际情况,制定本行政区域的粮食应急预案

为了更好地适应各地不同的自然和社会条件,确保地方粮食安全,并能够在应对

---

① 参照青海省粮食局等多部门联合制定的《青海省粮食应急预案实施细则》(青粮办〔2007〕137 号),有关部门包括青海省委宣传部、发展改革委、经济委员会、财政厅、民政厅、商务厅、公安厅、教育厅、工商局、质量技术监督局和中国农业发展银行青海省分行。

紧急情况时采取及时有效的措施，根据国家相关法律法规的规定，省、自治区、直辖市人民政府应当根据本行政区域的实际情况制定本行政区域的粮食应急预案。

制定本行政区域的粮食应急预案的主体是省、自治区、直辖市人民政府。该预案包括但不限于灾害性天气等突发情况下的粮食供应保障、调控措施、储备粮调配等具体安排。地方政府可以根据实际需要和情况，在国家粮食应急预案基础上进行细化、完善和补充，以确保应急措施更贴近本地区的具体情况。通过制定本地区的粮食应急预案，地方政府能够更好地应对突发情况，保障本地区粮食供应的稳定性和安全性，以满足人民群众的基本生活需求。

三、设区的市级、县级人民政府粮食应急预案的制定，由省、自治区、直辖市人民政府决定

设区的市级、县级人民政府粮食应急预案的制定，由上级政府即省、自治区、直辖市人民政府决定。这意味着对于是否制定，省一级政府有决定权。省一级政府对下级行政区域的粮食应急预案制定具有权威性决定权，下级政府需要根据省一级政府的要求和指导进行制定。

在这种情况下，设区的市级、县级人民政府须遵循省一级政府的指导方针和要求，结合本地区的实际情况、资源分布、灾害风险等因素，制定本地区的粮食应急预案。这些预案可能会根据本地区的特点和需求进行个性化的调整和完善，以确保在突发情况下能够快速、有效地采取相应的应对措施，并保障本地区的粮食供应安全。

总之，省一级政府扮演着引领和协调的角色，以确保各级政府在粮食应急预案的制定中都能够达到统一标准和目标，以应对紧急情况并保障粮食供应的稳定性。

【实务应用】

近年来，黑龙江省哈尔滨市出台粮食应急预案，该预案主要从预警监测、应急保障物质基础和粮食应急储备三个方面予以规定。在预案的指引下，该市的粮食应急预警监测体系逐步完善，应急保障能力持续提升，粮食储备调控能力进一步增强。具体如下：其一，加强预警监测体系建设。哈尔滨市形成了由12个区、县（市）粮食行政管理部门及86个粮食贸易、加工企业及批发市场、超市等单位组成的粮油市场价格监测网络，初步形成信息收集、数据分析、信息上报及价格信息监测等环节有序衔接的粮食市场监测体系，为粮油市场保供稳价提供了前期预警支持，保障了全市粮食应急工作反应迅速,在稳定粮价、稳定民心方面发挥了重要作用。其二,持续提高应急保障能力。截至2023年,全市共有应急保障网点694个,其中应急供应网点502个,应急加工网点102个,应急配送网点17个,应急储运网点67个,应急保障中心6个;创建"加工企业+供应网点+储运网点"模式,协同军粮区域配送中心,市县两级建设13个应急保障中心。其三,增强粮食储备调控能力。引导多元主体入市收购,鼓励北大荒集团等大型骨干企业充分利用自身优势,积极扩大市场化购销。市场化收购达到581万吨,占全部收购量的98.5%。同时,加强粮食储备,市域内国家和省级粮食储备达到68万吨,大豆油储备3.1万吨。2023年,哈尔滨市扩大成品粮油储备规模,能够满足主城区人口15天的消费需求。投资1016.96万元实施绿色仓储提升工程升级改造项目,升级改造仓容17.18万吨,全市地方国有粮食企业仓容总量达到802万吨。[①]

专家评析:基于应对粮食安全突发事件的需要,《国家粮食应急预案》出台,采取在国家宏观调控下,省级人民政府对本地区粮食生产和流通全面负责的原则。粮食应急预案是有效监测和应对各类突发事件或其他原因引起的粮食市场异常波动、确保粮食市场供应、保持粮食市场价格基本稳定、维护正常的社会秩序和社会稳定的重要依据。它确立了统一领导、分级负责,科学监测、预防为主,反应及时、处置果断的工作原则,要求在粮食应急状态下成立国家粮食应急工作指挥部和地方粮食应急机构,应用粮食应急管理风险监测、粮食储备、粮食应急管理保障系统和应急设施应对粮食应急状态,保障粮食应急状态下的粮食供应稳定和质量安全,保障粮食安全。为适应新时代对粮食应急工作的要求,各级政府结合本行政区域的实际情况,修订完善本级粮食应急预案,更好地适应粮食应急供应保障变化的新形势,进一步增强政府对粮食市场的宏观调控能力。

【相关规定】

《突发事件应对法》第十七条、第十八条;

《粮食流通管理条例》第三十三条、第三十四条。

---

① 参见刘喜宝:《哈尔滨市通过延链补链强链 加快推进粮食应急储备体系建设》,载《黑龙江粮食》2023年第9期。

【法条】

第四十九条 国家建立粮食市场异常波动报告制度。发生突发事件，引起粮食市场供求关系和价格异常波动时，县级以上地方人民政府发展改革、农业农村、粮食和储备、市场监督管理等主管部门应当及时将粮食市场有关情况向本级人民政府和上一级人民政府主管部门报告。

【立法背景】

当发生洪水、地震以及其他严重自然灾害，重大传染性疫情、群体性不明原因疾病、重大食物中毒和职业中毒等突发公共卫生事件，以及出现贸易变动等与粮食相关的紧急事态时，粮食供给可能减少或需求大幅增加，从而导致粮食市场出现供求失衡和价格剧烈波动的情况。为了及时了解并掌握这些市场变化，粮食主管部门通常会发布粮食市场异常波动报告，其中，列举有关数据、趋势分析和建议，帮助相关部门和决策者制定有效的粮食供应和调控政策。报告有助于预警和警示，促使政府采取相应的行动来维护市场稳定并保障粮食供应的安全性。通过及时发布粮食市场异常波动报告，可以更好地应对市场风险，防范可能带来的不利影响，并确保人民群众的基本生活需求得到满足。

近年来，疫情、自然灾害等突发重大应急事件频繁发生，加剧粮食市场波动风险。如何保障应急事件下粮油产品供应不脱销不断档，考验一个国家的粮食应急供应保障能力。加快构建与大国地位相符的国家粮食应急保障体系，以储备的确定性来应对经济社会发展面临的不确定性和不稳定性，才能更好地保障国家粮食安全，也是全方位夯实粮食安全根基的题中应有之义。

我国不断推动完善国家、省、市、县四级粮食应急预案体系，扎实推进《国家粮食应急预案》修订工作，其中粮食市场异常波动的信息报告就是粮食应急预案中的重要环节。本法将此重要环节上升为一种制度，纳入立法，实现粮食市场异常波动报告行为的制度化、规范化和体系化；进一步健全粮食应急保障体系，提升粮食应急管理精准性，优化粮食应急储备结构合理性，加强加工转化能力可及性，完善应急供应渠道协同性，提高监测预警体系敏锐性；增强忧患意识，加强粮食安全领域风险防范，提前做好应对准备，防患于未然。

【法条释义】

本法第四十九条是关于粮食市场异常波动报告制度的规定。概括而言，国家建立粮食市场异常波动报告制度。对于粮食市场异常波动报告制度可从三个方面来理解：(1)报告主体是县级以上地方人民政府发展改革、农业农村、粮食和储备、市场监督管理等主管部门；(2)报告对象是本级人民政府和上一级人民政府主管部门；(3)报告时点是发生突发事件，引起粮食市场供求关系和价格异常波动时。

一、报告主体为县级以上地方人民政府发展改革、农业农村、粮食和储备、市场监督管理等主管部门

县级以上地方人民政府发展改革、农业农村、粮食和物资储备、市场监督管理等主管部门有及时汇报、沟通和协调的义务，其可以提供准确、全面的信息，使其本级政府和上一级政府发展改革、农业农村、粮食和物资储备、市场监督管理等主管部门及时了解粮食市场的动态，并能够采取必要的措施来维护市场稳定和粮食供应安全。

二、报告对象为本级人民政府和上一级人民政府主管部门

与报告主体相对应的主体，是本级人民政府和上一级人民政府发展改革、农业农村、粮食和物资储备等主管部门。及时报告有助于本级人民政府和上一级政府主管部门做好粮食安全风险防范和粮食市场宏观调控工作，预防可能的供需不平衡、价格异常波动等问题，并确保粮食的供应和价格稳定。

三、报告时点是发生突发事件，引起粮食市场供求关系和价格异常波动时

突发事件易引起粮食市场供不应求和价格异常波动。突发事件包括洪水、地震以及其他严重自然灾害，重大传染性疫情、群体性不明原因疾病、重大食物中毒和职业中毒等突发公共卫生事件，以及贸易变动等与粮食相关的紧急事态。

【实务应用】

《海南省粮食应急预案》规定，有下列情形之一的，各市县粮食、发展改革部门应当立即进行调查核实，并及时逐级向省级主管部门报告：(1)发生洪水、地震以及其他严重自然灾害，造成粮食市场异常波动的；(2)发生重大疫情、群体性不明原因疾病、重大食物中毒和职业中毒等突发公共卫生事件引发公众恐慌、造成粮食市场异常波动的；(3)其他引发粮食市场异常波动的情况。

专家评析：为了有效监测和控制各类突发公共事件或者其他原因引起的国内粮

食市场异常波动,确保粮食市场供应,保持粮食市场价格基本稳定,维护正常的社会秩序和社会稳定,根据《价格法》《粮食流通管理条例》《中央储备粮管理条例》《国家突发公共事件总体应急预案》等,国务院办公厅制定了《国家粮食应急预案》。其中,在预警监测中规定,国家发展改革委及国家粮食和物资储备局会同商务部建立国家粮食市场异常波动应急报告制度。①

【相关规定】

《粮食流通管理条例》第三十二条。

【法条】

第五十条　县级以上人民政府按照权限确认出现粮食应急状态的,应当及时启动应急响应,可以依法采取下列应急处置措施:

(一)本法第四十条规定的措施;

(二)增设应急供应网点;

(三)组织进行粮食加工、运输和供应;

(四)征用粮食、仓储设施、场地、交通工具以及保障粮食供应的其他物资;

(五)其他必要措施。

必要时,国务院可以依照《中华人民共和国价格法》的规定采取相应措施。

出现粮食应急状态时,有关单位和个人应当服从县级以上人民政府的统一指挥和调度,配合采取应急处置措施,协助维护粮食市场秩序。

因执行粮食应急处置措施给他人造成损失的,县级以上人民政府应当按照规定予以公平、合理补偿。

---

① 《国家粮食应急预案》规定,有下列情形之一的,省、自治区、直辖市发展改革、粮食、价格和商务部门,应当立即进行调查核实,并及时向国家上级主管部门报告:(1)发生洪水、地震以及其他严重自然灾害,造成粮食市场异常波动的;(2)发生重大传染性疫情、群体性不明原因疾病、重大食物中毒和职业中毒等突发公共卫生事件,引发公众恐慌,造成粮食市场异常波动的;(3)其他引发粮食市场异常波动的情况。

【立法背景】

在粮食应急状态出现后，政府可以依法采取粮食应急处置措施，来及时应对突发事件或紧急情况下的粮食市场供求关系和价格异常波动。2005年《国家粮食应急预案》对粮食应急状态、启动应急响应以及采取应急处置措施等方面，有较具体、详细的解释。粮食应急状态分为国家级（Ⅰ级）和省级（Ⅱ级）两级。[①]《国家粮食应急预案》规定，出现国家级（Ⅰ级）粮食应急状态时，由国家粮食应急工作指挥部向国务院请示启动应急预案。[②] 国务院批准启动该预案后，国家粮食应急工作指挥部立即进入应急工作状态，各成员单位主要负责人应立即组织有关人员按照本单位的职责，迅速落实各项应急措施。[③]《国家粮食应急预案》规定，出现省级（Ⅱ级）粮食应急状态时，由省级人民政府批准后，启动本省（区、市）粮食应急预案，并向国家粮食应急工作指挥部办公室报告有关情况。省（区、市）粮食应急预案启动后，省级粮食应急工作指挥部要根据粮食市场出现的应急状态，立即采取相应措施，增加市场供给，平抑

---

① 国家级（Ⅰ级）：两个以上省、自治区、直辖市出现粮食应急状态，以及超过省级人民政府处置能力和国务院认为需要按照国家级粮食应急状态来对待的情况。省级（Ⅱ级）：在一个省、自治区、直辖市较大范围或省会等大中城市出现粮食应急状态，以及省级人民政府认为需要按照省级粮食应急状态来对待的情况。省级人民政府可以根据本地区实际情况，研究制订省级（Ⅱ级）以下粮食应急状态分级和应急处理办法。

② 请示启动应急预案的内容包括：（1）动用中央储备粮的品种、数量、质量、库存成本、销售价格，一次动用中央储备粮数量在5亿公斤以下的，经国务院授权，国家粮食应急工作指挥部可直接下达动用命令。（2）动用中央储备粮的资金安排、补贴来源。（3）动用中央储备粮的使用安排和运输保障，如实物调拨、加工供应、市价销售、低价供给或无偿发放，以及保障运输的具体措施等。（4）其他配套措施。

③ 应急措施包括：（1）国家粮食应急工作指挥部要随时掌握粮食应急状态发展情况，并迅速采取应对措施，做好应急行动部署。及时向国务院、有关部门（单位）及有关省（区、市）人民政府通报情况。必要时，报经中央新闻主管部门同意，可及时、准确、客观、全面、统一发布相关新闻，正确引导粮食生产、供求和消费，缓解社会紧张心理。（2）根据国家粮食应急工作指挥部的安排，中国储备粮管理集团有限公司负责中央储备粮动用计划的执行，具体落实粮食出库库点，及时拟订上报重点运输计划，商有关部门合理安排运输，确保在规定时间内将粮食调拨到位，并将有关落实情况分别报送国家粮食应急工作指挥部成员单位。中央储备粮实行送货制或取货制，调运费用由调入方负担。（3）在粮食应急状态下，当国内可能出现粮食供不应求时，可由中国储备粮管理集团有限公司或省级人民政府有关部门报请国家发展改革委及国家粮食和物资储备局、商务部，经请示国务院批准后，按职责分工迅速组织粮食进口。（4）经国务院批准，国家粮食应急工作指挥部依法统一紧急征用粮食经营者的粮食、交通工具以及相关设施，并给予合理补偿。有关单位及个人应当予以配合，不得以任何理由予以拒绝。必要时，在重点地区（如直辖市及省会等大中城市）对粮食实行统一发放、分配和定量销售，保障人民群众基本生活需要。

粮价，保证供应。必要时，应及时动用地方储备粮。

除《国家粮食应急预案》外，粮食应急处置措施散见于《突发事件应对法》《价格法》《粮食流通管理条例》。本法将上述法律法规中的应急措施予以梳理和归纳，明确规定政府可以采取粮食应急处置措施的具体内容，以及政府对因采取粮食应急处置措施造成的损失的补偿和救济。

【法条释义】

本法第五十条规定了粮食应急处置措施。概括而言，粮食应急状态下的应对行为包括：(1)县级以上人民政府采取应急处置措施，必要时国务院采取相应价格措施；(2)有关单位和个人配合采取应急处置措施；(3)执行粮食应急处置措施造成损失的，政府予以补偿。

一、本条第一款和第二款明确县级以上人民政府按照权限采取粮食应急处置措施，包括必要时国务院采取相应价格措施

《国家粮食应急预案》所指的粮食应急状态，是指因各类突发公共事件或者其他原因，引起国内粮食供求关系突变，在较大地域范围内出现群众大量集中抢购、粮食脱销断档、价格大幅上涨等粮食市场急剧波动的状况。当出现粮食应急状态时，有关省级粮食应急工作指挥部应立即进行研究分析，指导有关地区迅速采取措施稳定市场。确认出现省级(Ⅱ级)粮食应急状态时，要按照本省(区、市)粮食应急预案的规定，立即作出应急反应，对应急工作进行安排部署，并向国家粮食应急工作指挥部办公室报告。接到省级粮食应急工作指挥部紧急报告后，国家粮食应急工作指挥部应立即组织有关人员迅速掌握分析有关情况，并作出评估和判断，确认出现国家级(Ⅰ级)粮食应急状态时，要按照该预案的规定，迅速做出应急响应。

县级以上人民政府，包括县(区)级、地(市)级、省级以及国务院，在及时启动应急响应后，依照相应的法律法规采取粮食应急处置措施。这些措施的适用情形包括一般情形和必要情形，旨在保障民众的基本生活需求，确保粮食供应充足稳定，并防止粮食价格过高或市场恶性竞争。

1. 本条第一款规定了一般情形下的粮食应急处置措施

一般情形，是指粮食市场供求和价格出现变化时，政府可以采取措施，其包括但不限于调配和配置储备粮食、加强对粮食生产、储存和流通环节的监管、调整市场机制以促进粮食供给等。政府可能还会推出一系列政策和措施,如提供补贴支持、运输优先、市场调节等手段,以维护粮食市场稳定。本条具体列出了以下4个措施和1个兜底措施:(1)根据本法第四十条第一款规定,县级以上人民政府及其有关部门可以按照权限采取发布粮食市场信息、实行政策性粮食收储和销售、要求执行特定情况下的粮食库存量、组织投放储备粮食、引导粮食加工转化或限制粮食深加工用粮数量等措施;(2)增设粮食应急供应网点;(3)组织进行粮食加工、运输和供应;(4)征用粮食、仓储设施、场地、交通工具以及保障粮食供应的其他物资。

2. 本条第二款规定了国务院在必要时采取的粮食应急处置措施

根据我国《价格法》第二十九条、第三十条、第三十一条的规定,“必要时”,是指当粮食市场价格总水平出现剧烈波动等异常状态时,国务院在必要情形下可以在全国范围内或者部分区域内采取下列价格措施:(1)执行粮食收购价格保护;(2)对部分价格限定差价率或者利润率、规定限价、实行提价申报制度和调价备案制度;(3)临时集中定价权限、部分或者全面冻结价格。

二、本条第三款是有关单位和个人对粮食应急处置措施的配合和协助义务

“有关单位和个人”,是指与粮食生产、流通、储备和消费等环节相关的各个组织、机构、企业和个人,具体包括:粮食生产单位,如农民、农业合作社、农场、种植园等;粮食流通单位,如粮油加工企业、批发商、零售商、市场经营者等;粮食储备单位,如粮库、仓储企业、储备粮管理部门等;监管部门和行政机构,如食品安全监管部门、农业部门、商务部门、物价部门等;其他相关行业和群体,如运输企业、销售渠道、消费者等。

当出现粮食应急状态时,有关单位和个人应当遵守县级以上人民政府制定的应急方案和措施,主动配合执行。他们应当按照政府的要求参与粮食调度、储备或分发工作,确保粮食的正常流通和供给。同时,有关单位和个人还应积极配合政府加强粮食市场秩序的维护,包括配合做好价格监测,打击倒卖、操纵市场行为,以及举报违法违规行为等。维护粮食市场秩序对于保障公平交易、防止恶性竞争、维护粮食供应稳定具有重要意义,通过有关单位和个人服从指挥调度、配合采取应急处置措施、协助维护粮食市场秩序,可以协同政府的努力,有效地处理粮食应急情况,并确保粮食供应和市场的正常运行。

三、本条第四款是政府采取粮食应急处置措施造成损失后的补偿规定

政府采取粮食应急处置措施,可能涉及农民的种植收益、粮食流通企业的经营利润、储备粮库的存储管理等方面的合法权益。本条款着眼政府依法行使粮食紧急状态处置权，对于私主体权利造成侵害时，应依法给予合理的补偿及救济。如果政府采取的应急措施导致其他单位或个人遭受了经济损失，政府应当承担责任并进行适当的补偿，以此平衡政府应急处置措施的行使权与受损市场主体的合法权益之间的关系，确保处置粮食应急问题时的公平性和稳定性。

《突发事件应对法》第十二条规定，有关人民政府及其部门为应对突发事件，可以征用单位和个人的财产。被征用的财产在使用完毕或者突发事件应急处置工作结束后，应当及时返还。财产被征用或者征用后毁损、灭失的，应当给予补偿。具体的补偿标准和程序应当依据国家和各地制定的相关政策文件规定来执行，譬如，国家粮食和储备部门、农业农村部门等会发布具体的粮食应急处置指南和政策文件，明确应急响应级别、处置程序、补偿标准等细则。

在实际操作中，县级以上人民政府会依据以上法律法规和政策文件的要求来制定应急方案，并进行相应的补偿安排。具体实施和操作细节会根据当地的具体情况、应急状态以及相关部门的指导进行调整和执行，以确保补偿过程公平、透明、合理，并使个人能够得到合理的经济补偿。

【实务应用】

我国各地政府粮食应急预案中规定对粮食应急征用依法给予补偿。《湖南省粮食应急预案》既规定了单位和个人的配合义务，也规定了对被征用对象的依法补偿原则。[①]《河北省粮食应急预案》中规定了对被征用单位和个人的财产返还以及依法补偿义务。[②]《江苏省粮食应急预案》中规定了单位和个人在粮食应急征用时的配合

---

① 《湖南省粮食应急预案》第7.1条规定，“粮食应急预案启动后，经县级以上人民政府批准，同级粮食应急工作指挥机制在本行政区域内依法征用保障粮食供应的物资、设备设施，并给予合理补偿。有关单位及个人应当予以支持配合，不得以任何理由拒绝”。

② 《河北省粮食应急预案》第6.2条规定，“粮食应急工作结束后，事发地政府要对应急工作中紧急征用的粮食经营者的粮食、交通工具、仓储等设施给予补偿，并及时返回征用的交通工具和仓储等设施。被征用的交通工具和仓储等设施在应急处置过程中丢失或损坏的，事发地政府应当责成有关部门、单位负责修复或依法予以补偿”。

义务,并规定对被征用对象给予合理补偿。[①] 河南省规定在特急状态下,对统一征用的粮源、粮食运输运力以及相关设施给予合理补偿。[②]《黑龙江省粮食应急预案》则在肯定单位和个人的配合义务后,规定了对被征用对象的合理补偿原则。[③]

专家评析:粮食应急状态出现后,县级以上人民政府可以采取征用粮食、仓储设施、场地、交通工具以及保障粮食供应的其他物资的措施。粮食应急征用为一种公益行政征用,政府对因执行粮食应急征用而造成的损失,应当予以公平、合理补偿。[④] 然而,现行规定中对粮食应急征用补偿标准大多是原则性规定,在实践中,各地具体补偿标准的执行工作由各地粮食应急工作指挥部来承担,而粮食应急工作指挥部通常是临时成立的部门,它是否是适格的执行主体,需要作进一步探讨。此外,政府按照有关规定予以补偿,"有关规定"概念也较模糊,执行行政补偿时缺乏统一的标准,极易导致自由裁量权被滥用,可能造成不同地区存在不同补偿标准的情况,也可能出现补偿标准过高或过低的现象,对被征用单位和个人来说,是不公平的。

【相关规定】

《突发事件应对法》第十二条;

《价格法》第二十九条、第三十条、第三十一条;

《粮食流通管理条例》第三十五条。

【法条】

第五十一条 粮食应急状态消除后,县级以上人民政府应当及时终止实

---

① 《江苏省粮食应急预案》第 4.2.2 条规定:"……(4) 进入特急状态时,由省人民政府下达临时性粮食特别管制令,省粮食应急工作指挥部依法统一征用粮食经营者粮源、全社会可用于粮食运输的运力以及相关设施,并给予合理补偿……"

② 《河南省粮食应急预案》第 4.3.2 条规定:"……(4)在特急状态时,由省政府下达临时性粮食特别管制令,省粮食应急工作指挥部依法统一征用粮食经营者粮源、全社会可用于粮食运输的运力以及相关设施,并给予合理补偿……"

③ 《黑龙江省粮食应急预案》第 4.1.2 条规定:"……(4)经省政府批准,省粮食应急工作指挥部依法统一紧急征用粮食经营者的粮食、交通工具以及相关设施,并给予合理补偿……"

④ 参见杨莉萍:《我国大陆粮食应急征用补偿标准的发展及域外镜鉴》,载《河南工业大学学报(社会科学版)》2015 年第 2 期。

施应急处置措施，并恢复应对粮食应急状态的能力。

【立法背景】

粮食应急状态是临时状态，粮食应急处置措施亦属于临时措施。为保障正常的粮食市场秩序，政府应当在突发事件应急状态消除后，作出终止粮食应急处置的决定。我国《突发事件应对法》第五十八条规定，突发事件的威胁和危害得到控制或者消除后，履行统一领导职责或者组织处置突发事件的人民政府应当停止执行依照本法规定采取的应急处置措施，同时采取或者继续实施必要措施，防止发生自然灾害、事故灾难、公共卫生事件的次生、衍生事件或者重新引发社会安全事件。第五十九条规定，突发事件应急处置工作结束后，履行统一领导职责的人民政府应当立即组织对突发事件造成的损失进行评估，组织受影响地区尽快恢复生产、生活、工作和社会秩序，制订恢复重建计划，并向上一级人民政府报告。受突发事件影响地区的人民政府应当及时组织和协调公安、交通、铁路、民航、邮电、建设等有关部门恢复社会治安秩序，尽快修复被损坏的交通、通信、供水、排水、供电、供气、供热等公共设施。我国《价格法》第三十二条规定，实行干预措施、紧急措施的情形消除后，应当及时解除干预措施、紧急措施。《国家粮食应急预案》第4.4条规定了粮食应急终止，当粮食应急状态消除后，国家或省级粮食应急工作指挥部要向国务院或省级人民政府提出终止实施国家级（Ⅰ级）或省级（Ⅱ级）粮食应急预案的建议，经批准后，及时终止实施应急措施，恢复正常秩序。

【法条释义】

本法第五十一条规定了粮食应急处置措施终止的具体要求。本条呼应本法第五十条规定的由县级以上人民政府采取粮食应急处置措施，该行为可以被看作政府行使的一种特殊的公权力，即政府应对紧急状态处置权。它是指政府在面临粮食应急状态时采取特殊处置措施的权力，在维护社会安全和国家利益方面起到至关重要的作用。但是该权力的行使需要具备法律依据，遵循一定的条件。因此，立法应当对该权力的行使边界予以限制，当粮食应急状态消除后，及时终止粮食应急状态处置。

概括而言，粮食应急处置措施终止包括三个方面的内容：(1)终止实施粮食应急处置措施的主体是县级以上人民政府；(2)终止实施粮食应急处置措施的时点是粮食应急状态消除之后;(3)终止实施粮食应急处置措施后的举措是恢复应对粮食应急状态的能力。

一、终止实施粮食应急处置措施的主体是县级以上人民政府

具体而言,县级以上人民政府包括县(区)级、地(市)级、省级人民政府以及国务院。

二、终止实施粮食应急处置措施的时点是粮食应急状态消除之后

一旦粮食供应紧张或中断的紧急情况得到有效解决,县级以上人民政府将根据实际情况和评估结果,作出相应决策来终止应急处置措施。这包括停止储备粮食调配、取消临时限制措施等。

三、终止实施粮食应急处置措施后的举措是恢复应对粮食应急状态的能力

政府还会采取措施恢复应对粮食应急状态的能力。譬如,加强粮食生产、提升储备粮食管理能力、改进市场监管机制等方面的工作。通过提高各个环节的应急响应能力和建立健全粮食管理体系,可以更好地预防和应对潜在的粮食应急情况。恢复应对粮食应急状态的能力有助于未来及时应对类似的紧急情况,保障粮食供应的稳定性和安全性。政府需要不断总结经验教训,加强粮食安全管理与应急准备,以提高对粮食应急状态的处理能力。

【实务应用】

山东省在粮食方面地位特殊,既是粮食生产大省,又是粮食需求大省。同时,一些重大自然灾害、重大事故灾难、重大公共卫生事件和社会安全事件仍时有发生,所有这些都可能成为引发粮食市场波动的不确定因素。近几年,山东重点强化预案编制,完善应急机制,规范应急启动程序,确保在突发事件状态下,全省粮食市场供应和价格基本稳定。当粮食应急状态消除后,省、市两级粮食应急工作指挥部向同级政府提出终止粮食应急响应的建议,终止应急措施,恢复正常秩序。应急处置完成后,粮食和物资储备部门要对应急处理的效果进行评估、总结和分析,对应急预案执行中的问题研究提出整改措施,并落实到位。要根据应急状态下粮食和各类物资动用情况,及时采取促进粮食生产、增加粮食收购或适当进口等措施,补充粮食储备及商品粮库存,同时,及时加强各类应急设施的建设和维护,恢复粮食应急能力,为下一次应急响应做好充分准备。①

专家评析：本案例反映出山东省人民政府、市人民政府对粮食应急状态消除后相应处理机制的不断完备，以确保及时终止应急措施，恢复正常粮食市场秩序。根据《国家粮食应急预案》关于粮食应急终止的规定，当粮食应急状态消除后，政府终止应急措施应当采取“两步走”方式。首先，提出终止实施建议。国家或省级粮食应急工作指挥部要向国务院或省级人民政府提出终止实施国家级（Ⅰ级）或省级（Ⅱ级）粮食应急预案的建议，经批准后，及时终止实施应急措施。其次，采取恢复正常秩序的一系列措施。根据应急状态下对粮食的需要和动用等情况，及时采取促进粮食生产、增加粮食收购或适当进口等措施，补充中央和地方粮食储备及商业库存，恢复应对粮食应急状态的能力。

【相关规定】

《突发事件应对法》第五十八条、第五十九条；

《价格法》第三十二条。

---

① 参见范金鑫：《突发事件状态下，山东粮食应急程序如何响应？权威解答来了！》，载齐鲁网，http://news.iqilu.com/shandong/shandonggedi/20210430/4843749.shtml，最后访问日期：2024年1月14日。

第八章

粮 食 节 约

【法条】

第五十二条　国家厉行节约，反对浪费。县级以上人民政府应当建立健全引导激励与惩戒教育相结合的机制，加强对粮食节约工作的领导和监督管理，推进粮食节约工作。

县级以上人民政府发展改革、农业农村、粮食和储备、市场监督管理、商务、工业和信息化、交通运输等有关部门，应当依照职责做好粮食生产、储备、流通、加工、消费等环节的粮食节约工作。

【立法背景】

"一粥一饭，当思来之不易。"节粮减损不仅是传承中华民族勤俭节约美德，而且是践行我国社会主义核心价值观。当前，我国粮食需求刚性增长，资源环境约束日益趋紧，粮食增面积、提产量的难度越来越大，必须从粮食全产业链条中的各环节予以节粮减损来保障粮食供给。从世界范围来看，据联合国粮农组织统计，每年全球粮食从生产到零售全环节损失约占世界粮食产量的14%。这个损失降低1个百分点，就相当于增产2700多万吨粮食，够7000万人吃一年。因此，节粮减损有助于稳产保供，强化粮食安全。

党的十八大以来，党中央高度重视节粮减损工作，粮食安全是事关人类生存的根本性问题，减少粮食损耗是保障粮食安全的重要途径，要求厉行节约、反对浪费。

近年来,各地区各部门加大厉行节约、反对食品浪费工作力度,取得积极成效。为贯彻落实习近平总书记关于坚决制止餐饮浪费行为重要指示精神,深入实施《反食品浪费法》,2021 年 10 月,中共中央办公厅、国务院办公厅制定出台《粮食节约行动方案》(厅字〔2021〕40 号),围绕粮食生产环节、储存环节、运输环节、加工环节、餐饮消费环节等各环节存在的粮食损失浪费问题,提出了针对性举措,旨在建立健全节粮减损制度体系、标准体系和监测体系。该方案明确各地方政府一方面要加强组织领导,站在保障国家粮食安全的高度,将节粮减损工作纳入粮食安全责任制考核,坚持党政同责,压实工作责任;另一方面要实施监督管理,建立减少粮食损耗浪费的成效评估、通报、奖惩制度,建立部门监管、行业自律、社会监督等相结合的监管体系,综合运用自查、抽查、核查等方式,持续开展节粮减损常态化监管。

2021 年 11 月,国家发展改革委办公厅、商务部办公厅、市场监督管理总局办公厅、粮食和储备局办公室联合发布《反食品浪费工作方案》,对于推进粮食节约减损的职责分工,该方案明确规定:(1)粮食和储备局、国家发展改革委等部门按职责分工负责推进粮食消费前包括粮食仓储、物流、加工等各环节减损;①(2)粮食和储备局、市场监管总局等部门按职责分工负责完善粮食节约减损标准体系,加快构建符合节粮减损要求的粮食全产业链标准体系,②鼓励有关行业协会、企业制定相关团体标准、企业标准;(3)粮食和储备局、统计局、国家发展改革委等部门按职责分工负责开展粮食仓储环节浪费调查评估,探索粮食仓储环节损失浪费调查评估方法,研究制定粮食仓储环节损失浪费评价方法和评估指标体系,开展数据汇总和分析评估。

【法条释义】

本法第五十二条规定了国家粮食节约工作的具体工作机制。概括而言,本条第

---

① 在粮食仓储环节,指导配置农户科学储粮装具,持续发挥粮食产后服务中心功能。建设绿色低温仓储设施,提高仓房的气密性、隔热性,分类、分品种、分仓储藏。在粮食物流环节,推广散粮运输专用工具,发展规范化、标准化、信息化散粮运输服务体系。在粮食加工环节,推动提高粮油产品出品率,推进粮食无害化处理和资源合理化利用,提升粮食加工业数字化管理水平,促进淘汰落后产能。

② 在仓储环节着重加强仓储设备建设、虫霉防治和减损降耗等相关标准研制;在运输环节着重降低包装、装卸抛洒、散漏损失率等相关标准研制;在加工环节着重限制产品过度加工、科学界定产品加工等级以及副产物综合利用率等相关标准研制。

一款首先提出国家厉行节约，反对浪费的原则性规定，进而规定县级以上人民政府推进粮食节约工作的具体措施。第二款聚焦县级以上人民政府发展改革、农业农村、粮食和储备、市场监督管理、商务、工业和信息化、交通运输等有关部门，明确其粮食节约工作职责。

一、县级以上人民政府的领导和监督管理职责

为更好地推进粮食节约工作，减少粮食浪费，提高粮食利用效率，以实现可持续发展的目标，县级以上人民政府包括县（区）级、地（市）级、省级人民政府以及国务院，通过下列具体措施，建立健全引导激励与惩戒教育相结合的机制，加强对粮食节约工作的领导和监督管理：（1）推进粮食节约宣传教育。政府通过开展培训、宣传活动等方式，加大对粮食节约知识的宣传力度，提高公众对粮食节约意识的认识和重视程度。（2）政府制定相关奖励政策，鼓励个人、企事业单位和组织在工作或生活中尽可能减少粮食浪费。同时，设立相应的惩处机制，对违法浪费粮食行为进行批评、警告和处罚。（3）政府加强对粮食节约工作的领导和指导，明确责任分工，建立科学的执行机制；同时，要加强对各级单位和个人的职责管理，确保粮食节约政策的执行。（4）政府通过引进科学技术和先进设备等手段，加强技术支持，提升粮食生产、加工和储存的效率，降低粮食损耗和浪费。（5）政府建立起完善的监督机制，定期评估和检查粮食节约工作的实施情况，发现问题及时进行整改，确保粮食资源的有效利用。

二、县级以上人民政府有关部门的具体工作职责

县级以上人民政府发展改革、农业农村、粮食和储备、市场监督管理、商务、工业和信息化、交通运输等有关部门，依照各部门职责做好粮食生产、储备、流通、加工、消费等环节的粮食节约工作。具体而言：（1）发展改革部门负责制定和实施粮食节约政策和措施，制定规范和标准，促进资源优化配置；（2）农业农村部门加强粮食种植结构调整，提高农业生产效益，推广耕地水肥一体化和精细化管理技术，减少损耗和浪费；（3）粮食和物资储备部门负责建立粮食储备体系，合理规划粮食储备数量，并确保储备粮食的质量和有效利用；（4）市场监督管理部门加强对市场粮食质量和安全的监督检查，打击假冒伪劣粮食产品，促进市场秩序健康发展；（5）商务部门加强与国际粮食组织和外国粮食相关部门的合作，拓宽粮食进口渠道，保障国家粮食安全；（6）工业和信息化部门提高农产品加工技术，推动农产品加工产业升级，减少粮食加工损耗；（7）交通运输部门优化物流运输网络，提高运输效率，减少粮食在运输过程中的损耗和浪费。各有关部门应加强协作配合，形成联动机制，确保粮食节约工作的全面推进，实现粮食资源的有效利用，促进粮食生产和消费的可持续发展。

【实务应用】

河北省作为粮食生产大省和流通大省，持续推进优质粮食工程建设，不断提高粮食产品供给质量，聚焦“从田间到餐桌”全产业链节粮减损，充分发挥现代科技优势，努力耕好“无形良田”，为稳住国家粮食安全“压舱石”作出了河北贡献。

具体而言，其采取的措施主要包括以下几个方面：(1)技术研发助力粮食生产节本减损。先后组建了小麦等23个省级现代农业产业技术体系专家团队，打造223个集科研、孵化、中试、应用、推广于一体的农业创新驿站，基本实现农业县全覆盖。全省主要农作物耕种收割综合机械化水平达到84.25%，小麦、玉米基本实现生产全程机械化，小麦机收平均损失率控制在2%以内。(2)转型升级促进粮食仓储高效低耗。改善基础设施，应用先进技术，推行智能化和规范化管理。全省新建和维修改造仓容1040万吨，仓容总量达到2544万吨，其中，完好仓容2390万吨，全面推广应用节能减排、循环利用、集约环保等绿色储粮新技术。大力推进实施优质粮食工程，建设139家粮食产后服务中心，新建和升级87家粮食质检机构，有效减少以往农户因储存设施简陋、烘干能力不足、缺少技术指导等导致的粮食损失。(3)科技创新推动粮食加工提质增效。全省粮食加工转化企业设计生产能力达到5000万吨左右，面粉加工能力、挂面生产能力均位居全国前三，玉米、杂粮及薯类加工均位居全国前十。鼓励引导粮食加工龙头企业在原料清理、成品磨制、智能管理、节能降耗、副产物利用等方面强化新技术、新设备应用和升级改造，小麦总体出粉率从76%提高到80%，稻谷出米率提高了1%~2%。(4)集约作业提升粮食运输损耗管控。全面实行粮食散储、散运、散装、散卸“四散化”作业，有效避免粮食在包装和运输过程中抛洒、遗漏，损耗降低约2%。在优化粮食物流布局方面，重点打造3个粮食物流枢纽，建设8个粮食物流节点，大力推广粮食运输“四散化”和粮食储运监管物联网等关键技术，推广应用新型粮食运输装备，提升粮食运输现代化和装卸智能化水平，提高运输效率。①

---

① 参见张翔宇：《河北省节粮减损实践路径与对策探究》，载《中国粮食经济》2023年第7期。

专家评析：国家厉行节约、反对浪费，这既是原则，亦是目标。节粮减损是涉及粮食全产业链的系统性工程，是科技赋能加快推进粮食产业高质量发展的时代要求，各级政府、单位和个人在粮食生产、储备、加工、运输以及消费等各环节应当做好粮食节约工作。那么，如何确保节粮减损成效？笔者认为，一方面要依靠制度，确保制度规范真正落地。基于我国《反食品浪费法》《粮食安全保障法》《粮食节约行动方案》《反食品浪费工作方案》等法律和规范性文件，各级政府、单位和个人应当将系统性宏观要求和具体化微观举措统合，既要遵循"政府建立健全引导激励与惩戒教育相结合机制""有关部门依照职责做好粮食节约工作"等原则性规定，树牢"节粮就是增产、减损就是增值"的新发展理念，又要遵守方案中的具体规定，以刚性制度使节粮减损在组织领导、监督检查等方面得以实施和保障。另一方面要加强监管，借助先进科技来提升监管能力，确保"藏粮于技"战略落实。"藏粮于技"的关键在于粮食科技创新，各级政府借助新技术、新工艺，加强对粮食节约工作的领导和监督管理，数字时代更要建立以大数据为基础、以粮食产业链为脉络的粮食数据资源监管体系，加强粮食稳产保供信息监测，强化粮食全链条的数字化监管，切实推进节粮减损。

【相关规定】

《反食品浪费法》第三条、第四条。

【法条】

第五十三条　粮食生产者应当加强粮食作物生长期保护和生产作业管理，减少播种、田间管理、收获等环节的粮食损失和浪费。

禁止故意毁坏在耕地上种植的粮食作物青苗。

国家鼓励和支持推广适时农业机械收获和产地烘干等实用技术，引导和扶持粮食生产者科学收获、储存粮食，改善粮食收获、储存条件，保障粮食品质良好，减少产后损失。

【立法背景】

粮食全产业链上，除消费环节外，粮食产后收获环节的损失和浪费最严重。中国农业大学武拉平教授团队自2015年起对小麦、水稻和玉米等8种主要粮油作物田间收获损失环节的研究数据显示，农户粮食产后损失和浪费情况较严重，收获、储备和消费环节的总损失率为11.39%。3种主粮作物（水稻、玉米和小麦）的收获平均损失率为4.09%，其中水稻损失占3.55%、小麦损失占4.41%、玉米损失占2.58%。如若采取有效措施将收获和储备环节的粮食损失率分别降低1个百分点，则可满足7288.82万人1年的谷物需求。如果我国粮食减损1个百分点，就相当于减少损失650万吨，按每人每年消耗400公斤粮食计算，可养活约1600万人。从这个意义上来说，减损就是增产。[①] 截至2021年，我国的粮食供需处于一种紧平衡状态，节粮减损对于稳产保供，强化粮食安全尤为重要。针对播种粗放、收割机械精细化程度不够、农机农艺不配套、机手操作不规范等问题，《粮食节约行动方案》明确提出，既要强化生产环节节约减损，推进农业节约用种，减少田间地头收获损耗；[②]又要加强粮食储存环节减损，改善粮食产后烘干条件，支持引导农户科学储粮，推进仓储设施节约减损。[③]

【法条释义】

本法第五十三条明确规定了节粮减损要求。概括而言，本条按照粮食由播种到

---

① 参见马嘉：《粮食在收获环节就已损失4% 如何从田间地头节粮减损》，载中国农业大学新闻网，http://news.cau.edu.cn/art/2021/11/2/art_8779_794843.html，最后访问日期：2024年1月15日。

② 粮食生产环节：(1)推进农业节约用种。完善主要粮食作物品种审定标准，突出高产高效、多抗广适、低损收获的品种特性，加快选育节种宜机品种。编制推进节种减损机械研发导向目录，加大先进适用精量播种机等研发推广力度。集成推广水稻工厂化集中育秧、玉米单粒精播、小麦精量半精量播种，以及种肥同播等关键技术。(2)减少田间地头收获损耗。着力推进粮食精细收获，强化农机、农艺、品种集成配套，提高关键技术到位率和覆盖率。制定、修订水稻、玉米、小麦、大豆机收减损技术指导规范，引导农户适时择机收获。鼓励地方提升应急抢种抢收装备和应急服务供给能力。加快推广应用智能绿色高效收获机械。将农机手培训纳入高素质农民培育工程，提高机手规范操作能力。

③ 粮食储存环节：(1)改善粮食产后烘干条件。将粮食烘干成套设施装备纳入农机新产品补贴试点范围，提升烘干能力。鼓励产粮大县推进环保烘干设施应用，加大绿色热源烘干设备推广力度。鼓励新型农业经营主体、粮食企业、粮食产后服务中心等为农户提供粮食烘干服务，烘干用地用电统一按农用标准管理。(2)支持引导农户科学储粮。加强农户科学储粮技术培训和服务。开展不同规模农户储粮装具选型及示范应用。在东北地区推广农户节约简捷高效储粮装具，逐步解决“地趴粮”问题。(3)推进仓储设施节约减损。鼓励开展绿色仓储提升行动和绿色储粮标准化试点。升级修缮老旧仓房，推进粮食仓储信息化。推动粮仓设施分类分级和规范管理，提高用仓质量和效能。

生长再到生产的时间先后顺序，对粮食作物播种、田间管理、产后收获、储存等环节作出节粮减损的规定：(1)粮食生产者加强粮食作物生长期保护和生产作业管理；(2)所有人禁止故意毁坏田间青苗；(3)粮食生产者加强科学收获和储存粮食。

一、本条第一款规定了粮食生产者加强粮食作物生长期保护和生产作业管理的义务

所谓“粮食作物生长期”，是指粮食作物从播种到收获的自然生长周期。《粮食节约行动方案》对粮食作物生产环节和储存环节的节粮减损作出规定，围绕粮食作物播种、田间管理、收获储存等生长周期，对粮食生产者和其他主体的行为，提出了明确要求，以防止粮食损耗和浪费的情形发生。粮食生产者作为重要主体，本条在保护和管理粮食作物的生长、生产阶段为其设定义务，以减少粮食在播种、田间管理、收获等环节的损失和浪费。

具体而言，主要措施包括：(1)合理播种。选择适宜的品种、疏密恰当的稀植或密植方式，避免过量播种，确保每株植物都能得到充足的养分和空间，减少竞争导致的废弃情况。(2)科学田间管理。采取科学的灌溉、施肥和药物防治措施，遵循最佳农业实践，提高农作物的产量和质量同时减少损失；及时采取行动对抗病虫害、杂草等问题，防止其危害农作物。(3)加强收获技术。掌握适当的收割时间，使用合适的工具和机械进行收割，避免落粒、散粒和损坏的情况发生；将粮食收割后储存或处理，以避免因霉变、鼠类侵害等问题而造成粮食的浪费。(4)改善储存条件。确保储存设施的安全、干燥、通风和卫生，避免潮湿、霉变、虫害等问题的发生；定期检查粮食的质量和储存条件，及时采取措施进行处理。

二、本条第二款规定了所有主体不得故意毁坏在耕地上种植的粮食作物青苗的禁止性义务

首先，本条款规定行为的主体为所有人，包括青苗种植者及种植者之外的其他社会主体等。其次，行为主观上是故意的，立法禁止所有主体具有主观故意的青苗毁坏行为。最后，行为限定了青苗毁坏的适用范围，即在耕地上种植的青苗作物。立法保护粮食作物青苗，尤其要防止故意毁坏在耕地上种植的青苗作物的行为。《河北省乡村振兴促进条例》第二十三条明确规定，禁止毁坏以粮食生产为目的的青苗。《安徽省粮食作物生长期保护规定》第六条规定，农民、农业生产经营组织应当加强粮食作物生长期田间管理，不得损毁粮食作物，不得违法割青毁粮。任何单位和个人不得

收贮生长期水稻、小麦，用于青贮的密植小麦除外。该保护规定第九条规定，各级人民政府及有关部门应当加强粮食作物生长期保护的宣传教育，提高全社会粮食安全意识。任何单位和个人对割青毁粮行为有权举报投诉。县级以上人民政府农业农村主管部门应当公布举报投诉方式，并依法处理。

粮食作物青苗处于生长期，具有潜在的经济价值和社会公共价值。如果种植者在粮食未成熟阶段就毁坏青苗，粮食产量和质量则会受到影响，社会对粮食的需求将难以得到保障，有违国家粮食安全战略要求；如果种植者以外的其他人毁坏青苗，将阻碍青苗种植者获取粮食收获后的经营收益，不仅侵犯了种植者合法的财产权益，也危害到国家粮食安全，损害了社会公共利益。

三、本条第三款规定粮食生产者可借助农业技术的研发和应用科学收获和储存粮食

粮食“收获环节”可以划分为田间收割、田间运输、脱粒和清粮 4 个小环节，在这 4 个环节中损失最严重的是田间收割环节，三大主粮田间收割损失率平均为 1.97%。首先是田间收割环节的损失主要由于收割方式，如机械差异等，部分农户在收割过程中也会遇到雨雪等极端天气，造成损失；其次是脱粒环节，三大主粮脱粒环节损失率平均为 0.74%；清粮环节和田间运输环节的损失情况较轻。[①] 由此可知，适时农业机械收获和产地烘干等实用技术的应用对于节粮减损很重要，所以国家应当鼓励和支持推广实用技术，引导和扶持粮食生产者科学收获、储存粮食。《安徽省粮食作物生长期保护规定》第八条规定，县级以上人民政府农业农村主管部门应当加强生长期粮食作物的用水、用肥、用药等技术指导，提高粮食产量和质量，县级以上人民政府有关部门应当运用信息化技术手段，加强对生长期粮食作物的监测。

具体而言，政府的鼓励和支持措施主要包括：(1)国家为农业机械技术研发提供资金支持，鼓励企业加大对农机设备研究和创新的投入，也可以直接向农民提供贷款和补贴，鼓励农民购买先进的农机设备。(2)政府通过举办培训班、研讨会等活动，向农民传授农机操作技巧和科学储粮知识；提供技术专家或农机操作员专业指导，以确保农民正确使用农机设备进行作业；根据不同地区和粮食作物特点，政府选择示范

① 参见马嘉：《粮食在收获环节就已损失 4% 如何从田间地头节粮减损》，载中国农业大学新闻网，http://news.cau.edu.cn/art/2021/11/2/art_8779_794843.html，最后访问日期：2024 年 1 月 15 日。

基地或农田，向农民推广先进农业机械应用；政府加强与企业、农业科研机构、高校之间的合作，共同开展农业机械设计和应用研究，不断改进农机设备的性能，使其更好地满足粮食生产的需求。

【实务应用】

近年来，在国家有关部门支持下，全国建成了5500多个专业化粮食产后服务中心，累计推广使用近1000万套农户科学储粮装具，科学使用装具的农户储粮损失由平均8%降至2%以内。为减少田间地头的收获损耗，安徽省亳州市蒙城县制定《2023年粮食机收减损工作方案》，把推广高性能的纵轴流小麦收割机作为重要内容，引导农户优化收割机结构，从源头上把住粮食机收减损这一环节。2022年以来，蒙城县新增1200余台小麦联合收割机，95%以上是高性能机械。山东省莱西市加快农机升级换代，全面提升作业效能，近3年累计推广使用先进农机具5372台，发放补贴资金9000余万元，更新321台拖拉机、收割机，发放补贴资金280余万元，以科技化促进农业机械作业提质、增效、降本、减损，力保70余万亩小麦颗粒归仓。浙江省湖州市吴兴区尹家圩粮油植保农机专业合作社采用了履带式收割机，一亩地能减损约50斤粮食。2022年，湖北省启动粮食烘干能力提升行动。钟祥市开展了100个产地粮食烘干点建设。为鼓励农户购买烘干设备，当地在农户购买农机享受30%国家补贴基础上，推出叠加补贴计划，烘干能力1吨给予补助1000元，相当于增加10%左右的补贴，有效激发了农户购买烘干设备的积极性。安徽联河股份有限公司新增智能低温循环烘干设施设备，有效降低稻谷烘干形成的爆腰、裂纹，大大减少稻谷在加工过程中的碎米率和粉碎率。据测算，按照每吨潮粮因不能及时烘干造成变质的比例为0.2%计算，公司每天可挽回粮食损失4吨，全年按5个月烘干时间算，可减少粮食损失600吨。①

专家评析：节粮减损等于增产。加强生产环节源头管控，是把住粮食减损的第一道关。然而，粮食生产者对粮食作物生长、生产时期损失和浪费的重视程度还不够，以收获环节为例，只有15.94%的人认为粮食收获环节损失大，80.37%的人则认为

---

① 以上案例和数据，参见杜海涛、侯琳良、韩俊杰：《耕好节粮减损“无形良田”》，载《人民日报》2023年6月21日，第19版。

不大。[1] 如何在田间地头节粮减损？笔者认为，关键在于提高田间地头的农业机械化水平等农业技术。无论是粮食作物生长时期、储存阶段还是加工阶段，都离不开农业机械化等实用技术的研发、应用和推广。对此，除对农机服务组织的所有者、经营者和农机驾驶员进行定期培训，加强对其技能的学习培训，提高节粮减损意识外，政府在推广适时农业机械收获和产地烘干等实用技术的基础上，还应当激发粮食生产者主动适应先进技术和获取新技能的积极性。如何鼓励和支持农业机械和实用技术的应用？上述案例提供了一种较好的激励途径，即政府提供资金补贴来促使粮食生产者学习和使用新技术、新工艺、新设备。农业农村部办公厅印发《关于将机收减损作为粮食生产机械化主要工作常抓不懈的通知》，要求充分发挥农机购置补贴政策的导向作用，引导生产企业技术进步和产品提档升级，加快淘汰老旧收获机械；强化农机试验鉴定监管和联合收割机质量调查，把不合格、不耐用、不适用的产品挡在政策支持范围之外；鼓励企业加大先进适用收获机械研发投入，切实提升机收减损性能。

【相关规定】

《反食品浪费法》第十五条。

【法条】

第五十四条　国家鼓励粮食经营者运用先进、高效的粮食储存、运输、加工设施设备，减少粮食损失损耗。

【立法背景】

节粮减损是保障国家粮食安全的重要途径。当前，我国在粮食储存、运输、加工环节仍然存在损失损耗粮食现象，仓储设施、运输装备、机械设备等陈旧、老化以及供应不足等是其重要原因。既有《农业机械化促进法》相关规定没有将优化设施设备与粮食节约进行关联，而《粮食节约行动方案》则对在粮食储存、运输、加工环节优化

① 参见马嘉：《粮食在收获环节就已损失4%　如何从田间地头节粮减损》，载中国农业大学新闻网，http://news.cav.edu.cn/art/2021/11/2/art.8779-794843.html，最后访问日期：2024年1月18日。

设施设备予以细化规定。①

着眼储存环节，针对仓储设施老化陈旧、仓容缺口大、仓储设施不足以及农户储粮损失大等问题，《粮食节约行动方案》明确了三个方面的举措：(1)改善粮食产后烘干条件，将粮食烘干成套设施装备纳入农机新产品补贴试点范围，鼓励产粮大县推进环保烘干设施应用，并鼓励新型农业经营主体、粮食企业、粮食产后服务中心等为农户提供粮食烘干服务。(2)支持引导农户科学储粮，加强农户科学储粮技术培训和服务，开展不同规模、不同区域农户储粮装具选型及示范应用。(3)推进仓储设施节约减损，鼓励开展绿色仓储提升行动和绿色储粮标准化试点，升级修缮老旧仓房，推动粮仓设施分类分级和规范管理等。

聚焦运输环节，针对专业化粮食运输车辆装备应用不足、标准化运输程度不高、抛撒遗漏等问题，《粮食节约行动方案》明确了三个方面的举措：(1)完善运输基础设施和装备，建设铁路专用线、专用码头、散粮中转及配套设施，推广粮食"四散化"设备，发展粮食集装箱公铁水多式联运。(2)健全农村粮食物流服务网络，完善农村交通运输网络。(3)开展物流标准化示范，发展规范化、标准化、信息化散粮运输服务体系，开展多式联运高效物流衔接技术示范。

专注加工环节，针对粮食过度加工造成的出品率降低、营养成分损失和浪费问题，《粮食节约行动方案》明确了三个方面的举措：(1)提高粮油加工转化率，如制订修订口粮、食用油加工标准，提升粮食加工行业数字化管理水平；(2)加强饲料粮减量替代；(3)加强粮食资源综合利用，有效利用粮油加工副产物生产食用产品、功能物质及工业制品。

为了提高粮食利用效率，保障粮食安全，鼓励、支持粮食经营者运用先进、高效的设施设备，节约粮食、减少损失损耗，本法以法律形式将《粮食节约行动方案》中的细化措施予以原则性规定。

【法条释义】

本法第五十四条规定通过鼓励粮食经营者运用先进、高效的设施设备，达到节粮

---

① 参见赵新宁：《中央农办负责人就〈粮食节约行动方案〉答记者问》，载中国供销合作网2021年11月1日，https://www.chinacoop.gov.cn/news.html? aid=1726872，最后访问日期：2024年1月18日。

减损目的。

概括而言,本条主要从行为主体、行为方式和行为目的维度予以规范:(1)国家鼓励的行为主体是粮食经营者;(2)行为方式是粮食经营者使用先进、高效的粮食储存、运输、加工设施设备;(3)行为目的是减少粮食损失损耗。先进、高效的粮食储存、运输、加工设施设备是减少粮食损失损耗的物质基础。通过运用先进、高效的粮食储存、运输、加工设施设备以及严格执行管理规范,粮食经营者可以最大限度地减少粮食损失和损耗,提高粮食质量和利用率,促进粮食产业的可持续发展。

一、国家鼓励的行为主体是粮食经营者

对本条规定中的"粮食经营者"应作广义理解,包括粮食储备经营者、运输经营者和加工经营者。

二、鼓励粮食经营者运用先进、高效的粮食储存、运输、加工设施设备,减少粮食损失损耗

具体而言:(1)"粮食储存设施设备"主要指向采用现代化的仓储设备和技术,如密封仓、大型钢筒仓、自动控制系统等,提供良好的环境条件,保证粮食质量和安全。(2)"粮食运输设施设备"主要指向使用专业的粮食运输车辆和容器,确保运输过程中的安全和无损坏。(3)"粮食加工设施设备"主要指向引进先进的粮食加工设备和流程,提高加工效率和产品质量。选择合适的破碎、清洁、分离、磨碾等处理工艺,避免二次损耗和浪费。(4)为减少粮食损失损耗,还应培训和指导粮食经营者掌握操作规范,以减少操作过程中的粮食损失。此外,还可应用信息化技术进行粮食管理和监控,通过远程监测、数据分析和预警系统,实时了解储存环境、运输状态和加工效率等情况,以此及时发现问题并采取措施,减少因操作不当或设备故障导致的损失。

【实务应用】

持续降雨降雪容易造成粮食发霉变质,烘干设备的重要性在此时尤为凸显。近年来,江苏射阳大米集团有限公司加大粮食产后烘干的投入,2021 年共烘干春夏小麦 1.8 万吨、秋季水稻 2.5 万吨,同时积极为社会服务,免费为农户提供 1 万吨小麦和 2 万吨水稻的烘干服务,有效降低了粮食储存环节的损耗。数据显示,2021 年秋粮上市以来,山东 280 家产后服务中心帮助农户清理烘干粮食 100 多亿斤,节粮减损 4 亿斤;四川 353 家产后服务中心清理烘干粮食 20 多亿斤,节粮减损 1.4 亿斤;江西 326

家产后服务中心覆盖近1400个乡镇、530万农户，预计带动农民增收超过3亿元。①

专家评析：粮食加工是节粮减损的一个重要环节，而先进、高效的设施设备是粮食加工的重要技术载体和物质基础。针对现阶段我国粮食加工机械化程度过于精细，消费者过度追求"精米白面"饮食误区等问题，中共中央办公厅、国务院办公厅印发《粮食节约行动方案》。该方案明确规定，提升粮食加工行业数字化管理水平，推进面粉加工设备智能化改造，推广低温升碾米设备，鼓励应用柔性大米加工设备，引导油料油脂适度加工，加快推进粮食加工环节节粮减损。针对改善粮食产后烘干条件，我国政府及有关部门提出将粮食烘干成套设施装备纳入农机新产品补贴试点范围，提升烘干能力；鼓励产粮大县推进环保烘干设施应用，加大绿色热源烘干设备推广力度；鼓励新型农业经营主体、粮食企业、粮食产后服务中心等为农户提供粮食烘干服务，烘干用地用电统一按农用标准管理。在我国政策推动下，各地将通过优化粮食产后烘干服务，实现粮食加工环节节粮减损。

【相关规定】

《反食品浪费法》第十五条。

【法条】

第五十五条　国家推广应用粮食适度加工技术，防止过度加工，提高成品粮出品率。

国家优化工业用粮生产结构，调控粮食不合理加工转化。

【立法背景】

我国消费者对如何选择好的大米存在误区，片面追求"白、亮、透"，粮食加工企业为迎合消费者喜好和满足消费者需求，在加工中对稻米深度碾磨，造成过度加工的恶性循环。为了规范企业生产，引导市场理性消费，切实达到大米生产和消费中的"节粮减损、营养美味"的目标，国家市场监督管理总局、中国国家标准化管理委员会

① 参见邱海峰、徐俊奕：《一系列节粮减损政策措施出台——节粮减损增加"无形良田"》，载光明网，https://politics.gmw.cn/2022-01/04/content_35424325.htm，最后访问日期：2024年1月19日。

于2018年10月发布《大米》(GB/T 1354—2018)国家标准,对大米的加工精度作出调整,"加工精度由原来的'一、二、三、四'等级变成了'精碾'和'适碾'";对加工精度设置了上限,对一级大米的加工精度由旧国标的90%以上调整为80%～90%。2019年10月发布的《中国的粮食安全》白皮书中也倡导节粮减损,鼓励进行大米适度加工。①

促进粮食加工减损增效是保障粮食安全的重要途径。防止过度加工,提高成品粮出品率,优化工业用粮生产结构,调控粮食不合理加工转化,关键在于先进技术和设施设备的应用。10年前,我国粮食干燥、储藏、加工等环节还明显存在设施设备缺乏、技术工艺落后以及过度加工和副产物综合利用率低等问题,据测算,因产后处置不当农户每年损失粮食7%～11%,因过度加工每年损失粮食150亿斤以上,已严重影响国家粮食安全、制约农业增效及农民增收。党中央、国务院高度重视粮食减损问题,中共中央办公厅、国务院办公厅《关于厉行节约反对食品浪费的意见》提出,要"加强粮食生产、收购、储存、运输、加工、消费等环节管理,有效减少损失浪费"。国务院常务会议强调要"支持主产区农民合作社、专业大户等建设有烘干设备的储粮设施"。为加强粮食烘干、储藏、加工等环节的管理,有效减少产后损失,确保粮食安全和有效供给,原农业部出台《关于加强粮食加工减损工作的通知》(农加发〔2014〕3号),对减少粮食过度加工②和推动粮食加工科技创新③等方面作出安排。农业农村

---

① 参见《益海嘉里大米适度加工,助力农业健康发展》,载凤凰网,http://ah.ifeng.com/a/20191204/7895571_0.shtml,最后访问日期:2024年1月19日。

② 关于"努力减少粮食过度加工浪费",国家要引导企业科学开展粮食精深加工,合理控制加工精度,不断提高成品粮出品率和营养成分有效利用率。要减少精米、精面等重外观、轻营养的产品开发,大力发展专用米、糙米、米糠食品、专用粉、全麦粉、小麦麸皮制品等新型营养健康产品。加快实施主食加工业提升行动,大力发展系列化、优质化、方便化主食食品。

③ 关于"大力推动粮食加工科技创新和推广",国家积极整合科研力量,加强粮食产后环节基础性、关键性重大科学技术研究。引导和鼓励科研单位、加工企业加快建设一批粮食产后烘干、仓储、加工等技术研发、集成平台,突破一批关键共性技术,为企业和社会的商业化开发与应用提供服务。重视传统主食品及粮食加工品科技创新,加强面粉及面制食品、稻米及米粉制品等相关产品的研究成果产业化和品质检测关键仪器的自主化开发,健全产品质量标准体系。依托粮食加工机械生产骨干企业,建设成套设备制造基地,提高关键设备、大型设备的批量生产能力。大力开发和推广节能节水节粮技术设备,加快淘汰高能耗、高粮耗、污染环境的工艺装备。引导加工企业向园区集聚,促进上、下游关联企业专业化协作配套,培育产业集群,推进集约化经营、规模化发展。

部办公厅印发《全国粮食加工环节减损增效典型案例》，推介小麦适度加工、稻谷适度加工、小麦加工副产物综合利用和稻谷加工副产物综合利用四大类 24 个减损增效典型案例。据估算，截至 2022 年我国小麦、稻谷加工环节的损失率为 4% ~5% 。公布的典型案例中，通过优化生产工艺、改进技术装备，加工损失率均控制在 2% 以下，有效降低加工损耗，提升了产品附加价值。①

国家重点支持和鼓励粮食战略性新兴产业的发展，如生物质能源、生物塑料等领域，以替代传统对粮食的过度依赖。通过政策引导和经济刺激，促进新兴产业的研发和应用，减少粮食不合理加工转化。国家通过鼓励、支持节约粮食、减少损失损耗的关键技术研发和新技术、新工艺、新设备的推广使用，提高粮食利用效率，减少资源的浪费和损失，保障粮食安全，促进可持续发展，有助于推动相关产业的升级和提升竞争力。

【法条释义】

本法第五十五条规定了粮食加工环节节粮减损的具体要求，尤其是通过适度加工和优化工业用粮生产结构来实现节粮减损目的。概括而言，国家在粮食加工环节节粮减损，应当做到：(1)推广应用粮食适度加工技术，防止过度加工；(2)优化工业用粮生产结构，调控粮食不合理加工转化。

一、本条第一款是关于粮食适度加工的规定

1. 国家主要采用推广和支持粮食适度加工技术的行为方式

国家制定相关政策和法规，包括指导原则、技术标准和质量要求等方面的内容，鼓励农民和企业选择适宜的加工方法和工艺流程。譬如，农业农村部《关于促进农产品加工环节减损增效的指导意见》(农产发〔2020〕9 号)明确规定，促进口粮品种适度加工，引导农产品加工企业合理确定小麦、稻谷等口粮品种加工精度，减少精面、精米等过度加工造成的资源浪费和营养流失，提高出粉和出米率；发展专用粉、全麦粉和专用米、糙米等新型健康产品，增加营养成分，减少加工损失。

2. 前述行为的目的是防止粮食过度加工以提高成品粮的出品率

国家加大对粮食适度加工技术的研发和创新力度，推动适度加工技术的不断提

① 参见常钦：《走实节粮减损每一步》，载云南网，https://m.yunnan.cn/system/2022/06/16/032141033.shtml，最后访问日期：2024 年 1 月 20 日。

升，鼓励企业和科研机构实现从传统工艺到现代化工艺的转变，提高成品粮出品率和产品质量；国家通过组织培训课程、技术交流会和研讨会，向农民和企业分享适度加工的最佳实践和先进技术，提供专业的技术支持和指导，帮助他们合理选择和运用加工设备和工艺。借助粮食适度加工技术，相关企业充分利用粮食资源，促进粮食适度加工，既保护环境，又减少能源消耗，从而实现粮食产业的可持续发展和满足人民群众对粮食的安全、营养需求。

二、本条第二款规定优化工业用粮生产结构，促进粮食合理加工转化

为了更好地调节粮食资源的合理利用和提高加工转化的效率，国家优化工业用粮生产结构和调控粮食不合理加工转化。本法第四十三条优化粮食加工结构，包括口粮、饲料用粮和工业用粮，规定了工业用粮与其他粮食用途之间的外部关系；而本条款则优化工业用粮内部生产结构，所谓工业用粮，指国家供应工业、手工业用作原料或辅助材料的粮食，主要用于生产酒精、饮料酒、溶剂、医药、浆纱、淀粉、饴糖、糨糊等。国家通过制定相关政策和计划，引导和促进工业用粮生产结构优化，譬如，限制某些领域对粮食的过度依赖，鼓励发展其他替代性原料或资源，减少粮食被工业加工使用的比例。

【实务应用】

在2019年11月8～9日召开的第二届ICC亚太区国际粮食科技大会上，中国知名粮油企业益海嘉里分享的稻米全产业链生产及加工技术得到国内外专家一致好评。其中，益海嘉里的大米适度加工经验不仅与国家大米加工新政策不谋而合，也为国内大米加工行业的健康发展提供了范本。①

此外，河南省鹤壁市淇县飞天农业公司16台磨粉机开足马力，将小麦研磨成工业用粉。之后进入制粉车间，麦芯粉可以做方便面、饺子等主粮食品，尾粉加工成淀粉、谷朊粉，再精深加工，可以产出结晶葡萄糖和结晶果糖，或被开发成烤麸、植物蛋白肉等产品。精深加工后小麦的附加值大大增加。飞天农业公司生产的小麦结晶葡萄糖、结晶果糖等产品，从小麦原料到结晶果糖增值5倍，生产的小麦蛋白肽增值30

① 参见《益海嘉里大米适度加工，助力农业健康发展》，载凤凰网，http://ah.ifeng.com/a/20191204/7895571_0.shtml，最后访问日期：2024年1月20日。

倍。加工环节减损要紧盯市场,2022年该公司正联合粮食深加工企业,大力发展代蛋白、代糖等,以满足消费者对于“大健康”的新需求。①

专家评析:精米、精面等过度加工不仅浪费了粮食和能源,还造成了营养成分的大量流失。针对粮食过度加工、工业用粮生产结构不合理等问题,上述案例相关主体以积极作为的方式,树立了榜样形象,反映出粮食适度加工、优化工业用粮生产结构的必要性。因此,国家不仅要加强宣传教育、提升公众意识,而且要加强相关立法和执法监管,以制度规范作保障。

一方面,要加强宣传教育、提升公众意识。正确引导消费者树立科学、健康的消费理念,逐步转变追求“亮、白、精”的粮食消费习惯。增强公众对粮食不合理加工转化问题的认识,倡导可持续发展理念,引导企业和消费者更加注重粮食资源的节约与保护。加强对消费者的教育培训,引导他们选择合理的食品购买和储存方式,减少粮食浪费。另一方面,要建立健全制度保障体系:(1)制订相关的标准和认证体系。规范粮食节约利用、减少损失损耗的技术和设备,通过认证和标志,提高产品的质量和市场竞争力,推动行业内部向技术先进、资源节约型方向发展。(2)出台财政和税收优惠政策。国家给予节约粮食、减少损失损耗的关键技术研发和新技术、新工艺、新设备推广使用的相关企业财政和税收优惠政策支持,包括资金补助、税收减免等,鼓励企业加大创新投入,推动相关技术的快速发展和应用。(3)加大监管和执法力度。加强对粮食加工企业的监管和执法力度,打击粮食不合理加工转化行为,严格执行相关规定和标准,加大检查和检测力度,确保粮食加工过程中的安全、环保和质量可控。

【相关规定】

《粮食流通管理条例》第二十五条。

【法条】

第五十六条　粮食食品生产经营者应当依照有关法律、法规的规定,建

---

① 参见常钦:《走实节粮减损每一步》,载云南网,https://m.yunnan.cn/system/2022/06/16/032141033.shtml,最后访问日期:2024年1月20日。

立健全生产、储存、运输、加工等管理制度，引导消费者合理消费，防止和减少粮食浪费。

公民个人和家庭应当树立文明、健康、理性、绿色的消费理念，培养形成科学健康、物尽其用、杜绝浪费的良好习惯。

【立法背景】

习近平总书记高度重视粮食安全，提倡"厉行节约、反对浪费"的社会风尚，多次强调要制止餐饮浪费行为，并作出重要指示：尽管我国粮食生产连年丰收，对粮食安全还是始终要有危机意识。① 要加强立法，强化监管，采取有效措施，建立长效机制，坚决制止餐饮浪费行为；要进一步加强宣传教育，切实培养节约习惯，在全社会营造浪费可耻、节约为荣的氛围；要求以刚性的制度约束、严格的制度执行、强有力的监督检查、严厉的惩戒机制，切实遏制公款消费中的各种违规违纪违法现象，并针对部分学校存在的食物浪费和学生节俭意识缺乏问题，对切实加强引导和管理，培养学生勤俭节约良好美德等提出明确要求。

党的十八大以来，各地区、各部门贯彻落实习近平总书记重要指示精神，采取出台相关文件、开展"光盘行动"等措施，大力整治浪费之风，"舌尖上的浪费"现象有所改观，特别是群众反映强烈的公款餐饮浪费行为得到有效遏制。同时，一些地方餐饮浪费现象仍然存在，有关部门正在贯彻落实习近平总书记重要指示精神，制订实施更有力的举措，推动全社会深入推进制止餐饮浪费工作。本法施行前，在减少餐饮消费环节食品浪费方面法律法规主要包括《反食品浪费法》，各省（自治区、直辖市）人大制定的反食品浪费规定，以及中共中央办公厅、国务院办公厅印发的《关于厉行节约反对食品浪费的意见》，国家发展改革委办公厅等联合印发的《反食品浪费工作方案》等规范性文件。前述法律法规所规制的主体主要包括餐饮服务经营者、消费者、各级人民政府及其有关部门、餐饮行业协会等。

【法条释义】

本法第五十六条规定了对粮食食品生产经营者和消费者节粮减损行为的原则性

① 参见常莹：《对粮食还是要保持敬畏之心》，载《光明日报》2020年8月14日，第2版。

要求。

概括而言,主要按照不同主体,对其行为予以规范:(1)粮食食品生产经营者应当建立健全粮食产业全链条管理制度,引导消费者合理消费;(2)公民个人和家庭应当树立文明、健康、理性、绿色的消费观,培养良好习惯。

一、本条第一款是关于粮食食品生产经营者节粮减损行为的规定

1. 明确行为主体是粮食食品生产经营者

有学者认为,粮食是最基本、最重要的食品,也是生产、加工其他食品的基本原料,无论是米、面、豆、油等初端产品,还是肉、蛋、奶、酒等高端产品,其80%的部分都直接或间接地源于粮食。[①] 所谓粮食食品,是指以粮食为原料加工而成的食品,因此,粮食食品生产经营者可以理解为以粮食为原料加工而成的食品的生产者和经营者。

2. 强调应依照有关法律、法规的规定

本条款规定强调了粮食食品生产经营者的具体行为依据,主要包括《反食品浪费法》、《食品安全法》、《粮食流通管理条例》、《粮食运输技术指南(试行)》、国务院《关于建立粮食生产功能区和重要农产品生产保护区的指导意见》等法律、法规和规范性文件。

3. 建立健全生产、储存、运输、加工等管理制度,引导消费者合理消费

本条款规定明确了粮食食品生产经营者节粮减损的具体行为方式,主要体现为建立健全生产、储存、运输、加工等管理制度,减少粮食浪费并提高粮食资源利用效率,引导消费者合理消费,确保粮食安全和可持续发展。

具体而言,包括:(1)建立生产管理制度。粮食食品生产经营者应建立完善的生产管理制度,包括供应链管理、生产流程的监控和控制、原料采购和库存管理等方面,制定并遵守相关标准,确保产品质量和安全,减少因生产环节不当而导致的浪费问题。(2)加强储存管理。有效管理粮食和食品的仓储环节,确保储存条件符合标准和要求,及时检查和处理发霉、变质等情况,减少由于储存不当造成的粮食损失;采用先进技术和设备来保持储存环境的稳定,并进行定期检修和维护,确保储存设施的正常运行。(3)规范运输流程。确保在粮食和食品运输过程中对温度、湿度等环境因

---

① 参见吴晓寅等:《浅析粮食食品安全与现代粮油标准的发展关系》,载《现代食品》2015年第8期。

素的控制,避免由于运输不当导致的粮食损耗和损害;建立完善的物流管理体系,确保粮食和食品安全、及时到达目的地,并减少因滞留而产生的浪费情况。(4)加强加工管理。控制粮食作物的使用量,优化生产工艺,提高生产效率,减少废弃物的产生;同时,加强设备维护和卫生管理,确保加工环节的安全性和质量,并采取合理的措施减少副产品的浪费。(5)引导消费者合理消费。通过宣传教育、提供信息等方式,向消费者传递节约粮食、减少浪费的理念和知识;倡导食品安全和合理搭配饮食、注意储存保存等消费行为,以减少粮食浪费。

4. 防止和减少粮食浪费

本条款规定明确了本条的立法目的,即防止和减少粮食浪费。粮食食品生产经营者建立健全管理制度,不仅有助于自身在粮食生产、储存、运输、加工等环节节粮减损,还有助于积极引导消费者合理消费,培养消费者节约粮食的好习惯。

二、本条第二款是关于公民个人和家庭的粮食节约行为的规定

首先,粮食节约的行为主体是公民个人和家庭。其次,粮食节约的行为方式主要体现为树立正确的消费观以及培养节约的良好习惯。树立文明、健康、理性、绿色的消费理念旨在促进可持续发展和环境保护,同时提高生活质量并改善社会福祉;培养良好的消费习惯意在促进个人的可持续发展,并为全社会创造更大的环境和经济效益。

具体而言:(1)文明消费主要是指遵守法律法规,尊重他人权益,在购物和服务中保持良好的行为准则。这就要求消费者自觉抵制假冒伪劣、侵权盗版等违法违规的产品和服务,同时鼓励消费者诚实守信,遵守交易合同。(2)健康消费主要是指优先选择对身体健康有益的产品和服务,如天然食品、有机食品、环保清洁产品等。这要求消费者注意防范虚假广告等欺诈行为,了解产品的成分和效果,以健康为导向进行购买。(3)理性消费主要是指审慎决策,即消费者在购买决策之前宜进行适当的调查研究,比较不同品牌和产品的价格、质量、性能等各方面因素。消费者应避免盲目跟风和过度消费,根据实际需求购买并避免浪费。(4)绿色消费主要是指选择环保产品和服务,减少对自然资源的依赖和对环境的污染。同时,消费者宜多使用节能设备、减少使用一次性物品,并积极参与垃圾分类和回收活动,推动可持续发展。

【实务应用】

2023 年 3 月 9 日,浙江省台州市路桥区市场监管局在巡查网络订餐平台及供餐店铺时,发现上海必胜客有限公司台州中盛百货店在平台上的店铺设定了外卖起送价,但该店的多款菜品定价未超过起送价,必须拼凑其他食物或商品才能达到起送价,且单款菜品足够一人食用。这导致部分消费者超量点餐,造成不必要的食品浪费。当事人的上述行为违反了《反食品浪费法》第七条第一款第二项的规定,路桥区市场监管局依据《反食品浪费法》第二十八条第一款的规定,责令该店改正并给予警告的行政处罚。2023年3月30日,路桥区市场监管局对当事人整改情况进行"回头看",当事人已改正违法行为,取消设定外卖起送价,引导消费者按需适量点餐。①

专家评析:该案是浙江省台州市路桥区市场监管局查处网络订餐食品浪费案,是关于粮食食品经营者诱导、误导消费者超量点餐造成明显浪费的反面典型案例。餐饮机构作为粮食食品经营者,不仅没有积极引导消费者合理消费,反而诱导、误导消费者超出合理限度消费,该行为虽为自己带来蝇头小利,却造成粮食和食品浪费,败坏了社会风气。因此,一方面,制度制定者要倡导对粮食食品生产经营者的宣传教育。粮食食品生产经营者要在经营场所醒目位置张贴反餐饮浪费宣传海报,在用餐餐桌上张贴反餐饮浪费宣传桌贴,服务员在消费者点餐时主动提醒适量点餐、避免浪费。另一方面,制度执行者要加强对粮食食品生产经营者的监督检查,发现问题及时提醒、纠正,如问题严重,则要采取必要的处罚措施。同时,应建立投诉举报机制,公众可以积极参与监督,举报粮食食品浪费行为。

【相关规定】

《反食品浪费法》第十四条。

【法条】

第五十七条　机关、人民团体、社会组织、学校、企业事业单位等应当加强本单位食堂的管理,定期开展节约粮食检查,纠正浪费行为。

有关粮食食品学会、协会等应当依法制定和完善节约粮食、减少损失损

① 参见《市场监管部门公布第四批制止食品浪费行政处罚典型案例》,载福州市晋安区人民政府官网2023年6月10日,http://fzja.gov.cn/xjwz/zwgk/zfxxgkzdgz/spypaq/spypdxaj/202307/t20230717_4638318.htm,最后访问日期:2024年1月20日。

耗的相关团体标准，开展节约粮食知识普及和宣传教育工作。

【立法背景】

2020年8月，习近平总书记对制止餐饮浪费行为作出重要指示，并指出“餐饮浪费现象，触目惊心、令人痛心！‘谁知盘中餐，粒粒皆辛苦。’”[①]餐饮浪费中问题最严重的是粮食浪费，问题突出发生在机关、人民团体、社会组织、学校、企业事业单位等公共机构的食堂，解决粮食浪费和食品浪费问题，既涉及经济活动中多种利益关系的调整，也涉及社会生活中消费习惯的改变，还涉及经济社会发展方式对生态环境的影响。公共机构的食堂浪费现象要“减量”，既需要采取“光盘行动”，也需要促进生产方式向更加绿色转变。

关于单位食堂粮食节约监督管理，在本法出台之前，由我国《反食品浪费法》对食品浪费行为予以规范。《反食品浪费法》第六条第一款规定，机关、人民团体、国有企业事业单位应当按照国家有关规定，细化完善公务接待、会议、培训等公务活动用餐规范，加强管理，带头厉行节约，反对浪费；第九条规定，学校应当对用餐人员数量、结构进行监测、分析和评估，加强学校食堂餐饮精细化服务管理，按需供餐，改进供餐方式，科学营养配餐，丰富不同规格配餐和口味选择，定期听取用餐人员意见，保证菜品、主食质量。然而，食品浪费和粮食浪费不能简单等同，对于单位食堂的粮食浪费行为，需要专门立法予以规制，并加大监督检查力度。

因此，我国立法在统筹推进制止餐饮浪费和粮食节约的制度建设方面，对于违反法律的禁止性规范的情形，必须加快构建运行顺畅的法律机制，确保各种利益关系协调平衡，进而形成粮食安全有保障、人民生活有质量、生态环境有改善的“多赢”格局。在《反食品浪费法》和本法基础上，有关粮食学会、行业协会通过制定相关标准、开展宣传教育等方式，提倡科学适度的生活理念，建立具有可操作性的监管机制，采取人人可参与的行动方案，对于保障粮食安全、推动高质量发展具有重大意义。本法对于节约粮食的行为仅作原则性规定，有待相关部门和地方政府进一步予以细化，尽快制定和完善相关配套规定。

---

① 参见常莹：《对粮食还是要保持敬畏之心》，载《光明日报》2020年8月14日，第2版。

【法条释义】

本法第五十七条是关于政府、市场主体、社会组织、行业协会实施节约粮食行为的原则性规定。

概括而言，主要按照不同主体，对其行为予以规范：(1)政府机关、人民团体、社会组织、企业事业单位等加强对食堂的管理，开展节约粮食工作；(2)行业协会制定和完善相关标准，加强节约粮食宣传教育。

一、本条第一款规定了对单位食堂的粮食节约监督行为

首先，粮食节约监督的行为主体包括政府机关、人民团体、社会组织、企业事业单位；其次，粮食节约监督的行为方式主要体现在加强单位食堂管理和定期开展监督检查两个方面。

1. 加强单位食堂管理

第一，单位应制定有关食堂管理的规章制度，并向单位员工清晰传达，明确责任和要求，包括明确规定员工在餐饮服务中的责任、禁止浪费行为以及必要的惩罚措施等；第二，应根据人数和需求，提供精准盛餐服务，准确计算每个用餐者的食物量，提供适量的菜品和饭食，鼓励自主选择菜品，并提供适量的加餐或点菜服务，避免造成过多的剩余食物；第三，应设立食物损耗监测系统，在食堂中精确记录和统计每项菜品的剩余量和回收食材情况，根据监测数据，分析浪费情况并采取相应措施，有针对性地减少浪费；第四，针对剩余的食物或者未使用的食材，应建立回收再利用机制，与相关社会组织合作，进行剩余食物的集中回收，并进行合理的处理，如捐赠给慈善机构或转化为肥料等。

2. 定期开展监督检查

具体而言，可以通过定期检查单位是否执行合理用餐制度、废弃食物处理规范等，或不定期抽查、核对单据、观察用餐场景等方式，发现问题并及时纠正。

《反食品浪费法》第八条规定，设有食堂的单位应当建立健全食堂用餐管理制度，制定、实施防止食品浪费措施，加强宣传教育，增强反食品浪费意识。单位食堂应当加强食品采购、储存、加工动态管理，根据用餐人数采购、做餐、配餐，提高原材料利用率和烹饪水平，按照健康、经济、规范的原则提供饮食，注重饮食平衡。单位食堂应当改进供餐方式，在醒目位置张贴或者摆放反食品浪费标识，引导用餐人员适量点餐、取餐；对有浪费行为的，应当及时予以提醒、纠正。立法规定，通过加强食堂管理，定期开展节约粮食检查并纠正浪费行为,提高食堂对粮食资源利用效率,减少粮食浪费,以示范带动更广泛的社会节约粮食行动,这不仅能够降低经济成本,还能够促进保护环境,符合可持续发展理念,为保障粮食安全作出贡献。

二、本条第二款规定粮食食品学会、协会的粮食节约促进行为

1. 行为主体是有关粮食食品学会、协会

粮食食品学会、协会包括中国粮油学会、中国粮食行业协会、中国食品工业协会、中国粮食行业协会、中国焙烤食品糖制品工业协会、中国食品工业协会豆制品专业委员会等。

2. 行为方式主要体现为制定和完善团体标准以及开展节约粮食知识普及和宣传教育

具体而言,包括:(1)组织专家委员会或相关工作组,就节约粮食、减少损失损耗等方面制定团体标准。这些标准应当具有可操作性、科学性和实用性,能够规范行业内成员单位的行为,推动行业朝着节约资源和可持续发展方向发展。(2)通过举办培训、研讨会、讲座等形式,向行业从业人员普及节约粮食和减少损失损耗的相关知识;同时,利用多种媒体手段,如网站、微信公众号、宣传平台等,宣传节约粮食的理念和意义,推广先进的技术和管理经验。

【实务应用】

案例一:内蒙古自治区赤峰市市场监管服务中心、赤峰市消费者协会与赤峰学院和内蒙古交通职业技术学院共同组织开展主题为"制止餐饮浪费践行光盘行动"的专题宣传活动。在两所高校内,赤峰市市场监管服务中心工作人员共发放了6类法律法规宣传材料3000余份,其中包含《消费者权益保护法》手册、年主题宣传单、消费实用宝典等;发放帽子和环保手袋600余份。在两所学院中聘请了12名大学生监督员,为其颁发了聘书;发布《节约粮食倡议书》并组织学生自愿在上面签名,进一步提高了学生理性消费、崇尚节约和制止餐饮浪费的意识;现场摆放了"反对食品浪费"宣传展板,对《消费者权益保护法》《反食品浪费法》等法律法规知识进行了普及。学生纷纷表示,今后将坚决践行"光盘行动",一起向"舌尖上的浪费"说"不",要在日常生活中,通过不断学习培养,形成良好的节约行为方式和理性消费观念。①

案例二:2022 年 11 月 29 日,浙江省舟山市市场监管局定海分局对舟山某学院第一食堂就餐区进行现场检查,时值中餐时段,执法人员发现该单位食堂未进行适量点餐提示,餐桌上未张贴反对食品浪费提示语、反食品浪费标识,未引导用餐人员适量点餐、取餐。当事人违反了《反食品浪费法》第七条第一款第二项的规定。定海分局依据《反食品浪费法》第二十八条第一款的规定,责令当事人限期改正,并给予警告的行政处罚。12 月 15 日,定海分局对该单位食堂的整改情况进行"回头看",当事人已全面完成整改。食堂内张贴了防止食品浪费、节约粮食宣传标语,在提供餐饮服务过程中有工作人员主动提醒学生按需适量点餐。②

案例三:安徽省粮食行业协会已发布了《安徽好粮油——中晚籼米》(T/AAGS 001 – 2020)、《安徽好粮油——大豆》(T/AAGS 002 – 2020)、《安徽好粮油——糯米》(T/AAGS 003 – 2020)、《安徽好粮油——油茶籽油》(T/AAGS 004 – 2020)等 4 项团体标准。此次公布的系列团体标准为"安徽好粮油"体系第二批标准,团体标准包括《安徽好粮油——米线》(T/AAGS 005 – 2023)、《安徽好粮油——高蛋白大豆种植技术规范》(T/AAGS 006 – 2023)、《安徽好粮油——夹沟香稻米》3 个产品标准。该系列团体标准严格按照《标准化法》、《团体标准管理规定》及《安徽省粮食行业协会团体标准管理办法(试行)》等文件的规定,经过提案、立项、起草、征求意见、技术审查等程序后发布,标志着安徽省粮食行业在提升农产品及粮油产品质量、保障食品安全、推动粮食产业健康发展等方面取得了新的突破。这 7 项团体标准的发布,将助推安徽省粮食产业经济的高质量发展,满足广大消费者对健康、美味、安全食品的需求,为市场提供更多优质、绿色的粮油产品。③

专家评析:案例一和案例二分别是一正一反的典型案例,案例一是学校积极开展

---

① 参见《赤峰市市场监管局开展"制止餐饮浪费践行光盘行动"宣传活动进校园》,载内蒙古自治区市场监督管理局官网,http://amr.nmg.gov.cn/zw/jcdt/202305/t20230504_2305830.html,最后访问日期:2024 年 1 月 20 日。

② 参见《市场监管部门公布第三批制止食品浪费行政处罚典型案例》,载央广网,http://news.cnr.cn/native/gd/20230403/t20230403_526205693.shtml,最后访问日期:2024 年 1 月 20 日。

③ 参见彭园园:《"皖美粮油"再添 3 项团体标准》,载中国粮油学会 · 永红展业集团旗下展会门户网 2023 年 8 月 9 日,https://www.paddyexpo.com/hyjs/1614.html,最后访问日期:2024 年 1 月 20 日。

节约粮食宣传教育活动,案例二是学校未主动提示防止食品浪费行为。机关、人民团体、社会组织、学校、企业事业单位等的食堂是社会公众就餐的公共场所,承担保障餐饮卫生和安全的主要责任。食品的采购、储存、加工以及供餐服务基本由公共机构或者公共机构引入的餐饮服务企业承担,其在制止餐饮浪费工作中扮演至关重要的角色。就依法推进公共机构餐饮浪费问题治理,我国立法应建立常态化制度机制,落实防止粮食浪费行为的管理,抓好公务接待、会议、培训等公务活动和食堂等的用餐节约管理,注重全链条减损管理,强化日常监督管理。针对餐饮浪费治理中存在的实际问题,我国需要构建系统完备的制止餐饮浪费法律规范体系,通过制止餐饮浪费行为专项立法、制止餐饮浪费行为地方立法、推进制止粮食浪费领域整体立法等方式,多措并举完善对于餐饮浪费行为的法律规制路径,构建长效机制治理餐饮浪费。

案例三"安徽好粮油"新增3项团体标准,有力助推安徽省粮食产业经济的高质量发展。立法鼓励行业协会通过制定和完善团体标准,以及开展节约粮食知识普及和宣传教育工作,积极参与和推动节约粮食,有效促进行业内单位自觉行动,推动行业实现资源的节约利用和可持续发展,有助于提高整个社会对于节约粮食重要性的认识和行动意识。行业协会可以与其他相关行业协会、机构建立行业联盟或合作机制,共同推进节约粮食的工作,通过共同组织活动、开展技术创新和应用研究等方式,加强行业间的合作和交流,形成共同发展的良好局面。行业协会应当建立监督和评估机制,对行业成员单位节约粮食、减少损失损耗的情况进行监测和评估,并根据评估结果,及时调整和完善团体标准,引导行业内单位不断改进,实现更好的节约效果。

【相关规定】

《反食品浪费法》第六条、第八条、第九条。

第九章
监督管理

【法条】

第五十八条　县级以上人民政府发展改革、农业农村、粮食和储备、自然资源、水行政、生态环境、市场监督管理、工业和信息化等有关部门应当依照职责对粮食生产、储备、流通、加工等实施监督检查，并建立粮食安全监管协调机制和信息共享机制，加强协作配合。

【立法背景】

习近平总书记强调，“中国人的饭碗任何时候都要牢牢端在自己的手上”。[①] 在高质量发展的新时代，实现更高层次的粮食安全，将是粮食监督检查工作的新使命、新挑战。党的十九届三中全会作出了深化党和国家机构改革的重大决定，粮食部门的监管对象有了新变化，由原有单一的粮食流通监管扩展为粮食、棉花、能源等国家战略和应急物资储备管理；监管重心有了新变化，将原来的守好储备安全底线提升到了与做好重大突发应急保障相并重的新高度。粮食收储体制改革、国有粮食企业改革、综合行政执法改革、粮食行政管理机构改革等多方交织，粮食监管面临的形势愈

① 参见朱隽、郁静娴等：《“饭碗主要装中国粮”（总书记牵挂的粮食安全）》，载《人民日报》2022 年 2 月 18 日，第 1 版。

来愈复杂，这就要求新时代的粮食监管机构及人员要全力履行其义务，承担其责任。①

为规范粮食行政管理部门及其监督检查人员的粮食流通监督检查行政执法行为，切实做好《粮食流通监督检查暂行办法》（已失效）的贯彻实施工作，国家粮食局于2005年制定出台《粮食监督检查工作规程（试行）》、《粮食监督检查行政处罚程序（试行）》（已失效）、《粮食监督检查证件管理规定》3个配套文件，目前前述文件均已失效。其中，《粮食监督检查工作规程（试行）》明确规定，县级以上粮食行政管理部门依照有关法律、法规、规章以及其他规范性文件，对在我国境内从事粮食收购、储存、运输活动和政策性用粮的购销活动，以及执行国家粮食统计制度情况进行监督检查。该规定的主体为县级以上粮食行政管理部门，实施监督检查的内容包括粮食收购、储存、运输活动和政策性用粮的购销活动，以及执行国家粮食统计制度情况等。

《粮食法（送审稿）》第八章“监督检查”第六十二条规定，国家建立粮食监督检查综合协调机制。县级以上人民政府有关部门应当按照职责分工，依法对粮食生产、经营活动进行监督检查，建立或委托相关机构建立粮食生产者、经营者及其负责人、高层管理人员信用记录，将其纳入国家统一的信用信息平台，并依法向社会公开严重违法失信行为。本法在《粮食法（送审稿）》基础上，进一步明确了县级以上人民政府有关部门，即发展改革、农业农村、粮食和储备、自然资源、水行政、生态环境、市场监督管理、工业和信息化等有关部门，而且扩大了监督检查范围，从“粮食生产、经营活动”，扩大到“粮食生产、储备、流通、加工等”产业全链条。

【法条释义】

本法第五十八条规定，县级以上人民政府有关部门对粮食产业链条实施监督检查，以及各部门之间加强协作配合。概括而言，本条规定政府各部门之间在实施监督检查时，既有分工也有协作：（1）监督检查主体是县级以上人民政府发展改革、农业农村、粮食和储备、自然资源、水行政、生态环境、市场监督管理、工业和信息化等部门；（2）实施监督检查的范围是粮食生产、储备、流通、加工等行为；（3）政府各部门实施监督检查应加强协作配合，包括建立粮食安全监管协调机制和信息共享机制。

---

① 参见庞盛、陈熹：《新形势下运用法治思维推进粮食监督检查工作的思考——以无锡市为例》，载《中国粮食经济》2020年第9期。

一、监督检查主体是县级以上人民政府发展改革、农业农村、粮食和储备、自然资源、水行政、生态环境、市场监督管理、工业和信息化等部门

发展改革部门负责指导和推动粮食生产和发展的改革措施。农业农村部门负责组织规划和实施粮食生产,提供农业技术支持。粮食和储备部门负责粮食的收购、储备管理等工作。自然资源部门负责土地利用规划、耕地保护等与粮食生产有关的自然资源管理。水行政部门负责水资源管理和灌溉设施建设,确保农田灌溉供水。生态环境部门负责监测和保护农田环境,防止污染对粮食生产的影响。市场监督管理部门负责监督粮食流通和市场秩序,避免价格操纵等违法行为。工业和信息化部门负责指导和支持粮食加工业的发展,提高粮食加工品质。

二、政府有关部门对粮食生产、储备、流通、加工等环节实施监督检查

上述政府部门在职责范围内对粮食生产、储备、流通、加工等环节实施监督检查的全覆盖。具体监督检查措施主要包括:(1)有关部门应定期派员或组织专项检查,对农田种植、农药使用、灌溉设施、收获和储存等环节进行检查,以确保粮食生产符合规范要求;(2)应通过抽取粮食样品进行实验室分析和检测,检查粮食的质量、营养成分、农药残留含量等指标,确保符合食品安全标准;(3)监管部门应对粮食市场进行巡查,查处假冒伪劣、过期变质等违法行为,并核查销售商的营业执照、产品资质等相关证件;(4)借助信息化技术,政府部门可通过互联网监测和跟踪粮食流通环节,以便及时发现和防范不法行为。

三、为了保障政府监督检查顺利实施,政府各部门应加强协作配合,包括建立粮食安全监管协调机制和信息共享机制

监管协调机制和信息共享机制作为政府监督检查的重要内容,二者相互关联和促进,信息共享机制可以作为监管协调机制的抓手和具体途径,监管协调机制明确各部门权责,将更好地促进部门之间信息共享。

1. 粮食安全监管协调机制

本法第三条规定,县级以上人民政府发展改革、自然资源、农业农村、粮食和储备等主管部门依照职责协同配合,做好粮食安全保障工作。各相关部门可通过建立会商机制、联席会议等方式,就粮食产业监管中的重要问题进行沟通、研究、协商并达成共识。同时,在实施监督检查过程中,协调机制还可以理顺不同部门的利益、权责间的关系,避免重复检查和执法不统一的问题。例如,发展改革、农业农村、市场监督管理等部门可以定期召开联席会议,共同研究制订监督检查计划、分享经验和解决存在的问题。

2. 粮食安全信息共享机制

相关部门可以共享包括市场价格、供应链信息、农产品质量检测数据等与粮食产业监管相关的信息。监管部门能够及时获取全面准确的信息,便于指导和开展监督检查工作。借助现代信息技术手段,如建立信息平台、共享数据库等,可以实现信息快速传输、实时更新和多方共享。例如,不同部门可在共享平台上提供和查询粮食流通环节的信息,以助力食品安全、市场价格波动等问题的监测和分析。

【实务应用】

案例一:江苏省无锡市各级粮食管理部门扎实开展粮食监督检查工作,有力地维护了粮食安全。党的十九大以来,无锡地区已连续多年实现了重大粮食违法违规案件零发生,粮食有效投诉举报零发生、行政处罚复议诉讼零发生的目标。无锡市粮食和物资储备局曾被授予"全国粮食流通监督检查示范单位"称号,无锡粮食安全责任制考核连续3年获省优秀。[①]

案例二:江西省德兴市原粮食局坚持完善制度,不断规范执法行为。一是细化执法规则。其制定《政策性粮食监督管理办法》《政策性粮食远程监控实施细则》《监督检查工作责任制度》《县级储备粮轮换工作的实施办法》《政策性粮食管理考评细则》等一系列规范性文件,其制定关于政策性粮食监督管理的一系列规范性文件严格规范监督执法流程。二是量化考评细则。其针对政策性粮食收购、储存、加工、销售等环节,建立政策性粮食监管考评细则,明确考评内容和评分要求,细化分解考评指标,实施量化考评。三是落实奖惩兑现。按照相关规定,其对考评获得优秀的企业给予奖励,对考评成绩差的企业给予扣除拨付其保管费用的5%和10%,并视情节严重给予相应的行政处罚,构成犯罪的,依法追究刑事责任。[②]

案例三:青海省海东市人民政府出台的《关于建立海东市粮食监管协调联动机

---

① 参见庞盛、陈熹:《新形势下运用法治思维推进粮食监督检查工作的思考——以无锡市为例》,载《中国粮食经济》2020年第9期。

② 参见杨寿林、朱裕聪:《加强监督检查 维护市场秩序——对德兴市粮食局加强新时代粮食流通监督检查工作的调查与思考》,载《中国粮食经济》2018年第11期。

制的通知》(东政办〔2022〕87号)规定,建立由市政府分管领导为召集人,市政府相关副秘书长和市发展改革委主要负责同志为副召集人,市市场监管局、市财政局、市农业农村局、市卫生健康委、市商务局、农发行海东分行等部门相关负责同志和相关业务科室负责同志及工作人员为成员的海东市粮食监管工作协调联动机制。①

专家评析:上述3则案例均反映出政府相关部门在监督检查和加强联合执法中的积极成效。政府在对粮食生产、储备、流通、加工环节实施监督检查时,关键在于适度监管。“适度”体现在以下三个方面。

(1)从纵向分清省级、地市级与县区级政府在粮食监管方面的职责分工。按照属地管理的原则分级负责,省级政府粮食主管部门在对粮食产业链的监管方面主要负责统筹协调和工作指导,地市级、县区级粮食管理部门主要负责所辖区域范围内粮食安全具体监管事项。譬如,县级粮食部门重点在“面”,着重抓好质量安全、储粮安全、安全生产等基础检查和日常巡查;市级粮食部门重点在“线”,着重抓好两季收购、库存检查等大型专项检查和专案督查。②

(2)从横向厘清政府各部门之间的职责边界。各地政府要制定适合本地粮情的配套细则和实施办法,要重点明晰发展改革、农业农村、粮食和储备、自然资源、市场监督管理、工业和信息化、生态环境等部门各自的职责分工,划清部门责任清单。譬如,粮食流通环节由哪个部门牵头履行监督检查义务,若违反监督检查义务,如何承担相应的法律责任。

(3)加强各部门联合执法和协作配合。数字化时代,政府应建立协调联动机制办公室,加强粮食信息共享,牵头建立粮食市场信息共享平台。政府应及时汇集各单位检验检测、监督执法、违法生产经营信息、案件查处信息以及粮食市场最新检验检测技术方法,制定粮食市场地方标准、政策、法规等。政府要建设粮食经营者信息数据库,实现各单位监管信息互联互通和数据共享,对粮食市场实施科学有效监管。

---

① 参见海东市人民政府办公室《关于建立海东市粮食监管协调联动机制的通知》,载海东市人民政府官网2022年6月17日,http://www.haidong.gov.cn/html/52/105058.html,最后访问日期:2024年1月21日。

② 参见庞盛、陈熹:《新形势下运用法治思维推进粮食监督检查工作的思考——以无锡市为例》,载《中国粮食经济》2020年第9期。

【相关规定】

《粮食流通管理条例》第三十八条、第三十九条。

【法条】

第五十九条　国务院发展改革、农业农村、粮食和储备主管部门应当会同有关部门建立粮食安全监测预警体系，加强粮食安全风险评估，健全粮食安全信息发布机制。

任何单位和个人不得编造、散布虚假的粮食安全信息。

【立法背景】

党的十八大以来，我国粮食安全保障能力显著增强，“中国粮食、中国饭碗”成色更足。但同时也要清醒认识到，保障粮食安全是一个永恒课题，任何时候这根弦都不能松。习近平总书记强调，“在粮食安全这个问题上不能有丝毫麻痹大意，不能认为进入工业化，吃饭问题就可有可无，也不要指望依靠国际市场来解决”。[①] 当前，我国粮食安全仍面临一系列风险挑战，需要妥善应对。

我国当前粮食安全面临的主要问题表现为：(1)农业生产受自然灾害影响较大。近年来，我国极端气候有所增多，农业灾害风险加大。与此同时，粮食作物病虫害连年发生、数量增多、范围加大，对我国粮食生产造成不利影响。(2)耕地保护形势依然严峻。守住耕地红线的基础尚不稳固，耕地“非粮化”“非农化”问题依然突出，耕地撂荒现象时有发生。

我国需持续关注的风险挑战主要体现在：(1)粮食供求紧平衡态势长期存在。这是基于国情粮情的科学判断，也是当前和未来一段时期我国粮食供求面临的现实问题，特别是随着经济社会持续发展，居民生活水平逐步提高，粮食需求仍将刚性增长，粮食供求将长期处于紧平衡状态。(2)资源环境约束持续偏紧。我国农业资源禀赋欠佳，人均耕地占有量和人均水资源量远低于世界平均水平，给全国粮食供应安

第五十九条

① 参见于文静、王立彬等：《牢牢把住粮食安全主动权——以习近平同志为核心的党中央带领人民干好这件头等大事》，载中华人民共和国中央人民政府官网，http://www.gov.cn/xinwen/2022-09/22/content_5711153.htm，最后访问日期：2024年1月20日。

全带来挑战。(3)科技创新能力依然存在短板。我国育种全链条创新不够,农机研发及应用距离世界先进水平仍有差距,基层农技推广人员老龄化,人员配备不足,间接地影响粮食产量和质量。①

针对上述诸多问题和风险挑战,我国应当建立健全粮食安全风险防控制度,包括粮食安全风险监测预警体系、粮食安全风险评估机制,以及粮食安全信息发布机制。《粮食法(送审稿)》第五十一条规定,国家实行统一的粮食生产、流通和消费以及供需平衡情况的调查统计、监测预警和信息发布制度。上海、山西、浙江、海南、青海等各地政府陆续出台关于加强进口粮食安全风险管控工作的通知或实施意见。此外,关于粮食安全的监测预警、风险评估、信息发布等行为,立法尚未作进一步规范,亟须国家发展和改革委员会、农业农村部、国家粮食和物资储备局会同有关部门制定具体、详细的体系和机制,从而更好地防范粮食安全风险和挑战。

【法条释义】

本法第五十九条规定,国务院有关部门加强粮食安全监督管理,以及任何单位和个人编造、散布虚假粮食安全信息的禁止性义务。概括而言:(1)国务院有关部门建立健全粮食安全监测预警体系、风险评估体系、信息发布机制;(2)任何单位和个人不得编造、散布虚假的粮食安全信息。

一、本条第一款是关于国务院有关部门着眼粮食安全风险和信息,对粮食安全监督管理作原则性规定

1.对粮食安全实施监督管理的主体是国家发展改革委、农业农村部、国家粮食和物资储备局等相关部门

我国《粮食流通管理条例》第三十条规定,国务院发展改革部门及国家粮食和储备行政管理部门会同国务院农业农村、统计、市场监督管理等部门负责粮食市场供求形势的监测和预警分析,健全监测和预警体系,完善粮食供需抽查制度,发布粮食生产、消费、价格、质量等信息。其中牵头部门是国家发展改革委、国家粮食和物资储备局,有关

① 参见《国务院关于确保国家粮食安全工作情况的报告——2023年8月28日在第十四届全国人民代表大会常务委员会第五次会议上》,载中国人大网2023年9月5日,http://www.npc.gov.cn/npc/c2/c30834/202309/t20230905_431547.html,最后访问日期:2024年1月23日。

部门包括农业农村部、国家统计局、国家市场监督管理总局等。针对粮食产业链条的不同环节存在不同风险点,此次立法在国家发展改革委、国家粮食和物资储备局基础上,增加农业农村部一并作为牵头部门,协同自然资源部、生态环境部、水利部、工业和信息化部、国家市场监督管理总局、国家数据局等相关部门,实施粮食安全监督管理。

2. 对粮食安全实施监督管理的行为方式包括监测预警、风险评估和信息发布三个方面。

具体而言:(1)粮食安全监测预警体系是针对粮食供应、价格、质量等方面的风险进行监测、分析和预警的系统。通过建立监测预警体系,可以更加准确地掌握粮食市场的动态情况,预测和应对潜在的粮食安全问题。相关部门之间需要加强协同合作,共享数据信息、研判指标、预警模型等,以提高监测预警的准确性和时效性。(2)粮食安全风险评估体系包括对天气灾害、病虫害、价格波动、贸易摩擦等多种因素的风险进行分析评估,以提前采取措施应对不利情况。各主管部门需要相互配合,共同参与粮食安全风险评估工作,如农业农村部应当提供生产数据、国家发展改革委提供粮食市场供求信息等,以全面综合地评估粮食安全风险。粮食安全风险评估旨在识别和评估可能对粮食生产、供应和消费造成威胁的因素和事件,以及其潜在影响。(3)粮食安全信息发布机制主要指通过官方网站、新闻发布会、报告通告等途径,发布全面、准确、及时的粮食安全信息,例如粮食市场供求形势、灾害预警、政策法规变化等,以此保障公众的知情权和参与权,使公众能够及时了解粮食市场供应、质量安全、价格等方面的信息。

二、本条第二款是对于任何单位和个人编造、散布虚假粮食安全信息行为的禁止性规定

虚假的粮食安全信息,是指与粮食安全相关的信息中带有伪造、虚构、夸大、误导等行为或内容,使信息的真实性受到严重质疑或存在明显失实之处。立法禁止编造和散布虚假的粮食安全信息,意味在涉及粮食安全领域,无论是单位还是个人,在发布信息时应当确保其真实性、准确性和可靠性,不得故意制造、传播虚假信息,以免给公众带来不必要的恐慌、困扰,甚至对粮食行业的正常运作造成负面影响。本条款规定旨在维护粮食行业的公信力和稳定发展,创建更加透明、可靠的粮食安全信息环境,更好维护社会秩序和公共利益。

【实务应用】

基本案情:2020年4月3日2时许,有网民在微信群里散布“抢粮食”信息并留下联系方式。4月6日,山东省公安厅网络安全保卫总队发布微博称,山东新泰一男子为促销面粉大米,编造“开始抢粮食、粮店超市都抢光了”虚假信息被依法行政拘留。经查,王某,男,34岁,新泰市谷里镇人,经营粮店。为促销面粉大米,编造“开始抢粮食、粮店超市都抢光了”虚假信息,于4月3日2时许在多个微信群发布。依据《治安管理处罚法》的有关规定,王某被处以行政拘留。国家粮食和物资储备局粮食储备司负责人在国务院联防联控机制新闻发布会上表示,新冠肺炎疫情发生以来,粮食和物资储备部门加强市场粮源调度,有序组织拍卖政策性粮源,有效保障了市场需求。截至2020年4月,稻谷、小麦的库存量能够满足一年以上的市场消费需求。不少城市的成品粮市场供应能力在30天以上。国家没有动用中央储备粮,绝大部分地区没有动用地方储备粮,没有必要在家囤大米、面粉,建议消费者根据家庭需要适量购买。[①]

专家评析:上述案例中,王某在重大突发事件发生时编造、散布虚假的粮食安全信息,严重影响社会公共秩序。我国《食品安全法》第一百二十条规定,任何单位和个人不得编造、散布虚假食品安全信息。在大食物观背景下,粮食安全属于食品安全的重要范畴,是政府和社会公众普遍关注的重要问题,编造、散布虚假的粮食安全信息,将引起社会公众的不安和恐慌,造成粮食购销行为异常,严重影响粮食市场秩序。编造、散布虚假信息的行为本质是扰乱公共秩序的行为,视情节轻重,由《治安管理处罚法》或者《刑法》对其违法行为予以规制和惩罚,轻则受到行政处罚,重则构成犯罪,受到刑事制裁。《治安管理处罚法》第二十五条规定,散布谣言,谎报险情、疫情、警情或者以其他方法故意扰乱公共秩序的,处五日以上十日以下拘留,可以并处五百元以下罚款;情节较轻的,处五日以下拘留或者五百元以下罚款。《刑法修正案(九)》在第二百九十一条之一中增加一款作为第二款,即“编造虚假的险情、疫情、灾情、警情,在信息网络或者其他媒体上传播,或者明知是上述虚假信息,故意在信息网络或者其他媒体上传播,严重扰乱社会秩序的,处三年以下有期徒刑、拘役或者管制;造成严重后果的,处三年以上七年以下有期徒刑”。

---

① 参见《散布“抢粮食”谣言,行拘!》,载澎湃新闻网2022年4月7日,https://www.thepaper.cn/newsDetail_forward_6869037。

公民个人在网上发布信息、言论应遵守法律法规，对于编造、传播、散布谣言，扰乱社会秩序的违法行为，公安机关将依法追究其法律责任。尤其是在重大自然灾害或突发事件中，任何单位和个人应当自觉抵制关于危害粮食安全的谣言，不信谣、不传谣、不造谣，共同维护健康有序的网络环境和社会秩序，保障国家粮食安全。该案例从侧面反映出粮食安全信息的重要性，信息的真实性和信息传播的及时性关涉国家宏观调控和社会秩序稳定。因此，政府相关部门应当建立健全粮食安全监测预警体系、风险评估体系和信息发布机制。在数字经济时代，加强粮食产业信息化建设，有助于防范和化解安全风险。

【相关规定】

《粮食流通管理条例》第三十条；

《食品安全法》第一百二十条。

【法条】

第六十条　国家完善粮食生产、储存、运输、加工标准体系。粮食生产经营者应当严格遵守有关法律、法规的规定，执行有关标准和技术规范，确保粮食质量安全。

县级以上人民政府应当依法加强粮食生产、储备、流通、加工等环节的粮食质量安全监督管理工作，建立粮食质量安全追溯体系，完善粮食质量安全风险监测和检验制度。

【立法背景】

粮食质量安全关系人民群众身体健康和生命安全，是社会稳定的基础，也是国家安全的重要保障。党中央、国务院高度重视国家粮食安全和粮食质量安全。截至2022年2月，国家粮食和物资储备局归口管理粮食标准600余项，为提高粮食质量安全水平提供了有效载体和有力抓手。[①] 为加强粮食质量安全监督管理，国家制定出

---

① 参见顾雨霏：《粮食质量安全常抓不懈》，载《中国食品报》2022年2月16日，第1版。

台《粮食质量安全监管办法》，该办法经历了多次修订。2004 年国家发展改革委、国家粮食局、财政部、卫生部、国家工商行政管理总局、国家质量监督检验检疫总局和国家认证认可监督管理委员会等 7 部委联合制定的《粮食质量监管实施办法(试行)》(已失效)。其后，为保障粮食质量安全，维护粮食生产者、经营者和消费者的合法权益，加强粮食质量安全监督管理，根据《食品安全法》《农产品质量安全法》《粮食流通管理条例》《中央储备粮管理条例》等法律法规，2016 年国家发展和改革委员会将《粮食质量监管实施办法(试行)》修订为《粮食质量安全监管办法》(国家发展改革委 2016 年第 42 号令)，《粮食质量监管实施办法(试行)》同时废止。2023 年 7 月国家发展和改革委员会再次修订《粮食质量安全监管办法》(国家发展改革委 2023 年第 4 号令)，旨在保护粮食生产者的积极性，维护粮食经营者和消费者的合法权益，加强粮食流通领域质量安全监督管理，保障国家粮食质量安全，《粮食质量安全监管办法》(国家发展改革委 2016 年第 42 号令)同时废止。

值得注意的是，相较《粮食质量安全监管办法》(国家发展改革委 2016 年第 42 号令)，最新的《粮食质量安全监管办法》(国家发展改革委 2023 年第 4 号令)将粮食质量安全限缩在粮食流通领域，包括粮食收购、储存、运输和政策性粮食购销活动的质量安全监管工作，政府储备粮食质量安全管理的特殊要求按国家粮食和储备行政管理部门制定的相关规定执行，即国家粮食和物资储备局《政府储备粮食质量安全管理办法》(国粮发规〔2021〕30 号)。上海市、重庆市、江苏省等地方粮食和物资储备局制定出台各地地方政府储备粮食质量安全管理办法。此外，为进一步规范粮食质量安全风险监测工作，加强质量安全风险控制和管理，保障国家粮食质量安全，根据《粮食流通管理条例》的相关规定，2022 年国家粮食和物资储备局制定了《粮食质量安全风险监测管理暂行办法》(国粮标规〔2022〕30 号)。

综上所述，国家对粮食质量安全的监管散见于各部门规章、地方规范性文件之中，本法从法律层面对粮食生产、储备、流通、加工等环节的粮食质量安全管理作出原则性规定。

【法条释义】

本法第六十条是关于粮食质量安全管理的规定。概括而言，本条对政府和粮食生产经营者不同主体，分别对粮食质量安全的监管和执行安排了不同任务：(1)国家完善粮食产业链条标准体系,粮食生产经营者执行标准规范;(2)县级以上人民政府建立健全粮食质量安全监督管理制度。

一、本条第一款规定国家完善粮食产业链条标准体系,以及粮食生产经营者执行有关标准和技术规范

标准作为一种典型的“软法”,与具有强制性和普遍约束力的法律法规(硬法)不同,“标准基于其自身特性与硬法形成了互补,充塞填满了硬法的空隙”,[①]标准作为法律规范与技术实践的耦合,是规制与自治之间的衔接点和缓冲区。[②] 因此,国家应当完善粮食生产、储存、运输、加工标准体系,作为对立法原则性规定的细化和填补,与法律规范相衔接。譬如,在生产环节,重点加强种植技术、采收技术、播种机、收获机等生产环节的标准制修订;在仓储环节,着重加强仓储设备建设、虫霉防治和减损降耗等相关标准研制;在运输环节,着重降低包装、装卸抛洒、散漏损失率等相关标准研制;在加工环节,着重限制产品过度加工、科学界定产品加工等级以及副产物综合利用率等相关标准研制。[③]

我国已经建立了较完整的粮食标准体系。在推动粮食产业高质量发展的新形势下,为持续保障国家粮食质量安全,粮食生产者和粮食经营者应当按照《粮食流通管理条例》《粮食质量安全监管办法》《粮食质量安全风险监测管理暂行办法》等相关规定,严格执行规则标准和技术规范,[④]严禁以陈顶新、掺杂使假、以次充好、多扣水杂、压级压价等行为,确保粮食质量安全。

二、本条第二款是县级以上人民政府建立健全粮食质量安全监督管理制度

县级以上人民政府,包括县(区)级、地(市)级、省级等地方政府和国务院,应依

① 参见罗豪才、周强:《软法研究的多维思考》,载《中国法学》2013 年第 5 期。

② 参见柳经纬:《标准的类型划分及其私法效力》,载《现代法学》2020 年第 2 期。

③ 参见刘慧:《节粮减损要强化标准引领》,载《经济日报》2022 年 10 月 13 日,第 4 版。

④ 《粮食质量安全监管办法》第十三条规定,粮食经营者收购粮食,应当严格执行国家粮食质量标准和政策,按质论价,按照国家有关规定进行质量安全检验,并执行下列规定:(1)告知售粮者或者在收购场所醒目位置公示粮食的品种、质量标准、收购价格等内容;(2)按照有关标准、技术规范和政策规定进行入库和平仓环节扦样、检验,把好入库质量关。发现不符合食品安全国家标准的粮食,应当及时向收购地县级粮食和储备行政管理等部门报告,跨省收购的,应当向收购地和粮食收购企业所在地的县级粮食和储备行政管理等部门报告;(3)杂质、水分等质量指标超过标准限量或者政策规定的政策性粮食,应当及时整理达标或者符合相关要求。水分较高时应当合理降水、降温,确保安全储粮。《粮食质量安全监管办法》第十六条规定,粮食经营者储存粮食应当遵守粮油仓储管理制度规定和相关标准,规范仓储管理业务,合理应用粮油储藏技术。储存过程中发现粮食质量不符合要求的,应当及时按规定进行处置。

法加强粮食生产、储备、流通、加工等环节的粮食质量安全监督管理工作。

1. 建立健全粮食质量安全监督管理制度，实现粮食生产、储备、流通、加工等环节全覆盖

具体而言，(1)政府应依法加强粮食生产的管理，包括监督农业生产过程中的使用农药和化肥情况，推广高效、环保的农业生产技术，减少土壤污染和农药残留问题。此外，对于粮食种植中可能存在的病虫害等问题，政府应加强科学引导和防控措施，以保证产量和质量。(2)政府应加强粮食储备和流通环节的管理。粮食储备是国家粮食安全的重要保障，政府应定期检查储备粮品质，并采取适当的措施保持粮食储备的安全性。在粮食流通方面，政府应加强市场监管，打击假冒伪劣粮食和不合格产品的生产和销售行为，保护消费者的权益。(3)政府还应加强粮食加工环节的管理。粮食加工是粮食从原始状态到最终产品的重要环节。政府应强化对加工企业的监管，确保其符合相关食品安全标准和规范，严禁使用有害物质和不合格原材料。

2. 建立健全粮食质量安全监督管理制度

具体而言，粮食质量安全监督管理制度主要包括安全追溯体系、安全风险监测和安全检验制度三个方面：

(1)建立粮食质量安全追溯体系。完备的粮食质量安全追溯体系，可以追踪粮食的生产、加工、流通等全过程，一旦发现问题，可以快速采取措施进行处理和追责。国务院办公厅制定出台《关于加快推进农业供给侧结构性改革大力发展粮食产业经济的意见》(国办发〔2017〕78号)，要求建立覆盖从产地到餐桌全程的粮食质量安全追溯体系和平台，进一步健全质量安全监管衔接协作机制，加强粮食种植、收购、储存、销售及食品生产经营监管，严防不符合食品安全标准的粮食流入口粮市场或用于食品加工。

(2)完善粮食质量安全风险监测制度。根据《粮食质量安全风险监测管理暂行办法》第三条的规定，通过系统性收集粮食质量品质、污染情况以及粮食中有害因素的监测数据及相关信息，并综合分析、及时报告和通报的活动，为粮食调控政策制定、粮食质量安全标准制修订、粮食质量安全风险评估、预警和交流、监督管理等提供科学支持。粮食质量安全风险监测，包括收购粮食质量安全监测(以下简称收购监测)、库存粮食质量安全监测(以下简称库存监测)、应急粮食质量安全监测(以下简称应急监测)和其他专项粮食质量安全监测(以下简称其他专项监测)。其中，收购监测，是指为指导粮食企业收购粮食、有效保护种粮农民利益、服务相关部门单位政

策制定,对当年新收获粮食的常规质量、内在品质(营养品质、加工品质、食用品质等)情况和食品安全状况按程序和规范进行采样、检验、分析和评价等活动,一般分为质量调查、品质测报、安全监测等形式。库存监测,是指为加强库存粮食质量安全管理,对库存粮食常规质量、储存品质和食品安全状况,按程序和规范进行采样、检验、分析和评价等活动。应急监测,是指发现粮食可能存在质量安全隐患、处置粮食质量安全事故需要、应对公众关注的粮食质量安全风险等情况而开展的监测。其他专项监测,是指用于评价特定粮食质量安全状况而开展的监测。

(3)完善粮食质量安全检验制度。粮食质量安全风险监测可提前发现潜在的风险和问题,及时采取措施预防和控制;粮食质量安全检验是对粮食产业链条过程中粮食及加工品的质量检验。根据《粮食质量安全风险监测管理暂行办法》第十六条的规定,粮食和储备部门应当与承担采样和检验任务的粮食质量安全检验机构(以下简称承检机构)签订委托协议,明确委托要求以及双方权利和义务。同时,明确委托方可以对采样单位和承检机构开展的采样、检验工作进行监督,监督内容主要包括与监测相关的技术能力、管理措施、保密工作等。

【实务应用】

案例一:陕西省粮食质量安全中心按照陕西省粮食和物资储备局的统一安排部署,严格规范管理,创新发展理念,加强基础建设,努力创建"一流基础设施设备、一流人才技术队伍、一流检验检测水平"的国家级区域中心实验室。以制度为保障,以人才为引领,以工作室为带动,有效发挥检验检测质量监管作用,提升全省粮食行业检验监测能力,全力服务保障全省粮食和物资储备安全。

案例二:云南省充分发挥各级粮食质量安全检验监测机构在保障粮食质量安全方面的重要作用,注重依法监管,强化源头严防、过程严管和风险严控监管措施;健全完善粮食质量安全管理制度框架,深入推进质量安全检验检测体系建设,扎实开展粮食质量安全检验监测;强化先进标准引领,大力推进信息化平台建设,开展信息化粮库远程巡查,不断提升粮食安全保障能力。

案例三:新疆维吾尔自治区粮食和物资储备局形成了以新疆国家粮食质量监测中心为核心、地县级粮食质量监测站为支撑的全区粮食质量检验监测体系;强化质量管理制度保障,发布《新疆维吾尔自治区政府储备粮食质量安全管理办法》,制订工作计划，厘清地州级粮食质检机构职能，细化监测指标；加大粮食质量安全监测工作在粮食安全责任制考核中的权重，严格把好安全关口，坚决防止不符合食品安全标准的粮食流入口粮市场。

案例四：河南省坚持绿色发展，加强耕地土壤污染防治，深入实施化肥农药零增长行动，积极探索土壤污染治理与修复技术应用试点，从源头上保证了粮食产出质量；深入推进粮食质量检测体系建设，完善超标粮食处置长效机制，不断健全进口粮食储备管理和疫情防控管理体系，有效保证了流通环节的粮食品质。①

案例五：上海市粮食和物资储备局印发《上海市粮食质量追溯提升三年行动方案(2023—2025 年)》，从 2023 年起，在全市粮食流通领域开展粮食质量追溯提升 3 年行动。②

专家评析：为确保粮食质量安全，需制定或修订制度规范，同时，也要严格执行制度规范。对于国家建立健全的粮食生产、储存、运输、加工标准体系，为持续推进粮食质量安全，政府和粮食生产经营者应当贯彻和执行这些标准体系。

一方面，县级以上人民政府应当切实抓好粮食质量安全监督管理工作。一是要坚持责任明晰、齐抓共管。按照粮食安全党政同责考核和食品安全工作考核评议要求，进一步压实粮食质量安全属地管理责任，严格落实企业保障质量安全和质量追溯主体责任。二是要坚持问题导向，健全体系。聚焦粮食质检机构检测能力不全面、基层粮食企业质检能力不完善、粮食全链条质量管理体系不健全等问题，加快完善粮食质量安全保障体系。三是要坚持信息主导，技术支撑。依托电子政务网络平台，整合区域粮食安全信息追溯管理系统信息，实现粮食产业信息可追溯和查询，保障从田间到餐桌的质量安全和绿色优质、营养健康。

另一方面，粮食生产经营者应当严格遵守并执行相关标准和技术规范。譬如，粮食储备阶段，粮储企业根据《粮食仓库建设标准》(建标 172—2016)、《粮油储藏技术规范》(GB/T 29890—2013)、《粮食平房仓设计规范》(GB 50320—2014)、《钢筋混凝土筒仓设计标准》(GB 50077—2017)、《高标准粮仓建设技术要点(试行)》等标准

第六十条

---

① 参见顾雨霏：《粮食质量安全常抓不懈》，载《中国食品报》2022 年 2 月 16 日，第 1 版。

② 参见《关于印发〈上海市粮食质量追溯提升三年行动方案(2023—2025 年)〉的通知》，载上海市人民政府官网 2023 年 3 月 16 日，https://www.shanghai.gov.cn/gwk/search/content/21e17d682d7b4cd7adbf3893dbea4dec，最后访问日期：2024 年 1 月 24 日。

和技术规范,针对不同粮食作物、不同环境状态、不同仓储需求,建立粮仓,做好粮食储存环节质量安全管理工作。

【相关规定】

《粮食流通管理条例》第三十七条。

【法条】

第六十一条　县级以上人民政府有关部门依照职责开展粮食安全监督检查,可以采取下列措施:

(一)进入粮食生产经营场所实施现场检查;

(二)向有关单位和人员调查了解相关情况;

(三)进入涉嫌违法活动的场所调查取证;

(四)查阅、复制有关文件、资料、账簿、凭证,对可能被转移、隐匿或者损毁的文件、资料、账簿、凭证、电子设备等予以封存;

(五)查封、扣押涉嫌违法活动的场所、设施或者财物;

(六)对有关单位的法定代表人、负责人或者其他工作人员进行约谈、询问。

县级以上人民政府有关部门履行监督检查职责,发现公职人员涉嫌职务违法或者职务犯罪的问题线索,应当及时移送监察机关,监察机关应当依法受理并进行调查处置。

【立法背景】

政府依照职责开展的粮食安全监督检查,是典型的行政监管措施。《食品安全法》第一百一十条规定,县级以上人民政府食品安全监督管理部门履行食品安全监督管理职责,有权采取下列措施,对生产经营者遵守本法的情况进行监督检查:(1)进入生产经营场所实施现场检查;(2)对生产经营的食品、食品添加剂、食品相关产品进行抽样检验;(3)查阅、复制有关合同、票据、账簿以及其他有关资料;(4)查封、扣押有证据证明不符合食品安全标准或者有证据证明存在安全隐患以及用于违法生产经营的食品、食品添加剂、食品相关产品;(5)查封违法从事生产经营活动的场所。这就是与食品安全监督检查相关的法律。

《粮食法(送审稿)》对粮食安全监督检查措施有明确规定,第七十一条规定,县级以上人民政府粮食、工商、质量监督、食品药品监管、价格等有关部门在监督检查活动中,可以采取下列措施:(1)进入现场检查;(2)查阅、复制有关资料、账簿、凭证;(3)向有关单位和人员调查了解相关情况;(4)查封、扣押不符合粮食质量安全标准的粮食,违规使用的添加剂和添加的非食用物质,以及用于违法生产经营或者被污染的工具、设备等其他物证;(5)查封违法从事粮食经营活动的场所。

相较《粮食法(送审稿)》,本法增加了"进入涉嫌违法活动的场所调查取证""对有关单位的法定代表人、负责人或者其他工作人员进行约谈、询问",以及"对可能被转移、隐匿或者损毁的文件、资料、账簿、凭证、电子设备等予以封存"的规定,使行政监督检查措施更加全面和完善。

【法条释义】

本法第六十一条规定,县级以上人民政府开展粮食安全监督检查采取的具体措施。概括而言,本条主要规定以下两个方面的内容:(1)县级以上人民政府有关部门依照职责开展粮食安全监督检查,采取相应措施;(2)监察机关对县级以上人民政府有关部门在监督检查中发现公职人员职务违法或职务犯罪行为的问题线索,依法受理并调查处置。

一、本条第一款规定县级以上人民政府有关部门对粮食安全采取监督检查的具体措施

1. 行为主体为县级以上人民政府有关部门

根据本法第五十八条的规定,该主体包括县级以上人民政府发展改革、农业农村、粮食和储备、自然资源、水行政、生态环境、市场监督管理、工业和信息化等部门。

2. 行为措施旨在加强粮食安全监督检查工作的力度,确保粮食生产经营环节的合规性和安全性,减少潜在风险,保障公众的饮食安全。

具体措施包括:(1)进入粮食生产经营场所实施现场检查。有关部门可以进入粮食生产经营场所,进行实地检查,包括检查仓储设施、生产线、加工环节等,以了解生产经营过程中是否存在不符合相关法规和标准的情况。(2)向有关单位和人员调查了解相关情况。相关部门可以向涉及的单位和人员调查了解粮食生产、存储、运输、销售等环节的具体情况，获取必要的信息和数据。(3)进入涉嫌违法活动的场所调查取证。如果存在涉嫌违法活动的场所，有关部门可以进入该场所进行调查，搜集证据并保留现场。(4)查阅、复制有关文件、资料、账簿、凭证。相关部门有权查阅和复制与粮食安全相关的文件、资料、账簿、凭证等，以便开展深入调查和分析。如有必要，相关部门可以封存可能被转移、隐匿或损毁的文件、资料、账簿、凭证、电子设备等，保护相关证据不被破坏。(5)查封、扣押涉嫌违法活动的场所、设施或财物。在发现涉嫌违法活动的情况下，相关部门可以采取查封、扣押有关场所、设施或财物的措施，以保障调查的进行和证据的完整性。(6)对有关单位的法定代表人、负责人或其他工作人员进行约谈、询问。相关部门有权对有关单位的法定代表人、负责人或其他工作人员进行约谈、询问，了解相关情况、解释相关规定，并要求其配合调查工作。

二、本条第二款规定，对于县级以上人民政府有关部门在监督检查过程中发现问题线索时，监察机关依法调查处置

县级以上人民政府的有关部门应承担对公职人员履职的监督检查职责。各级纪检监察机关负责监督公职人员依法行使职权，保障法律法规的实施，防止职务违法和职务犯罪等行为的发生。职务违法是指公职人员在履行职务过程中违反法律法规、滥用职权、以权谋私等行为，职务犯罪则是指公职人员在履行职责过程中涉及《刑法》规定的贪污、挪用公款等犯罪行为。

如果县级以上人民政府有关部门在监督检查过程中发现公职人员存在涉嫌职务违法或职务犯罪的问题线索，有关部门应当及时将相关材料和线索移交给监察机关。监察机关依照《监察法》《监察法实施条例》《公职人员政务处分法》等法律对涉嫌违法犯罪行为展开调查，对违法人员进行相应处理。

【实务应用】

2020年5月，丰巨村原党支部书记、村委会主任韩某国擅自决定将某片耕地用于村委会新办公楼建设，项目被叫停后，建筑垃圾一直堆放在原地。直到韩某国被立案审查调查，这一地块才开始恢复成耕地原样。与上案类似的非法占用和破坏耕地现象，在四平其他县(市)区也曾不同程度出现，成为黑土地保护领域较突出的问题。从查处的违纪违法案件来看，有的党员干部违规占用耕地绿化造林、挖湖造景或从事非农建设;有的职能部门干部在土地利用规划方面为相关利益人提供帮助,或是玩忽职守,在处理违法占地问题时只看手续不看结果,仅根据虚假证明就予以结案;个别公职人员甚至直接参与破坏活动,如梨树县国土资源监察大队原队长徐某录伙同他人非法采砂5700余立方米,破坏大片基本农田。吉林省四平市纪委监委从案件查办入手加强震慑,通过以案促改推动建章立制,以系统治理思维推进监督常态化,在开展专项监督的过程中,同步探索黑土地保护领域腐败问题的破解之道。2021年年初开展专项巡查调研后不久,四平市纪委监委就查处了赵某志严重违纪违法案。此后短短几个月时间里,四平市纪委监委又先后查处了陈某江、韩某国、徐某录等人,同时敦促相关部门公职人员主动交代违纪违法问题。①

专家评析:耕地是粮食生产的基本载体,保护耕地是保障国家粮食安全的重要途径。本案例反映出基层群众性自治组织中从事管理的人员作为公职人员,非法占用和破坏耕地,凸显高标准农田建设领域的公职人员腐败问题。问题根源在于公职人员存在形式主义、官僚主义,其不担当不作为的作风问题,滋生权钱交易的行贿受贿、贪污、挪用公款等违法行为,不仅对黑土地造成危害,而且严重冲击耕地保护红线,威胁国家粮食安全。然而,面对耕地保护中的腐败问题,部分政府及部门监管缺位或者监管不力问题仍然存在,有关部门并未按照法律法规规定,依照职责开展监督检查,甚至有的监管部门对违规违法行为睁一只眼、闭一只眼,消极懈怠、失职失责。因此,政府有关部门在粮食安全监督检查中既要有明确的责任分工,又要加强协作配合;各级纪检监察机关要充分发挥好监督"探头"的作用,与有关部门加强监督贯通协同,以常态化监督保障黑土地保护制度落地见效。

【相关规定】

《食品安全法》第一百一十条。

【法条】

第六十二条　国务院发展改革、自然资源、农业农村、粮食和储备主管部

① 参见王丹妮:《黑土地里揪"蛀虫"——吉林省四平市黑土地保护领域腐败问题探析》,载《中国纪检监察》2023年第14期。

门应当会同有关部门，按照规定具体实施对省、自治区、直辖市落实耕地保护和粮食安全责任制情况的考核。

省、自治区、直辖市对本行政区域耕地保护和粮食安全负总责，其主要负责人是本行政区域耕地保护和粮食安全的第一责任人，对本行政区域内的耕地保护和粮食安全目标负责。

县级以上地方人民政府应当定期对本行政区域耕地保护和粮食安全责任落实情况开展监督检查，将耕地保护和粮食安全责任落实情况纳入对本级人民政府有关部门负责人、下级人民政府及其负责人的考核评价内容。

对耕地保护和粮食安全工作责任落实不力、问题突出的地方人民政府，上级人民政府可以对其主要负责人进行责任约谈。被责任约谈的地方人民政府应当立即采取措施进行整改。

【立法背景】

为了深入贯彻落实国家粮食安全战略和中央的一系列决策部署，加快构建国家粮食安全保障体系，落实维护国家粮食安全的责任，2014 年国务院在充分征求地方人民政府和党中央、国务院有关部门的意见后，出台《关于建立健全粮食安全省长责任制的若干意见》。这是国务院就全面落实地方政府粮食安全责任出台的首个专门文件，对建立健全粮食安全省长责任制作出全面部署。

《关于建立健全粮食安全省长责任制的若干意见》共有十个方面 29 项内容，围绕全面加强粮食生产、储备和流通能力建设，明确了各省级人民政府须承担起保障本地区粮食安全的主体责任。同时该意见也明确了各省省长、各自治区主席、各直辖市市长在维护国家粮食安全方面承担的责任。《关于建立健全粮食安全省长责任制的若干意见》规定，国家发展改革委、原国家粮食局要会同有关部门，根据该意见要求抓紧制定监督考核办法，定期组织对各省（区、市）人民政府落实粮食安全省长责任制情况进行考核，对成绩突出的给予表扬，对不合格的予以通报批评、责令整改并追究责任，重大情况及时向国务院报告。2015 年 2 月 16 日，国家粮食局出台了《关于贯彻落实〈国务院关于建立健全粮食安全省长责任制的若干意见〉的指导意见》（国粮政〔2015〕23 号），要求各地粮食部门认真履行部门职责，创造性地落实粮食部门牵头负责的各项任务。2015 年 11 月 3 日，国务院办公厅发布《粮食安全省长责任制考核办法》，明确粮食安全省长责任制的考核主体、原则、内容、程序和结果等事项，对建立粮食安全省长责任制考核机制作出全面部署。

【法条释义】

本法第六十二条聚焦耕地保护和粮食安全责任制，规定政府内部的考核机制。概括而言，本条从国务院有关部门到县级以上地方人民政府，层层压实责任，确保各行政区域耕地保护和粮食安全责任制的履行和落实：(1)国务院有关部门对省级人民政府的考核；(2)省级人民政府对本行政区域负总责，以及其主要负责人是第一责任人；(3)县级以上地方人民政府对本级人民政府部门、下级人民政府及其负责人，开展监督检查和考核评价；(4)上级人民政府对下级人民政府主要负责人进行责任约谈。

一、本条第一款规定国务院有关部门对省、自治区、直辖市政府落实耕地保护和粮食安全责任制情况的考核

1. 实施主体

《粮食安全省长责任制考核办法》第二条规定："国务院对各省(区、市)人民政府粮食安全省长责任制落实情况进行年度考核，由发展改革委、农业部、粮食局会同中央编办、财政部、国土资源部、环境保护部、水利部、工商总局、质检总局、食品药品监管总局、统计局、农业发展银行等部门和单位组成考核工作组负责具体实施。考核工作组办公室设在粮食局，承担考核日常工作。"实施考核的主体为国务院有关部门，具体而言，是以国家发展改革委、自然资源部、农业农村部、国家粮食和物资储备局为牵头单位，会同中央编办、财政部、生态环境部、水利部、工商总局、食品药品监管总局、统计局、农业发展银行等部门和单位，组成考核组，对各省落实耕地保护和粮食安全责任制情况予以考核。

2. 考核内容

根据《粮食安全省长责任制考核办法》第五条的规定，考核内容包括增强粮食可持续生产能力、保护种粮积极性、增强地方粮食储备能力、保障粮食市场供应、确保粮食质量安全、落实保障措施六个方面。

具体而言，包括：(1)确保耕地面积基本稳定、质量不下降，粮食生产稳定发展，粮食可持续生产能力不断增强；(2)保护种粮积极性，财政对扶持粮食生产和流通的投入合理增长,提高种粮比较收益,落实粮食收购政策,不出现卖粮难问题;(3)落实地方粮食储备,增强粮食仓储能力,加强监督管理,确保地方储备粮数量真实、质量安全;(4)完善粮食调控和监管体系,保障粮食市场供应和价格基本稳定,不出现脱销断档,维护粮食市场秩序,完善粮食应急保障体系,及时处置突发事件,确保粮食应急供应;(5)加强耕地污染防治,提高粮食质量安全检验监测能力和超标粮食处置能力,禁止不符合食品安全标准的粮食流入口粮市场;(6)按照保障粮食安全的要求,落实农业、粮食等相关行政主管部门的职责任务,确保责任落实、人员落实。

二、本条第二款规定省、自治区、直辖市对本行政区域耕地保护和粮食安全负总责

1. 省级政府在监督、组织和指导等方面发挥重要的领导作用,确保各项政策措施得以有效执行

具体而言,(1)耕地保护责任主要是指各省、自治区、直辖市要加强对本行政区域耕地资源的保护和管理,防止耕地流失和非法占用,确保可持续利用。本法第十条、第十一条规定了政府对耕地保护的义务,本条款是对其义务的责任承接。(2)粮食安全责任主要是指各省、自治区、直辖市应牢记粮食安全的重要性,采取措施确保本行政区域粮食供应充足、质量安全,加强粮食种植、储备、流通、价格调控等方面的工作,以应对潜在的供应短缺或价格波动等问题,保障人民群众的口粮需求。本法第三章至第八章部分条款规定了政府对粮食安全保障的义务,本条款是对其义务的责任承接。

2. 各省省长、自治区主席、直辖市市长作为主要负责人

各省省长、自治区主席、直辖市市长是本行政区域的第一责任人,应当对耕地保护和粮食安全目标负责,这一规定也是粮食安全省长责任制的具体履行和落实。

三、本条第三款规定县级以上地方人民政府对本级人民政府有关部门负责人、下级人民政府及其负责人,开展监督检查和考核评价

为了确保耕地保护和粮食安全工作得到有效推进,根据国家在耕地保护和粮食安全方面制定的政策和管理要求,各级政府要明确责任分工,并建立相应的考核机制。首先,主体是县级以上地方人民政府,包括县(区)级、地(市)级、省级政府。其次,行为方式包括开展监督检查和考核评价。具体表现在:

1. 对本级政府有关部门负责人的考核

县级以上地方人民政府将对耕地保护和粮食安全工作的责任主体(如农业农村、自然资源、发展改革等部门)进行考核。考核的内容涵盖落实耕地保护和粮食安全责任制工作计划的制定与执行、政策措施的推动与落实、数据报告的准确性等。

2. 对下级政府及其负责人的考核

县级以上地方人民政府除对有关部门负责人的考核外,还包括对下级政府及其负责人(如县级政府官员等)在耕地保护和粮食安全工作方面的落实情况进行考核,要求下级政府切实履行责任,按照上级政府制定的要求,采取措施推进耕地保护和粮食安全工作。

四、本条第四款规定上级人民政府对下级人民政府因耕地保护和粮食安全工作责任落实不力的责任约谈

责任约谈是一种行政指导方式,包括上级政府对下级政府主要负责人进行口头沟通、提醒、警示等具体行为。上级人民政府通过与下级人民政府主要负责人面对面地交流,明确问题、解释要求,并敦促其认真履行工作责任。这一措施的目的是督促地方政府主要负责人认识到问题的严重性,并迅速采取纠正措施,改进工作,提升耕地保护和粮食安全工作的整体水平。

具体而言:(1)责任约谈的主体是上级人民政府。(2)责任约谈的对象是下级人民政府主要负责人。(3)责任约谈的事由是对耕地保护和粮食安全工作责任落实不力、问题突出的地方。在耕地保护和粮食安全工作中,当地政府未能有效履行责任、工作成效不佳或存在突出问题的情况,包括未能采取积极措施保护耕地、未能有效监管粮食安全等问题。(4)责任约谈后,被责任约谈的地方政府应该立即采取具体措施,针对问题进行整改和改进,在加强领导、优化组织结构、完善政策措施、加大监管力度等方面采取具体行动。

【实务应用】

2023年4~7月,国家自然资源督察机构以督促地方政府落实耕地保护主体责任、推动“三区三线”划定成果落地生效为重点,对31个省(自治区、直辖市)和新疆生产建设兵团2022年耕地保护责任履行情况开展督察,发现部分地区耕地保护责任落实不到位,耕地“非农化”“非粮化”等突出问题依然存在,各类园区、开发区、市政道路未批先建等非农建设问题比较突出，违规占用永久基本农田和一般耕地种植草皮问题在部分省份不同程度存在，“大棚房”问题禁而未绝，违法侵占耕地挖湖造景问题在一些地方仍有发生，有些地方违反生态保护红线管控要求违规批矿、非法采矿严重破坏生态。这些问题在个别地方比较突出，性质比较严重。2023 年 9 月，自然资源部在北京集中约谈 2023 年督察发现违法违规问题突出的 9 个市（州）政府主要负责同志。受国家自然资源总督察委托，国家自然资源专职副总督察约谈了河北省石家庄市、黑龙江省哈尔滨市、浙江省温州市、安徽省滁州市、山东省临沂市、广西壮族自治区河池市、贵州省黔西南州、云南省昆明市、甘肃省兰州市 9 个市（州）人民政府主要负责同志，面对面指出突出问题，提出严肃批评，明确整改要求，督促地方政府压实责任，加大整改查处力度，坚决遏制耕地违法行为，牢牢守住耕地保护红线；同时防止简单化、“一刀切”，坚决纠正强行整改、虚假整改损害群众合法利益。①

约谈会上，国家自然资源专职副总督察要求被约谈地市进一步提高政治站位，充分认识耕地保护的极端重要性，增强做好耕地保护工作的使命感、责任感，践行正确的政绩观，以实际行动做到“两个维护”；要求 9 个市（州）人民政府压实耕地保护主体责任，直面存在的问题，实事求是、举一反三，统筹抓好问题整改，同时，进一步健全长效监管机制，采取“长牙齿”的硬措施对耕地违法违规问题“早发现、早制止、严查处”。各省份要抓好整改工作的督促指导，坚决防止简单化、“一刀切”，对强行整改、虚假整改损害群众合法利益等行为，督促严肃整改纠正。

被约谈市（州）政府表示将依法依规落实整改，该立案的抓紧立案、该查处的坚决查处、该移送的坚决移送，对失职失责和弄虚作假问题，移交纪委监委严肃追责问责；同时，举一反三、分析原因、堵塞漏洞、完善机制，积极消化问题存量、坚决遏制问题增量。自然资源部针对土地违法违规问题，约谈过多个地级市相关负责人。2022 年督察、执法与考核协同联动，共同推动党政同责到位。国家自然资源督察机构对 31 个省份发出督察意见书，约谈 36 个地市政府负责人，公开通报 45 个典型违法案例。②

---

① 参见《9 市州政府主要负责同志，被约谈、面对面提出严肃批评》，载新浪财经头条网 2023 年 9 月 16 日，https://cj. sina. com. cn/articles/view/1644114654/61ff32de02001p93v。

② 参见《这 9 个地市，被约谈》，载中华人民共和国自然资源部官网 2023 年 9 月 16 日，https://www. mnr. gov. cn/dt/mtsy/202309/t20230916_2800547. html，最后访问日期：2024 年 1 月 20 日。

专家评析：粮食安全是“国之大者”，耕地是粮食生产的命根子。习近平总书记强调，要严防死守十八亿亩耕地红线，采取“长牙齿”的硬措施，落实最严格的耕地保护制度，坚决遏制耕地“非农化”、防止“非粮化”。[①] 该案主要内容为因落实耕地保护主体责任不力，自然资源部约谈9市(州)政府主要负责人。国家自然资源督察机构应当持续加大督察力度，与相关部门协调联动，以“零容忍”的态度加强耕地和永久基本农田保护督察工作，促进压实地方党委政府的耕地保护主体责任；同时，对问题整改情况开展督导核查，对整改推进不力、逾期不整改或整改不真实、弄虚作假应付督察的，严肃督促纠正，推动最严格的耕地保护制度的落实。

【相关规定】

《黑土地保护法》第二十六条。

【法条】

第六十三条　外商投资粮食生产经营，影响或者可能影响国家安全的，应当按照国家有关规定进行外商投资安全审查。

【立法背景】

为健全国家粮食安全保障体系，保护和提高粮食综合生产能力，完善粮食储备制度、流通体系和市场调控机制，健全粮食安全预警制度，保障粮食供给和质量安全，我国应当对外商投资粮食生产经营进行安全审查。

2011年，中国建立外商投资安全审查制度。近年来，外商投资管理体制历经大幅改革，特别是2020年起施行的《外商投资法》在法律层面正式确立准入前国民待遇加负面清单管理制度，建立外商投资信息报告制度，大幅提升外商投资便利化程度。同时，为统筹积极促进外商投资和有效维护国家安全，《外商投资法》规定，国家建立外商投资安全审查制度，对影响或者可能影响国家安全的外商投资进行安全审查。

---

① 参见庞德良：《坚持走中国特色粮食安全道路　筑牢大国粮食安全根基》，载《光明日报》2022年6月20日，第6版。

《外商投资安全审查办法》于2021年施行，以《外商投资法》《国家安全法》为主要法律依据，践行总体国家安全观和新发展理念，坚持统筹发展和安全，坚持开放和安全并重，总结近年来审查工作的实践，借鉴相关审查制度成果，对外商投资安全审查制度作出较全面系统的规定，可以在积极促进和保护外商投资的同时，有效预防和化解国家安全风险，为更高水平的对外开放保驾护航，助力构建以国内大循环为主体、国内国际双循环相互促进的新发展格局。

《外商投资安全审查办法》共23条，规定了适用审查的外商投资类型、审查机构、审查范围、审查程序、审查决定监督执行和违规处理等，进一步提高了审查工作的规范性、精准性和透明度，尽可能减少对外商投资活动的影响，保护外商投资积极性和合法权益。根据《外商投资安全审查办法》，国家建立外商投资安全审查工作机制，工作机制办公室设在国家发展改革委，由国家发展改革委、商务部牵头，承担外商投资安全审查的日常工作。

根据《外商投资安全审查办法》第四条的规定，外商投资关系国家安全的重要农产品并取得所投资企业的实际控制权，外国投资者或者境内相关当事人应当在实施投资前主动向工作机制办公室申报。该实际控制权包括下列情形：(1)外国投资者持有企业50%以上股权；(2)外国投资者持有企业股权不足50%，但其所享有的表决权能够对董事会、股东会或者股东大会的决议产生重大影响；(3)其他导致外国投资者能够对企业的经营决策、人事、财务、技术等产生重大影响的情形。此外，该办法第八条规定，外商投资安全审查分为一般审查和特别审查。工作机制办公室决定对申报的外商投资进行安全审查的，应当自决定之日起30个工作日内完成一般审查。审查期间，当事人不得实施投资。经一般审查，认为申报的外商投资不影响国家安全的，工作机制办公室应当作出通过安全审查的决定；认为影响或者可能影响国家安全的，工作机制办公室应当作出启动特别审查的决定。工作机制办公室作出的决定应当书面通知当事人。

【法条释义】

本法第六十三条规定外商投资粮食生产经营时，国家对外商投资进行安全审查。

概括而言，(1)外商投资安全审查的事由是外商投资粮食生产经营活动；(2)外商投资安全审查的情形是影响或可能影响国家安全；(3)外商投资安全审查的法律法规依据。

一、外商投资安全审查的事由是外商投资粮食生产经营活动

所谓外商投资粮食生产经营，是指外国投资者在粮食生产、种植、加工、储备、流通等领域进行投资经营活动，包括直接投资、合作开展、合资经营等形式。我国《外商投资安全审查办法》第四条规定了外国投资者对包括粮食在内的重要农产品领域企业取得实际控制权的内涵界定。

二、外商投资安全审查的情形是影响或可能影响国家安全

这一判断标准可能根据具体国家的法律和规定而有所不同。在通常情况下，影响国家安全体现在粮食供应安全，外商投资可能对国家的粮食供应带来重大影响，如掌握过多粮食生产和流通环节，可能给国家的粮食供应链带来风险；还体现在资源控制，外商投资可能导致国家重要粮食资源被外国实体垄断，从而对国家经济和安全产生不利影响。

三、外商投资安全审查的法律法规依据主要有《外商投资法》以及外商投资准入负面清单等相关规定

《外商投资法》第二十八条规定，外商投资准入负面清单规定禁止投资的领域，外国投资者不得投资。外商投资准入负面清单规定限制投资的领域，外国投资者进行投资应当符合负面清单规定的条件。外商投资准入负面清单以外的领域，按照内外资一致的原则实施管理。《外商投资法实施条例》第四条规定，外商投资准入负面清单由国务院投资主管部门会同国务院商务主管部门等有关部门提出，报国务院发布或者报国务院批准后由国务院投资主管部门、商务主管部门发布。国家根据进一步扩大对外开放和经济社会发展需要，适时调整负面清单。

就外商投资粮食生产经营而言，粮食生产经营属于农业领域，参照《外商投资准入特别管理措施(负面清单)》(2021 年版)最新规定执行，即(1)小麦新品种选育和种子生产的中方股比不低于 34%，玉米新品种选育和种子生产须由中方控股；(2)禁止投资中国稀有和特有的珍贵优良品种的研发、养殖、种植以及相关繁殖材料的生产(包括种植业、畜牧业、水产业的优良基因)；(3)禁止投资农作物、种畜禽、水产苗种转基因品种选育及其转基因种子(苗)生产。

【实务应用】

种子业不同于其他产业,种子市场空间是相对有限的,国外种子企业的进入,会直接对我国种子市场产生影响,并减少我国企业在种子市场中的份额。因此,要加强对外资进入的监管和安全审查。《种子法》中仍旧存在有待完善的条款,需要针对当下市场发展情况,针对国外企业从研发、生产、销售等方面制定管理办法,同时加强对国内外合作章程的实质性审查,保证国内企业在合作中有实际的控制权。同时,要加强市场监管,进一步规范市场竞争环境,让国外企业真正成为促进我国种子业发展的基本动力,以消除当下种子市场存在的潜在发展风险。

外商投资粮食育种产业如何进行安全审查?各省、自治区、直辖市人民政府,按照不同的粮食种类,依据相关法律法规规定,予以投资准入的行政许可。以广东省农业农村厅对外商投资农作物种子企业的生产经营许可证审核为例。截至2023年年底,外商投资农作物种子企业的生产经营许可证审核的受理条件和设定依据包括:(1)《种子法》第三十一条、第三十二条规定的条件,《广东省种子条例》第二十条;(2)《农作物种子生产经营许可管理办法》第七条、第八条、第九条、第十一条、第十二条规定的核发相应农作物种子生产经营许可证的条件。满足上述条件的,广东省农业农村厅对外商投资企业进行审查,对其提交的申请材料是否符合《种子法》《农作物种子生产经营许可管理办法》的规定,作出是否准入的决定,申请符合规定的,准予行政许可;申请不符合规定的,不准予行政许可。①

专家评析:上述案例是外商投资我国粮食育种产业的安全审查。无论是粮食种业,还是粮食作物,外商投资安全审查的最终目的是保障国家粮食安全。在涉及国家安全的外商投资项目上对其进行安全审查的程序,该审查程序由相关政府机构负责,根据法律和国家相关制度进行,确保外商投资在粮食生产经营领域不会对国家安全造成重大风险。通过对粮食育种产业的外商投资安全审查,国家保留了必要的权力来衡量和约束外资对于关键行业和重要资源的投资,充分保护国家安全和核心利益,这既有利于吸引外资的持续流入,也有助于保障国家粮食安全战略和经济发展。

---

① 参见《外商投资农作物种子企业的生产经营许可证审核》,载广东政务服务网,https://www.gdzwfw.gov.cn/portal/v2/guide/11440000006939908P2440117002006,最后访问日期:2023年11月28日。

【相关规定】

《国家安全法》第二十二条；

《外商投资法》第二十八条、第三十五条；

《外商投资法实施条例》第四条；

《外商投资安全审查办法》第二条、第四条。

【法条】

第六十四条　县级以上人民政府发展改革、农业农村、粮食和储备等主管部门应当加强粮食安全信用体系建设，建立粮食生产经营者信用记录。

单位、个人有权对粮食安全保障工作进行监督，对违反本法的行为向县级以上人民政府有关部门进行投诉、举报，接到投诉、举报的部门应当按照规定及时处理。

【立法背景】

党中央、国务院历来高度重视粮食安全，切实加强粮食流通监管、守住管好“天下粮仓”是确保国家粮食安全的重要根基。2018 年，国家粮食局正式开通“12325”全国粮食和物资储备监管热线（以下简称“12325”热线），面向全社会受理对涉嫌违反《粮食流通管理条例》《中央储备粮管理条例》或其他粮食流通、国家战略和应急物资储备法规政策行为的举报。“12325”热线提倡实名举报，并将依法保护举报人和被举报人的合法权益。开通“12325”热线，及时受理违法违规问题举报，有利于及时解决群众关心、社会关注的涉粮问题，防止“管理小问题”久拖成为“社会大问题”；有利于伸长灵敏“耳朵”，提早发现和快速处置粮食流通管理中存在的各类风险隐患；有利于强化对粮食流通行政执法的社会监督，提升执法工作规范化水平，增强透明度和公信力。①

为保障公民、法人或者其他组织依法举报涉粮涉储违规违法行为的权利，规范

① 参见《12325 全国粮食流通监管热线——维护粮食流通秩序　保障国家粮食安全》，载陵水黎族自治县人民政府官网，http://lingshui.hainan.gov.cn/xxgk_57512/0400/202309/t20230911_3491753.html，最后访问日期：2024 年 1 月 20 日。

“12325”热线举报处理工作,国家粮食和物资储备局出台《12325 全国粮食和物资储备监管热线举报处理规定》,国家粮食和物资储备局负责热线的统一管理。地方粮食和储备行政管理部门、国家粮食和物资储备局各垂直管理局及有关单位按照属地原则和管理职责负责承办查处举报线索等工作。2022 年,“12325”热线受理举报线索 1440 件,协调兑现农民售粮款 3500 多万元。①

为鼓励举报政策性粮食购销违法违规行为,动员社会力量参与政策性粮食购销领域监督,坚决维护国家粮食安全,2023 年国家粮食和物资储备局、财政部联合制定了《政策性粮食购销违法违规行为举报奖励办法(试行)》。该办法规定了举报奖励制度的目的、依据、适用范围,以及奖励的原则、条件、标准、发放、领取、兑付、收回等内容。其中,明确对符合奖励条件的举报人,综合考虑查实违法违规行为的危害程度、对国家造成的经济损失、线索质量以及行政处罚罚款金额等因素,给予作出行政处罚罚款金额 3% 以下的一次性资金奖励,最高不超过 150,000 元,最低不少于 1500 元。②

【法条释义】

本法第六十四条规定政府部门粮食安全信用体系建设,以及粮食安全社会监督。概括而言,本条两款分别聚焦不同主体予以规定:(1)县级以上人民政府有关部门建立健全粮食安全信用体系;(2)单位和个人对粮食安全实施社会监督。

一、县级以上人民政府有关部门应建立健全粮食安全信用体系

1. 行为主体是县级以上人民政府有关部门

县级以上人民政府发展改革、农业农村、粮食和储备等主管部门承担在本级行政区域内推进粮食安全信用体系建设的重要职责。上述部门将负责与粮食安全相关的风险监测、管理、统计和发布信息等相关工作。

---

① 参见钟亚萍:《守住“天下粮仓”拨打 12325 热线参与全国粮食和物资储备监管》,载深圳新闻网 2023 年 10 月 16 日,https://www.sznews.com/news/content/2023-10/16/content_30531396.htm,最后访问日期:2024 年 1 月 21 日。

② 参见《举报涉粮违法违规行为最高奖励 15 万》,载潇湘晨报数字报网 2023 年 8 月 10 日,http://epaper.xxcb.cn/xxcba/html/2023-08/10/content_3120691.htm,最后访问日期:2024 年 1 月 21 日。

2. 行为方式是加强粮食安全信用体系建设，建立粮食生产经营者信用记录

粮食安全信用体系是个抽象的概念范畴，该信用体系包含粮食生产经营者信用记录等内容。质言之，粮食生产经营者信用记录，可以作为粮食安全信用体系建设的重要内容和抓手。所谓粮食生产经营者，是指粮食生产者和粮食经营者，他们既可以是企业、组织，也可以是个人。同时，信用体系还需要加强对粮食生产经营者的评估和考核工作，形成一个全面的信用评价体系。

二、本条第二款规定单位和个人对粮食安全实施社会监督，对违反本法行为进行投诉、举报，接到投诉、举报的部门应当按照规定及时处理

1. 本条规定的行为主体是单位和个人

任何单位和个人在日常生活中对粮食的购买、消费以及从事相关行业的工作中，有权对粮食作物及加工品是否符合安全标准，如质量、卫生、加工等方面的标准，进行监督和检查。

2. 行为方式包括监督、投诉、举报

如果发现粮食行业中存在违反粮食安全相关法律法规的行为，任何单位和个人可以通过信件、电话、邮箱等适当的渠道提出投诉或举报，包括向相关政府部门、粮食行业监管机构、食品药品监管部门等提交书面材料或提供口头信息举报。

3. 行为处置是由接到投诉、举报的部门按照规定及时处理

单位和个人的投诉或举报行为应受到法律的保护，相关政府主管部门或者纪检监察机关有权受理并调查相关投诉和举报行为，并根据调查结果采取相应的行动来维护粮食安全和惩治违法行为。

【实务应用】

基本案情：河北省任丘市长丰镇村民举报，称他们的耕地被挖成了巨大的深坑，无法继续耕种。农民的诉求揭示了地方对耕地保护政策的背离。通过无人机测绘数据发现，这些坑的面积从最小的3.5亩到最大的84.6亩，总共有61个，总面积达到1021亩，分布在长丰镇的12个行政村的农田中。取土之举始于2018年，目的是满足盖房、建厂、垫地基以及其他基础建设的土方需求。挖土所获得的短期利益更加诱人，因此，一些农民流转了他们本来用于种植庄稼的土地，将其变成了非法取土的“摇钱树”。在无节制地非法取土开挖之后，平坦且成片的耕地被破坏，农机耕作受

到影响，周边土地的正常种植也难以实施。为了减少损失，他们只得将农田流转出去，并目睹着深坑变得越发庞大。近年来，村民的举报从未间断，有人甚至阻拦运土车并通知了镇政府，国土部门也有工作人员调查过，然而最终却没有任何结果。①

专家评析：该案反映出长丰镇村民对"千亩农田成大坑"投诉举报无果的问题，我国对耕地保护和粮食安全的社会监督机制有待完善。为了保障粮食安全和农民权益，我国建立了严格的耕地保护制度，尤其是对于永久基本农田，无论何种情况下都不得改变其用途。根据我国《土地管理法》的规定，占用耕地建窑、建坟或在耕地上擅自建房、挖砂、采石、采矿、取土等行为都是被禁止的。非法取土行为既突破了耕地红线，也突破了监管底线。除政府监管外，任何单位和个人对有违耕地保护和粮食安全的行为要主动监督、投诉和举报。该案中村民的投诉、举报无果，关键在于相关执法部门或监督机构缺位。接到投诉、举报的有关行政主管部门，或者纪检监察机关应当按照规定，及时受理和调查，并对违纪违法违规的单位或个人，予以严肃处理。该行为有助于建立健全粮食安全社会监督机制，并促使相关部门更加重视粮食安全问题，及时采取措施应对违法行为，有利于保护人民群众的合法权益，维护粮食市场秩序。

【相关规定】

《粮食流通管理条例》第二十四条、第四十一条。

① 参见《河北千亩农田成大坑！村民痛心举报无果，背后产业链曝光》，载网易网 2023 年 10 月 21 日，https://www.163.com/dy/article/IHJH61BK0552X7AY.html，最后访问日期：2024 年 1 月 22 日。

第十章
法律责任

【法条】

第六十五条　违反本法规定，地方人民政府和县级以上人民政府有关部门不履行粮食安全保障工作职责或者有其他滥用职权、玩忽职守、徇私舞弊行为的，对负有责任的领导人员和直接责任人员依法给予处分。

【立法背景】

对地方人民政府和县级以上人民政府有关部门履行粮食安全保障工作职责的监督以及责任规范，是压实其粮食安全保障职责的关键举措。《农业法》第九十条即着眼国家工作人员利用职务便利或者以其他名义侵害农民和农业生产经营组织的合法权益维度，明确赔偿损失以及给予行政处分的责任后果。《粮食流通管理条例》第四十二条亦针对粮食和储备行政管理部门和其他有关部门，规定违反该条例规定，不依法履行粮食流通管理和监督职责的，对负有责任的领导人员和直接责任人员依法给予处分。《中央储备粮管理条例》第四十九条明确列举了国家机关工作人员违反该条例规定，不履行粮食安全保障工作职责或滥用职权等的具体行为及其后果；第五十六条则总体规定了国家机关工作人员违反该条例规定，滥用职权、徇私舞弊或者玩忽职守的相应责任。此外，《粮食安全省长责任制考核办法》第十条针对粮食安全省长责任制考核工作，对在考核工作中存在弄虚作假、瞒报虚报情况的，规定了相应的责任机制。在前述规范的基础上，本法在本条中亦专条规定了对地方人民政府和县级以上人民政府有关部门不履行粮食安全保障工作职责或者有其他滥用职权、玩忽职守、徇私舞弊行为的具体责任追究机制，有助于地方人民政府和县级以上人民政府有关部门切实履行粮食安全保障职责。

【法条释义】

本法第六十五条明确规定了地方人民政府和县级以上人民政府有关部门违反本法的责任后果。

概括而言，本条首先规定了地方人民政府和县级以上人民政府有关部门违反本法规定的具体行为类型，进而规定了对负有责任的领导人员和直接责任人员依法给予处分的具体责任追究机制。

一、违反本法规定，地方人民政府和县级以上人民政府有关部门不履行粮食安全保障工作职责或者有其他滥用职权、玩忽职守、徇私舞弊行为

本条规定主要概括列举了地方人民政府和县级以上人民政府有关部门违反本法的具体行为类型。具体而言，(1)“不履行粮食安全保障工作职责”体现为对耕地保护、粮食生产、粮食储备、粮食流通、粮食加工、粮食应急、粮食节约等各环节积极的粮食安全保障工作职责的违反。(2)“其他滥用职权、玩忽职守、徇私舞弊行为”不仅包括违反应履行的积极职责，还包括违反消极的禁止性规定。滥用职权主要是指地方人民政府和县级以上人民政府有关部门及其工作人员超越职权范围或者违反法定程序行使粮食安全保障相关职权。玩忽职守主要体现为地方人民政府和县级以上人民政府有关部门及其工作人员严重不负责任，不履行或者不正确履行本法规定职责的违法行为。徇私舞弊主要是指地方人民政府和县级以上人民政府有关部门及其工作人员为私人关系或自身利益而违背事实和法律规定行使相关职权。

二、对负有责任的领导人员和直接责任人员依法给予处分

本条规定在前述违法行为内容规定的基础上，明确了具体的责任后果。具体而言，(1)“负有责任的领导人员和直接责任人员”分别指向应承担违法行为责任的地方人民政府和县级以上人民政府有关部门的领导人员，和从事具体违法行为的工作人员。(2)“依法给予处分”主要依据《公职人员政务处分法》《公务员法》《行政机关公务员处分条例》《财政违法行为处罚处分条例》《中国共产党纪律处分条例》等法律法规，按照具体违法行为的类型、行为危害、具体情节等，分别给予相应的处分。

【实务应用】

典型案例:"福建省福州市粮食和物资储备局原党组书记、局长卢某玩忽职守、受贿案"①

基本案情:卢某不正确履行监管职责,致使相关企业在动态储备粮采购和轮换业务中出现"以陈顶新"、"转圈粮"、擅自动用等问题;其在应急储备粮项目、企业经营等方面,为他人谋取利益,收受贿赂人民币740余万元。卢某还存在其他严重违纪违法问题,被开除党籍、取消退休待遇,因犯受贿罪、滥用职权罪,被判处有期徒刑12年6个月并处罚金。

专家评析:该案中,卢某玩忽职守,未能严格履行对粮食储备的监管职责,严重违反了粮食安全保障相关法律法规的规定。因其不履行监管职责所导致的"以陈顶新"、"转圈粮"、擅自动用等问题,严重影响了政府粮食储备的数量和质量安全,不仅威胁国家粮食安全的保障,而且极有可能损害消费者的人身财产权益。此外,卢某还利用职务之便,收受贿赂并为他人谋取利益,违反了保障公平竞争的粮食市场环境和正常秩序的规范要求。对其行为的严厉查处,有利于提升地方人民政府和县级以上人民政府有关部门切实承担保障粮食安全的重要职责,压实粮食安全保障责任。

【相关规定】

《农业法》第九十条;

《粮食流通管理条例》第四十二条;

《中央储备粮管理条例》第四十九条。

【法条】

第六十六条　违反本法规定,种植不符合耕地种植用途管控要求作物的,由县级人民政府农业农村主管部门或者乡镇人民政府给予批评教育;经批评教育仍不改正的,可以不予发放粮食生产相关补贴;对有关农业生产经

---

① 参见《福建省纪委监委通报十起粮食购销领域违纪违法典型案例》,载福建省纪委监委官网2023年2月24日,http://www.fjcdi.gov.cn/cms/siteresource/article.shtml?id=250591281984190000&siteId=380563670638510000,最后访问日期:2024年1月20日。

营组织,可以依法处以罚款。

【立法背景】

近年来,中央一号文件均明确强调对耕地的严格保护。从2021年明确“坚决守住18亿亩耕地红线”,到2022年提出“落实‘长牙齿’的耕地保护硬措施”,再到2023年要求“加强耕地保护和用途管控”。相关规范性文件针对违反耕地保护的具体责任承担机制予以完备。本法在本条明确规定种植不符合耕地种植用途管控要求作物的具体责任,并提出批评教育、不发放粮食生产相关补贴以及罚款的具体后果。本条的具体责任主要借鉴《黑土地保护法》第三十一条;该条第三款明确规定,农业生产经营者未尽到黑土地保护义务,经批评教育仍不改正的,可以不予发放耕地保护相关补贴。

针对批评教育,《野生动物保护法》第五十三条、《农产品质量安全法》第七十三条、《人口与计划生育法》第四十五条、《家庭教育促进法》第四十八条、《安全生产法》第一百零七条等均有所规定。在耕地保护领域,《黑土地保护法》第三十一条明确规定,农业生产经营者未尽到黑土地保护义务的,应予以批评教育。

针对“不予发放粮食生产相关补贴”,《黑土地保护法》第三十一条规定,农业生产经营者未尽到黑土地保护义务,经批评教育仍不改正的,可以不予发放耕地保护相关补贴。本法针对种植不符合耕地种植用途管控要求作物的行为,规定经批评教育仍不改正的可以不发放粮食生产相关补贴。此处所称的“粮食生产相关补贴”主要是指耕地保护相关补贴,如耕地地力保护补贴。

针对罚款责任,与粮食安全保障相关法律法规,如《黑土地保护法》《农产品质量安全法》《食品安全法》《种子法》等均有所体现。

在前述法律法规等的基础上,本法在本条中明确了违反本法规定,种植不符合耕地种植用途管控要求作物行为的具体责任后果,有利于对该类行为的适度有效查处。

【法条释义】

本法第六十六条明确规定了违反耕地种植用途管控制度的具体责任后果。概括而言,(1)规定本条的适用情形,即“违反本法规定,种植不符合耕地种植用途管控要求作物”。(2)规定应由县级人民政府农业农村主管部门或者乡镇人民政府给予批评教育;经批评教育仍不改正的,可以不予发放粮食生产相关补贴。(3)针对有关农业生产经营组织,规定可以对其依法处以罚款。

一、本条的适用情形为“违反本法规定,种植不符合耕地种植用途管控要求作物”

本条规定为违反本法第十三条的责任规范。对于“种植不符合耕地种植用途管控要求作物”的理解,主要应结合自然资源部、农业农村部、国家林业和草原局《关于严格耕地用途管制有关问题的通知》(自然资发〔2021〕166号)的具体规定,一般耕地主要用于粮食和棉、油、糖、蔬菜等农产品及饲草饲料生产。在不破坏耕地耕作层且不造成耕地地类改变的前提下,农业生产经营者也可以适度种植其他农作物。此外,国务院办公厅《关于防止耕地“非粮化”稳定粮食生产的意见》(国办发〔2020〕44号)“明确耕地利用优先序”的具体要求中亦规定,永久基本农田是依法划定的优质耕地,要重点用于发展粮食生产,特别是保障稻谷、小麦、玉米三大谷物的种植面积。一般耕地应主要用于粮食和棉、油、糖、蔬菜等农产品及饲草饲料生产。耕地在优先满足粮食和食用农产品生产基础上,适度用于非食用农产品生产。

二、由县级人民政府农业农村主管部门或者乡镇人民政府给予批评教育;经批评教育仍不改正的,可以不予发放粮食生产相关补贴

本条规定明确,(1)“县级人民政府农业农村主管部门或者乡镇人民政府”为责任实施主体。(2)责任对象为种植者,包括农民个体和有关农业生产经营组织。“批评教育”与“不予发放粮食生产相关补贴”针对农民个体,行政处罚针对农业生产经营组织。(3)规定“批评教育”与“不予发放粮食生产相关补贴”的具体责任类型以及二者的责任顺位。(4)需要注意的是,“批评教育”与“不予发放粮食生产相关补贴”均不是行政处罚类型。相较行政处罚的刚性执法,二者属于柔性执法方式,体现了对于相关违法行为的适度规范。本条规定通过强调对相对人的引导和教育,能够引导相对人自觉遵守法律法规,从而提高对具体违法行为的执法效能,避免相对人产生抵触心理。同时,也彰显了对相对人合法权益的适度保障,有利于增进民生福祉。

对于具体责任后果,(1)“批评教育”主要是指对种植不符合耕地种植用途管控要求作物的行为人指出错误,并通过教育指导促使其改正相关违法行为。(2)根据《黑土地保护法》的规定,“不予发放粮食生产相关补贴”主要指向不予发放耕地保护相关补贴。(3)“不予发放粮食生产相关补贴”的适用应以经批评教育仍不改正为前提。此外,“可以”不予发放,表明不予发放粮食生产相关补贴的适用,需视具体情形予以判断,并非绝对适用。

三、对有关农业生产经营组织,可以依法处以罚款

本条规定仅针对农业生产经营组织,明确可以对其处以罚款这一具体处罚措施。(1)根据《农业法》第二条的规定,“有关农业生产经营组织”主要是指种植不符合耕地种植用途管控要求作物的农村集体经济组织、农民专业合作经济组织、农业企业和其他从事农业生产经营的组织。相较一般小农户,前述农业生产经营组织具备更大的组织规模。相较针对农民个体的批评教育以及不予发放粮食生产相关补贴,本法对其规定了更严格的处罚措施。(2)需要注意的是,根据《行政处罚法》第二十三条的规定,“行政处罚由县级以上地方人民政府具有行政处罚权的行政机关管辖”。因此,该条规定中罚款措施的实施主体原则上为县级人民政府农业农村主管部门。根据《行政处罚法》第二十四条的规定,“省、自治区、直辖市根据当地实际情况,可以决定将基层管理迫切需要的县级人民政府部门的行政处罚权交由能够有效承接的乡镇人民政府、街道办事处行使,并定期组织评估。决定应当公布。承接行政处罚权的乡镇人民政府、街道办事处应当加强执法能力建设,按照规定范围、依照法定程序实施行政处罚”。故而乡镇人民政府行使罚款这一行政处罚权,需经省级政府明确授权,且应按照规定范围和法定程序实施。

【相关规定】

《黑土地保护法》第三十一条;

《野生动物保护法》第五十三条;

《农产品质量安全法》第七十三条;

《人口与计划生育法》第四十五条;

《家庭教育促进法》第四十八条;

《安全生产法》第一百零七条;

《公职人员政务处分法》第二十二条;

《农业法》第二条;

《行政处罚法》第二十二条。

【法条】

第六十七条　违反本法规定,承储政府粮食储备的企业或者其他组织有下列行为之一的,依照有关行政法规的规定处罚:

(一)拒不执行或者违反政府粮食储备的收购、销售、轮换、动用等规定;

(二)未对政府粮食储备的收购、销售、轮换、动用等进行全过程记录;

(三)未按照规定保障政府粮食储备数量、质量安全。

从事粮食收购、储存、加工、销售的经营者以及饲料、工业用粮企业未按照规定建立粮食经营台账,或者报送粮食基本数据和有关情况的,依照前款规定处罚。

【立法背景】

国家粮食储备安全的维护紧密关涉国计民生。对于威胁国家粮食储备安全的违法行为,需依靠严格的责任规定予以遏制。对此,国家已出台了一系列规范,初步构建了国家粮食储备安全保障的责任体系。

具体而言,《粮食流通管理条例》第四十五条明确规定了从事粮食收购、销售、储存、加工的粮食经营者以及饲料、工业用粮企业未建立粮食经营台账,或者未按照规定报送粮食基本数据和有关情况的责任后果;第四十九条概括规定了从事政策性粮食经营活动违反国家政策性粮食经营管理规定的具体责任。《中央储备粮管理条例》系统规定了中国储备粮管理总公司及其分支机构违反政府粮食储备的收购、销售、轮换、动用等规定,以及威胁中央政府粮食储备数量和质量安全的具体行为后果。《政府储备粮食质量安全管理办法》着眼政府储备粮食质量安全保障,第二十六条规定,承储单位对质量不达标的粮食、储存品质不宜存粮食、对检出的食品安全指标不符合国家标准的粮食等,应按照法律法规和政策规定以及监督检查部门的整改要求,采取有效措施及时进行整改。在前述规范的基础上,本法在本条中明确列举了违反粮食储备及流通具体规范的处罚规定,压实相关主体的粮食安全保障责任。

【法条释义】

本法第六十七条明确规定了粮食和储备主管部门对违反粮食储备及流通具体

规范的处罚规定。概括而言，本条第一款规定，承储政府粮食储备的企业或者其他组织违反本法规定的3类具体行为及具体处罚规定；第二款规定从事粮食收购、储存、加工、销售的经营者以及饲料、工业用粮企业未按照规定建立粮食经营台账，或者报送粮食基本数据和有关情况的具体处罚规定。

一、本条第一款规定承储政府粮食储备的企业或者其他组织违反本法规定的3类具体行为及具体处罚规定

（一）受到行政处罚的对象是承储政府粮食储备的企业或者其他组织

承储政府粮食储备的企业或者其他组织，是指由政府委托，负责接收、储存和管理国家粮食储备的企业或者其他组织。该类主体通常是在粮食行业具有经验和实力的大型企业或专门成立的国家粮食储备管理机构。

（二）依照有关行政法规的规定

依照与粮食储备、流通有关行政法规，主要包括《中央储备粮管理条例》《政府储备粮食质量安全管理办法》等规定，实施行政处罚。

（三）行政处罚行为包括3种类型

1. 拒不执行或者违反政府粮食储备的收购、销售、轮换、动用等规定

本项为违反本法第二十九条第三款以及第三十条第三款的责任后果。拒不执行或违反政府粮食储备的收购、销售、轮换、动用等规定主要是指承储政府粮食储备的企业或其他组织在粮食储备管理中故意不履行职责或违反相关规定的行为。具体而言，主要包括以下方面：(1)收购规定，如价格规定、质量标准和收购限额等；(2)销售规定，如销售期间、销售对象、销售价格等；(3)轮换规定，如未按照规定参与轮换，或主动阻碍轮换活动；(4)动用规定，如拒绝按照规定参与储备粮的动用，或擅自动用储备粮而未经授权。对于拒不执行或违反政府粮食储备规定的行为，粮食和储备主管部门应视具体情形，依据《粮食流通管理条例》第四十五条、第四十九条、第五十一条、第五十三条，以及《中央储备粮管理条例》第四十九条至第五十八条等规定采取相应的处罚措施。

2. 未对政府粮食储备的收购、销售、轮换、动用等进行全过程记录

本项为违反本法第三十条第三款的责任后果。概括而言，全过程记录主要是指在粮食储备管理中详细记录和追踪粮食经过的环节、数量和质量等信息的工作。承储政府粮食储备的企业或其他组织若未能严格执行收购、销售、轮换、动用等的全过

程纪录要求，粮食和储备主管部门应视具体情形，根据《粮食流通管理条例》第四十九条以及《中央储备粮管理条例》第四十九条至第五十八条的规定依法给予处罚。

3. 未按照规定保障政府粮食储备数量和质量安全

本项为违反本法第三十条第一款、第三十一条第二款的责任后果。具体体现为承储政府粮食储备的企业或者其他组织未能"遵守法律、法规和国家有关规定，实行储备与商业性经营业务分开，建立健全内部管理制度，落实安全生产责任和消防安全责任，对承储粮食数量、质量负责，实施粮食安全风险事项报告制度"以及未能"执行储备粮食质量安全检验监测制度，保证政府粮食储备符合规定的质量安全标准、达到规定的质量等级"。对此，粮食和储备主管部门应视具体情形，根据《粮食流通管理条例》第四十九条、第五十一条、第五十三条以及《中央储备粮管理条例》第四十九条至第五十八条等规定依法给予处罚。

二、从事粮食收购、储存、加工、销售的经营者以及饲料、工业用粮企业未按照规定建立粮食经营台账，或者报送粮食基本数据和有关情况，依照第一款规定处罚

本项为违反本法第三十七条的责任后果。行为主体为从事粮食收购、储存、加工、销售的经营者以及饲料、工业用粮企业，具体行为主要体现为未能按照规定建立粮食经营台账，及时如实记载粮食收购、销售、储存、加工、转化等情况，或者未能向所在地的县级人民政府粮食和储备主管部门报送粮食购进、储存、销售等基本数据和有关情况。对此，粮食和储备主管部门应视具体情形，根据《粮食流通管理条例》第四十五条的规定依法给予处罚。

【实务应用】

典型案例："浙江省龙游县某粮食收储有限公司未执行国家粮食质量规定案"①

基本案情：2022 年 1 月，龙游县有关部门对龙游县某粮食收储有限公司开展日常检查发现，该企业在 2020 ~ 2021 年早籼稻收购期间，未严格执行国家粮食质量规定，超标准扣除杂质重量。2022 年 4 月，有关部门依据《粮食流通管理条例》的有关

① 参见高文：《国家粮食和物资储备局通报十起粮食流通违法违规典型案例》，载中国供销合作网 2023 年 3 月 6 日，https://www.chinacoop.gov.cn/news.html?aid=1771835，最后访问日期：2024 年 1 月 24 日。

规定,责令该企业改正,依法给予警告并处7万元罚款的行政处罚。

专家评析:该案为典型的未按照规定保障政府粮食储备质量安全的行为。该粮食收储有限公司未能严格执行国家粮食质量规定,超标准扣除杂质重量,直接导致收购的粮食不符合国家质量安全标准,威胁粮食储备安全,也可能对消费者的合法权益造成损害。根据《粮食流通管理条例》第四十五条的规定,粮食收购者未执行国家粮食质量标准的,由粮食和储备行政管理部门责令改正,给予警告,可以并处20万元以下罚款;情节严重的,并处20万元以上50万元以下罚款。龙游县有关部门对该违法行为依法予以查处,表明了对政府粮食储备质量安全的严格保护,有力地维护了国家粮食储备安全。

【相关规定】

《粮食流通管理条例》第四十五条、第四十九条、第五十一条、第五十三条;

《中央储备粮管理条例》第四十九条至第五十八条。

【法条】

第六十八条　违反本法规定,侵占、损毁、擅自拆除或者迁移政府投资建设的粮食流通基础设施,或者擅自改变其用途的,由县级以上地方人民政府有关部门依照职责责令停止违法行为,限期恢复原状或者采取其他补救措施;逾期不恢复原状、不采取其他补救措施的,对单位处五万元以上五十万元以下罚款,对个人处五千元以上五万元以下罚款。

【立法背景】

粮食流通基础设施是确保粮食安全的重要基础。其中,政府投资建设的粮食流通基础设施的安全更紧密关涉政府对粮食市场宏观调控的有效实现,并直接影响粮食市场秩序以及粮食流通安全。

原国家粮食局制定《粮食流通基础设施"十二五"建设规划》(国粮展〔2012〕3号),总结了我国"十一五"时期粮食流通基础设施建设的情况。"十一五"时期粮食流通基础设施建设累计投入资金约800亿元,其中中央补助投资约100亿元,粮油仓储、物流设施建设、仓房维修改造和农户储粮各项工作都取得了显著成绩,为国家粮食安全提供了有力保障。此外,原国家粮食局组织开展了《植物油库建设标准》《粮食物流园区总平面设计规范》《粮食仓房维修改造技术规程》等25项粮食工程建设标准制修订工作。为加强国有粮油仓储物流设施保护,保证粮油仓储能力满足保障国家粮食安全的需要,国家发展改革委2016年制定出台《国有粮油仓储物流设施保护办法》,明确对从事粮油仓储活动所需的经营场地,仓房、油罐等存储设施,专用道路、铁路、码头等物流设施,以及烘干设施、器材库、清理维修车间等附属设施予以保护。其中,该办法第二十一条明确规定了,任何公民、法人和其他组织违反该办法规定拆除、迁移粮油仓储物流设施,非法侵占、损坏粮油仓储物流设施或者擅自改变其用途的具体责任后果。《中央储备粮管理条例》第五十七条亦规定了,破坏中央储备粮仓储设施的具体责任。在前述规范的基础上,本法针对政府投资建设的粮食流通基础设施规定了侵占、损毁、擅自拆除或者迁移,或者擅自改变其用途的具体责任。此举有利于进一步加强对政府投资建设的粮食流通基础设施的法治保障,维护粮食流通安全。

【法条释义】

本法第六十八条明确规定了侵占、损毁、擅自拆除或者迁移政府投资建设的粮食流通基础设施,或者擅自改变其用途的处罚规定。概括而言,本条首先规定了本条的具体适用情形,即"违反本法规定,侵占、损毁、擅自拆除或者迁移政府投资建设的粮食流通基础设施,或者擅自改变其用途的",进而明确对前述行为的处罚实施主体以及具体处罚措施。

一、违反本法规定,侵占、损毁、擅自拆除或者迁移政府投资建设的粮食流通基础设施,或者擅自改变其用途的

本条规定主要为违反本法第三十六条第二款的责任后果,具体体现为:(1)以非法占有为目的,将自己代为管护的粮食流通基础设施非法占为己有且拒不退还的侵占行为。(2)破坏粮食流通基础设施导致其部分或全部丧失使用价值的损毁行为。(3)未经政府批准,拆除粮食流通基础设施、改变位置以及改变其功能用途的擅自拆除、迁移、改变用途行为。

二、由县级以上地方人民政府有关部门依照职责责令停止违法行为，限期恢复原状或者采取其他补救措施；逾期不恢复原状、不采取其他补救措施的，对单位处 5 万元以上 50 万元以下罚款，对个人处 5000 元以上 5 万元以下罚款

1. 实施行政处罚的主体是县级以上地方人民政府有关部门

县级以上地方人民政府包括县（区）级、地（市）级、省级人民政府，其有关部门主要是指粮食和储备主管部门，会同农业农村、交通运输、工业和信息化等主管部门作为实施主体。

2. 实施行政处罚的类型包括责令停止、限期恢复原状或者采取其他补救措施，以及对单位或个人的罚款

具体而言，（1）责令停止违法行为主要指粮食和储备主管部门等相关部门下达命令，要求实施违法行为的个人或单位立即停止违法行为，阻止进一步的破坏。（2）限期恢复原状或采取其他补救措施主要指粮食和储备主管部门等相关部门要求违法行为人限期内将基础设施恢复原状，或采取修复、重建、回填等补救措施。（3）罚款处罚具有适用的前提条件，应以相关行为人逾期不恢复原状、不采取其他补救措施为前提。若相关行为人逾期不恢复原状、不采取其他补救措施，县级以上地方人民政府有关部门应当根据具体违法情形，对单位处以 5 万元以上 50 万元以下的罚款，对个人处以 5000 元以上 5 万元以下的罚款。

【实务应用】

江苏省宿城区发展和改革局对擅自拆除、迁移粮油仓储物流设施，非法侵占、损坏粮油仓储物流设施或者擅自改变其用途的行为，依据《国有粮油仓储物流设施保护办法》（国家发展改革委令第 40 号）第二十一条、《江苏省粮食流通条例》（江苏省人大常委会公告第 30 号）第三十九条以及第五十九条等法律法规作出行政处罚。①

专家评析：该案中，江苏省宿城区发展和改革局对擅自拆除、迁移粮油仓储物流设施，非法侵占、损坏粮油仓储物流设施或者擅自改变其用途的行为依据相关法规予

① 参见《拆除、迁移粮油仓储物流设施，非法侵占、损坏粮油仓储物流设施或者擅自改变其用途的处罚》，载江苏政务服务网，https://sqsc.jszwfw.gov.cn/jszwfw/bscx/itemlist/bszn.do?webId=73&iddept_yw_inf=113213020161806324432025901700001&ql_kind=02&iddept_ql_inf=1132130201618063244320259017000，最后访问日期：2024 年 2 月 4 日。

以处罚,并及时对办理流程、处罚依据等予以公开。此举体现了对政府投资建设的粮食流通基础设施的严格保护,有力维护了粮食流通安全。同时,对处罚情况的公开,保障了公众对相关处罚行为的监督权,有助于促使相关部门行政处罚权的规范有序行使。

【相关规定】

《中央储备粮管理条例》第五十七条;

《粮食安全保障法》第三十六条。

【法条】

第六十九条　违反本法规定,粮食应急状态发生时,不服从县级以上人民政府的统一指挥和调度,或者不配合采取应急处置措施的,由县级以上人民政府有关部门依照职责责令改正,给予警告;拒不改正的,对单位处二万元以上二十万元以下罚款,对个人处二千元以上二万元以下罚款;情节严重的,对单位处二十万元以上二百万元以下罚款,对个人处二万元以上二十万元以下罚款。

【立法背景】

针对当下国际环境错综复杂,极端天气频发,多边主义和单边主义交锋碰撞,国内资源环境约束加剧与粮食需求刚性增加的矛盾加深,粮食产业链、供应链不确定性风险居高不下等粮食安全复杂严峻的新形势。确保粮食安全,不仅要着眼粮食市场日常供给,还要注重提升粮食应急状态下的保供能力。粮食应急保障体系是应对突发公共事件和重大自然灾害等突发风险的重要防线。针对粮食应急保障,我国已出台一系列规范保障粮食应急状态下的粮食供应安全。为确保粮食应急状态下的应急处置措施的贯彻落实,还需依靠有力的责任约束机制。

对此,《粮食流通管理条例》第四十九条第二款明确规定,粮食应急预案启动后,不按照国家要求承担应急任务,不服从国家的统一安排和调度的,应依照该条第一款规定予以处罚。此外,《突发事件应对法》第六章从宏观突发事件应对维度,针对违反该法规定的相应行为规定了明确的责任机制。在前述规定的基础上,本法针对粮食应急状态发生时不服从县级以上人民政府的统一指挥和调度,或者不配合采取应急处置措施的具体行为,规定了明确的责任后果。本条的制定有助于针对性保障粮食应急状态下的粮食安全,提升粮食应急保障能力,并为进一步维护经济社会稳定和国家安全提供有力支撑。

【法条释义】

本法第六十九条明确规定了粮食应急状态下不服从县级以上人民政府的统一指挥和调度,或者不配合采取应急处置措施的处罚规定。

概括而言,本条首先规定了具体适用情形,即"违反本法规定,粮食应急状态发生时,不服从县级以上人民政府的统一指挥和调度,或者不配合采取应急处置措施的",进而明确对前述行为的处罚实施主体以及具体处罚措施。

一、违反本法规定,粮食应急状态发生时,不服从县级以上人民政府的统一指挥和调度,或者不配合采取应急处置措施

(1)本条规定指向本法第五十条第三款的部分规范要求,为出现粮食应急状态时,有关单位和个人不服从县级以上人民政府的统一指挥和调度,拒不配合采取应急处置措施行为的责任后果,将"协助维护粮食市场秩序"予以排除。(2)不服从县级以上人民政府的统一指挥和调度,不配合采取应急处置措施,包括有关单位和个人不配合政府进行粮食加工、运输和供应,不服从征用粮食、仓储设施、场地、交通工具和保障粮食供应的其他物资等行为。(3)处罚对象应为"有关单位和个人",主要是指不服从县级以上人民政府的统一指挥和调度、不配合采取应急处置措施的,与粮食生产、储备、流通、加工、应急、消费等多环节相关的组织、机构、企业和个人。

二、由县级以上人民政府有关部门依照职责责令改正,给予警告;拒不改正的,对单位处2万元以上20万元以下罚款,对个人处2000元以上2万元以下罚款;情节严重的,对单位处20万元以上200万元以下罚款,对个人处2万元以上20万元以下罚款

1. 实施行政处罚的主体是县级以上人民政府有关部门

县级以上人民政府有关部门,是指县(区)级、地(市)级、省级以及国家级的各级政府部门,主要包括发展改革、自然资源、交通运输、农业农村、粮食和储备主管部门等。譬如,本法第五十条第一款规定,县级以上人民政府按照权限确认出现粮食应急状态而决定征用粮食、仓储设施、场地等其他物资,如有关单位和个人不配合采取应急处置措施,则县级以上人民政府有关部门应当依照职责予以行政处罚。

2. 具体处罚包括责令改正、给予警告以及罚款

对于粮食应急状态发生时,不服从县级以上人民政府的统一指挥和调度,或者不配合采取应急处置措施的单位或个人,县级以上人民政府有关部门可采取如下措施:(1)应根据各自职责权限,责令违反统一指挥与调度、不配合采取应急处置措施的单位或个人进行改正。有关单位或个人应当立即遵守指挥与调度,并积极配合应急工作。(2)对有关单位或个人给予警告,提醒和警示其严格遵守应急管理规定。(3)对拒不改正的单位和个人,县级以上人民政府有关部门应该视具体情形分别处以罚款。若情节不严重,则对单位处2万元以上20万元以下罚款,对个人处2000元以上2万元以下罚款;若情节严重,则对单位处20万元以上200万元以下罚款,对个人处2万元以上20万元以下罚款。

【相关规定】

《粮食流通管理条例》第四十九条;

《粮食安全保障法》第五十条。

【法条】

第七十条　违反本法规定,故意毁坏在耕地上种植的粮食作物青苗的,由县级以上地方人民政府农业农村主管部门责令停止违法行为;情节严重的,可以处毁坏粮食作物青苗价值五倍以下罚款。

【立法背景】

毁坏青苗的原因多种多样,包括工程抢工期强行将农民青苗铲毁、农民提前割麦用作饲料以及养殖大户到处收购青苗进行饲料储存等。为此,农业农村部门对全国的各类毁坏青苗行为提出警告和提示,标志各地将进一步加强执法监管,以下3类

为毁坏青苗的典型行为表现：[①]

（1）未经批准毁坏青苗抢工期建设。一些地方在工程建设、项目建设中，为了眼前的经济利益或政绩工程，抢工期加快推进，有的用地是未经批准的，只是与农村集体、农户达成协议，便毁坏青苗。毁坏青苗行为可能是得到了农户的同意。但无论是否征得农户同意，在小麦即将成熟的关键期，毁坏青苗都是不被允许的。

（2）已办手续毁坏青苗紧急开工。近年来，不少地方出现因紧急开工毁坏青苗的问题，有的工程单位还与农民发生激烈冲突，工程单位往往以取得用地手续作为毁坏青苗、强行开工的理由。按照《土地管理法》的相关规定，已经办理审批手续的非农业建设占用耕地，一年内不用而又可以耕种并收获的，应当由原耕种该幅耕地的集体或者个人恢复耕种，也可以由用地单位组织耕种。如果被征地农民按照上述规定对已取得建设用地手续的耕地进行耕种，也是不能毁坏青苗强行施工的。还有一些项目因紧急开工，征收进展比较快，通过审批之后已种庄稼还没有收获，这种情况下应当等收获之后再开工建设。

（3）提前收割用作饲料。也有很多毁坏青苗是农民自己的行为，主要是为了把青苗用作牲口饲料。如果提前收割青麦用作饲料，一亩地可卖 1500 元，甚至超过 2000 元，小麦成熟晾干后，一亩地平均只能卖到 1300 元。提前收割青苗用作饲料，不仅收入高出很多，而且省去了成熟后的收割、晾晒、储存等大量劳动，还能提前腾地种植下一季的作物，账算起来很划算。受此利益驱动，每年都有不少农民提前收割麦苗。

提前收割、毁坏青苗是对粮食生产的极大破坏和干扰，严重影响粮食产量和粮食安全。对此，各地每年都会开展排查整治，要求各地依靠乡、村基层组织力量，对涉及毁麦或小麦用于青贮饲料事件开展彻底排查，不留死角、不留盲区，采取坚决有力措施，加强麦田保护。任何地方、任何单位、任何人员不得以任何理由毁麦或将小麦用于青贮饲料。

2021 年以来小麦生产经历了抗秋汛、促弱苗、防病虫等多个关口，经过多方努

第七十条

---

① 参见《毁坏青苗用作饲料违法！农业农村部明令严禁，3 类事不能再做了》，载百度网“土地观察员”2023 年 4 月 23 日，https://baijiahao.baidu.com/s?id=1763957696991625637&wfr=spider&for=pc，最后访问日期：2024 年 1 月 23 日。

力,小麦长势良好,丰收的好形势实属不易。农业农村部指导各地持续强化小麦后期田间管理,落实“一喷三防”全覆盖等增产措施,提前组织好跨区机收,确保颗粒归仓。被征用为建设用地的麦田,也要在小麦成熟收获后再开工建设。针对媒体反映个别地方毁麦开工及网上流传的“割青麦作饲料”短视频,农业农村部对此高度重视,“五一”期间就部署核查核实,各相关省份抓紧调度排查。农业农村部下发通知要求各地进一步全面排查毁麦开工、青贮小麦等各类毁麦情况,对违法违规行为,发现一起处理一起。[①]

《农业综合行政执法事项指导目录(2020 年版)》并没有对毁坏青苗行为作出行政处罚规定。然而,毁坏青苗不仅属于行政违法,而且已涉及刑事犯罪。根据相关规定和解读,农民在责任田里的生产属于集体生产,毁坏承包田里的青苗,可依照《刑法》第二百七十六条之规定,认定为破坏生产经营罪;毁坏社员自留地里的青苗,则可以根据《刑法》第二百七十五条的规定,认定为故意毁坏财物罪。

【法条释义】

本条规定对故意毁坏在耕地上种植的粮食作物青苗的,视违法行为情节轻重,予以不同的行政处罚。

概括而言,(1)实施行政处罚的主体是县级以上地方人民政府农业农村主管部门;(2)违法行为是故意毁坏在耕地上种植的粮食作物青苗;(3)行政处罚的适用及幅度,情节轻则责令停止违法行为,情节重则处毁坏粮食作物青苗价值五倍以下罚款。

一、实施行政处罚的主体是县级以上地方人民政府农业农村主管部门

县级以上地方人民政府农业农村主管部门包括县(区)级农业农村局、地(市)级农业农村局、省级农业农村厅(委)。

二、违法行为是故意毁坏在耕地上种植的粮食作物青苗

违反本法,是指违反本法第五十三条第二款的规定,即禁止故意毁坏在耕地上

---

① 参见《农业农村部相关司局负责人:全面排查各类毁麦情况 确保夏粮颗粒归仓》,载中华人民共和国农业农村部网 2022 年 5 月 10 日,http://www.moa.gov.cn/xw/zwdt/202205/t20220510_6398842.htm,最后访问日期:2024 年 1 月 24 日。

种植的粮食作物青苗。此违法行为主观上是故意,立法禁止所有主体具有主观故意的青苗毁坏行为,行为限定在耕地上种植的粮食作物青苗,限缩了毁坏青苗的适用范围。

三、行政处罚的适用及幅度,情节轻则责令停止违法行为,情节重则处毁坏粮食作物青苗价值5倍以下罚款

对故意毁坏在耕地上种植的粮食作物青苗进行处罚,这一规定旨在保护耕地上种植的粮食作物免受故意破坏。毁坏粮食作物不仅会对农民造成经济损失,还会影响粮食生产和供应安全。因此,农业农村主管部门采取措施来制止此类违法行为,并通过罚款等行政处罚手段以起到威慑作用。具体而言,(1)责令停止违法行为主要指农业农村主管部门可以下达命令,要求违法行为的责任人立即停止毁坏行为,阻止其进一步损害在耕地上种植的粮食作物青苗。(2)处以罚款主要指,在情节严重的情况下,农业农村主管部门可以决定对违法行为的责任人进行罚款。罚款金额将根据被毁坏的粮食作物青苗价值进行计算,但不超过该价值的五倍。

【实务应用】

案例一:2021年6月、2022年3月和4月,被告人任某林为泄愤报复,多次驾驶一辆两轮电动车携带农药喷雾器、"敌草快"农药等工具至固镇县濠城镇某村采用喷洒农药的方式,故意毁坏邢某芹等8人种植的青苗,破坏他人正常生产经营。后经鉴定,经济损失合计人民币37,251元。2022年5月27日,被告人任某林被固镇县公安局抓获归案。另查,案发后任某林家人已赔偿邢某芹等8人的经济损失,后此8人给被告人任某林出具了书面谅解书。[①]

法院审理认为,被告人任某林由于泄愤报复,以毁坏正在生长的青苗的方式破坏他人生产经营,其行为已构成破坏生产经营罪。被告人亲属代为赔偿受害人经济损失,取得受害人谅解,可酌情对被告人予以从轻处罚。关于被告人提出的对部分事实不属实的辩解意见,经查,被告人曾在接受侦查机关、检察机关讯问时多次供述上

---

① 参见《固镇:男子泄私愤喷洒农药毁青苗 获刑!》,载微信公众号"固镇人"2023年1月29日,https://mp.weixin.qq.com/s?__biz=MzAxNzUxNTA5Ng==&mid=2651957966&idx=1&sn=afc79a142eae252707993be505516a10&chksm=80015df9b776d4efebde1973cdc0fee88fee26e5b45b83258b49593ff5d450e7bb81278b500b&scene=27,最后访问日期:2024年1月24日。

述事实,与被害人陈述、购买记录等证据能够相互印证,足以认定上述事实。被告人的辩解意见不成立,法院不予采纳。综上,根据被告人任某林的犯罪事实、性质、情节和对社会的危害程度,以及其认罪态度和悔罪表现,法院依照《刑法》第二百七十六条之规定,依法作出上述判决。

案例二:2023 年 9 月,男子王某为泄私愤,竟向邻居李某田里喷洒农药。保康县马桥镇村民李某来到马桥派出所报警,称自家地里玉米、黄豆不明原因死亡,疑似被人打药祸害所致。民警迅速赶到事发地点勘查,发现地里大片玉米和黄豆幼苗已经枯萎,且案发地偏僻,周边缺乏监控设备,令案件侦破难度加大。于是,民警对周边居民展开走访调查,得知李某与邻居王某曾为争夺一块土地使用权闹过纠纷,王某有重大作案嫌疑。①

民警在王某家中查获 2 瓶某某牌除草剂及喷洒农药的工具。经过耐心的法治教育,王某最终交代其为泄私愤,故意向李某田地喷洒农药损毁青苗的违法事实。后经物价部门鉴定,李某被损毁的玉米、黄豆幼苗价值达 3500 余元。保康警方认定本案为故意损毁财物案,违法行为人王某被处行政拘留 10 日处罚。

专家评析:上述两起案件均为故意毁坏在耕地上种植的粮食作物青苗,但行为认定及惩罚结果不同。根据情节轻重,案例一中的行为人故意毁坏青苗的次数多、青苗损失金额大、危害程度和影响范围较大,构成破坏生产经营罪,因此,法院对其予以刑事制裁。犯此罪的,处 3 年以下有期徒刑、拘役或者管制;情节严重的,处 3 年以上 7 年以下有期徒刑。案例二中的行为人是首次故意毁损青苗,且损失金额小,只构成一般的故意损毁财物的行为,有关部门对其予以行政处罚。

【相关规定】

《粮食安全保障法》第五十三条。

【法条】

第七十一条　违反有关土地管理、耕地保护、种子、农产品质量安全、食

① 参见《喷洒农药毁青苗,保康警方破获一起故意损毁财物案》,载荆楚网,http://xy.cnhubei.com/content/2023-09/27/content_16696424.html,最后访问日期:2024 年 1 月 24 日。

品安全、反食品浪费、安全生产等法律、行政法规的，依照相关法律、行政法规的规定处理、处罚。

【立法背景】

既有粮食安全保障的相关立法已然在一定程度上为粮食安全战略法治保障提供了初步制度支撑。(1)作为"三农"龙头法的《乡村振兴促进法》，在第八条对于粮食安全战略予以全面表达和诠释，实现了粮食安全战略入法；同时，该法着眼产业振兴，在第十三条规定国家采取措施"保障粮食和重要农产品有效供给和质量安全"义务，凸显粮食产业作为乡村重要产业对乡村振兴的促进功能，以及乡村振兴对粮食安全的保障功能，为确保粮食安全提供了法治保障。(2)作为农业领域的基本法的《农业法》，则专章对耕地保护制度、粮食主产区扶持、粮食安全预警、粮食储备调节、粮食风险基金等粮食安全保障制度予以规定，为落实粮食安全战略，确保国家粮食安全提供了重要法治依托。(3)《国家安全法》则秉持总体国家安全观，将保障粮食安全列为"维护国家安全的任务"；该法在第二十二条专条规定了国家具有健全粮食安全保障体系，保护和提高粮食综合生产能力以及相关制度供给的义务。(4)《粮食流通管理条例》《中央储备粮管理条例》两部专门性法规，以及《土地管理法》《农村土地承包法》《农产品质量安全法》《农业机械化促进法》《食品安全法》《粮食质量安全监管办法》《土地管理法实施条例》《农村土地经营权流转管理办法》等法律法规中的相关规定，为粮食安全保障提供了制度支持。(5)此外，《反食品浪费法》和《种子法》则不约而合，在第一条中将"保障国家粮食安全"明确为其立法宗旨。《价格法》《草原法》《未成年人保护法》则分别在维持粮食价格稳定，对在国务院批准规划范围内实施退耕还草的农牧民，按照国家规定给予粮食补助，以及对未成年人进行珍惜粮食宣传教育等场域予以表达。而《国防动员法》和《人民防空法》则主要着眼特殊时期的粮食安全保障进行专门性规定。其中，土地管理、耕地保护、种子、农产品质量安全、食品安全、反食品浪费等法律、行政法规从专门立法的维度对粮食安全保障的具体环节予以有针对性的保障，构建了本法的立法基础；同时，也对本法与既有立法的协调提出考验。在此背景下，本条即明确提出，应优先依照相关法律、行政法规的规定处理、处罚。

【法条释义】

本法第七十一条明确规定了违反有关粮食安全保障专门法律、行政法规的处理与处罚机制。概括而言,本条首先列举具体的与粮食安全保障相关的法律、行政法规。在此基础上,进一步规定违反前述法律、行政法规的处理与处罚机制。

一、违反有关土地管理、耕地保护、种子、农产品质量安全、食品安全、反食品浪费、安全生产等法律、行政法规的

本条规定采用不完全列举方式,对土地管理、耕地保护、种子、农产品质量安全、食品安全、反食品浪费、安全生产等法律、行政法规予以明确。(1)如前所述,主要包括《土地管理法》《农村土地承包法》《黑土地保护法》《草原法》《种子法》《农产品质量安全法》《食品安全法》《反食品浪费法》《安全生产法》等法律,以及《土地管理法实施条例》《食品安全法实施条例》等行政法规。(2)按照体系解释,"等法律、行政法规"的具体内涵主要为粮食安全保障工作或粮食安全保障相关环节涉及的专门性的法律、行政法规。

二、依照相关法律、行政法规的规定处理、处罚

本条规定明确,违反有关土地管理、耕地保护、种子、农产品质量安全、食品安全、反食品浪费、安全生产等法律、行政法规的,应依照相关法律、行政法规的规定处理、处罚。这一规定主要采取了"特别法优于一般法"的适用原则,有效消解本法与其他相关法的冲突,并突出体现了对于专门领域粮食安全的特别保障,从而形成以本法为"龙头",相关法律、行政法规为"骨架"的粮食安全保障法治体系。

【实务应用】

典型案例:"甲公司非法占用耕地案"①

基本案情:2013年3月,甲公司在乙村经营石场采石。为堆放石料,甲公司与乙村村委会达成协议,租用该村101.6亩土地(其中耕地占86.66亩)作为石材堆放场,并由甲公司负责土地回填。2013年6月,甲公司在未办理土地用地审批手续的情况下,对租用的土地用掺杂石块的土回填、平整,并在平整后的场地堆放石材、建设活动彩钢房。其间,丙某作为现场施工的负责人,具体实施了土地回填、平整及堆放石料

① 参见辽宁省丹东市振安区人民法院(2017)辽0604刑初1号刑事判决书。

工作。经鉴定,甲公司所非法占用耕地的种植条件均已严重毁坏。一审法院判决甲公司及其直接负责人丙某犯非法占用农用地罪,并对甲公司判处罚金人民币120万元;对丙某判处有期徒刑2年,并处罚金人民币20万元。甲公司与丙某不服,提起上诉。

争议焦点:该案争议焦点即甲公司占用耕地行为的性质认定。在该案中,甲公司主张其占用耕地行为已得到政府相关部门许可,不属于违法行为。然而,对于占用耕地行为的评价应立足于耕地保护的核心意旨,考察涉案耕地转用流程是否严格遵循农用地转用的法定审批程序,具体转用行为是否符合农用地转用中耕地保护的具体要求。

法院判决:依照相关法律法规,甲公司占用农用地、回填并用于堆放石材的行为必须逐级报有权机关批准后才具有合法性,其他行政部门的行政行为均不能代替该审批效力。甲公司行为得到有关政府承诺应予免责的主张,无证据支持也无法律依据。甲公司违反土地管理法规,非法占用耕地,改变耕地用途,造成86.66亩耕地种植条件严重毁坏,符合非法占用农用地罪的构成要件。上诉人丙某作为甲公司的直接责任人员,亦应对实施回填土地行为承担法律责任。因此,二者均构成非法占用农用地罪。综上,原判认定事实和适用法律正确,量刑适当,审判程序合法,应予维持。

专家评析:耕地是粮食生产的根基,亦是国家粮食安全的命脉。检视我国当下实践,以该案中违规占用耕地开展非农建设为典型的乱象频现,完全背离耕地的最基本用途,更严重威胁耕地数量、质量与生态安全。国务院办公厅《关于坚决制止耕地"非农化"行为的通知》①着重强调,应坚决制止违规占用耕地绿化造林、超标准建设绿色通道、违规占用耕地从事非农建设等各类耕地"非农化"行为。坚决遏制耕地"非农化"并严格加强耕地管控,已然成为切实保护耕地的关键。该案中,法院对甲公司等非法占用耕地行为的认定,以及对行为后果严厉的刑罚判处,即反映了对于耕地保护原则的强调与落实。针对耕地的转用,《土地管理法》第三十条、第四十四条主要通过规范耕地转用条件、耕地转用审批制度、占用耕地补偿制度等,对此予以严

---

① 参见国务院办公厅《关于坚决制止耕地"非农化"行为的通知》,载中华人民共和国中央人民政府网,http://www.gov.cn/zhengce/content/2020-09/15/content_5543645.htm,最后访问日期:2024年1月24日。

格限制。据此,若需将耕地转为建设用地,必须办理农用地转用审批手续。非经依法审批的转用行为均属无效。在此基础上,《刑法》第三百四十二条则明确规定了构成非法占用耕地并构成刑事犯罪的具体刑罚规则。最高人民法院《关于审理破坏土地资源刑事案件具体应用法律若干问题的解释》也在第三条中对《刑法》第三百四十二条中的非法占用耕地"数量较大"以及"造成耕地大量毁坏"的具体标准予以细化。因此,非法占用耕地行为严重者,必须承担严厉的刑事责任。为加强耕地保护,保障国家粮食安全和生态安全,耕地保护法亦应以规范和保证落实最严格的耕地保护制度为基本立法宗旨,以此加强耕地最基本用途保护,坚决守住耕地红线。

【相关规定】

《土地管理法》第三十条、第四十四条;

《刑法》第三百四十二条。

【法条】

第七十二条　违反本法规定,给他人造成损失的,依法承担赔偿责任;构成违反治安管理行为的,由公安机关依法给予治安管理处罚;构成犯罪的,依法追究刑事责任。

【立法背景】

违反粮食安全保障相关法律法规的具体责任规定,是保障相关规范切实有效落实的关键抓手。对此,既有法规及规范性文件中均有所体现。如《农业法》第九十条规定,违反该法规定,侵害农民和农业生产经营组织的土地承包经营权等财产权或者其他合法权益的,应当停止侵害,恢复原状;造成损失、损害的,依法承担赔偿责任。国家工作人员利用职务便利或者以其他名义侵害农民和农业生产经营组织的合法权益的,应当赔偿损失,并由其所在单位或者上级主管机关给予行政处分。该法第九十七条规定,县级以上人民政府农业行政主管部门的工作人员违反该法规定参与和从事农业生产经营活动的,依法给予行政处分;构成犯罪的,依法追究刑事责任。《粮食流通管理条例》第四十八条规定,从事粮食的食品生产,不符合食品安全法律、法规和标准规定的条件和要求的,由市场监督管理部门依照《食品安全法》《食品安全法实施条例》等有关规定予以处罚。此外,《粮食流通管理条例》第五十三条规定,违反本条例规定,构成违反治安管理行为的,由公安机关依法给予治安管理处罚;构成犯罪的,依法追究刑事责任。《中央储备粮管理条例》第五十七条亦规定,违反该条例规定,实施相应行为构成犯罪的,依法追究刑事责任;尚不构成犯罪的,依照《治安管理处罚法》的规定予以处罚;造成财产损失的,依法承担民事赔偿责任。在前述规范的基础上,本法亦在"法律责任"章最后一条兜底规定违反该法规定的责任后果,压实各类主体对于粮食安全保障的义务或职责。

【法条释义】

本法第七十二条规定了违反本法的相应责任后果。概括而言,本条首先明确其适用前提,即"违反本法规定",进而分别针对"给他人造成损失的""构成违反治安管理行为的""构成犯罪的"3类行为,分别规定相应的责任机制。

具体而言,(1)若违反本法的行为导致他人的财产或人身损失,违反本法的行为人应当承担赔偿责任,赔偿的范围和方式应当根据实际情况和相关法律法规予以确定。若违反本法的行为构成违反治安管理行为,应由公安机关依法给予治安管理处罚,采取警告、罚款、拘留等具体处罚方式。若违反本法的行为构成犯罪行为,违反本法的行为人应当依法被追究刑事责任,由司法机关依法审判和处理。如未经许可或违反规定,擅自改变耕地用途或破坏耕地,相关责任人将依法承担赔偿责任,并可能面临治安管理处罚;未按照规定进行粮食生产和储备,导致粮食短缺或影响市场供应的,相关责任人需要承担赔偿责任,情节严重的将受到刑事追究。(2)这一兜底性责任规定体现了本法对于单位、个人等各类主体全面落实粮食安全保障职责和义务的着重强调。任何违反本法相关规定的主体都应切实承担相应的法律责任,以确保国家粮食安全的有效保障,维护国家安全和社会稳定。

【相关规定】

《农业法》第九十条、第九十七条;

《粮食流通管理条例》第四十八条、第五十三条;

《中央储备粮管理条例》第五十七条。

第十一章
附　　则

【法条】

第七十三条　本法所称粮食，是指小麦、稻谷、玉米、大豆、杂粮及其成品粮。杂粮包括谷子、高粱、大麦、荞麦、燕麦、青稞、绿豆、马铃薯、甘薯等。

油料、食用植物油的安全保障工作参照适用本法。

【立法背景】

对于粮食内涵的规定直接影响具体粮食范畴，并关涉粮食安全保障的各个环节。检视既有规范，自2004年开始实施的《粮食流通管理条例》经过2013年、2016年及2021年3次修订，对粮食的定义均未作改变。该条例将粮食范围定义为“小麦、稻谷、玉米、杂粮及其成品粮”。2006年国家发改委、国家粮食局、财政部、中国农业发展银行发布的《粮食库存检查暂行办法》（已失效），在第二十六条中规定，该办法所称粮食包括小麦、稻谷、玉米、大豆、杂粮及其成品粮。相较《粮食流通管理条例》，该办法在粮食范畴中纳入了“大豆”。该规定也与本法对于粮食范畴的规定相同。2010年国家发改委、国家粮食局、财政部、国家质量监督检验检疫总局发布《关于执行粮油质量国家标准有关问题的规定》，明确该规定所称的政策性粮油，是指按国家和地方政府有关政策规定收购、储存、销售的小麦、稻谷、玉米、大豆、杂粮等原粮及食用植物油料。该规定亦在原粮中纳入“大豆”，但将“成品粮”排除政策性粮油范畴。2021年国家发展和改革委员会、国家粮食和物资储备局制定《粮食储备管理问责办法（试行）》，在第十八条中规定，该办法中所称粮食是指小麦、稻谷、玉米、杂粮及其成品粮，大豆、油料和食用植物油。2022 年国家粮食和物资储备局制定的《粮食质量安全风险监测管理暂行办法》第十三条提出“重点监测新收获稻谷、小麦、玉米、大豆、花生、油菜籽、葵花籽等主要粮食、油料品种……以及粮食和储备部门认为有必要监测的杂粮、油料等其他特色粮油品种”，亦未能明确大豆的具体属性。2022 年，国家发展和改革委员会、国家粮食和物资储备局、财政部、中国农业发展银行发布《粮食库存检查办法》在第二条中规定，该办法所称粮食，是指小麦、稻谷、玉米、杂粮及其成品粮。大豆、油料和食用植物油按照本办法执行。该规定仍将大豆置于粮食范畴之外。

本法在前述诸多规定的基础之上，明确粮食是指小麦、稻谷、玉米、大豆、杂粮及其成品粮，并对杂粮的具体内涵予以规定，有助于明晰粮食的具体范围，加强对具体粮食品种的法治保障。

【法条释义】

本法第七十三条规定了粮食的具体内涵，并规定油料、食用植物油的安全保障工作应参照适用本法。概括而言，(1) 本条第一款首先明确了粮食的定义，并进一步解释杂粮的具体范畴。(2) 本条第二款指明，油料、食用植物油的安全保障工作参照适用本法。

一、本法所称粮食，是指小麦、稻谷、玉米、大豆、杂粮及其成品粮

具体而言，(1) 本条规定指出，本法所指的粮食为小麦、稻谷、玉米、大豆、杂粮及其成品粮。尽管这一关于粮食的定义仅适用于本法，但鉴于本法在粮食安全法治保障中的龙头法地位，相关粮食安全保障法律法规对于粮食的定义也应与本法相一致。(2)“小麦、稻谷、玉米、大豆、杂粮”属于“原粮”或“自然粮”，是指未经加工的粮食。相较《粮食流通管理条例》，本法在原粮范畴中纳入了“大豆”，加强了对大豆这一重要粮食的法治保障力度。(3)“成品粮”，是指由前述原粮加工而成，且符合一定国家标准的成品粮食。

二、杂粮包括谷子、高粱、大麦、荞麦、燕麦、青稞、绿豆、马铃薯、甘薯等

本条规定在前述粮食定义的基础上进一步细化了杂粮的具体范畴，明确杂粮包括“谷子、高粱、大麦、荞麦、燕麦、青稞、绿豆、马铃薯、甘薯等”。(1) 这一规定中使用

"等"字进行不完全列举。除前述杂粮类型外,还可根据《国家粮食局通告(2017 年第 5 号)》发布的 17 项推荐性行业标准予以认定。按照该行业标准,杂粮主要包括:大麦、燕麦和燕麦米(指裸燕麦、莜麦)、粟、小米、荞麦、荞麦米、高粱、高粱米、黍米(或大黄米、糜子)、藜麦米和薏仁米。(2)相较前述行业标准的规定,本法将谷子、青稞、绿豆、马铃薯、甘薯等列明,加大了对前述谷类、豆类及薯类杂粮的保障力度。

三、油料、食用植物油的安全保障工作参照适用本法

本条规定指明油料、食用植物油的安全保障工作参照适用本法。具体而言,(1)"油料",是指油脂制取工业的原料,主要包括向日葵、芝麻、花生、油菜籽等。"食用植物油",主要是指以植物的果实、种子、胚芽等为原材料,经过压榨等加工处理制成,且符合国家安全标准的可食用油。(2)《粮食流通管理条例》第五十五条第一款亦指出,大豆、油料和食用植物油的收购、销售、储存、运输、加工、进出口等经营活动,适用该条例除第九条第二款①以外的规定。本法直接将大豆纳入粮食范畴,其安全保障工作可以直接适用本法,而不需参照适用本法。

【相关规定】

《粮食流通管理条例》第二条、第五十五条。

【法条】

第七十四条　本法自 2024 年 6 月 1 日起施行。

① 具体规定内容为:从事粮食收购的企业,应当向收购地的县级人民政府粮食和储备行政管理部门备案企业名称、地址、负责人以及仓储设施等信息,备案内容发生变化的,应当及时变更备案。

后　　记

仓廪实,天下安。尽管我国粮食安全形势总体较好,不仅粮食总产量稳步增长,已经实现了二十连丰,而且粮食安全综合保障能力持续提升。但是,作为粮食消费大国和进口大国,我国粮食安全保障总体形势不容乐观,粮食安全仍然面临诸多风险和挑战。《粮食安全保障法》的出台,为依法保障粮食安全,提升国家粮食安全治理的系统性、规范性、协调性和稳定性奠定了制度基础。

徒法不足以自行,作为体系化、结构化的制度设计和渐进式的制度变迁,法治中国背景下粮食安全保障的法治化,任重而道远。寄希望于通过一部法律来纾解关涉粮食安全保障的所有问题是不现实的。《粮食安全保障法》的顺利出台,固然为粮食安全保障奠定了规则基石。但是,法律的生命在于实施,后续还要通过全民守法、严格执法、公正司法,对于《粮食安全保障法》予以有效地贯彻和实施。作为基本法,《粮食安全保障法》未来也需要与相关法律政策进行衔接以统合协调,构建具有包容性、开放性、系统性的粮食安全法治保障体系。

笔者对于《粮食安全保障法》的思考和阐释尚处于探究阶段,本书主要恪守“文本主义”的法解释学,对于立法展开先导性、全景式的阐述和表达。希冀在后续研究的推进中,一方面能够在微观层面持续深化教义学研究,对于域内外粮食安全保障诸种制度予以具象化地延展分析;另一方面能够突破《粮食安全保障法》自身固有的逻辑框束,着眼当下社会转型变革发展的现实需求,从法学与政治学、经济学、管理学、社会学等交叉融合的广阔视角,系统审视相关规范表达,进而推动制度完备延展。

本书的写作过程,也恰逢笔者自身成长发展的关键节点。其间,经历了许多,有欣喜、有沮丧、有困惑、有释然……逐渐参悟体味到中华文化中所含蕴的人与自我、与他人、与世界的相互聆听、和谐共生、悦纳温暖。

回望二十年来的成长道路,感恩诸多前辈师长时常给予我的勉励和指点,感谢同事友人给予我的大力支持和帮助,感念家人给予我的无限包容和温暖。何其有幸感恩遇见!正是有那么多宽厚、通透、智慧的良师益友,有那么多的关怀和支持,才使天性愚钝的我能够有信心、有勇气在农业农村法治这一相对“小众”的研究领域以梦为马、砥砺前行。

感谢我的团队成员,尤其是苏嵘钰、李奇玥在本书写作过程中所付出的不懈努力、贡献的宝贵智识!本书最终得以成稿,绝非一己之功,其中凝结着整个团队数年来的心血和汗水。能够在蓟门桥畔与勤奋笃学的法治青年携手求索、共同思考,一起看玉兰花开花落四季轮回,于我而言又是何其幸运。他们的孜孜不倦、坚韧求实,时刻感染着我,也鞭策着我。

还要感谢法律出版社法治与经济分社社长沈小英编审、毛镜澄编辑等诸位老师的鼎力支持和辛勤付出。本着强烈的社会责任感和使命感,法治与经济分社对于本书选题高度重视,沈小英社长带领分社团队成员多次专门开会研讨书稿出版工作,从书稿编校到美工设计再到策划发行……每个环节都一丝不苟、精益求精。书稿得以顺利付梓,离不开这些无名英雄的辛勤努力!

惊蛰过后,大地回春,万象更新。又是一年播种时节,郊外杏花坼,林间布谷鸣。谨以此书献给生我养我的这片土地以及在这片热土上辛勤劳作、耕耘播种的父老乡亲。

愿粮安天下,国泰民丰!

李蕊

2024 年 3 月 8 日

于蓟门桥